法治护航北斗

孙家栋
2021年3月23日

U0801565

北斗卫星导航系统丛书　　卫星导航法治文库

顾　问｜杨长风

总　编｜冉承其

外国卫星导航法律制度

杨君琳／著

法律出版社
LAW PRESS · CHINA
北京

图书在版编目(CIP)数据

外国卫星导航法律制度 / 杨君琳著. -- 北京 : 法律出版社, 2023
(卫星导航法治文库)
ISBN 978 - 7 - 5197 - 6622 - 1

Ⅰ. ①外… Ⅱ. ①杨… Ⅲ. ①卫星导航－导航系统－法制－研究－世界 Ⅳ. ①D912.174

中国版本图书馆 CIP 数据核字(2022)第 064987 号

外国卫星导航法律制度
WAIGUO WEIXING DAOHANG FALÜ ZHIDU

杨君琳 著

责任编辑 慕雪丹 章 雯
装帧设计 汪奇峰 鲍龙卉

出版发行 法律出版社
编辑统筹 法商出版分社
责任校对 赵明霞
责任印制 胡晓雅
经　　销 新华书店

开本 710 毫米×1000 毫米 1/16
印张 19.5 **字数** 307 千
版本 2023 年 1 月第 1 版
印次 2023 年 1 月第 1 次印刷
印刷 固安华明印业有限公司

地址:北京市丰台区莲花池西里 7 号(100073)
网址:www.lawpress.com.cn
投稿邮箱:info@lawpress.com.cn
举报盗版邮箱:jbwq@lawpress.com.cn
销售电话:010 - 83938349
客服电话:010 - 83938350
咨询电话:010 - 63939796
版权所有·侵权必究

书号:ISBN 978 - 7 - 5197 - 6622 - 1
定价:89.00 元

凡购买本社图书,如有印装错误,我社负责退换。电话:010 - 83938349

北斗卫星导航系统丛书

编委会

顾　问： 孙家栋　谭述森　李祖洪

主　编： 杨长风

副主编： 杨元喜　冉承其　谢　军　杨　军
郭树人　吴海涛　高为广

委　员： （按姓氏首字母排序）

蔡　毅　陈谷仓　陈金平　陈闵慷　陈韬鸣
陈忠贵　楚恒林　丁　群　杜向光　郝巍娜
胡　刚　姜　杰　贾　鹏　焦文海　李　罡
李慧颖　李作虎　林宝军　刘晓华　卢　鋆
施　闯　苏牡丹　苏晓东　孙雅度　汪　勃
王　莉　王　平　吴　斌　杨　慧　杨君琳
姚宜斌　曾　毅　赵文军　周鸿伟　周建华

卫星导航法治文库

顾　　问： 杨长风

总　　编： 冉承其

执行主编： 杨君琳

编 委 会：（按姓氏首字母排序）

陈谷仓　丁向荣　方宇菲

李作虎　王慧林　王黎红

杨　军　杨静帆　于　辰

张文清

序　一

“法者，治之端也”。一流的科技发展离不开一流的法治保障。卫星导航系统建设应用是一项庞大的复杂系统工程，涉及科技、国防、网络等诸多领域，关联国内国际两个大局，这为构建中国卫星导航法治体系赋予了大战略意义。

自1994年北斗系统立项启动以来，相关法规制度建设不断加强，特别是围绕《中华人民共和国卫星导航条例》的起草，北斗法治建设与理论研究从无到有，取得重大进展。但我们也要看到，北斗法治建设与科技进步相比，治理理念的嬗变、法规制度的健全、运维模式的变革则是一个更加漫长的过程。随着北斗迈入服务全球的新时代，迫切需要中国北斗人补足法治短板，推动北斗循法而行、依法而治，有效应对挑战、化解风险，促进北斗在法治轨道上向更高层次发展。

他山之石，可以攻玉。美、俄、欧制定了一系列规范卫星导航活动的法律法规。美国不仅有全球最早的卫星导航系统，也早已配套建立了比较完善的卫星导航法律制度。俄罗斯格洛纳斯系统、欧盟伽利略系统，也有较为完备的政策制度体系支撑，并依据发展战略的调整不断更新。规则与技术同行，为促进美、俄、欧全球卫星导航系统安全建设、高效发展和全球推广，为维护卫星导航活动中的国家安全、公共利益和各类主体合法权益提供了不可替代的法律保障。借鉴国外卫星导航法律制度的成功经验，对于推动北斗系统更好发展，进一步夯实法治北斗的制度之基，具有十分重要的意义。

呈现在读者面前的这套卫星导航法治文库，正是力图解决上述问题的有益探索。北京航空航天大学北斗政策法规研究中心杨君琳研究团队历时四年完成的这套文库是中国卫星导航法治领域的重要成果，对于推动法治实践和学术研究具有重要意义。该套文库顺应世界多极化、经济全球化趋势，通过对美、俄、欧盟卫星导航系统法规与政策的研究分析，为我们立足本国国情，更好地推动构建科学完备中国卫星导航法治体系具有重要的参考价值。

一方面，该套文库把握法治建设时代潮流，洞察卫星导航法律制度发展规律。我国卫星导航系统的发展既要坚持独立自主，又要在应用、技术、后续发展等方面积极开展对外合作，相关法治保障需求极大，也更加需要在把握卫星导航法律制度发展规律的基础上，形成有中国特色的卫星导航法治体系。该套文库资料翔实，系统研究了卫星导航的管理体制机制，建设运维、应用发展、国际合作、安全保护法律制度等，比较分析美、俄、欧卫星导航政策法规的各自特色，在此基础上探讨卫星导航未来立法工作的总体思路和工作要点，以期为构建科学合理的卫星导航法治体系提供理论支撑。

另一方面，该套文库坚持全球视野和开放思维，从战略层面把握卫星导航立法特点，为完善卫星导航国际规则提供中国方案。当前，百年变局与世纪疫情叠加，大国竞争日趋激烈，越来越体现为制度、规则、法律之争。从建设伊始，北斗系统就把向全球提供更好的服务作为追求目标。与之配套，我们应当也必然要为世界卫星导航规则的重塑和变革贡献中国智慧。目前，卫星导航国际规则尚不完善，卫星导航技术的快速发展和应用，与现行国际法规则之间存在一定脱节。该套文库为我们在构建人类命运共同体理念下提出卫星导航国际规则的中国方案，积极探索构建公正合理的卫星导航国际秩序提供了研究基础。

目前，国内关于卫星导航和法治两方面的研究成果均非常丰富，但是围绕卫星导航法治的研究却非常欠缺，研究成果甚少。自承担《中华人民共和国卫星导航条例》研究起草工作以来，杨君琳研究团队在中国卫星导航系统管理办公室的支持指导下，一直致力于卫星导航法律专题问题研究，不断开拓中国卫星导航法治研究的新领域。对他们积极倡导法治北斗、推动中国卫星导航法治建设所取得的成绩,我表示由衷赞赏。当下正是中国卫星导航产业转型的关键时期,政策制度研究任重道远。在此,我愿杨老师团队“情系北斗,胸怀家国”,在推动法治北斗的道路上不断前行、勇攀高峰。

是为序。

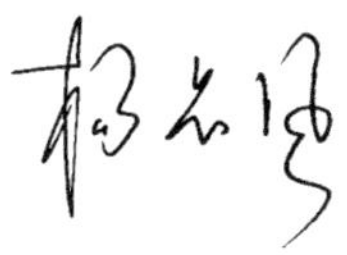

2022 年 6 月

序　二

康德说过:“世界上唯有两样东西使我心怀敬畏,一个是我们头顶上灿烂的星空,一个是心中永恒的道德法则。”从“观星辨向”到“北斗组网”,从“垂法而治”到全面依法治国,逐梦的中国人在探索星空与法治这一永恒主题的征途上从未停歇。

探索浩瀚宇宙,发展航天事业,建设航天强国,是我们不懈追求的航天梦。2020年7月31日,习近平总书记向全世界庄严宣布“北斗三号全球卫星导航系统正式开通”。北斗卫星导航系统的建成,标志着中国梦又一重大战略成果的诞生,标志着新时代的中国人越来越有能力为全球提供更优质的公共服务。作为重要新型基础设施,北斗系统的建设和运维离不开健全的法治保障。只有构建完善的中国卫星导航法治体系,才能确保北斗系统为全球用户提供安全可靠的定位、导航、授时等服务,才能更好维护国家安全、促进经济社会发展,才能高质量推动北斗系统服务全球、走向世界。

从填补技术空白到弥补规则空白,北斗系统建设这项巨大的系统工程内在包含着丰富的法治建设要素,其在向世人展示中国科技硬实力的同时,也越发需要向世界展现中国供给规则的软实力。随着北斗国际化步伐不断加快,迫切需要规则跟进,通过法治解决发展中遇到的体制性障碍、结构性矛盾,防范安全风险、营造有序环境,为北斗系统走向世界提供坚实的法治基础。可以说,在北斗系统取得重大技术突破的同时,运用法治思维和法治方式解决建设、发展、运用、推广过程中的矛盾与问题,加快构建具有中国特色的卫星导航法规制度体系、法治实施体系、法治监督体系和法治保障体系,确保国家卫星导航系统依法建设、依法管理、依法运行,就显得尤为迫切。

法律是治国之重器,良法是善治之前提。面对我国卫星导航系统领域的立法空白，北京航空航天大学北斗政策法规研究中心杨君琳研究团队“白手起家”，聚焦北斗立法瓶颈，对诸多疑难问题开展基础性研究，为《中华人民共和国卫星导航条例》起草提供理论支撑和域外借鉴，对条例草案的顺利完成作出了重要贡献。

中国的北斗，是服务人类的公共设施，中国人也必将站在人类政治文明的舞台上汲取文明基因、奉献中国智慧。自领受立法起草任务以来，杨君琳研究团队在收集与综合大量第一手资料的基础上，完成《外国卫星导航法律制度》这一阶段性研究成果，汇编了《美国卫星导航政策法规要览》《俄罗斯卫星导航政策法规要览》《欧盟卫星导航政策法规要览》《中国卫星导航政策法规汇编》《北斗卫星导航法治建设蓝皮书》《卫星导航国际规则要览》。在书中，作者综合运用系统研究、实证研究、对比分析等多种研究方法，对当前美国 GPS、俄罗斯格洛纳斯、欧盟伽利略等三大全球卫星导航系统的法律制度进行了系统梳理，开展了比较分析，并对我国条例立法中的相关问题予以了回应，提出了可供参考借鉴的有益方案。本书的主旨不是“用别人的昨天，来装扮自己的明天”，而恰恰是贯彻落实“自主创新、开放融合、万众一心、追求卓越”新时代北斗精神的应有之义。作为国内第一部系统研究卫星导航法律制度的理论成果，本书填补我国卫星导航领域研究的空白，对于提升我国卫星导航法治建设水平具有重要的理论价值和现实意义。

新时代，中国人的航天梦与法治梦交相辉映。一流北斗、世界北斗必然是法治北斗。蓝图已经绘就，号角已经吹响，北斗法律人一定要认定自己在一流北斗、世界北斗、法治北斗建设中的基础作用，立足北斗系统新发展阶段，贯彻新发展理念，为实现建设一流北斗、世界北斗、法治北斗播火添薪、衔枚疾走。

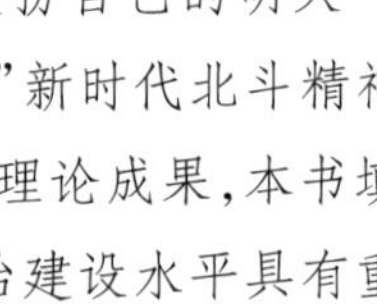

2022 年 6 月

目 录
Contents

绪　论

第一节　卫星导航系统概况

一、卫星导航系统发展历程

时间和空间是宇宙万物的基本属性。据统计,大约有85%的信息,与位置和时间相关。导航是引导各种运载体(飞机、船舶、车辆等)和人员从一个位置点到另一个位置点的过程和技术。[①] 从科学技术的发展史来看,在需求牵引和技术推动的作用下,人们一直在寻求更多的先进技术来获取空间位置和时间位置的手段。[②] 从天文导航、惯性导航、无线电导航到卫星导航,科学技术的发展不断增强人类对时空信息获取和运用的能力。在第一次世界大战期间,人们发明了无线电导航信标台,各信标台发射调制有信标台识别信号的连续无线电波,用户通过可移动的环形天线测定其信标台的方向,当两个或两个以上信标台的方向被测定时,就可以根据这些方向的交点以及信标台的位置计算出用户的位置。第二次世界大战期间及战后,军事方面的迫切需求促使无线电导航技术飞速发展,各种陆基无线电导航系统相继出现,如主要用于航海的罗兰-A(Loran-A)、台卡(Decca)、罗兰-C(Loran-C)等,以及主要用于航空的测距器(DME)近程航空导航系统和塔康(TACAN)战术航空导航系统等。[③] 这些地面无线电导航系统在导航技术上有了长足进步,定位精度大幅提升,且应用基

---

① 《北斗卫星导航术语》(GB/T 39267-2020),2.1.1　导航 navigation。

② 参见杨长风:《中国北斗导航系统综合定位导航授时体系发展构想》,载《中国科技产业》2018年第6期。

③ 参见边少锋等:《卫星导航系统概论》(第2版),测绘出版社2016年版,第3页。

本上不受气候条件的限制,但是覆盖面广的地面无线电导航系统定位精度低,精度高的无线电导航系统覆盖面小,难以满足人们的需求。

1957 年,苏联发射了人类历史上第一颗人造卫星,科学家们产生了把无线电导航系统台站从地面搬到卫星上的想法,以解决导航塔高度限制覆盖范围的问题,卫星导航系统应运而生。1958 年美国开始研究建设世界第一个卫星导航系统——子午仪系统(Transit),1964 年该系统完成建设并投入使用。子午仪系统解决了卫星导航定位的有无问题,在军民航海活动中发挥了重要作用,然而,它在定位的实时性、设备的易用性方面都不尽如人意。因为工作原理和卫星数量的问题,子午仪系统每天在全球范围内只能定位 20 次,有些地方要等 8 至 12 小时才能获得一次定位服务。与此同时,子午仪系统的设备体积庞大,车辆、飞机等交通工具难以容纳,极大地限制了子午仪系统的应用。1996 年子午仪系统退出了历史舞台。当前的卫星导航系统综合了传统导航系统的优点,实现了各种天气条件下全球性、高精度、被动式定位导航,是应用范围最广、获取最便捷、成本最低的定位导航手段,具有覆盖范围广、测量精度高、观测时间短、抗干扰能力强、操作简便等特点优势。

二、卫星导航系统的组成

卫星导航系统是利用人造地球卫星发射的无线电信号进行导航的综合系统①,通常包括导航卫星星座(空间段)、系统运行管理设施(地面段)和用户接收设备(用户段)。

空间段(space segment)是卫星导航系统中,空间所有卫星及其星座的总称。地面段(ground segment)是维持卫星导航系统正常运行的地面系统的总称。一般包括主控站、监测站和时间同步/注入站等,以及相互之间的数据通信网络。其中主控站是地面系统的中心,具有监控卫星星座、维持时间基准、更新导航电文等功能;注入站负责将主控站发布的信息和指令注入各个卫星,包括卫星轨道位置信息、星上时钟矫正信息、广域差分信息等重要内容;监测站负责对卫星进行监测,保持连续跟踪卫星的轨道位置和系统时间,完成数据采集,并汇总卫星、气象等信息后传给主控站处理。用户段(user segment)是用于接收、处理导航卫星信号并实现定位、测速和授时等功能的设备总称。用户段通常由

---

① 参见《北斗卫星导航术语》(GB/T 39267 - 2020),2.1.7 卫星导航系统 navigation satellite system。

接收机、定时器、数据预处理计算器和显示器等组成。常见的终端设备有内置定位芯片的手机、手持接收机、车载接收机、船载接收机和机载接收机等。

三、卫星导航系统的分类

卫星导航系统按照工作特征可以做不同分类:按用户设备是否发射信号,可分为无源系统(仅由卫星发射信号,用户只需要装备接收设备就可以接收卫星信号进行导航,用户不发射信号)和有源系统(卫星和用户设备都要发射和接收信号);按是否能够连续定位,可分为连续定位的卫星导航系统和断续定位的卫星导航系统;按卫星导航系统覆盖范围不同,可分为全球卫星导航系统(GNSS)和区域卫星导航系统。

全球卫星导航系统是能在全球范围内提供导航服务的卫星导航系统的通称。[①] 当前,联合国全球卫星导航系统国际委员会(ICG)认可的全球卫星导航系统共有四个,分别为美国的全球定位系统(GPS)、中国的北斗卫星导航系统(BDS)、俄罗斯的格洛纳斯系统(GLONASS)、欧洲的伽利略系统(GALILEO)。区域卫星导航系统是指仅在区域范围内提供导航服务的卫星导航系统。[②] 当前,国外已经建成或正在建设的区域卫星导航系统主要有:日本研制建设的准天顶卫星系统(QZSS)、印度的区域卫星导航系统(IRNSS)、韩国定位系统(KPS)。此外,英国、土耳其等国也宣布将研制建设本国自主的卫星导航系统或具有替代功能的天基定位导航授时(PNT)项目。

第二节　外国卫星导航系统概况

一、美国全球定位系统

美国全球定位系统(Global Positioning System,GPS)是由美国研制建设和

---

① 《北斗卫星导航术语》(GB/T 39267－2020),2.1.9　全球卫星导航系统 global navigation satellite system;GNSS。

② 《北斗卫星导航术语》(GB/T 39267－2020),2.1.10　区域卫星导航系统 regional navigation satellite system。

管理的一种全球卫星导航系统。为全球用户提供实时的三维位置、速度和时间信息,包括精密定位服务(PPS)和标准定位服务(SPS)等服务。

(一)GPS 的发展历程

GPS 是以卫星为基础的无线电导航定位系统,在子午仪卫星系统的基础上发展起来,已经成为美国继"阿波罗"登月飞船和航天飞机以后的第三大航天工程①。该系统从 20 世纪 70 年代开始研制,历时 20 余年,耗资 200 余亿美元,于 1994 年全面建成。② 1995 年,美国国防部宣布 GPS 具备全面运行服务的能力。GPS 的部署与发展大致可分为四个阶段:在轨验证(IOV)阶段、全服务运行(FOC)阶段、后续更新阶段、全面现代化阶段。③ 1978 年至 1985 年为在轨验证阶段,共发射 11 颗 Block Ⅰ卫星,验证了初期的 GPS 概念、原理和各项关键技术,为后续的全服务运行阶段打好基础;1989 年至 1994 年为全服务运行阶段,共发射 24 次,包含 BlockⅡ和 BlockⅡA 卫星,提供了系统满星座全服务运行;1997 年至 2009 年为后续更新阶段,共发射 23 次,包含 BlockⅡR 卫星和 BlockⅡRM 卫星,替换了临近退役卫星,更新并升级卫星功能;2010 年至 2016 年为全面现代化阶段,共发射 12 颗 BlockⅡF 卫星,逐步替换旧代卫星,修正了前几代卫星存在的缺点,全面提升了卫星信号的抗干扰能力。④ GPS 最初限于美国军方使用,20 世纪 80 年代初,根据里根总统的行政命令开始允许民用。GPS 的应用已经超越了其国防和运输起源,并且成为广泛的信息产业的关键。GPS 从一个主要的军事资源向一个商业和国际资源的演变,引发了关于其管理、控制、保护和资金等重大政策问题。

---

① 参见孙家栋、杨长风主编:《北斗二号卫星工程系统工程管理》,国防工业出版社 2017 年版,第 11 页。

② 参见孙家栋、杨长风主编:《北斗二号卫星工程系统工程管理》,国防工业出版社 2017 年版,第 11 页。

③ 参见杨长风、陈谷仓、郑恒等:《北斗卫星导航系统智能运行维护理论与实践》,中国宇航出版社 2020 年版,第 12 页。

④ 参见杨长风、陈谷仓、郑恒等:《北斗卫星导航系统智能运行维护理论与实践》,中国宇航出版社 2020 年版,第 12 页。

（二）GPS 的构成

GPS 由空间段、地面段和用户段构成。GPS 空间段由一组在中地球轨道（MEO）中飞行并向用户发送无线电信号的卫星组成，目前共有 36 颗在轨卫星，其中 30 颗在轨服务，卫星高度约 20,200 公里（12,550 英里），被布置在围绕地球的 6 个等距的轨道平面中，每个卫星每天绕地球两次。

GPS 地面段由 1 个主控站、1 个备用主控站、11 个注入站、16 个监测站及通信辅助系统组成，负责跟踪 GPS 卫星并监视其传输的卫星信号，经过执行分析后将命令和数据发送到星座。主控站负责提供对 GPS 星座的命令和控制，使用全球监测站数据来计算卫星的精确位置，生成导航消息传到卫星，监控卫星广播和系统完整性以确保星座健康和准确性。主控站还负责卫星维护和异常解决，通过重新定位卫星使 GPS 星座保持最佳状态。注入站负责向卫星发送命令、上传导航数据和加载处理器程序，监测站负责跟踪 GPS 卫星，收集导航信号、距离/载波测量和大气数据，将观测结果传输给主控站。作为 GPS 现代化计划的一部分，美军多年来一直在不断升级 GPS 控制部分。

GPS 用户段由各种 GPS 用户终端组成，如接收机、数据处理软件，以及计算机、气象仪器等用户设备。其主要功能是接收卫星信号，提供用户所需要的位置、速度和时间等信息。以接收机为例，接收机有军用和民用两种，工作原理相同：先捕获导航卫星发出的信号，经过检测、解码以及处理 GPS 信号三个主要流程来获取导航信息，实时地计算出测站的三维位置、速度和时间。接收机的型号和样式各异，有袖珍式、背负式、手持式等，可以被安装在卫星、飞机、舰船、坦克、潜艇、汽车、卡车、武器以及士兵装备中，为军用和民用设备提供精准信息。

（三）GPS 的发展

GPS 已经发展成为一个全球性的公用事业，它所提供的多用途服务是美国国家安全、经济增长、交通安全和国土安全不可或缺的组成部分，同时也是全球经济基础设施的一个重要组成部分。2000 年，美国通过法律规定 GPS 不再使用“选择性可用功能”（SA），即不再有意降低非军事信号的精度。这是因为美国认识到 GPS 对民用和商用用户日益重要。此后，GPS 在商用和民用领域的应用突飞猛进,其重要性也显著提升。当前,基于 GPS 信息的服务成为经济增长的引擎,促进经济发展的同时,提高了生命安全性,成为美国多个领域的关键基础设施的重要组成部分。GPS 提供的定位、导航和授时信息对美国国家安全至关重要,其应用几乎融入了美国军事行动的方方面面。美国及其盟国的军队高度依靠 GPS 军用服务提供的军事级的定位、导航和授时服务。军用、民用、商业系统和基础设施对 GPS 的依赖程度都在不断加深。基于 GPS 的服务不断发展,既给美国的国家安全、国土安全和经济安全带来了益处,同时也带来了风险和威胁。

美国将持续提升和保持 GPS、其增强系统和备份系统能力,以满足日益增长的国家安全、国土安全和经济安全需求,以及民用、商用和科学需求。为应对新涌现的外国天基 PNT 服务,保持 GPS 在世界的领先性,美国正在进行 GPS 现代化计划,旨在升级 GPS 的功能和整体性能,包括新的民用和军用 GPS 信号。GPS 现代化计划不仅能够提高美国的定位导航授时能力,还能够提高阻止敌对势力使用 GPS 的能力。此外,美国也致力于给天基定位、导航和授时服务的多样化需求和多种应用提供稳定、灵活应变的政策和管理机制,完善 GPS 及其增强系统的政策框架,持续优化 GPS 管理体制机制,适应多用途的项目规划、资源分配、系统开发和运行,确保 GPS 继续满足日益增长和多样化的国内和全球需求。

二、俄罗斯格洛纳斯系统

俄罗斯格洛纳斯系统(Global Navigation Satellite System,GLONASS)是由俄罗斯研制建设和管理的全球卫星导航系统,是世界上第二个建成并投入使用的全球卫星导航系统,为全球用户提供实时的三维位置、速度和时间信息,包括标准精度通道(CSA)和高精度通道(CHA)等服务。

(一)格洛纳斯系统的发展历程

格洛纳斯系统之前,苏联建立了一套与美国子午仪卫星导航系统相似的低轨道卫星导航系统"Tsikada"(中文译为"蝉")。该系统的特点在于对相对静止或慢速行驶的船只可以提供较为精确的定位,但接收站需要等待卫星过境,通过数小时的观测来确定位置。1968 年年底,军方意识到现有的卫星导航系统已经无法满足新一代弹道导弹的精确导航的要求，格洛纳斯系统应运而生。1968年至1969年，苏联的国防部研究所、科学院、苏联海军研究部门共同对能适应海军、空军、陆军和航天使用的新的系统进行了初步的研究。在进行了深入的研究和探讨之后，1976年，苏联政府颁布建立格洛纳斯系统的政府令。①

格洛纳斯系统的研制始于20世纪70年代中期。1995年，格洛纳斯系统在轨卫星达到24颗，正式开通运行，并于1996年1月完成了24颗工作卫星和1颗备份卫星的部署。然而，1996年至1999年，由于俄罗斯经济困难和政局混乱，格洛纳斯系统的后续研制、发射的财政预算被削减了80%，导致没有足够资金及时补发新卫星，至2000年年底，卫星数一度减少为6颗，系统无法正常工作。② 随着经济的好转，俄罗斯制定了“拯救格洛纳斯系统补星计划”，并于2001年开始投入大量资金对系统进行现代化改造。至2011年，星座在轨运行卫星达到24颗，恢复了全球服务能力，后续俄罗斯又持续投入资金，用于卫星数保持、新卫星研制、地面设施改造，以及用户设备和导航地图更新等。截至2021年9月，格洛纳斯系统共有26颗在轨卫星。

（二）格洛纳斯系统的构成

格洛纳斯系统由空间段、地面段和用户段构成。截至2021年9月，格洛纳斯系统共有26颗在轨卫星，其中多数卫星属GLONASS－M系列，3颗属于GLONASS－K系列，2颗正处于在轨测试状态。

格洛纳斯系统的地面段由系统控制中心、传感器站、处理中心上行注入站和激光测距站组成，主要用于卫星轨道测量、时间测量、导航电文生成、遥测遥控等。

俄罗斯卫星导航增强系统（SDCM）状态方面，截至2021年9月，共有53个地面站（46个在俄罗斯境内，4个分布在瓦努阿图、哈萨克斯坦、罗马尼亚等国家，3个在南极洲）。站点包括为系统提供测量和矫正服务的数据处理与播发中心，以及负责对系统进行监测评估等工作的控制中心。

---

① 参见曹冲：《北斗与GNSS系统概论》，电子工业出版社2016年版，第190页。

② 参见杨长风、陈谷仓、郑恒等：《北斗卫星导航系统智能运行维护理论与实践》，中国宇航出版社2020年版，第19页。

（三）格洛纳斯系统的服务与应用

格洛纳斯系统向全球用户免费提供 L1 和 L2 两个频段民用信号，在陆路运输、搜救、个人导航、航空、水运、大地测量、环境、太空导航、建筑、农业、通讯系统、武器装备等多个领域应用。

目前，格洛纳斯系统及其增强系统共同提供四种导航服务：（1）基本服务，可以向所有用户提供定位导航授时服务。该服务由中轨道的导航卫星提供。（2）生命安全服务，为需要有更高的可靠性和准确性的服务提供导航保障。该服务由中轨道的导航卫星以及增强系统提供。（3）区域高精度导航服务，该服务在地面增强站网络的 50 公里范围内提供。（4）高精度导航服务，该服务通过地面和互联网渠道提供。未来，还计划通过空间通信渠道，利用地球静止轨道和高轨道航天器来提供服务。①

格洛纳斯系统还可依据开放程度分为两种类型：民用服务和受限服务。使用格洛纳斯系统的民用服务是免费和不受限制的，俄罗斯的政策是要保持这种状态，并在全球推广其民用服务。只要用户拥有支持格洛纳斯系统的接收机，便可以使用其民用服务。格洛纳斯系统的受限服务仅限俄罗斯政府及其武装部队使用。

三、欧盟伽利略系统

伽利略系统（Galileo Navigation Satellite System，GALILEO）是由欧盟研制建设和管理的全球卫星导航系统，为全球用户提供实时的三维位置、速度和时间信息，包括开放、商业、生命安全、公共管制和搜救支持等服务。

（一）伽利略系统的发展历程

1999 年，欧盟提出建设伽利略系统，于 2002 年 3 月正式启动。2016 年 12 月，欧盟委员会宣布伽利略系统的基本服务（开放服务、公共监管服务、搜救服务）投入运营，标志着伽利略系统从部署和测试阶段过渡到运行阶段。2018 年 2 月，4 颗在轨验证卫星和 18 颗完全运营能力卫星完成了其星座组网。

---

① 参见《俄罗斯联邦无线电导航计划（2019 年）》4.2.1。

伽利略系统归欧盟所有。欧盟委员会全面负责该计划,代表欧盟管理和监督所有活动的实施。欧盟委员会已将该计划的运行管理委托给欧盟空间计划局,由其负责监督伽利略系统基础设施的使用,并确保伽利略系统服务按计划提供且不中断。欧盟委员会将伽利略系统的设计、部署、系统演进以及基础设施的技术开发委托给欧洲航天局负责。

(二)伽利略系统的组成

伽利略系统由空间段、地面段和用户段三部分组成。截至2021年9月,伽利略系统的空间段由三种轨道26颗卫星组成。伽利略系统地面段包括2个伽利略控制中心(GCC)、全球伽利略传感器站(GSS)网络、全球伽利略上行链路站(ULS)网络及全球遥测、跟踪和控制站(TTC站)。① 用户段为接收伽利略系统太空信号(SiS)的卫星导航系统接收器和设备。

(三)伽利略系统的服务

伽利略系统提供六项服务:伽利略开放服务(GOS)、高精度服务(HAS)、公共管制服务(PRS)、信号认证服务(SAS)、紧急服务(ES)、授时服务(TS)。② 开放服务,是伽利略系统向用户免费提供定位导航授时信息的服务。智能手机或车载导航系统中支持伽利略系统的芯片可以使用伽利略系统开放服务。高精度服务,是伽利略系统向用户免费提供的高精度定位服务,适用于更好精度需求的应用。其主要的目标市场包括测绘、农业、航空、公路、铁路、海事、消费者解决方案和空间应用。公共管制服务,是伽利略系统面向政府授权用户,如民防、消防、海关、警察等,提供的加密服务。公共管制服务使用加密信号,信号强,可在国家紧急情况下确保服务的连续性。信号认证服务,是伽利略系统通过加密代码向用户提供的,用于验证导航信息来源的服务,主要用于专业或商业卫星导航应用。紧急服务,是伽利略系统以发送特定信号方式,向用户免费提供的,播报有关自然灾害或其他紧急情况警告信息的服务。授时服务,是伽利略系统向用户免费提供准确、可靠时间信息的服务。

---

① 参见2018年《欧洲无线电导航计划》1.1.3。

② 参见2021年《欧盟空间计划和欧盟空间计划局条例》[(EU)2021/696]第45条。

四、其他区域卫星导航系统

（一）日本准天顶卫星系统

日本准天顶卫星系统（Quasi－Zenith Satellite System，QZSS）是日本研制建设和管理的，增强 GPS 区域性功能的卫星扩增系统。“准天顶”一词来源于日本导航卫星所采用的特殊大倾斜椭圆轨道，卫星在一天中的大部分时间均运行在日本上空，以“打补丁”的方式，通过在日本上空播发差分信号和导航增强信号，来提高 GPS 民用信号的精度和可用性。[①] 2010 年 9 月，日本首颗准天顶卫星系统卫星发射成功。2011 年 9 月，日本内阁通过决议，批准实施准天顶卫星系统项目的基本政策。[②] 该政策指出，日本区域卫星导航系统的建设将分两个阶段进行：第一阶段（2012－2017 年）为研发阶段，建设由 3 颗卫星组成的准天顶卫星系统；第二阶段（2018－2032 年）为运营阶段，建设由 4 颗准天顶卫星和 3 颗静止轨道卫星（共 7 颗卫星）组成的区域卫星导航系统。截至 2021 年 9 月，空间段方面，准天顶卫星系统共有 4 颗卫星在轨服务，包括 1 颗 GEO 卫星和 3 颗 IGSO 卫星。日本计划 2023 年前完成 3 颗卫星的发射，构成 7 颗卫星的星座。地面段方面，准天顶卫星系统拥有 2 个主控站，位于常陆太田和神户，7 个卫星测控站（TTC）位于西南部群岛，30 多个监测站（可提供精确轨道确定，增强数据融合和完好性监测等服务）。

准天顶卫星系统由日本政府和私营企业联合研发。其中，日本宇航署（JAXA）负责卫星平台的轻型化技术研究与开发，以新卫星商业股份公司（三菱电机公司担任主承包商）为首的民间机构负责通信广播任务和卫星平台开发，国家和民间机构共同承担发射、跟踪管理和控制系统的开发经费。[③] 准天顶卫星系统提供三类服务：一是定位导航授时服务，补充 GPS 信号；二是亚米级增强服务，为与其他星基增强系统（GPS－SBAS）互操作提供增强；三是提供高精度定位服务。

---

① 参见刘天雄：《卫星导航系统概论》，中国宇航出版社 2018 年版，第 30 页。

② 参见李作虎等：《日本卫星导航系统发展与思考》，载《卫星与网络》2013 年第 10 期。

③ 参见李作虎等：《日本卫星导航系统发展与思考》，载《卫星与网络》2013 年第 10 期。

（二）印度区域卫星导航系统

印度区域卫星导航系统（Indian Regional Navigational Satellite System，IRNSS）是印度研制建设和管理的区域卫星导航系统，又称 NavIC。NavIC 在梵语中为“领航者”“舵手”的意思。2013 年 7 月 2 日，印度发射了第一颗导航卫星 IRNSS－1A。2018 年 4 月 12 日，成功发射了第 8 颗导航卫星 IRNSS－1I。这期间一共发射了 9 颗组网卫星，其中 2017 年 8 月 31 日发射的 IRNSS－1H 导航卫星，由于整流罩未能分离，导致 IRNSS－1H 无法入轨，宣告该次发射失败。目前在轨服务的导航卫星为 8 颗。

截至 2021 年 9 月，印度区域卫星导航系统的空间段由 7 颗导航卫星组成，其中 3 颗为 GEO 卫星，4 颗为 IGSO 卫星，3 颗 GEO 轨道卫星分别定位于 34°E、83°E 和 132°E 处；4 颗 IGSO 卫星部署在两个轨道面上，其轨道倾角均为 29°，升交点赤经分别为 135°E 和 310°E，卫星的地面轨迹在赤道两侧对称分布。印度区域卫星导航系统的地面段由 2 个导航中心、17 个参考站、2 个网络授时中心和 2 个空间部分控制中心组成。

印度区域卫星导航系统为用户提供标准定位服务（SPS）及授权服务（RS），授权服务主要向印度政府部门提供，其中军方是最重要的用户，可视作印度区域卫星导航系统的军用加密信号。其中标准定位服务的设计定位精度优于 20m，授时精度优于 50ns；授权服务的设计定位精度优于标准定位服务的定位精度。

（三）韩国定位系统

韩国定位系统（Korean Positioning System，KPS）是韩国政府计划建设的区域卫星导航系统。2013 年 11 月，韩国政府出台《航天开发中长期规划（2014－2040）》首次提出建设自主的卫星导航系统——韩国定位系统。2018 年 2 月，韩国政府出台航天发展五年规划——《第三次航天开发振兴基本计划》（以下简称《第三次计划》），提出韩国将加快构建自主的卫星导航系统，将于 2034 年建成韩国定位系统。规划提出，韩国定位系统将通过播发全球卫星导航系统（GNSS）增强信号、韩国定位系统自主信号，提供性能更佳、更稳定的导航服务；同时通过星基增强和地基增强，提供米级、亚米级的精确位置服务。

韩国定位系统建设将分三个阶段进行。第一阶段(至2024年):2023年年底前建成地面试验设施,2024年年底前研发卫星导航载荷技术,2024年年底前获得频率。第二阶段(至2028年):研发倾斜轨道导航卫星技术和地面站运营技术,2028年前发射1颗IGSO导航卫星(验证星)。第三阶段(至2034年):2034年前建成韩国定位系统,发射3颗IGSO和3颗GEO导航卫星,与之前发射的验证星及地面站共同构成韩国定位系统。

(四)英国卫星导航系统计划

2016年6月,英国完成脱欧公投,开始与欧盟就一系列合作问题进行谈判分割,其中包括伽利略系统的建设和使用问题。最初,英国与欧盟计划就继续参与伽利略系统的建设和使用达成协议。2018年11月,英国宣布开发本国的卫星导航系统,并为此拨付1.27亿美元。近几年来,建设本国卫星导航系统的设想在英国国内受到了质疑。英国商务、能源及工业战略部在2020年9月24日的声明中表示,英国将启动天基定位导航授时项目取代之前的全球卫星导航系统计划。声明表示,新的天基定位导航授时项目将"考虑更新、更具创新的想法来提供全球卫星导航和安全卫星服务,以满足公众、政府和行业的需求"。①

① Jeff Foust, *Britain charts a new course for satellite navigation* (Aug. 24, 2021), https://spacenews.com/britain - charts - a - new - course - for - satellite - navigation/.

第一章　外国卫星导航法律制度体系

卫星导航系统的建设运行是重大复杂工程，具有规模庞大、系统复杂、技术密集、综合性强、投资多、周期长、风险大、应用广泛的特点，同时卫星导航系统与政治、经济、军事关系密切。为实现高效有序管理卫星导航各项工作，美国、俄罗斯和欧盟相继颁布了一系列调整卫星导航法律关系的法律、法规和政策，建立了与其卫星导航系统相适应的法律制度。由于政治体制、法律制度体系以及卫星导航系统发展特点和阶段各不相同，美国、俄罗斯和欧盟卫星导航法律制度各具特色。

第一节　美国卫星导航法律制度体系

美国是联邦制的普通法系国家。美国现行法律体系由判例法和制定法共同构成，是一个分散的系统。在联邦层面，根据法律效力的高低，分为联邦宪法、联邦法律、条约、法院规则、总统行政命令、联邦行政法规和联邦普通法。美国1994年全面建成GPS，1996年即出台专门规范GPS活动的总统令，并陆续制定了GPS相关法律、法规和政策，目前美国已形成了相对完善、多层次的卫星导航法律制度体系。GPS相关联邦法律，是美国卫星导航法律制度体系的基础，国会主要通过《国防授权法》就GPS运行维护和管理作出了规定，交通、通信、商业太空等与GPS紧密相关领域的法律，也就GPS相关的内容作出规定；总统发布的GPS相关行政命令、备忘录等总统文件，是美国卫星导航法律制度体系的主体，主要就GPS管理体制、管理的基本原则和方式等内容作出规定；联邦各部门在职权范围内发布的众多GPS相关法规、指令、指示，是美国卫星导航法律制度体系的重要组成部分，主要就 GPS 相关管理工作作出具体规定。美国还分别同俄罗斯、中国、欧盟、韩国、日本、澳大利亚、英国等国家或地区签署卫星导航相关双边协定、联合声明和公告。这些制度为 GPS 的安全稳定运行、全球广泛应用，以及商业应用服务的蓬勃发展奠定了坚实的制度基础。GPS 相关法律是美国卫星导航法律体系的基础。

一、联邦法律

《美国法典》[①]（United States Code，U. S. C.）第 10 编“武装部队”、第 49 编“交通”和第 51 编“国家和商业空间计划”中的相关规定，就卫星导航相关活动进行了规范。这些立法来源于 1998 年以来各财年的国防授权法，国防和交通相关拨款法，以及《商业空间法》《通信法》《刑法》等联邦法律。

（一）全球定位系统（10 U. S. C. § 2281）

《美国法典》第 10 编“武装部队”第 2281 条[②]规定了“全球定位系统”，建立了 GPS 运行和管理制度。

一是界定了 GPS 相关概念。该法明确了 GPS 由三部分组成，即卫星星座，产生 GPS 信号的导航有效载荷，以及地面站、数据链路及相关的指挥和控制设施；明确了 GPS 标准定位服务，是指 1996 年《联邦无线电导航计划》中定义的 GPS 提供的基本民用和商用服务。

二是赋予了国防部运行维护管理 GPS 的职权。具体包括：第一，负责为军事和民用目的的运行维护 GPS；第二，制定适当措施防止敌方使用 GPS；第三，确

---

① 美国联邦法律的产生程序是：首先由美国国会议员提出法案，当这个法案获得国会通过后，将被提交给美国总统予以批准，一旦该法案被总统批准（有可能被否决）就成为法律。联邦法律不得与宪法相冲突，其法律效力高于美国州法及附属领地法。每届国会通过的新法均会在此届国会卸任之年汇编入美国成文法律大全，继而进入《美国法典》。《美国法典》是永久性联邦法律的汇编，根据法律规范所涉及的领域和调整对象划分为 54 编，每 6 年刊印一版。

② 《美国法典》第 10 编第 2281 条由《1998 财年国防授权法》（NDAA）第 1074 条“GPS 维护和运行”创建，还包括《1994 财年国防授权法》第 152 条、《1996 财年国防授权法》第 279 条、《1999 财年国防授权法》第 218 条、《2006 财年国防授权法》第 260 条、《2007 财年国防授权法》第 911 条、《2011 财年国防授权法》第 913 条、《2016 财年国防授权法》第 1621 条、《2019 财年国防授权法》第 1610 条、《2020 财年国防授权法》第 1607 条。

保美国武装力量有效使用 GPS;第四,按照《联邦无线电导航计划》的性能要求提供 GPS 标准定位服务;第五,与交通部合作开发 GPS 增强系统;第六,与商务部等部门合作促进 GPS 民用和商用;第七,与交通部共同制定发布《联邦无线电导航计划》以阐述美国在该领域的政策和计划。该法还赋予了国防部关于 GPS 管理的特别反对权,即如果国防部认为其他政府部门制定或实施的 GPS 相关管理措施将限制 GPS 军事潜力,国防部有权提出反对。

三是赋予了交通部、商务部等部门卫星导航相关管理职权。其中,交通部负责与国防部合作开发 GPS 增强系统、与国防部共同制定发布《联邦无线电导航计划》;商务部、美国贸易代表负责与国防部合作促进 GPS 民用和商用。

四是明确了美国军用全球卫星导航系统设备开发采购要求。第一,要求实施多制式全球卫星导航系统原型机项目,开发多制式 M－码全球卫星导航系统原型机接收器,提高军用定位导航授时(PNT)设备抵御威胁的能力。该法规定,由空军负责实施项目,具体负责开发 M－码接收器、评估分析各类风险、了解盟国系统信号、与有意愿的盟国合作。该法定义了"M－码",是指军用代码,可提供增强的 PNT 能力,抵抗现有和新兴威胁的能力也更强。该法明确了"盟国系统",是指欧盟伽利略系统、日本准天顶卫星系统,以及经国防部长与国家情报总监协商后指定的印度区域卫星导航系统或任何类似的相关广域增强系统;"非盟国系统",是指俄罗斯格洛纳斯系统和中国北斗系统。第二,要求空军部长确保军用全球卫星导航系统设备具备接收盟国和非盟国信号的能力,并采取适当的风险缓解措施控制使用此类信号可能带来的风险。

(二)国防部定位导航授时监督委员会(10 U. S. C. § 2279b)

《美国法典》第 10 编"武装部队"第 2279b 条①规定了"国防部定位导航授时监督委员会",建立了国防部定位导航授时(PNT)监督制度。该法在国防部内部设立了国防部 PNT 监督委员会,成员包括国防部主管政策的副部长,国防部主管采购、技术和后勤的副部长,参谋长联席会议副主席,美国战略司令部司令,美国北方司令部司令,美国网络司令部司令,国家安全局局长,国防部首席

① 《美国法典》第 10 编第 2279b 条来源于 2015 年通过的《2016 财年国防授权法》第 1603 条"国防部定位导航授时监督委员会"。

信息官，各军种部长，以及国防部长指定的国防部其他军官。监督委员会联席主席由国防部主管采购、技术和后勤的副部长和参谋长联席会议副主席担任。

该法赋予了监督委员会监督国防部的定位导航授时有关工作，包括监督国防部向民用、商用、科学和国际用户提供的 PNT 服务，要求监督委员会每年向国会国防委员会提交一份关于监督委员会活动的报告。

此外，该法还就国防部 PNT 有关预算和拨款事项作出了规定。该法要求，在总统向国会提交财政年度预算后的 30 天内，美国战略司令部司令应当向参谋长联席会议主席提交一份关于预算的评估报告，以评估该年度预算是否能够满足国防部 PNT 计划。参谋长联席会议主席应当在收到该评估报告的 30 天内，向国会国防委员会提交该评估报告及其评论。该法还规定，如果监督委员会认为国会参议院或众议院通过的用于支持国防部 PNT 计划的资金不足，应当将此判断告知国会国防委员会。

（三）外国政府在美国领土上建设卫星定位地面监测站的相关限制（10 U. S. C. § 2279d）

《美国法典》第 10 编“武装部队”第 2279d 条①规定了“外国政府在美国领土上建设卫星定位地面监测站的相关限制”，建立了外国卫星导航系统地面监测站监管制度。该法规定，总统不得允许在美国领土上建设由美国盟国以外的外国政府直接或间接控制的全球卫星导航系统地面监测站，除非国防部长和国家情报总监向国会有关委员会证明，该地面监测站不具备收集情报或改进任何外国武器的能力或潜在可能。

该法规定，国防部长和国家情报总监应证明两项内容：第一，建设该地面监测站符合美国国家安全利益；第二，该地面监测站的建设运行满足特定要求。特定要求包括：一是该地面监测站收集或传输的所有数据均未加密；二是参与建设、运行和维护该地面监测站的所有人员均为美国人；三是该地面监测站的地理位置不靠近美国国家安全敏感地带；四是该地面监测站所采用的设备均经过美国审批；五是有适当措施确保该地面监测站不会对美国国家安全构成网络间谍威胁或其他威胁；六是该地面监测站不会减少 GPS 技术给用户带来的利

① 《美国法典》第 10 编第 2279d 条来源于 2013 年通过的《2014 财年国防授权法》第 1602(b)条。

益,或对该利益的构成竞争。

该法规定,国防部长和国家情报总监应当在与国务卿协商的基础上,以提交报告的形式向国会参议院武装部队委员会、外交关系委员会和情报特别委员会,以及众议院武装部队委员会、外交事务委员会和情报常设特别委员会证明。报告应当包括以下内容:第一,如果不能证明上述两项应当证明的内容,需说明原因;第二,建设该地面监测站可能对美国国家安全产生的影响;第三,在美国境内运行该地面监测站期间可用于减轻对美国安全影响的方法;第四,其他认为应当说明的信息。

(四)建立全国差分全球定位系统(49 U.S.C. § 301)

《美国法典》第49编“交通”第301条①规定了“建立全国差分全球定位系统”,建立了全国差分全球定位系统(NDGPS)建设运行管理制度。

一是明确了NDGPS建设机构和方式。该法明确由交通部建设一个全国性的差分GPS系统——NDGPS,授权交通部接收从国防部退役的地波应急网络(GWEN)站点,并将其与海岸警卫队的海上差分GPS站整合。

二是明确了NDGPS运行机构和方式。第一,明确由交通部来管理和运行NDGPS,不向用户收取费用;第二,要求交通部与国防部合作,确保NDGPS不被敌方使用;第三,如果第三方维修NDGPS站点更具成本效益时,交通部可与维修承包商签订维修服务合约;第四,交通部可以与私营部门、大学、州政府合作,就改进NDGPS开展调研、制定NDGPS标准、资助开发新的NDGPS应用。

(五)推广美国全球定位系统标准(51 U.S.C. § 50112)

《美国法典》第51编“国家和商业空间计划”第50112条②规定了“推广美国全球定位系统标准”,制定了一系列推广GPS标准的措施。为了促进并保持GPS最有效地实现美国国家安全、公共安全、科学和经济利益,该法鼓励总统采

---

① 《美国法典》第49编第301条来源于1997年通过的《1998年交通部和相关机构拨款法》第346条。

② 《美国法典》第51编第50112条来源于1998年《商业空间法》第104条“推广美国全球定位系统标准”。

取以下措施:一是确保 GPS 在全球范围内持续运行,且不向用户直接收取费用;二是签订促进与外国政府和国际组织合作的国际协议,促进 GPS 及其增强系统成为国际公认的标准,消除 GPS 在全球范围应用的任何外国壁垒;三是向商务部主管通信与信息事务的助理部长提出明确的要求和提供充足的资源,使其能够在国际上实现并保持 GPS 所用电磁频谱的高效管理,保护电磁频谱免受破坏和干扰。

(六)替代授时系统(49 U.S.C. § 312)

《美国法典》第 49 编"交通"第 312 条[1]规定了"替代授时系统",建立了替代授时系统建设运行管理制度。

一是明确了替代授时系统的建设运行管理机构。该法规定由交通部负责建设替代授时系统,并明确建设替代授时体系的目的在于减少关键依赖,为 GPS 的授时组件提供补充和备份,并确保在 GPS 授时信号损坏、退化、不可靠或其他不可用的情况下为军事和民用用户提供未损坏和未降级的授时信号,应当建设、运行和维护弹性、可靠的陆基替代授时系统。

二是制定了替代授时系统的建设要求。该法规定了替代授时系统的特点与性能,即该系统应当是无线的、陆基的,能够提供广域覆盖,与协调的国际标准时间同步,具有弹性且极难破坏或降级,能够穿透地下和建筑物内部,能够部署到偏远地区,能够与任何其他类似的 PNT 系统协同工作并对其进行补充等。

三是要求提交替代授时系统的建设运行计划。该法要求交通部长应当在指定期限内,向参议院商业、科学和交通委员会以及众议院交通和基础设施委员会提交报告,阐述替代授时系统建设运行计划、系统能力情况、系统拟投入运行的日期,以及系统拟运行的期限(要求不少于 20 年)。

四是明确了罗兰设施的处置方案。该法规定,如果交通部认为海岸警卫队拥有的罗兰基础设施(包括不动产和相关频谱)可以作为替代授时系统组成,海岸警卫队应当将相关设施、频谱和设备转让给交通部。

五是建立了替代授时服务制度。该法规定,交通部长在符合公共利益的前

---

① 《美国法典》第 49 编第 312 条来源于 2018 年通过的《弗兰克·洛比翁多海岸警卫队授权法》第 514 条"国家授时弹性和安全法"。

提下，可以通过竞争性程序，与符合特定标准的非政府实体签订合作协议，授权该非政府实体向用户提供授时服务。该法规定该合作协议应当规定以下内容：第一，交通部授权该实体向第三方提供授时和其他服务；第二，该实体应当遵守交通部与国防部协商确定的任何国家安全要求；第三，该实体应当自费开发、建造和运行备用的授时系统；第四，允许该实体在协议有效期内对必要的技术进行投资，以满足未来对先进授时弹性和技术的要求；第五，该实体应确保至少在协议签订的10年内向交通部分享其提供授时服务获取的总收益的25%。

（七）其他相关联邦法律

由于卫星导航系统的相关活动涉及方方面面，除上述直接调整卫星导航活动的规定，在无线电通讯、航天航空等领域均有相关的规定。比如，联邦法律禁止使用、广告或出售干扰获得授权进行无线电通信（包括GPS）的干扰设备。这些规定包括1934年《通信法》中有关无线电干扰的条款，如要求操作或使用无线电发射器的人员必须根据委员会的规则获得许可或授权（47 U. S. C. §301），禁止在美国境内制造、进口、广告、出售或操作信号干扰器（47 U. S. C §302a），禁止故意或恶意干扰获得许可或授权或由美国政府运营的任何电台的无线电通信（47 U. S. C. §333）等，这些规定被汇编至《美国法典》第47编。还包括刑法的规定，如禁止将非法商品出口到美国（18 U. S. C. §545），禁止故意或恶意干扰包括GPS通信在内的美国政府通信（18 U. S. C. §1362）、禁止故意或恶意干扰包括GPS在内卫星通信（18 U. S. C. §1367），这些法律被汇编至《美国法典》第18编。

二、总统文件

1980年以来，多位美国总统发布了多项GPS相关行政命令（executive order）①、

---

① 行政命令是由美国总统作为联邦最高行政首长对联邦所属各机构发布的具有法律效力的指示，是总统执行法律、形成和推行自己政策的重要手段。总统发布行政命令的权力主要有三大来源：一是宪法规定；二是国会立法与授权；三是来自总统职位的实际运作和总统工作本身的“固有权力”。行政命令不受《联邦行政程序法》调整，受到法院和国会的制衡。行政命令由总统签署，经白宫管理和预算办公室以及司法部长批准，并记录在联邦登记册中。

总统指令(presidential directive)[①]、总统备忘录(presidential memorandum)[②]等总统文件,以确保美国在全球卫星导航系统领域的领导地位。这些关于 GPS 的总统文件中的部分内容被美国国会逐渐上升为永久性法律,有部分政策在被新制定或修订文件所取代后失效。

(一)2021 年《美国天基定位导航授时政策》(第 7 号空间政策指令)

1994 年美国全面建成 GPS 后,美国总统相继发布了专门的 GPS 总统政策。1996 年 3 月,时任总统克林顿发布总统决策指令《美国全球定位系统政策》(PDD/NSTC－6),就 GPS 的定义,美国 GPS 政策目标和 GPS 管理体制作出了规定。在 GPS 发展了 10 年后,2004 年 12 月,时任总统布什发布第 39 号国家安全总统指令《美国天基定位导航授时政策》(NSPD－39)更新了《美国全球定位系统政策》,就政策宗旨和目标、天基 PNT 管理体制、外国使用美国天基 PNT 能力等事项作出了规定。2021 年 1 月,时任总统特朗普发布了第 7 号空间政策指令《美国天基定位导航授时政策》(SPD－7)以更新 2004 年发布的政策,为美国国家和国土安全、民用、商用和科学等目的的天基定位导航授时(PNT)计划和活动确立了执行指南。该指令共九节,包括第一节范围、第二节定义、第三节背景、第四节政策目标和指南、第五节天基 PNT 服务的管理、第六节外国使用美国天基 PNT 能力、第七节机构的作用和责任、第八节有害干扰或操纵的通知、第九节一般规定。相较于 2004 年天基 PNT 政策,该政策重点就管理体制、安全风险防范、贸易政策等领域进行了制度改革,进一步巩固美在 PNT 领域的垄断地位。具体包括:

第一,制定了美国天基 PNT 政策的目标。该政策一是旨在维护美国在提供全球卫星导航系统服务方面的领导地位;二是旨在促进负责任地使用全球卫星导航系统(包括 GPS 和外国系统)。

---

① 总统指令与行政命令具有相同的实质性法律效力。2000 年法律顾问办公室发布的《关于总统指令与行政命令相比的法律效力备忘录》明确:美国没有根据传达总统行动的书面文件的形式或标题来区分总统行动的法律效力的依据,控制性的是总统决定或指令的实质内容,而不是文件是否以特定方式设计。

② 总统备忘录类似行政命令,但发布总统备忘录没有正式的程序,不必得到管理和预算办公室和司法部长的批准,也不必记录在联邦登记册中。

第二，明确了美国天基 PNT 政策的范围。该政策主要规范了以下活动：一是GPS 的维护和升级活动，以及由美国政府开发、拥有和运行的 GPS 增强系统和改进系统的维护和升级活动；二是保护美国和盟国使用 GPS 的活动，以及防止敌方使用美国天基 PNT 服务的能力；三是美国与外国天基 PNT 服务方面的国际合作，以及外国使用 GPS 及其增强系统方面的国际合作。

第三，明确了美国天基 PNT 的管理体制。一是明确由国家天基定位导航授时执行委员会（以下简称国家天基 PNT 执委会）作为跨部门机构，负责在提供天基 PNT 服务、增强系统服务和天基替代服务方面，指导和维护整个政府的利益。该政策就国家天基 PNT 执委会的具体职能、组成方式、运行机制作出了具体规定，明确了国家天基 PNT 执委会内设行政督导小组（ESG），代表国家天基 PNT 执委会执行任务、建立共识并解决问题；下设国家天基 PNT 协调办公室（NCO），作为国家天基 PNT 执委会的秘书机构；保留国家天基 PNT 咨询委员会，就卫星导航相关政策、计划和资金等问题向美国政府提出独立建议。二是明确了国务院、国防部、商务部、交通部、国土安全部、国家情报总监办公室、国家航空航天局等联邦政府部门在天基 PNT 方面的具体职责分工。

第四，建立了安全风险防范体系。该政策确立了负责任地使用全球卫星导航系统的目标，并围绕该目标提出多项举措：一是提出发展“替代 PNT 服务”；二是强化对 GPS 频谱环境保护措施；三是制定了预防、监测、识别、处置 GPS 安全风险的机制，并明确由国土安全部承担主要职责；四是明确了美国对引入外国 PNT 服务保持谨慎态度。

第五，明确了外国获得美国天基 PNT 能力的要求。该政策规定美国对 PNT 领域采取出口清单管制措施。美国根据《国际武器贸易条例》《出口管理条例》等现行法律法规，对清单内的 PNT 货物和服务出口颁发许可证。该政策阐明了出口的基本原则，即一方面积极考虑民用、大众市场 PNT 货物和服务的大多数出口，另一方面根据现行法律法规以及有关国家安全和外交政策目标，对敏感的两用或先进的 PNT 信息、系统、技术和组件的出口开展逐案审议。

（二）2020 年《国家空间政策》

2010 年 6 月，时任总统奥巴马发布了美国首个《国家空间政策》，系统阐述了美国空间政策的目标,提出了在加强基础能力、开展国际合作、保护空间环境、实施出口政策、发展太空核能、保护无线电频谱、提高抗风险能力方面的指导方针,并确定了联邦各部门在商业空间活动、民用空间活动以及国家安全空间活动方面的职责分工。2020 年 12 月,时任总统特朗普发布了新的《国家空间政策》以更新 2010 年的政策,重申美国在空间领域的领导地位和作为世界上最重要的航天国家的地位,制定了美国空间活动的基本原则、主要目标、跨部门政策和部门政策,为美国空间活动提供全面指导。在空间政策中,明确提出美国必须在全球卫星导航系统的服务提供方面保持领导地位,并和负责任地使用全球卫星导航系统。该政策进一步明确了美国关于免费提供 GPS 及其增强服务、开展兼容与互操作、运行 GPS、提高 GPS 及其增强系统设备的网络安全、使用国际 PNT 服务,检测减轻 GNSS 有害干扰、应用补充 PNT 系统或方法、负责任地使用天基 PNT 服务等方面的基本政策立场。

(三)2020 年《空间系统的网络安全原则》(第 5 号空间政策指令)

2020 年 9 月 4 日,美国总统发布《空间系统的网络安全原则》(第 5 号空间政策指令)①,这是美国政府发布的首个针对空间网络系统的安全政策,对包括 GPS 在内的空间系统的网络安全提供了政策指导。该政策明确了美国国土安全部和网络安全与基础设施安全局在美国空间网络防御方面的领导地位,并确立了五项空间网络安全原则:一是应当采用基于风险的网络安全信息工程来开发运行空间系统及其支持性基础设施;二是空间系统的所有者和运行者应制订并实施空间网络安全计划;三是应当通过规则、监管和指南来实施这些旨在加强空间系统网络安全的原则;四是空间系统所有者和运行者应合作促进最佳做法和缓解措施的发展;五是空间安全措施的设计应有效,同时允许空间系统的所有者和运行者管理适当的风险,并尽量减少对民用、商业和其他非政府空间系统的所有者和运行者的负担。

---

① See Memorandum on Space Policy Directive - 5—Cybersecurity Principles for Space Systems , September 4, 2020.

（四）2020 年《通过负责任地使用定位导航授时服务来增强国家弹性》（第 13905 号行政命令）

2020 年 2 月 12 日，美国总统发布《通过负责任地使用定位导航授时服务来增强国家弹性》（第 13905 号行政命令）①，旨在促进关键基础设施所有者和运行者负责任地使用 PNT 服务，确保定位导航授时服务中断或被操纵不会破坏美国关键基础设施的可靠性和有效运行。该政策共四节，包括第一节目的、第二节定义、第三节政策、第四节实施。该政策主要明确了以下措施：一是商务部应与特定部门机构（Sector - Specific Agency，SSA）协调，并酌情与私营部门协商，制定并向相关机构和私营部门用户提供 PNT 配置文件（PNT profile）；二是国防部、交通部和国土安全部根据 PNT 配置文件，更新《联邦无线电导航计划》；三是国土安全部与特定部门机构协调制订脆弱性测试计划；四是特定部门机构和其他行政部门应当协同国土安全部，制定相关政府合同要求，将 PNT 配置文件相关信息纳入 PNT 产品、系统和服务的采购和使用要求中；五是联邦采办监管委员会与特定部门机构和其他机构协商，酌情将其制定的要求纳入 PNT 产品、系统和服务相关联邦合同中；六是特定部门机构和其他机构负责人通过国土安全部长向总统提交报告；七是交通部、能源部、国土安全部负责制订相应计划，评估 PNT 服务负责任使用的情况；八是美国白宫科学和技术政策办公室制订一项关于研发不依赖于 GNSS 的其他 PNT 服务的国家计划；九是商务部应当提供独立于全球卫星导航系统的协调世界时（Coordinated Universal Time，UTC）来源。

三、联邦法规和部门政策

国防部、交通部等美国政府行政机构根据诸多联邦法律的明确立法授权，依据其对 GPS 的管理职权，还制定了 GPS 部门政策，对 GPS 具体管理事项作出了具体性规定。

---

① See Strengthening National Resilience Through Responsible Use of Positioning, Navigation, and Timing Services, Executive Order 13905 of February 12, 2020.

(一)《国防部第 4650.05 号指令:定位导航授时》(2021 年修订)

根据《美国法典》第 10 编第 2281 条和第 39 号国家安全总统令(NSPD -9),国防部于 2016 年发布《国防部第 4650.05 号指令:定位导航授时》[①],并于 2021 年 4 月对该项指令进行了修订。该指令就国防部负责的定位导航授时(PNT)工作、国防部内部职责分工,以及国防部 PNT 监督委员会职责等内容作出了规定。根据该指令,国防部首席信息官制定发布了《国防部第 4650.06 号指示:定位导航授时管理》,就国防部内部各部门的 PNT 管理职责作出规定;制定发布了《国防部第 4650.08 号指示:定位导航授时及导航战》,就国防部关于导航战的政策立场、国防部内部各部门有关 PNT 和导航战的职责分工、PNT 项目的导航战合规程序和要求等作出了规定。

该指令明确了国防部负责以下四项 PNT 有关工作:第一,为美国服务,具体包括:一是向美国和盟军提供军用 GPS 和其他 PNT 服务,并确保其有效使用;二是防止对手在军事行动区有效使用 PNT 服务;三是确保 GPS 为军事行动区以外非作战人员提供 PNT 服务。第二,为军事活动提供重要的 PNT 信息。第三,与其他联邦部门合作管理和运行两用 PNT 系统。第四,参与国内和国际 PNT 论坛,协调美国政府立场以支持国防部目标。

该指令明确了国防部相关部门有关 PNT 的职责分工。其中,在国防部 PNT 监督委员会有表决权的成员及其职责如下:国防部首席信息官负责根据本指令制定发布政策,担任国防部 PNT 政策首席参谋助理与外部沟通,主持国防部 PNT 执行管理委员会(EMB)和各工作组,设立国防部 PNT 监督委员会秘书处,提出 PNT 政策需求,支持导航战。国防部采购与保障副部长负责担任国防部 PNT 监督委员会联席主席,监督国防部 PNT 相关采购和相关性能标准。国防部研究与工程副部长负责监督和指导 PNT 研发相关投资,提出 PNT 项目要求,审查和监督 PNT 相关研究、系统工程和开发测试流程。国防部情报和安全副部长负责提供相关专业支持。国家安全局局长/中央安全局局长负责监督和指导与密码和精确授时相关的 PNT 操作和功能需求。国防部政策副部长负责监督和指导国防部 PNT 相关国际事务、制定国家安全和国防政策并整合天基

---

① See DOD Directive 4650.05 Positioning, Navigation, and Timing (PNT), June 9, 2016.

PNT 政策和计划、参与其他部门和跨部门组织的天基 PNT 相关事项、制定用于指导盟国行动和与外国政府防务关系的政策、整合和监督盟国和有防务关系的外国政府有关天基 PNT 的计划和项目。各军种部的部长负责监督和指导服务相关的 PNT 操作和功能需求、提供相关专业支持。参谋长联席会议副主席负责提出 PNT 作战需求。美国太空司令部司令负责监督和指导联合天基 PNT 行动、为联合弹性 PNT 需求和导航战操作能力提供指导,为紧急联合弹性 PNT 和导航战计划和行动提供支持。美国战略司令部司令负责监督和指导战略任务区域的 PNT 能力使用、监督和指导导航战相关的电磁频谱的使用、制定 PNT 能力相关的作战、战术、技术和程序联合概念。美国北方司令部司令负责监督和指导国土防御有关的 PNT 操作和功能需求。美国网络司令部司令负责监督和指导网络基础设施有关的 PNT 操作和功能需求。该指令还就国防部 PNT 监督委员会中无表决权的参与方,即国防部作战试验与论证局局长、国防部副部长(审计长)/国防部首席财务官、国家地理空间情报局局长、国家侦察局局长、国防部成本评估和项目论证局局长的 PNT 相关职责作出了规定。

该指令就国防部 PNT 监督委员会的组织架构、职能定位、主要职责、运行机制、治理程序作出了规定。国防部 PNT 监督委员会由有表决权的成员和无表决权的参与方构成,由参谋长联席会议副主席和国防部采购与保障副部长担任联合主席。该指令明确了国防部 PNT 监督委员会的定位,为国防部 PNT 事项的统一和综合性治理机构,负责确保国防部 PNT 相关工作符合国家政策。具体职责包括:一是监督国防部 PNT 工作;二是监督绩效评估;三是识别和缓解漏洞;四是开发架构;五是明确资源的优先级,以及国防部部长或国防部副部长规定的其他职责。

(二)《国防部第 4650.06 号指示:定位导航授时管理》(2021 年修订)

根据《美国法典》第 10 编第 2281 条和第 39 号国家安全总统令(NSPD - 9),以及国防部第 5144.02 号指令和《国防部第 4650.05 号指令:定位导航授时》的授权,国防部于 2016 年发布《国防部第 4650.06 号指示:定位导航授时管理》[①],并于

---

① See DOD Instruction 4650.06 Positioning, Navigation, and Timing (PNT) Management, May 7, 2021.

2021 年 5 月对该指示进行了更新。该指示适用于国防部部长办公室、各军种部、参谋长联席会议主席办公室、作战司令部、国防部监察长办公室、国防机构、国防现场活动机构以及国防部内的所有其他组织实体。

该指示进一步明确了国防部关于 PNT 管理的基本政策:一是将通过国防部 PNT 监督委员会、PNT 执行管理委员会及下属工作组,来确保国防部 PNT 能力和应用,在联合部队中始终保持可用性和最大限度的互操作性;二是为确保国防部 PNT 利益,将通过 PNT 监督委员会与 PNT 执行管理委员及其下属的工作组协调确定国防部立场,供国防部参与 PNT 相关论坛时采用;三是重申了国防部第 4650.05 号指令所确定的国防部关于 PNT 的四项职责。

该指示就国防部相关部门的 PNT 职责作出了进一步规定。明确了国防部部长办公室相关部门、各军种部、参谋长联席会议主席办公室、作战司令部、国防部监察长办公室、国防机构等国防部各部门在 PNT 管理方面的职责清单。指示制定了国防部 PNT 执行管理委员会、国防部 PNT 工作组、国防部导航战、国防部精确时间和时间间隔、国防部天体参考框架工作组职责分工和具体程序,并明确由国防部首席信息官负责更新和落实本政策。

该指示在国防部第 4650.05 号指令的基础上,就国防部 PNT 监督委员会的运行机制和工作程序作出了详尽规定。该指示要求,国防部 PNT 监督委员会将至少每季度召开一次会议,以配合年度规划、方案编制、预算编制和执行周期。

该指示就国防部 PNT 执行管理委员会的职能定位、组织架构、重点工作和工作程序等事项作出了规定。该指示明确,国防部 PNT 执行管理委员会负责监督治理的过程,为国防部 PNT 监督委员会提供支持,并在国防部的所有 PNT 政策事务上充当国防部首席信息官的主要咨询机构。该指示规定,由国防部首席信息官担任主席,其他成员由各军种部长、参谋长联席会议主席等官员指定。

该指示还设立了国防部 PNT 执行管理委员会下属工作组,以支持其各项工作。一是设立了国防部 PNT 工作组,工作组通过定期会议、开展协调、共享信息、建立特设工作组等措施,为国防部 PNT 执行管理委员会提供支持。二是设立了国防部 PNT 豁免工作组,负责审查豁免申请。三是设立了国防部导航战工作组,负责为导航战相关政策和能力的制定提供建议和协助。四是设立了国防部 PNT 网络工作组,负责审查 PNT 相关网络政策、能力、各系统网络生存性态势报告、项目等。五是设立了国防部精确时间和时间间隔 PTTI 工作组,负责审查精确时间和时间间隔相关的政策、能力、项目,就相关行动提出建议。六是设立了国防部天体参考框架 CRF 工作组,负责审查天体参考框架和地球定向参数相关的政策、能力、项目,就相关行动提出建议。

该指示就精确时间和时间间隔管理程序、天体参考框架/地球定向参数管理程序、PNT 论坛代表团的参与程序,以及相关的国防部部门的职责分工作出了详尽规定。

(三)《国防部第 4650.08 号指示:定位导航授时及导航战》(2020 年修订)

根据国防部第 5144.02 号指令的授权和《国防部第 4650.05 号指令:定位导航授时》的规定,国防部于 2018 年发布《国防部第 4650.08 号指示:定位导航授时及导航战》,并于 2020 年 12 月对该指示进行了更新[①]。该指示就国防部关于 PNT 和导航战的具体政策、程序以及国防部各部门的职责分工作出了规定,适用于国防部部长办公室、各军种部、参谋长联席会议主席办公室、作战司令部、国防部监察长办公室、国防机构、国防现场活动机构以及国防部内的所有其他组织实体。

该指示阐明了国防部关于导航战(NAVWAR)[②]的政策立场:一是国防部应有效地使用导航战能力,以确保 PNT 优势以支持军事行动;将使用导航战,通过协调使用空间、网络空间和电磁频谱行动,确保国防部使用并防止敌对方使用 PNT 信息。二是要求生成或使用 PNT 信息的项目必须符合指示指定的导航战合规要求。三是应在运用 PNT 信息制定测试、训练、演习和作战计划期间评估导航战合规的有效性。四是未经批准,不得将民用、商业或外国来源作为获取作战、作战支援或作战勤务支援行动 PNT 信息的主要手段。五是在成功确定符合导航战合规要求的前提下,可授权使用民用、商业或外国来源获取非作战行动的 PNT 信息。六是作战司令部已确定与外国军队的导航战互操作性要

---

① See DOD Instruction 4650. 08 Positioning, Navigation, and Timing and Navigation Warfare, December 30, 2020.

② 2021 年《美国天基定位导航授时政策》(第 7 号空间政策指令)第 2 节规定,导航战是指通过协调运用空间、网络空间和电子战行动,采取有意的防御和进攻行动,以确保和阻止 PNT 信息。

求,则依赖民用、商业或外国来源作为获取作战、作战支援或作战勤务支援行动PNT 信息的主要手段的武器或设备不得转移给外国军队。七是国防部应通过现有的信息和技术转移控制流程,确保美国和盟军获得 PNT 信息优势。八是可以依照规定授权美国联邦民事机构,外国政府实体使用国防部 PNT 服务。

该指示进一步明确了国防部相关部门在实施导航战方面的职责分工,明确了由国防部首席信息官负责制定 PNT 和导航战政策、监督政策的实施和协调,并为 PNT 和导航战支持美国联邦机构和国际合作制定指南。

该指示规定了导航战合规程序。导航战合规程序,通过明确规定任何使用PNT 信息的程序或系统必须采取的步骤,以确保其符合导航战合规性要求。该指定明确了导航战的合规性要求,即当系统能够在特定任务要求的时间段内,在预期的物理、电磁和网络环境中,以任务要求的精度水平,持续提供可信的PNT 信息,则系统符合导航战要求。该指示就能力发展和系统集成,发展和作战试验及论证,战地 PNT 能力改进和国防采购等环节的导航战合规性要求作出了规定。

(四)《交通部第 1120.32D 号命令:定位导航授时协调与规划》

根据《美国法典》第 49 编第 301 条,第 39 号国家安全总统令(NSPD -9)所规定的交通部长的卫星导航管理职责,以及根据《美国法典》第 49 编第 101 条、第 103 条、第 40103 条和《美国法典》第 33 编第 981 条赋予交通部长的相关职权,交通部于 2021 年 1 月发布《交通部第 1120.32D 号命令:定位导航授时协调与规划》①,进一步明确了在 PNT 方面交通部的具体政策和职责。该命令阐明了交通部关于 PNT 工作的基本政策,即建立 PNT 系统和服务,通过促进安全可靠的交通,提高机动性和效率,促进经济增长,维护国家和国土安全,满足公众的需求。该命令明确了交通部长、交通部政策副部长、交通部研究和技术助理部长等交通部部门负责人在 PNT 管理事项上的职责分工。该命令规定,由交通部长负责制定交通部 PNT 政策,指导交通部 PNT 执行委员会工作,批准 PNT 系统开发和采办计划,并开展多模 PNT 实施项目。该命令明确了,由主管政策

---

① See Department of Transportation, Positioning, Navigation, and Timing Cooraidation and Planning (DOT 1120.32D).

的副部长负责主持交通部 PNT 执行委员会,并与国防部首席信息官共同主持国家天基 PNT 行政督导小组。该命令还明确了交通部研究和技术助理部长负责《联邦无线电导航计划》的编制,管理交通部 PNT 工作组。

该命令建立一系列协调 PNT 管理事项的机制:一是建立了交通部 PNT 执行委员会,负责制定交通部 PNT 相关政策、规划民用和两用 PNT 服务和系统,由交通部政策副部长担任主席;二是建立交通部 PNT 扩大执行委员会,负责与商务部、国土安全部(包括美国海岸警卫队)、内政部、农业部、国务院、国家航空航天局、国防部和其他联邦机构共同实施规划;三是建立交通部 PNT 工作组、PNT 扩大工作组,由负责研究和技术的助理部长办公室内部的 PNT 和频谱管理主任担任主席,负责将 PNT 问题提交给交通部 PNT 执行委员会决策。

(五)使用外国卫星导航信号的许可[47 CFR § 25.115(b)(9),47 CFR § 25.137]

在美国,联邦通信委员会是由国会监督的独立的美国政府机构,负责实施和执行美国通信法律法规,管理无线电广播、电视、电信、卫星和电缆等无线电通信。联邦通信委员会的相关规则,对使用外国卫星导航信号作出了规定。《联邦法规》第 47 编"电信"第 25 部分"卫星通信"第 115 条①,"地球站授权申请"第(b)(9)款规定,使用外国卫星系统的非联邦接收设备,包括使用未经美国许可的无线电卫星导航服务(RNSS)卫星运行的仅接收地面站,必须获得联邦通信委员会颁发的许可证。

《联邦法规》第 47 编"电信"第 25 部分"卫星通信"第 137 条②"通过非美国许可空间站进入美国市场的请求",规定了该项许可申请的具体程序。根据规定,明确该项许可申请由拟使用外国 RNSS 信号地球站的实体提交,包括两类:一是意向书或声明性裁决书;二是证明材料。申请材料应证明以下事项:一是有效竞争机会:美国的卫星系统在该外国具有提供类似服务的有效竞争机会,没有任何实际或法律上的限制来限制或阻止在该外国市场上使用美国卫星系统。二是符合联邦通信委员会关于里程碑、报告要求、其他适用的服务规则、保

① See 47 CFR § 25.115(b)(9)[previously 47 CFR § 25.131(j)(1)].

② See 47 CFR § 25.137[previously 47 CFR § 25.131(j)(1)].

证金等要求。同时,该规定还制定了许可转让限制,即根据声明性裁决书申请获准在美国服务的非美国许可卫星运营商,如果计划将控制权转让或转让给另一方,则必须通知联邦通信委员会。

(六)《关于适用于外国 RNSS 信号接收器的许可豁免程序的公告》

2011 年 3 月 2 日,国家电信和信息管理局(NTIA)向联邦通信委员会提出,鉴于无线电卫星导航服务的特殊性,建议联邦通信委员会豁免对关于使用外国 RNSS 信号的要求。2011 年 3 月 15 日,联邦通信委员会发布了关于适用于外国 RNSS 信号接收器的许可豁免程序的公告《国家电信和信息管理局关于豁免第 25 部分有关"使用非美国许可无线电导航卫星的单边接收地球站许可规则"的行政部门建议》[①],该公告包括一封来自国家电信和信息管理局代表行政部门的信函。该公告规定的豁免程序如下:第一,由外国 RNSS 信号供应商向美国国家电信和信息管理局提出豁免请求;第二,由国家电信和信息管理局审查后,向联邦通信委员会提交豁免建议;第三,联邦通信委员会审查其与 GPS 的兼容性后,决定是否予以豁免。该公告还明确了五项豁免标准:一是符合公共利益;二是外国卫星导航系统符合联合国减少空间碎片准则;三是符合美国国际贸易和其他条约义务;四是被豁免的仅限于单边接收 RNSS(包括定位)、标准时间和频率卫星服务;五是该外国卫星导航系统与 GPS 兼容。

(七)《联邦无线电导航计划(2021 年)》

《美国法典》第 10 编第 2281 条要求国防部长和交通部长应共同制定《联邦无线电导航计划》,并应至少每两年修订和更新一次。《联邦无线电导航计划》(FRP)是联邦政府 PNT 政策的官方文件。第一版《联邦无线电导航计划》于 1980 年发布,作为总统报告的一部分提交国会。在美国海岸警卫队从交通部转入国土安全部后,国土安全部也成为《联邦无线电导航计划》的签署机构之一。2021 年版《联邦无线电导航计划》由国防部、交通部和国土安全部共同编制和发布,全面介绍了当前和未来美国政府提供的 PNT 系统的政策和计划,涵盖了军民两用的 PNT 系统,以及天基和陆基的 PNT 系统。

---

① See Federal Communications Commission, PUBLIC NOTICE(DA11 -498).

《联邦无线电导航计划》由六部分和附录组成:第一部分为联邦无线电导航计划简介,界定无线电导航计划的目的、范围和目标(包括国家 PNT 架构概述),并讨论 PNT 系统选择考虑要素;第二部分为各部门机构角色和职责,介绍国防部、国土安全部、交通部以及其他联邦机构在 PNT 服务计划以及提供 PNT 服务方面的角色和职责;第三部分为基本政策,阐述美国政府关于其 PNT 系统有关政策;第四部分为 PNT 用户需求,系统总结了联邦政府提供的民用 PNT 服务的性能需求情况;第五部分为运行方案,概述了美国政府提供民用和军用 PNT 系统或服务的方案,以及国防部、国土安全部、交通部以及其他联邦组织计划和已开展的研发工作;第六部分为 PNT 架构评估和演进,总结联邦政府实施国家 PNT 架构的活动和方案。

四、国际条约

条约[①]是美国法的正式渊源,美国与俄罗斯、中国、欧盟、日本、印度、韩国、英国、澳大利亚等国家和组织签订了卫星导航相关协定,发表卫星导航相关联合声明(Joint Statement)[②]、公告等文件,构成了美国卫星导航法律制度体系的重要组成部分。

美国与俄罗斯。2004 年美俄签署发表《美国全球定位系统(GPS)和俄罗斯全球卫星导航系统(GLONASS)联合声明》[③],阐明双方在维护信号频谱、保持兼容性和互操作性、免费提供民用信号等方面的义务。2006 年美俄签署发表《美国与俄罗斯 GPS/GLONASS 的兼容互操作工作组联合声明》[④],阐明了双方在互操作性方面的合作进展。

---

① 广义的条约是指国际法主体间所缔结的任何具有法律拘束力的国际协议,条约的名称包括公约、条约、协定、宪章、盟约、规约、文件、总文件、最后文件、议定书、换文、谅解备忘录、宣言、联合声明、联合公报等。

② 联合声明是指两个或两个以上的国家、政府、政党在举行会议或会谈中,就共同关心的问题表明立场,或说明各方就双边或多边问题所达成的协议以及各自享有的权利和义务而发表的声明。联合声明在法律效力上弱于联合公报。

③ See Joint Statement on the U. S. Global Positioning System(GPS) and the Russian Global Navigation Satellite System(GLONASS).

④ See United States – Russian Federation GPS/GLONASS Interoperability and Compatibility Working Group(WG – 1), 14 December, 2006.

美国与中国。2014 年美中签署发表《美中民用全球卫星导航系统合作联合声明》，阐明了双方愿意加强合作使北斗系统和 GPS 在全球广泛应用，并建立定期交流，设立工作组，定期会晤开展合作。2017 年美中签署发表《全球定位系统(GPS)与北斗卫星导航系统(BDS)民用信号兼容与互操作联合声明》，声明中国卫星导航系统管理办公室与美国国务院空间与先进技术办公室共同建立了政府监督机制——中美民用全球卫星导航系统合作对话机制，并阐明双方就 GPS 与北斗系统的兼容与互操作达成共识：一是 GPS 与 BDS 在国际电信联盟框架下开展无线电频率兼容；二是 GPS L1C 和 BDS B1C 互操作，用户可联合使用，在获得更好服务的同时不增加接收器成本或复杂性。

美国与欧盟。2004 年美欧签署了一项历史性协定——《关于推广、提供和使用伽利略系统和 GPS 及相关应用的协定》①，该协议确立了 GPS 与伽利略系统在用户一级互操作性和维持全球卫星导航市场的公平贸易方面的合作，以确保伽利略信号不会损害美国和北大西洋公约组织军事力量的导航作战能力。2006 年美欧签署发表《欧盟委员会和美国在关于伽利略系统和 GPS 信号优化的联合声明》②，声明双方计划优化通用基准信号结构以实现卫星导航更高的性能优化。2007 年间美欧合作紧密，共同发表了三份文件：《美国和欧盟关于 GPS—伽利略系统贸易和民用应用 B 工作组的联合声明》③《GPS—伽利略系统合作的联合简报》④《美国和欧盟宣布 GPS—伽利略系统共同民用信号最终设计的联合新闻公告》⑤明确了双方在兼容互操作、市场应用等方面开展合作。2008 年美欧签署发表《美国、欧共体及其成员国代表关于 GPS 和伽利略系统合作的联合声明》⑥，明确了兼容与互操作工作组、贸易和民用工作组、下一代 GPS

---

① See Agreement on the Promotion, Provision and USE of Galileo and GPS Satellite - Based Navigation Systems and Related Applications, 2004.

② See the European Commission(EC) and the United States(US), 24 March 2006.

③ See United States - European Union GPS - Galileo Working Group "B" on Trade & Civil Applications U. S. Department of Commerce, January 17, 2007.

④ See 2007 Joint Fact Sheet on GPS - Galileo Cooperation.

⑤ See United States and the European Union Announce Final Design for GPS - Galileo Common Civil Signal, July 27, 2007.

⑥ See Joint Statement on GPS and Galileo Cooperation by representatives of the United States of America, the European Community and its Member States, October 23, 2008.

和伽利略系统合作工作组,以及安全工作组的工作计划。2010 年美欧签署发表《美国和欧盟宣布使用 GPS 和伽利略系统组合性能接收器以改进性能的联合声明》[①]阐明 GPS 和伽利略系统的组合服务具有显著的性能改进,并阐明美国和欧盟进入新的协调阶段。

美国与日本。自 1998 年美日元首签署建立利用 GPS 合作的联合声明以来,美日在卫星导航领域密切合作,签署多项条约。截至目前,在卫星导航领域,美日共签署发表 8 份联合声明、发表 9 份联合公告。1998 年美日签署发表《美国政府和日本政府关于使用 GPS 合作的联合声明》[②],阐明双方建立合作关系,促进和推动 GPS 的民用用途;建立双边合作机制,每年举行全体会议,审查和讨论有关使用 GPS 服务事项。2001 年美日发表《关于第一届日美 GPS 全体会议联合公告》[③],阐明双方将促进使用 GPS 服务作为全球 PNT 标准服务,促进航空和海上 GPS 增强系统信息交流,避免有害干扰,有效和适当使用频谱,防止滥用 GPS 及其增强系统。2002 年美日发表《关于第二届日美 GPS 全体会议联合公告》[④],阐明日本计划建造准天顶卫星系统,两国政府决定设立技术工作组,负责协调与准天顶卫星系统和 GPS 有关的技术问题。2004 年美日签署发表《美日关于 GPS 合作的联合声明》[⑤],明确了美国坚决支持日本发展准天顶卫星系统。美日于 2006 年、2007 年、2008 年、2010 年、2011 年、2012 年、2013 年、2014 年发表《美日关于 GPS 合作的联合公告》[⑥],就兼容与互操作、准天顶卫星系统地面站建设、卫星导航技术合作等事项作出了声明。2013 年至今,美日之间共开展了 7 次空间全面对话,公开发表了 6 份关于美日太空全面对话会议的联合声明。其中,2013 年美日发表《关于第一次美日太空全面对话会议的联合

---

① See Joint Statement on U. S. and EU Announce Improved Performance from Receivers Using both GPS and Galileo Combined Performance, July 30, 2010.

② See Joint Statement by the Government of the United States of America and the Government of Japan on Cooperation in the USE of the Global Positioning System, September 22, 1998.

③ See Joint Announcement 1ST JAPAN - US GPS Plenary Meeting, February 5, 2001.

④ See Joint Announcement on 2ND JAPAN - U. S. GPS Plenary Meeting October 16, 2002.

⑤ See Joint Statement of the United States of America and Japan on Global Positioning System Cooperation, November 18, 2004.

⑥ 参见 GPS 官网,https://www. gps. gov/policy/cooperation/#japan。

声明》[①],阐明 GPS 与准天顶卫星系统在 PNT 服务方面的进一步合作。2020 年美日发表《关于第七次美日太空全面对话会议的联合声明》[②]阐明日本内阁府和美国国防部就将于 2024 年 3 月底在日本准天顶卫星上发射美国提供的太空态势感知(SSA)有效载荷的计划作出详细的执行安排。双方重申法治在外层空间的重要性,并进一步重申在外空负责任的行为以及透明度和建立信任措施的重要性。

美国与印度。美印于 2007 年发表《美印关于使用 GPS 和天基 PNT 系统及应用合作的联合声明》[③],阐明印度通过 GPS/WAAS 兼容的地球静止导航有效载荷,开发天基增强平台,即 GPS 辅助增强导航系统(GAGAN),阐明两国政府将紧密合作,以促进广泛而有效地利用 WAAS 和 GAGAN 的民间太空基础设施扩充到 GPS。2008 年美印发表《印美关于无线导航卫星服务提供商会议的联合公告》[④],公布了印度区域卫星导航系统(IRNSS)、GAGAN、GPS 和广域增强系统(WAAS)无线电导航卫星服务提供商的技术协调会议的成果。

美国与韩国。美韩于 2021 年 5 月发表《美韩关于民用全球卫星导航系统合作的联合声明》[⑤],阐明两国政府共同努力确保 GPS 与韩国定位系统(KPS)在民用方面的兼容性和互操作性,具体包括:合作为韩国定位系统设计信号,以确保与 GPS 兼容,并在国际电联框架下完成 GPS 与韩国定位系统之间的无线电频率兼容性协调;促进完善合作机制和开展双边会议。2021 年5 月 21 日发布的《美国—韩国伙伴关系告知书》[⑥]阐明将支持韩国发展韩国定位系统,提高其与 GPS 的兼容性和互操作性。

---

① See Joint Statement from the First Meeting of the Japan – U. S. Comprehensive Dialogue on Space, March 11, 2013.

② See Joint Statement on the Seventh Meeting of the Japan – U. S. Comprehensive Dialogue on Space, AUGUST 27, 2020.

③ See United States – India Joint Statement Cooperation in The Use of GPS and Space – Based Positioning, Navigation and Timing Systems and Applications, February 28, 2007.

④ See Joint Announcement From the Indian – U. S. Radionavigation Satellite Service Providers Meeting, February 21, 2008.

⑤ See Joint Statement by the United States of America and the Republic of Korea on Civil Global Navigation Satellite Systems Cooperation, May 2021.

⑥ See FACT SHEET: United States – Republic of Korea Partnership, May 21, 2021.

美国与英国。美英于 2013 年发布《英美关于 GPS 知识产权的联合声明》①,宣布双方已就与 GPS 有关的知识产权达成了共识,共同致力于确保 GPS 民用信号永远免费和公开地提供给世界各地的用户。英国将所有与美国 GPS 民用信号设计及其从 GPS 和其他全球卫星导航系统的广播获得的,政府拥有的专利纳入公共领域。英国承诺现在或将来不会在这些信号的任何方面主张知识产权。

美国与澳大利亚。美澳 2007 年发布《美澳联合代表团关于民用 GPS 和天基定位导航授时系统及应用领域合作的声明》②,明确双方将密切合作,促进广泛有效地使用 GNSS 增强系统,特别强调了在民航领域的合作。2010 年发布的《美澳关于 GPS 民用和民用空间活动双边合作的联合声明》③,阐明美澳两国正在寻求通过制定一个核心框架的长期战略方法来加强合作,将建立支持监测和管理空间环境的机制、开展重要空间应用合作等。

---

① See Joint United Kingdom – United States Statement Regarding Global Positioning System(GPS)Intellectual Property, January 17, 2013.

② See United States – australia Joint Delegation Statement on Cooperation in the CIVIL USE of GPS and Space – Based Positioning, Navigation and Timing(PNT)Systems and Applications, April 19 2007.

③ See Joint Announcement by the United States of America and Australia on Bilateral Cooperation in the Civil Use of GPS and Civil Space Activities, October 27, 2010.

图1　美国卫星导航法律制度体系示意图

第二节　俄罗斯卫星导航法律制度体系

俄罗斯属于大陆法系国家，主要法律渊源为宪法、联邦宪法性法律、联邦法律、联邦总统令、联邦政府令、其他规范性法律文件和国际条约。俄罗斯于1993年出台了《俄罗斯联邦航天活动法》，确立了航天活动和管理的基本制度，随着格洛纳斯系统部署进程的加快，俄罗斯于1995年出台了专门规范格洛纳斯系统活动的政府令，1996年格洛纳斯系统投入使用后，1999年年初出台了专门规范格洛纳斯系统活动的总统令。随着格洛纳斯系统的不断发展，俄罗斯陆续出台了规范卫星导航活动的法律、总统令、政府令、部门令，签署了相关国际条约。目前俄罗斯已形成相对完善、多层次的卫星导航法律制度体系。卫星导航相关的联邦法律，是俄罗斯卫星导航法律制度体系的基础，确立卫星导航活动的基本管理体制和管理方式；联邦总统发布的卫星导航相关总统令，是俄罗斯卫星导航法律制度体系的骨干，就格洛纳斯系统的运行机制、管理体制和基本政策主张作出了规定；联邦政府为执行联邦法律和总统命令也相继出台多个与管理卫星导航活动相关的政府命令，构成了俄罗斯卫星导航法律制度体系的主体，就政府各部门的职责分工、格洛纳斯系统的应用制度、服务管理制度等作出了规定。以此为基础，俄罗斯国家航天集团公司（原俄罗斯联邦航天局）、交通部、经济发展部、工业和贸易部，以及数字发展、通信和大众传媒部（原俄罗斯联邦通信和大众传媒部）等与卫星导航管理事项密切相关的部门，发布了系列卫星导航相关部门令，构成了俄罗斯卫星导航法律制度体系的重要组成部分。俄罗斯还分别同美国、中国、欧盟、印度、白俄罗斯、古巴等国家或地区签署卫星导航相关双边协定、联合声明或公告。这些制度为俄罗斯发展并稳定运行格洛纳斯系统提供了制度基础。

一、联邦法律

俄罗斯有关卫星导航的法律主要有1993年《俄罗斯联邦航天活动法》、2009年《俄罗斯联邦导航活动法》、2013年《俄罗斯联邦“格洛纳斯—时代”国家自动化信息系统法》，以及2015年《俄罗斯联邦国家航天集团公司法》。

（一）1993 年《俄罗斯联邦航天活动法》（2021 年修订）

1993 年 8 月颁布的《俄罗斯联邦航天活动法》（2021 年修订）系统全面地规范了包括卫星导航活动在内的航天活动，旨在发展经济、科学和技术，加强俄罗斯联邦的国防和安全、促进俄罗斯联邦在该领域的国际合作。《俄罗斯联邦航天活动法》共 8 章 33 条，包括第一章总则、第二章航天活动组织、第三章航天活动经济保障、第四章航天器与航天基础设施、第五章航天活动安全、第六章国际合作、第七章责任、第八章联邦对地遥感数据库。该法阐明了俄罗斯将空间研究和利用作为国家利益最重要的优先发展方向的政策主张。该法明确了航天活动是指任何涉及直接开展探索和利用包括月球和其他星体在内的外层空间有关的活动，明确将“利用卫星导航”作为航天活动的类型之一，并进一步明确航天活动的具体形式，包括建设（含开发、制造和测试）和使用航天设备、航天材料、航天技术，为航天活动提供的服务，应用航天活动的成果，在探索和利用外层空间领域开展的国际合作。

该法明确航天活动由俄罗斯联邦管理，并就联邦总统、联邦政府、国家航天集团公司、国防部有关航天活动的领导和管理职责作出了规定。根据该法，联邦总统统一领导俄罗斯航天活动，负责审议批准航天政策和基本规定；联邦政府负责实施国家航天政策，协调联邦行政机构行动，保障基础设施运行，审议批准航天规划计划，提出财政拨款建议等；国家航天集团公司负责为科学、技术和各经济部门的利益管理航天活动，并会同国防部实施航天计划、发展两用航天技术；国防部负责为国防安全实施国家航天政策，组织研发建设军用航天技术，会同国家航天集团公司实施航天计划、发展两用航天技术。

在资金方面，该法还就航天活动的预算、拨款、采购、航天设备使用和知识产权保护作出了规定。在航天资产方面，该法就俄罗斯航天器和航天基础设施的登记程序、管辖权、监管权、产权等事项作出了规定，明确俄罗斯航天器无论在地面、在飞行的任何阶段或是在太空中、在其他天体、还是返回地面之后，其财产所有权仍属俄罗斯。在安全方面，该法建立了航天活动安全保障制度，就事故调查、事故救援、事故处置、航天保险等事项作出了规定。在国际合作方面，明确外国组织和个人在俄活动的原则。外国机构和个人在俄罗斯管辖范围内的航天活动应使用俄罗斯法律规范。

(二)2009 年《俄罗斯联邦导航活动法》(2015 年修订)

2009 年 2 月颁布的《俄罗斯联邦导航活动法》(2015 年修订)确立了俄罗斯导航活动的法律框架,适用于卫星导航在内的各类导航活动及导航服务。其中包括制作导航地图,以及为保障俄罗斯的国防与安全所进行的相关导航活动。该法共 12 条,包括适用范围、基本概念、导航活动的法律主体、导航活动实施特点、导航设备和设施的所有权、导航活动的财政保障、导航活动的管理、自然人和法人参与导航活动的规定、提供公开导航信号的条件、导航活动的信息保障、导航设备和导航活动客体的信息保护等内容。

该法明确了导航活动、导航设备、导航活动客体、导航服务、导航信息等基本概念。其中,导航活动,是指与确定和使用目标坐标和时间参数有关的活动;导航设备,是指用于形成导航信号以及用于发送、接收、处理、存储和显示导航活动信息的技术设备、装置和系统;导航活动客体,是指为实现导航活动而安装导航设备以及使用导航设备的客观对象;导航服务,是指为满足消费者对导航设备及其运行,以及导航信息方面需求的活动;导航信息,是指有关物体位置的信息,导航坐标信息,以及在水域中的动态导航信息。

在卫星导航方面,该法主要规定了以下内容:一是强制应用。为确保俄罗斯国防与安全,提高对交通工具(运输设备)的管理效率,保障客运、特殊和危险品运输的安全,在车辆、技术设备和系统(包括武器装备和特种设备)中必须安装俄罗斯导航系统保障的相关设备。需要安装导航设备的物体清单,由联邦权力执行机构、联邦主体权力机构以及地方自治机构根据各自权限制定。二是紧急状态措施。该法规定在国家动员期间、军事管制期间和战时,由联邦政府明确和实施具有特殊要求的导航活动。三是高精度应用。该法规定自然人和法人可就俄罗斯境内的客体开展无定位精度限制的导航活动,但俄罗斯联邦政府批准列入依法实施特殊管理清单的区域和客体除外。四是提供公开导航信号。该法规定,俄罗斯对合法的导航活动客体提供无偿和持续的公开导航信号,且没有任何限制。五是规定了卫星导航系统相关的所有权,即由俄罗斯联邦预算出资建设的卫星导航系统相关航天器和地面航天基础设施属俄罗斯联邦国家所有,禁止流通并不得转让。六是与卫星导航活动相关的管理职权,该法规定由联邦总统负责确定导航活动领域的国家基本政策;由俄罗斯联邦政府负责组织实施导航活动领域的国家政策,并为保障俄罗斯国家的国防和安全保障卫星导航系统的建设、运行和开发。

(三)2013 年《俄罗斯联邦“格洛纳斯—时代”国家自动化信息系统法》(2015 年修订)

2013 年 12 月颁布的《俄罗斯联邦“格洛纳斯—时代”国家自动化信息系统法》(2015 年修订)就“格洛纳斯—时代”(ERA – GLONASS)国家自动化信息系统(以下简称“格洛纳斯—时代”系统)的建设、运行和使用作出了规范和使用作出了规范。本法共 15 条,就“格洛纳斯—时代”系统建设运行的基本原则、系统的构成和用途、联邦权力执行机构的相关职权、系统运营商和其他参与方的权利义务、紧急呼叫设备的强制配装等事项作出了规定。该法明确了“格洛纳斯—时代”系统,是联邦国家事故应急处置自动化信息系统,是格洛纳斯系统在交通领域的应用。“格洛纳斯—时代”系统通过使用格洛纳斯系统信号,确保能够实时接收俄罗斯联邦道路交通信息以及其他道路交通事故信息(原始的、未经修改的信息),并处理、储存和向应急处置部门传输这些信息。明确了紧急呼叫设备,是指安装在交通工具上的设备或系统,通过使用格洛纳斯系统信号来确定车辆的位置、速度和移动方向。当发生交通事故或其他事故时,紧急呼叫设备将生成并传输相关信息,并利用移动无线电实现交通工具与应急处置部门之间的双向通信。

该法制定了“格洛纳斯—时代”系统建设运行的基本原则:一是确保使用该系统接收和传输的信息的完整性、可靠性、未被篡改性、及时性;二是开放共享、免费使用通过紧急呼叫设备传输的道路交通信息;三是系统在自动化处理信息时,应遵守公民隐私;四是系统技术设备运行应当连续顺畅。

该法明确了联邦政府关于“格洛纳斯—时代”系统的管理职责。规定由联邦政府负责制定系统建设运行程序、制定紧急呼叫设备的操作程序、制定相关信息的访问程序、制定该系统与强制性保险自动化信息系统的交互程序。

该法建立了“格洛纳斯—时代”系统的运行机制。规定由格洛纳斯股份公司作为该信息系统运营商,负责确保该系统按照法定用途和程序运行。根据该法,格洛纳斯股份公司享有以下权利义务:一是按照法律法规规定的程序开发、建设和运行该系统;二是收集、处理、存储、分发相关道路信息;三是确保该系统同其他信息系统的交互；四是管理系统中的电子签名验证密钥证书；五是制定在系统中使用电子签名的程序。

该法规定了紧急呼叫设备的强制装配要求。根据该法，在俄罗斯境内运行的“M”和“N”类车辆应当装配紧急呼叫设备，并由汽车制造商负责安装。已在俄罗斯境内运行但没有安装紧急呼叫设备的车辆，汽车制造商应当在车主申请后装配该设备。

（四）2015 年《俄罗斯联邦国家航天集团公司法》（2020 年修订）

2015 年 7 月颁布的《俄罗斯联邦国家航天集团公司法》（2020 年修订）规定了国家航天集团公司的法律地位、活动目标、权力和职能、活动管理程序以及重组和清算程序。该法共 10 章 44 条，主要就以下内容作出规定：一是规定了国家航天集团公司的基本原则，包括集团公司的法律地位、活动目标、联邦总统和政府对公司的权力；二是国家航天集团公司的活动、权力、职能和经营项目，包括集团公司的活动规范、集团公司管理航天活动的权力和职能、监管权力等；三是国家航天集团公司的财产关系；四是国家航天集团公司的活动计划、财政计划、专项储备金、财政保障；五是国家航天集团公司的内部治理，规定集团公司的理事机构为集团公司监督理事会、总经理和董事会，监管机构是集团公司审计委员会，咨询机构是集团公司科学技术委员会；六是国家航天集团公司的会计和审计规则；七是程序性的规定；八是国家航天集团公司在过渡时期的权力和职能；九是国家航天集团公司重组和清算规定等。

该法明确了国家航天集团公司是外层空间研究、开发和利用领域的授权管理机构，有权代表俄罗斯联邦，依据《俄罗斯联邦航天活动法》以及该领域的法律法规，对航天活动实施国家管理和指导。该法明确了国家航天集团公司在格洛纳斯系统管理方面的职责，即“为了服务特殊用户以及包括商业用户在内的民用用户，为扩大俄罗斯联邦在卫星导航系统领域的国际合作，协调格洛纳斯系统的维护、开发和使用工作”。该法规定国家航天集团公司全面继承俄罗斯联邦航天局的职权、所签署或执行的国际条约或协议，明确了国家航天集团公司为民用目的协调并与其他联邦权力执行机构一起维护、开发和使用格洛纳斯系统的职权。

二、联邦总统令

俄罗斯联邦总统令是俄罗斯联邦总统发布的命令，是俄罗斯联邦法律制度体系中的单独类别①。在卫星导航领域，俄罗斯联邦总统通过颁布一系列总统令，就格洛纳斯系统的运行机制、管理体制和基本政策主张作出了规定。总统令也是总统领导和管理卫星导航活动的主要方式。

（一）1999 年《俄罗斯联邦关于格洛纳斯系统的总统令》

1999 年 2 月，俄罗斯联邦总统发布《俄罗斯联邦关于格洛纳斯系统的总统令》，就格洛纳斯系统的定位和基本管理制度作出了规定。该总统令明确格洛纳斯系统为用于维护国防和安全利益，以及科学和社会经济目的的两用航天技术。该总统令规定，由俄罗斯联邦航天局②和国防部为格洛纳斯系统的总订货方，明确了联邦政府在格洛纳斯系统研发和维护等方面的职责。联邦政府的具体职责如下：一是确保格洛纳斯系统的开发；二是明确联邦权力执行机构关于格洛纳斯系统建设、运行和使用的职责分工；三是组建跨部门工作组，负责协调格洛纳斯系统的维护、应用、开发工作；四是告知国际社会，俄罗斯将提供格洛纳斯系统作为建立国际化全球卫星导航系统的基础。

（二）2000 年《俄罗斯联邦政府关于〈俄罗斯轨道频率资源分配、使用和保护领域国家政策的基本原则的条例〉的命令》（2016 年修订）

2000 年 2 月俄罗斯联邦政府发布关于《俄罗斯轨道频率资源分配、使用和保护领域国家政策的基本原则的条例》的命令（俄罗斯联邦政府第 88 号法令），并于 2016 年 11 月 1 日修订。该条例确立了俄罗斯联邦在落实频率轨道分配、保护和使用的国家政策时应当遵守的基本原则，为相关活动主体履行职责提供了指导。该条例共 23 条，包括立法目的和意义、适用范围、基本原则内容、相关主体职责分配、用户权利以及国际法保护等事项。该条例主要就以下事项作出

---

① 依据《俄罗斯联邦宪法》第 90 条的规定，俄罗斯联邦总统发布命令和指示，联邦总统发布的命令和指示俄罗斯联邦全境都必须执行。

② 2015 年后，俄罗斯联邦航天局在格洛纳斯系统管理方面的职能移交给国家航天集团公司。

了规定:一是明确了适用范围,即适用于其无线电电子设备位于国际水域、国际空域、外层空间或俄罗斯联邦所管辖外国领土的轨道频率资源用户。二是明确了频率轨道资源的所有权和使用权,即俄罗斯联邦享有分配、使用和保护轨道频率资源的专属权,且频率轨道项目不可以转让所有权、私有化或永久指定,俄罗斯联邦和非国家用户均有权频率轨道资源。三是明确了对无线电频谱和通信卫星轨道位置使用的管理职责,其中国家具有管理专有权,俄罗斯联邦政府及其授权的联邦权力执行机构负责总体协调,国家无线电频率委员会按照俄罗斯联邦政府的指示对轨道频率资源进行分配。四是明确了无线电频率的类别以及各类别频段分配的责任主体,无线电频带包括政府用无线电频带、民用无线电频带和共享无线电频带三种,分别由俄罗斯联邦国防部和俄罗斯联邦警卫局的无线电频率业务机构,俄罗斯联邦通信、信息技术和大众传媒监督局,俄罗斯联邦国防部、俄罗斯联邦警卫局和俄罗斯联邦通信、信息技术和大众传媒监督局负责。五是明确在采取特殊措施期间和在紧急情况下,可以会对无线电频率的使用施加临时限制,实行限制的程序和有权实行该限制的机构清单由俄罗斯联邦政府确定。六是规定了使用轨道频率资源的许可证制度,许可证由国家无线电频率委员会发布,轨道频率资源的用户必须严格履行许可证中规定的条件。七是规定了轨道资源用户的权利和义务,在保障国防和国家任务优先权的情况下,自然人合法拥有平等使用无线电频谱和轨道设施的权利。轨道资源频率用户有权使用分配给其的轨道资源实施获准开展的各类活动,并有权使用俄罗斯联邦境内所有类型的通信卫星。八是规定了国际合作事项。要确保对俄罗斯联邦电子设备的频率指配和人造地球卫星的轨道位置进行国际法律保护,俄罗斯联邦政府授权的通信领域联邦行政机构在国际层面上代表俄罗斯联邦的利益。九是明确了监督职责,对轨道频率资源使用的监督和对无线电电子设备辐射的技术管控由俄罗斯联邦通信、信息技术和大众传媒监督局,俄罗斯联邦国防部相关各局以及俄罗斯联邦警卫局负责。

(三)2007 年《俄罗斯联邦关于为俄罗斯联邦社会经济发展而使用格洛纳斯系统的总统令》(2019 年修订)

2007 年 5 月,俄罗斯联邦总统发布《俄罗斯联邦关于为俄罗斯联邦社会经济发展而使用格洛纳斯系统的总统令》(第 638 号俄罗斯联邦总统令),阐明了为服务社会经济发展并扩大国际合作，俄罗斯关于格洛纳斯系统的基本政策主张。主要包括：一是承诺免费公开服务，即规定免费并无限制地向俄罗斯和外国用户提供格洛纳斯系统民用导航信号；二是强制应用，即要求联邦权力执行机构及其下属组织应当使用支持格洛纳斯系统信号的卫星导航设备，以确保俄罗斯安全；三是应用推广，即建议俄罗斯联邦主体①权力执行机构、市级地区地方自治机关和组织，无论其法律组织形式如何，均使用支持格洛纳斯系统信号的卫星导航设备；四是管理体制，明确赋予国家航天集团公司为维护包括商业、消费者在内的民用利益以及扩大俄罗斯联邦的国际合作，协调维护、开发和使用格洛纳斯系统的职能；五是职责分工安排和计划，即要求联邦政府划分联邦权力执行机构在格洛纳斯系统管理方面的职权并制订专项计划。

（四）2014 年《俄罗斯联邦关于 2030 年前使用航天成果服务俄联邦经济现代化及其区域发展的国家政策总则》

2014 年 1 月，俄罗斯联邦总统发布《俄罗斯联邦关于 2030 年前使用航天成果服务俄联邦经济现代化及其区域发展的国家政策总则》（以下简称《总则》）。该《总则》是根据《俄罗斯联邦航天活动法》制定的，详细阐述了 2030 年前俄罗斯联邦航天活动政策的基本原则，以及航天活动成果使用的下一步规划，明确了 2030 年前使用航天成果服务俄联邦经济现代化及其区域发展的国家政策的国家利益、原则、宗旨、优先事项、任务和阶段。《总则》旨在整合联邦权力执行机构和国有公司的资源，促进竞争性发展，促进国家高科技和知识密集型经济部门的发展，提高对各地区和各经济部门的管理效率、开拓国内航天产品服务市场、促进俄罗斯企业进入全球航天产品服务市场、打造和增强俄罗斯在航天活动成果使用领域的竞争优势，进而巩固俄罗斯在航天和高科技领域的领导地位。

《总则》定义了航天活动成果，是指航天活动过程中创造的产品和服务；航天产品，是指物质产品、软硬件综合产品、信息产品或系统；航天服务，是指航天活动成果能够为其消费价值做出重要贡献的一种服务类型。《总则》制定了航

---

① 《俄罗斯联邦宪法》规定，俄罗斯联邦现由 85 个平等的联邦主体组成，其中包括 22 个共和国、9 个边疆区、46 个州、3 个联邦直辖市、1 个自治州和 4 个民族自治区。

天成果应用领域的九项基本原则：一是遵循系统性原则；二是国家监管手段和市场机制相结合；三是营造航天活动成果应用的竞争环境；四是确保俄罗斯公民和法人依法自由使用航天活动成果产出的信息资源和产品；五是合理利用俄罗斯联邦和国外航天活动成果；六是确保关键领域的航天应用、硬件和软件自主可控；七是将国内地理信息系统以及软件技术平台作为解决国家和市政管理问题的基础；八是航天成果应用应遵循国际法并保证俄罗斯国家利益；九是在开发航天产品和提供航天服务时应保证信息安全。

《总则》制订了航天成果应用的实施计划。其中规定在2020年前要确保在俄罗斯交通运输综合体内，大规模使用格洛纳斯系统的国内卫星导航技术和服务。

（五）2016年《俄罗斯联邦关于俄罗斯联邦总统下属的通用航空和基于格洛纳斯系统的导航信息技术发展委员会的总统令》（2018年修订）

2016年6月，联邦总统发布《俄罗斯联邦关于俄罗斯联邦总统下属的通用航空和基于格洛纳斯系统的导航信息技术发展委员会的总统令》（第285号俄罗斯联邦总统令），将“俄罗斯联邦总统通用航空发展委员会”改为“俄罗斯联邦总统通用航空和基于格洛纳斯系统的导航和信息技术发展委员会”（以下简称委员会），并明确了委员会的组织架构、组织形式、职能及行使方式等。

该总统令指出，委员会旨在确保在通用航空和基于格洛纳斯系统的导航信息技术领域制定并实施统一的国家政策、发展战略和规划。该总统令确立了委员会的性质为总统直属机构体系中的总统直属会议咨询性机构。该总统令明确了委员会在涉及通用航空和基于格洛纳斯系统的导航信息技术发展领域的主要职责包括：一是在制定和实施相关国家政策的过程中，协调相关行政机构和组织的意见和行动；二是完善相关基本法律法规，并监督其实施；三是监督国有组织相关活动的有效性和透明度；四是审议相关应用和开发领域结构转型、活动有效性的提案；五是拟定相关技术和基础设施发展相关的提案；六是审议相关长期规划、投资计划、发展计划的提案，并分析实施情况；七是参与制定和实施相关技术政策；八是拟定完善空域使用监管和管理体制的提案；九是审议相关税费方面的提案；十是审议相关法律法规草案，拟定相关国家政策制定和实施的提案；十一是分析相关联邦预算拨款使用的有效性。

该总统令规定了委员会的组织架构。委员会由委员会主席、委员会副主席、执行秘书和委员会成员组成。委员会的组成由联邦总统批准,委员会主席为俄罗斯联邦总统助理。根据总统令的规定,委员会为有效开展工作,可以设立工作组。

三、联邦政府令

俄罗斯联邦政府令[①]是俄罗斯联邦政府在联邦宪法、联邦法律和联邦总统令的基础上,为执行联邦宪法、联邦法律和联邦总统令,而颁布的决议和命令。在卫星导航领域,俄罗斯联邦政府通过颁布一系列政府令,就各部门的职责分工、格洛纳斯系统的强制应用、格洛纳斯系统应用服务管理等作出了规定。

(一)1995 年《俄罗斯联邦政府关于开展民用用户使用格洛纳斯系统工作的决议》

1995 年 3 月,俄罗斯联邦政府发布《俄罗斯联邦政府关于开展民用用户使用格洛纳斯系统工作的决议》[②](俄罗斯联邦政府第 237 号令)。该政府令主要规定了以下内容:一是明确了相关部门有关格洛纳斯系统建设运行的管理职责。该政府令规定,国防部、航天局[③]和交通部负责格洛纳斯系统的建设工作,并要求格洛纳斯系统于 1995 年全面开始运行后为国内军用和民用用户,以及国外用户提供服务。二是要求成立负责协调国内外用户使用格洛纳斯系统的协调委员会。具体由交通部、国防部、国家国防工业委员会、航天局和"国际导航"部际委员会成立协调委员会并批准其组成。三是要求制订格洛纳斯系统民用目的方案,具体由交通部、国防部、航天局和国家国防工业委员会制定,并提

---

① 《俄罗斯联邦宪法》第 115 条规定,俄罗斯联邦政府在俄罗斯联邦宪法、联邦法律和俄罗斯联邦总统令的基础上并为执行上述法律和命令颁布决议和命令,并保障其执行。联邦政府的决议和命令在俄罗斯联邦全境必须遵照执行。联邦政府的决议和命令在与俄罗斯联邦宪法、联邦法律和俄罗斯联邦总统令相抵触的情况下,俄罗斯联邦总统可将其废除。

② ПОСТАНОВЛЕНИЕ ПРАВИТЕЛЬСТВА РОССИЙСКОЙ ФЕДЕРАЦИИ О проведении работ по использованию глобальной навигационной спут никовой сист емы " Глонасс " в инт ересах гражданских пот ребит елей.

③ 目前俄罗斯联邦航天局职能已移交给国家航天集团公司。

交至联邦政府。四是制定使用格洛纳斯系统的协同程序，具体由国防部会同交通部、航天局、国家国防工业委员会制定并批准。五是建立关于格洛纳斯系统和 GPS 的信息服务部门，具体由交通部以导航信息生产中心为基础建立，并由俄罗斯航天部队科技情报处协调中心负责格洛纳斯系统运行状态的信息保障。六是推动国际组织使用格洛纳斯系统，具体由交通部会同国防部、航天局和国家国防工业委员会，向国际民用航空组织和国际海事组织提交必要材料。

（二）2001 年《俄罗斯联邦政府关于批准 2001 -2011 年格洛纳斯系统联邦专项计划的决议》（2008 年修订）

在 2001 年 2 月 6 日俄罗斯联邦安全委员会第 1 号决定和 2001 年 3 月 1 日俄罗斯联邦政府第 282 号令的基础上，联邦政府于 2001 年 8 月发布 2001 年《俄罗斯联邦政府关于批准 2001 -2011 年格洛纳斯系统联邦专项计划的决议》（俄罗斯联邦政府第 587 号令）并于 2008 年 9 月 12 日进行了修订。决议所批准的计划旨在为国家和社会经济利益，以及保障国家安全而进一步发展和使用格洛纳斯系统；保持俄罗斯在卫星导航领域里的领先地位，并确保向国内外用户提供导航信号。

计划提出了关于格洛纳斯系统的主要任务为：一是建立和开发格洛纳斯系统的空间资源和地面基础设施；二是补充和维持格洛纳斯系统星座在轨卫星数量；三是改进和完善格洛纳斯系统的大地测量保障；四是确保俄罗斯履行其在卫星导航领域签订的国际协定及其承诺，发展卫星导航领域国际合作和参与国际项目；五是研制和生产具有竞争力的国产导航用户设备，为其打入国内和国际市场创造条件，倡导对国产格洛纳斯系统设备和服务的广泛需求；六是建立新的大地测量网结构，实现高精密统一的地心坐标系统；七是制造和开发未来卫星导航系统技术、科学和技术基础。

该计划制订了五个子计划，分别为：维护和开发格洛纳斯系统的功能；研发、生产、准备和制作民用导航设备和接收机；在交通工具上引进和使用卫星导航系统；在俄罗斯境内大地测量保障中使用卫星导航系统；确保特殊用户申请使用卫星导航系统。

（三）2008年《俄罗斯联邦政府关于国家航天集团公司和联邦权力执行机构在为保障俄罗斯联邦国防安全、推动社会经济发展、扩大国际合作和科学应用而维护、发展和使用格洛纳斯系统的职权条例》（2021年修订）

2008年4月，俄罗斯联邦政府发布《俄罗斯联邦政府关于国家航天集团公司和联邦权力执行机构在为保障俄罗斯联邦国防安全、推动社会经济发展、扩大国际合作和科学应用而维护、发展和使用格洛纳斯系统的职权条例》（俄罗斯联邦政府第323号令），并于2021年1月19日进行了修订。该条例旨在执行2007年5月17日第638号总统令《俄罗斯联邦关于为俄罗斯联邦社会经济发展而使用格洛纳斯系统的总统令》。该条例就格洛纳斯系统管理作出了明确分工，规定了各联邦权力执行机构在国防与安全、社会经济发展、国际合作、科学研究方面管理卫星导航的具体职权。

该条例就牵头负责格洛纳斯系统的国家航天集团公司和国防部的职责作出了详细规定。条例规定国家航天集团公司有关格洛纳斯系统的职责如下：一是负责协调维护、发展和使用格洛纳斯系统及其增强系统，保障民用用户，深化国际合作；二是会同有关联邦权力执行机构，落实有关维护、发展和使用格洛纳斯系统及其增强系统和格洛纳斯系统卫星导航设备领域的国家政策；三是会同有关联邦权力执行机构，编制发展使用格洛纳斯系统及其增强系统和卫星导航设备相关的法律法规和产业规范；四是会同国防部，编制格洛纳斯系统航天器发射规划；五是参与监测格洛纳斯系统及其增强系统；六是组织开展格洛纳斯系统及其增强系统相关基础科研并应用成果；七是对格洛纳斯系统及其增强系统，以及卫星导航设备的制造生产实施许可；八是会同国防部、技术调节和计量局，建立发展格洛纳斯系统及其增强系统的计量保障系统；九是面向民用用户，提供格洛纳斯系统航天器轨道组网的实时和预测状态信息；十是协调联邦权力执行机构和组织在支持、发展和使用不同卫星导航系统及其增强系统领域的国际合作；十一是会同国防部，参与格洛纳斯系统频率的国际法保护；十二是开展合作，编制国际条约草案、签署相关合同；十三是推广格洛纳斯系统及其增强系统的导航技术；十四是提供导航活动的信息保障，通过在其官网发布符合国家服务标准的导航活服务内容和数据标准。

该条例明确了国防部有关格洛纳斯系统的职责：一是负责协调维护、发展和使用格洛纳斯系统及其增强系统和卫星导航设备,保障俄罗斯国防安全,会同国家航天集团公司开展民用用户相关协调工作;二是会同有关联邦权力执行机构,起草维护、发展和使用格洛纳斯系统及其增强系统,以及卫星导航设备相关的国家政策建议,落实国家政策;三是制定提供格洛纳斯系统信号的条件和程序;四是管理格洛纳斯系统航天器轨道组;五是建设、支持和发展格洛纳斯系统监测设备;六是监测格洛纳斯系统及其增强系统;七是会同国家航天集团公司、技术调节和计量局,建设、支持和发展格洛纳斯系统及其增强系统的计量保障系统;八是会同国家航天集团公司,参与格洛纳斯系统频率的国际法保护;九是会同国家航天集团公司,编制格洛纳斯系统航天器发射规划;十是向民用用户提供格洛纳斯系统航天器轨道组网的实时和预测状态信息;十一是会同国家航天集团公司,制定并落实格洛纳斯系统规划和项目;十二是组织开展和推广用于发展格洛纳斯系统导航技术的科研成果。

条例还就交通部、工业和贸易部、外交部、通信和大众传媒部、海运河运署、公路署、铁路运输署、航空署、技术调节与计量局、经济发展部、渔业局、内务部、卫生部、安全局、交通监察局,以及数字发展、通信和大众传媒部,国家登记、地籍和制图局和民防、紧急情况和消除自然灾害事务部等联邦权力执行机构有关格洛纳斯系统管理的职责分工作出了规定,主要涉及与其行政职能相关的卫星导航管理事项,以及在相关领域促进格洛纳斯系统应用的职责。

(四)2008年《俄罗斯联邦政府关于为车辆、技术设备和系统配备格洛纳斯系统或格洛纳斯系统/GPS的卫星导航设备的决议》(2016年修订)

2008年8月,俄罗斯联邦政府发布《俄罗斯联邦政府关于为车辆、技术设备和系统配备格洛纳斯系统或格洛纳斯系统/GPS的卫星导航设备的决议》(俄罗斯联邦政府第641号令),并于2016年11月进行了修订。该决议为保障国家安全,在卫星导航领域实行独立自主的政策,提高交通管制效率,提高旅客、特殊和危险品运输的安全水平,改进大地测量和地籍工作。

该决议规定了应当配备格洛纳斯系统/GPS卫星导航设备的车辆、技术设备和系统:一是航天装备,包括运载火箭、助推器,航天器和宇宙飞船,回收密闭舱(装置);二是国家航空、民用航空以及试验飞行的航空器;三是海上船舶、内河轮船以及(河海)联运船只;四是用于客运、特殊品和危险品、城市固体废物运输的公路和铁路运输车辆；五是用于大地测量和地籍工作的仪器和设备；六是保障时间同步的设备。其中，第四、五、六项的车辆、技术设备和系统的种类，由该领域的联邦权力执行机构确定。该决议还规定，俄罗斯联邦武装力量、其他部队、军事组织和具有军事职责机构使用的技术装备和系统、武器、军事技术装备和特种技术装备，以及其使用的交通工具，都应该装备格洛纳斯系统或格洛纳斯系统/GPS 卫星导航设备。由军事相关联邦权力执行机构制定配备相关卫星导航设备的程序和时间表。决议要求，联邦权力执行机构应当自 2010 年起开展工作，分阶段为所指定的、投入使用的车辆、技术设备和系统配备格洛纳斯系统或格洛纳斯系统/GPS 卫星导航设备。同时，强制配备有关工作应当由各联邦权力执行机构负责人亲自组织实施。此外，决议建议俄罗斯联邦主体权力执行机构、市级地区地方自治机构以及其下属机构采取措施，为所指定车辆、技术设备和系统配备格洛纳斯系统或格洛纳斯系统/GPS 卫星导航设备。

该决议明确了强制配备资金保障问题。决议规定，对于军事相关的强制配备支出，在国家军备计划规定的预算拨款范围内提供资金保障；对于军事以外的其他强制配备支出，按照既定程序在预算拨款范围内进行资金保障。

（五）2009 年《俄罗斯联邦政府关于导航活动领域的联邦网络运营商的决议》（2015 年修订）

2009 年 7 月 11 日，俄罗斯联邦政府发布《俄罗斯联邦政府关于导航活动领域的联邦网络运营商的决议》（俄罗斯联邦政府第 549 号令）并于 2015 年进行了修订。该决议旨在设立联邦网络运营商，以确保导航活动领域中技术管理的统一，并在特定领域为联邦国家需求和其他需求提供服务。该决议规定了联邦网络运营商主要任务有：一是确保使用格洛纳斯系统的导航和信息系统之间的技术兼容；二是确保使用格洛纳斯系统的网络的持续稳定运行；三是确保消费者导航设备要求符合相关交互程序和规定；四是确保俄罗斯导航设备与其他国家导航设备兼容；五是确保使用格洛纳斯系统的导航活动和导航设备符合准确性、可靠性和安全性要求；六是提供导航相关的现代技术信息；七是引进导航相关现代技术，促进社会经济发展。该决议规定了联邦网络运营商的职责，包括为联邦权力执行机构、法人和自然人提供使用格洛纳斯系统和格洛纳斯系统导航设备的服务，确保格洛纳斯系统与外国卫星导航系统兼容与互操作，制订和实施导航活动领域的联邦和其他有针对性的计划,参与对全球卫星导航系统监测,参与拟定改进导航活动领域的监管法律和监管技术法案等16项职能。

(六)2012年《俄罗斯联邦政府关于2012-2020年格洛纳斯系统的维护、开发和使用专项计划的决议》

2012年3月,俄罗斯联邦政府发布了《俄罗斯联邦政府关于2012-2020年格洛纳斯系统的维护、开发和使用专项计划的决议》(俄罗斯联邦政府第189号令)。该计划旨在保障特殊和民用(包括商业和科学)用户的利益,维护和开发格洛纳斯系统,促进俄罗斯卫星导航技术的国际使用,促进对使用格洛纳斯系统的国产卫星导航技术和服务的推广和使用。该决议将专项计划分为两个基本阶段:第一阶段为2012-2015年,第二阶段为2016-2020年。该决议确立了该专项计划对俄罗斯社会和经济发展的贡献目标是:确保俄罗斯在卫星导航领域的独立性,保持格洛纳斯系统的竞争力,创造军民两用的新技术,通过使用卫星导航技术来扩大国内外的商品和服务市场,提高客运和货运、地质勘探、建筑、通讯、能源生产和分配、农业、林业以及地籍测量等领域企业经营效率,确保客运和货运的安全。

该决议全面总结了《俄罗斯联邦政府关于批准2001-2011年格洛纳斯系统联邦专项计划的决议》所制订的专项计划,在格洛纳斯系统建设、应用推广、国际合作等方面的实施情况。在此基础上,该决议就2012-2020年间,格洛纳斯系统空间段建设、导航信号改进、航天绘图系统开发、地面基础设施维护、监测站网络建设等方面的计划作出了规定。

(七)2014年《俄罗斯联邦政府关于无线电频率或无线电频率频道分配(使用)的国际法保护和俄罗斯联邦境内他国所辖卫星通信网络的使用程序,以及对俄罗斯联邦政府若干文件进行修订的法令》(2020年修订)

2014年11月,俄罗斯联邦政府发布《俄罗斯联邦政府关于无线电频率或无线电频率频道分配(使用)的国际法保护和俄罗斯联邦境内他国所辖卫星通信网络的使用程序,以及对俄罗斯联邦政府若干文件进行修订的法令》(俄罗斯联邦政府第1194号令),并于2020年11月进行了修订。该政府令通过了两项有关无线电频率使用和保护的规则,规范了格洛纳斯系统相关的无线电频率的使用和保护工作。该政府令批准了《在俄罗斯联邦从事有关无线电频率或无线电频率频道分配(使用)的国际法保护的工作规则》。该工作规则共四部分,分别为:总则,无线电频谱使用有关国际分配和监管工作的组织和协调,无线电设备频率分配的申请、协调和登记,为俄罗斯联邦无线电设备频率分配的国际法保护提供科学技术保障的程序。该工作规则就俄罗斯有关国际电信联盟的无线电设备频率分配的申请、协调和登记工作,以及与他国通信主管部门协调无线电设备的频率分配工作出了规定,旨在确保俄罗斯国家利益,确保俄罗斯的频率分配得到国际承认,并为俄罗斯发展和使用各类无线电业务创造有利条件。该工作规则明确,无线电设备频率分配的国际法律保护,由通信管理机构、其他联邦权力执行机构、国家无线电频率委员会、无线电频率服务机构等负责。该工作规则还就俄罗斯航天系统所用无线电设备的频率的分配、使用、协调、登记程序和相关联邦权力执行机构的职责作出了详细规定。

该政府令还批准了《俄罗斯联邦境内使用外国管辖的卫星通信网络的规则》,就在俄罗斯联邦境内适用外国管辖的卫星通信网络的要求和程序作出了规定。该规则定义了外国管辖的卫星通信网(外国卫星系统),是指使用外国空间站(航天器)和外国主管部门在国际电信联盟申报的指配频率的卫星系统;定义了外国空间站(航天器),是指外国法人实体和(或)个人拥有的空间站(航天器);卫星系统,是指使用以政府间卫星组织名义向国际电信联盟申请的分配频率的他国卫星系统。根据该规则的定义,在俄罗斯联邦领土上使用外国卫星导航系统的活动受到该规则规范。该规则制定了使用外国卫星系统的前提条件、基本要求和程序,并规定由国家无线电频率委员会制定俄罗斯空间站(航天器)使用外国卫星系统的分配频率的条件和程序。该规则明确了不同情况下使用外国卫星系统的条件:一是当为发展俄罗斯通信网络与国际通信网络相交互,使用外国卫星系统时,应当获得国家无线电频率委员会决议批准;二是当使用俄罗斯卫星系统无法满足联邦权力执行机构需求、国家国防需求、国家安全和法治保障需求时,经联邦权力执行机构批准,在既定活动范围内可使用外国卫星系统;三是当俄罗斯空间站(航天器)无法用于保障经济、环境、信息和其他类型安全时,经数字发展、通信和大众传媒部批准,可使用用于此目的的外国空间站(航天器);四是为保护俄罗斯向国际电信联盟申请的卫星系统分配频率,使用外国空间站(航天器),应当获得国家无线电频率委员会关于无线电频带分配的决议；五是如果俄罗斯卫星系统的部分空间站（航天器）发生故障，为保障俄罗斯卫星系统正常运行，在俄联邦数字发展、通信和大众传媒部同意后，通过俄罗斯法人实体和外国空间站（航天器）所有方签订合同后，可临时使用外国空间站（航天器）。此外，该规则规定，外国卫星系统俄罗斯部分的俄罗斯通信运营商负责对外国卫星系统用户站（终端）的使用情况进行检查。

此外，联邦政府还发布了其他与格洛纳斯系统相关的政府令。2001 年 3 月，俄罗斯联邦政府发布《俄罗斯联邦政府关于批准国家授时、授频及地球自转参数测定条例》的政府令（俄罗斯联邦政府第 225 号令），并于 2021 年 4 月 17 日进行了更新。该条例旨在通过规范联邦权力执行机构的活动，满足国家对时间和频率参考信号及地球自转参数信息的需求，并传播关于地球自转的信息。该条例明确，联邦技术调节和计量局负责管理国家授时，联邦技术调节和计量局国家授时的主要计量中心负责国家授时工作的技术、方法和业务支持。在格洛纳斯系统方面，该条例明确将采用格洛纳斯系统和其他手段作为传输时间和频率参考信号以及莫斯科时间和日历日期准确值的技术手段。2006 年 8 月批准的《俄罗斯联邦政府建立和发展空间数据基础设施的命令》（俄罗斯联邦政府第 1157 – r 号令）规定了俄罗斯联邦空间数据基础设施建设和发展领域的目标、任务、架构、基本原则和工作方向。格洛纳斯系统属于空间系统，其卫星作为空间物体的相关数据属于空间数据，受到该命令的规范。2016 年 5 月批准的《俄罗斯联邦政府关于批准国家航天集团公司章程的条例》（俄罗斯联邦政府第 430 号令），并于 2021 年 10 月进行了修订。该条例就国家航天集团公司履行《俄罗斯联邦国家航天集团公司法》赋予的权力和职能，执行俄罗斯联邦总统命令和指示、俄罗斯联邦政府的指示，以及集团公司为使其职能与俄罗斯联邦权力执行机构、俄罗斯联邦主体权力执行机构和地方自治机构协作的具体程序作出了规定。2020 年 3 月，俄罗斯联邦政府发布《俄罗斯联邦政府航天活动许可条例》（俄罗斯联邦政府第 298 号令），并于 2022 年 2 月进行了修订。该条例制定了在俄罗斯境内和俄罗斯有管辖权的其他领土上开展航天活动的许可机关、许可要求和许可程序。条例规定，由国家航天集团公司负责实施航天活动许可。该条例明确了应当申请航天活动许可的清单，其中格洛纳斯系统相关的入轨装置和推进系统、航天器及元件、地面航天基础设施的设备等，以及格洛纳斯系统的增强系统的设计、制造、生产、试验、维修等活动，应当依程序获得航天活动许可。许可要求包括申请人具备与航天活动相符合的场地和技术能力、人力和质量管理体系等。条例还规定国家航天集团公司应当对被许可方实施许可证监管,可以通过文件检查和实地检查的形式进行。

四、部门令

俄罗斯联邦部门令是联邦权力执行机构在联邦法律、总统令、政府令的授权下,就职责范围内的事项制定的具体规定。在卫星导航领域,国家航天集团公司、交通部、经济发展部、工业和贸易部,以及数字发展、通信和大众传媒部等部门,根据联邦法律、总统令和政府令的授权,先后制定了一系列部门令,就卫星导航相关行政许可、强制应用、发展计划等作出了规定。

(一)国家航天集团公司

为实施对航天基础设施相关活动的许可职能,国家航天集团公司于2020年8月发布了《国家航天集团公司关于提供航天基础设施建设和运行许可证服务的行政条例》(俄罗斯国家航天集团公司第210号命令),就国家航天集团公司关于航天基础设施建设和运行的行政许可要求和许可程序作出了规定。该条例包括五个部分132条,一是规定了条例的调整对象、许可申请人范围、告知程序要求等基本内容。二是制定了行政许可的标准,明确了国家航天集团公司实施航天基础设施行政许可的类型、机构、结果、期限、法律依据、申请人应提交的文件清单、申请人获取与提交相关文件的方式等要求。三是制定了行政许可的工作程序,包括颁发和修改施工许可证的程序,延长施工许可证有效期的程序,颁发设施启用许可证的程序等工作程序。四是制定了行政许可的监督要求和程序,包括定期和不定期检查、审计等。五是制定了对国家航天集团公司及其官员的决定和行为(或不作为)提出申诉或非诉的程序。

为实施对航天活动的许可职能,国家航天集团公司于2020年9月发布了《国家航天集团公司关于提供航天活动许可证服务的行政条例》(俄罗斯国家航天集团公司第245号命令),并于2020年12月18日进行了修订。该条例就国家航天集团公司关于航天活动的许可要求和许可程序作出规定。该条例包括五个部分165条,一是规定了条例的调整对象、许可申请人范围、告知程序要求等基本内容。二是制定了行政许可的标准,明确了国家航天集团公司实施航天活动行政许可的类型、机构、结果、期限、法律依据、申请人应提交的请见清单、申请人获取与提交相关文件的方式、费用收取方式等要求。三是制定了行政许可的工作程序,包括接收和登记、审议航天活动许可申请,颁发许可证,终止许可证等工作程序。四是制定了行政许可的监督要求和程序,包括定期和不定期检查、审计等。五是制定了国家航天集团公司及其官员的决定和行为(或不作为)提出申诉或非诉的程序。

(二)交通部

交通部根据《俄罗斯联邦政府关于为车辆、技术设备和系统配备格洛纳斯系统或格洛纳斯系统/GPS 的卫星导航设备的决议》,制定了一系列在空中、铁路、公路等交通领域配备相关导航设备的配套规章。2010 年 2 月,交通部发布《俄罗斯联邦交通部关于为空中导航服务、航空航天搜索和救援的技术设备和系统配备格洛纳斯系统或格洛纳斯系统/GPS 卫星导航设备的命令》(俄罗斯联邦交通部第 23 号命令)。该命令规定了空中导航服务、航空航天搜索和救援领域,必须配备格洛纳斯系统或格洛纳斯系统/GPS 卫星导航设备的技术设备和系统类型,包括:一是用于空中交通服务的自动化系统(自动化设备综合体、自动化工作站);二是用于飞行、航空电信和目标控制的无线电技术支持系统(设备);三是飞行和航空电信无线电技术支持的自动飞行控制系统(设备);四是为全球卫星导航系统增加地面功能的技术设备和系统;五是航空航天搜救系统。

2020 年 7 月,交通部发布了《俄罗斯联邦交通部关于为客运、特殊品和危险品、固体城市废物的铁路运输车辆配备格洛纳斯系统或格洛纳斯系统/GPS 卫星导航设备的命令》(俄罗斯联邦交通部第 237 号命令)。该命令规定了铁路运输领域,应该配备格洛纳斯系统或格洛纳斯系统/GPS 卫星导航设备的车辆类型:一是用于客运、特殊品和危险品、城市固体废物运输的机车;二是多组机车车辆的头车;三是机车牵引人员客车。2020 年 10 月,交通部发布《俄罗斯联邦交通部关于为客运、危险品、固体城市废物的公路运输车辆配备格洛纳斯系统或格洛纳斯系统/GPS 卫星导航设备的命令》(俄罗斯联邦交通部第 413 号命令)。该命令规定了公路运输领域,应该配备格洛纳斯系统或格洛纳斯系统/GPS 卫星导航设备的车辆类型:一是用于载客的 M2 类和 M3 类车辆;二是用于运输危险品的 EX/Ⅱ或 EX/Ⅲ类、FL 类、AT 类和 MEMU 类车辆;三是用于运输城市固体废物的 N1 类、N2 类、N3 类车辆。

(三)经济发展部

经济发展部根据俄罗斯联邦政府 2008 年 8 月发布的《俄罗斯联邦政府关于为运输、技术设备和系统配备格洛纳斯系统或格洛纳斯系统/GPS 的卫星导航设备的决议》,于 2010 年发布了《俄罗斯联邦经济发展部关于用于大地测量和地籍工作并配备格洛纳斯系统或格洛纳斯系统/GPS 卫星导航设备的命令》(俄罗斯联邦经济发展部第 123 号命令)。该命令规定了用于进行大地测量和地籍工作应当配备格洛纳斯系统或格洛纳斯系统/GPS 卫星导航设备的设备类型:一是移动和固定卫星差分大地测量站设备;二是大地测量网永久点设备,解决格洛纳斯系统的星历支持问题;三是地球动力学场所设备;四是计量场所设备;五是用于创建和更新导航地图的统一移动系统设备;六是用于在基本天文和大地测量网络点使用绝对弹道重力仪工作时,解决地球力学问题和确定水平和垂直重力梯度的移动重力测量系统设备;七是用于创建和更新数字地形图和导航图的大地测量和地形综合设备。

(四)数字发展、通信和大众传媒部

通信和大众传媒部[①]根据俄罗斯联邦政府 2008 年 8 月发布的《俄罗斯联邦政府关于为车辆、技术设备和系统配备格洛纳斯系统或格洛纳斯系统/GPS 的卫星导航设备的决议》,于 2011 年 5 月发布了《俄罗斯联邦通信和大众传媒部关于配备格洛纳斯系统或格洛纳斯系统/GPS 卫星导航设备的技术工具和系统类型的命令》(俄罗斯联邦通信和大众传媒部第 92 号命令)。该命令规定了通信领域应该配备格洛纳斯系统或格洛纳斯系统/GPS 卫星导航设备的设备类型:一是用于无线数据传输的无线电接入设备;二是有线电视广播网络设备;三是通过地球静止轨道上的人造地球卫星运行的卫星地球站;四是时钟网络同步设备;五是 IMT – MC – 450 标准的移动无线电电话通信网络基站子系统。

---

① 俄罗斯联邦通信和大众传媒部于 2018 年改名为俄罗斯联邦数字发展、通信和大众传媒部。

（五）工业和贸易部

俄罗斯联邦工业和贸易部负责制定、修订和发布《俄罗斯联邦无线电导航计划》，计划为期5年。最新一版的《俄罗斯联邦无线电导航计划》（俄罗斯联邦工业和贸易部第3296号命令）于2019年9月发布。计划中明确规定了《俄罗斯联邦无线电导航计划》的法律地位，即计划是对俄罗斯联邦无线电导航系统和设备现状和发展前景的概括和正式声明，确定了该领域国家政策实施方向，旨在保障协调相关联邦权力执行机构、工业企业、科学组织和机构间工作和协作。计划是在分析国家、国家间以及国际无线电导航领域规范性法律文件和标准技术文件的基础上制定的。该计划适用于俄罗斯境内使用的无线电导航系统及军用和民用设备，包括全球卫星导航系统及其增强系统、地面无线电导航系统，不涉及惯性导航系统以及执行雷达测量或通信功能的无线电技术系统。该计划共七章，包括：总则、用户对无线电导航系统的需求、现有和开发中的无线电导航系统的概况、俄罗斯联邦无线电导航系统的发展方向、无线电导航系统的技术研发和升级方式、无线电导航保障领域的国际合作以及实施计划的预期效益。

该计划确定的基本目标是：协调无线电导航领域的国家技术政策，确定无线电导航系统；确定无线电导航服务行业的发展方向；实现俄罗斯导航服务开发商和用户之间的信息交互；使外国用户了解使用俄罗斯联邦现有和未来的无线电导航系统和设备的可行性。

该计划制定的主要任务包括：一是确保在太空以及俄罗斯领空和沿海水域有效地形成、维持和发展无线电导航空间；二是保障交通安全并提高运输系统的效率；三是维护和强化国家安全；四是提高本国无线电导航服务的竞争力；五是确保国内外无线电导航系统的兼容性和整合性；六是完善坐标时间和导航保障设施；七是制定和落实政策，为空中、海上、陆地和其他用户提供无线电导航保障，开展无线电导航系统和设备质量认证工作；八是完善坐标时间和导航保障领域的规范性法律与标准技术基础；九是改善俄罗斯国内外导航服务开发人员与用户之间的信息交互；十是使外国开发商和用户了解俄罗斯现有和正在开发的无线电导航系统和设备；十一是提高俄罗斯导航保障专业人才的职业水平和培训质量等。

该计划分析了用户对无线电导航系统的需求,包括定位精度、授时精度、系统可用性、系统完整性、系统服务连续性等。计划明确了航空用户、海上用户、内水用户、陆地用户、航天用户、特殊用户等各类用户和大地测量、服务、救援服务、频率时间保障服务以及主要用户群体对各项参数的具体要求。特别是明确了对格洛纳斯系统导航设备的参数需求。

该计划阐明了俄罗斯无线电导航的发展方向。重点强调了格洛纳斯系统的发展,规定格洛纳斯系统及其增强系统提供基本服务、生命安全服务、区域高精度导航服务、高精度导航服务,并进一步阐明了《俄罗斯联邦政府关于2012－2020 年格洛纳斯系统的维护、开发和使用专项计划的决议》中专项计划的主要目标和实现方式。

该计划介绍了现有的和开发中的无线电导航系统的概况。计划将无限电导航系统分为两类:天基无线电导航系统和地面无线电导航系统。其中天基无线电导航系统主要指卫星导航系统,计划详细介绍了俄罗斯格洛纳斯系统、欧洲伽利略系统、美国 GPS 和中国北斗系统的主要特征。地面无线电导航系统主要包括远距无线电导航系统、近距无线电导航系统、着陆系统。计划对其工作原理、频率、覆盖范围、定位精度、分辨率、功率、可用性等基本特征做了介绍。

计划规定了无线电导航系统的技术研发和升级方式,指出对现有无线电导航技术性能改进升级的方式包括:对现有全球卫星导航系统进行现代化改造,研发新型全球卫星导航系统;对全球卫星导航系统的增强功能进行升级完善;对地面无线电导航系统的技术特性进行升级完善;研发替代性的 PNT 系统;集成使用各类无线电导航系统;增强无线电导航系统的抗干扰性;建设发达的信息通信基础设施,并提供导航服务。

计划阐明了无线电导航领域的国际合作基本政策,规定俄罗斯在无线电导航领域开展的国际合作,由在独联体成员国活动框架内签署的国家间条约和协议以及与非独联体国家签署的国际条约进行规范。计划介绍了无线电导航领域开展国际合作的主要目标、主要任务、主要国际组织。

五、国际条约

俄罗斯联邦签署的国际条约和国际法公认的原则是俄罗斯法律制度的一

部分。在卫星导航领域，俄罗斯与美国、中国、欧盟、印度、白俄罗斯、古巴等国家或地区签订了一系列双边条约，对于促进格洛纳斯系统的发展和全球应用发挥了积极作用。

俄罗斯与中国。2014 年 10 月，俄中总理第十九次定期会晤期间，中俄双方签署了《中国卫星导航系统委员会与俄罗斯联邦航天局在全球卫星导航领域合作谅解备忘录》，明确成立“中俄卫星导航重大战略合作项目委员会”，提出了增强系统、兼容与互操作、监测评估、应用推广四个后续重点合作领域，标志着中俄卫星导航合作作为中俄合作战略性项目正式纳入中俄总理定期会晤机制框架。2015 年 5 月，俄中双方在莫斯科签署了《中国北斗和俄罗斯格洛纳斯系统兼容与互操作联合声明》，阐明俄中双方后续将继续加强北斗系统和格洛纳斯系统在兼容与互操作等方面合作，促进两系统共同发展，为全球用户提供更好、更可靠的卫星导航服务。2015 年 7 月，俄中双方签署《中国北斗系统和俄罗斯格洛纳斯系统跨境运输车辆联合应用示范项目合作框架协议》，阐明双方将重点围绕北斗/格洛纳斯系统导航芯片、车载导航终端、位置服务软件、导航地图、技术标准等方面开展联合研发，共同为中俄跨境道路运输导航应用涉及的电子通关、道路救援、车辆监控等提供集成应用服务。2015 年 12 月，俄中双方签署《和平利用北斗系统和格洛纳斯系统开展导航技术应用合作的联合声明》。2018 年 11 月，俄中双方签署《中华人民共和国政府和俄罗斯联邦政府关于和平使用北斗和格洛纳斯全球卫星导航系统的合作协定》，明确由俄罗斯联邦航天集团公司和中国卫星导航系统委员会作为协定下合作的主管当局，规定两国在系统兼容与互操作、监测站、信号监测评估、民用导航设备开展与制造、国际标准制定以及频率干扰减轻方面开展合作。此外，《中俄总理第二十四次定期会晤联合公报》《中俄总理第二十五次定期会晤联合公报》《中俄总理第二十六次定期会晤联合公报》等就北斗系统与格洛纳斯系统在各领域的合作作出了声明。

俄罗斯与欧盟。2005 年 9 月，俄罗斯与欧盟签署了《俄罗斯和欧洲关于格洛纳斯系统与伽利略系统的合作协议》，就系统的兼容与互操作，俄罗斯投入工业能力协助欧洲发展伽利略系统，开展俄罗斯格洛纳斯系统与欧洲伽利略系统的相关合作。

俄罗斯与印度。2004 年 12 月，俄罗斯总统普京与印度总理辛格于新德里签署了包括《俄罗斯联邦政府和印度共和国关于共同开发、运行和使用俄罗斯格洛纳斯系统用于和平目的的领域长期合作的政府间协议》在内的 11 项合作协议，协议中提到印度将协助俄罗斯发射 GLONASS - M 卫星，并承担一定费用；作为交换条件，印度可以参与第三代 GLONASS - K 卫星的研制工作，格洛纳斯系统也将向印度开放军用权限。2011 年 12 月 16 日，俄罗斯总统梅德韦杰夫和印度总理曼莫汉发表联合声明，声明中表达了双方对共同使用俄罗斯格洛纳斯系统的兴趣，希望在这一领域推动合作，包括联合生产卫星导航系统和服务民用用户。根据此项声明，印度为俄罗斯格洛纳斯系统生产导航设备。

俄罗斯与白俄罗斯。2013 年 12 月，俄罗斯和白俄罗斯签署了《俄罗斯联邦政府与白俄罗斯共和国政府关于使用和发展格洛纳斯系统的合作协定》，建立了互利合作的机制和法律框架，明确了在以下方面开展合作：一是建设格洛纳斯系统功能补充，使格洛纳斯系统能够在白俄罗斯境内被消费者使用；二是开发和生产消费者导航设备；三是在俄罗斯、白俄罗斯和国际市场推广有竞争力的基于格洛纳斯系统的商品和服务；四是开发基于格洛纳斯系统的导航信息系统和服务；五是改进导航领域的规章制度和技术规范。协定明确由俄罗斯联邦航天局和国防部，与白俄罗斯共和国国家军事工业委员会和白俄罗斯国家科学院作为执行协定的授权机构。

俄罗斯与古巴。2009 年 2 月，俄罗斯和古巴签署了《俄罗斯联邦政府与古巴共和国政府关于使用和发展格洛纳斯系统的合作协定》（2015 年修订）。该协定确定了两国在格洛纳斯系统和卫星导航技术使用和发展方面合作的机制和法律框架，明确了在以下方面开展合作：一是建设古巴地面基础设施和格洛纳斯系统地面功能补充系统；二是培训古巴专业人员，使用卫星导航技术和空间测量技术；三是在古巴境内部署格洛纳斯系统大地测量接收器，为古巴制作新的开放式数字导航地图，并开展监测；四是开发消费者导航设备，以操作格洛纳斯系统、其他卫星导航系统及其附加功能的标准精度信号。协定明确由俄罗斯联邦航天局和国防部与古巴革命武装部队作为执行协定的授权机构。

俄罗斯卫星导航法律制度体系		
法律		《俄罗斯联邦航天活动法》（2021年修订） 《俄罗斯联邦导航活动法》（2015年修订） 《俄罗斯联邦“格洛纳斯—时代”国家自动化信息系统法》（2015年修订） 《俄罗斯联邦国家航天集团公司法》（2020年修订）
联邦总统令		《俄罗斯联邦关于格洛纳斯系统的总统令》（1999年） 《俄罗斯联邦关于为俄罗斯联邦社会经济发展而使用格洛纳斯系统的总统令》（2019年修订） 《俄罗斯联邦关于2030年前使用航天成果服务俄联邦经济现代化及其区域发展的国家政策总则》（2014年） 《俄罗斯联邦关于俄罗斯联邦总统下属的通用航空和基于格洛纳斯系统的导航信息技术发展委员会的总统令》（2018年修订）
联邦政府令		《俄罗斯联邦政府关于开展民用用户使用格洛纳斯系统工作的决议》（1995年） 《俄罗斯联邦政府关于批准2001–2011年格洛纳斯系统联邦专项计划的决议》（2008年修订） 《俄罗斯联邦政府关于国家航天集团公司和联邦执行权力机构在为保障俄罗斯联邦国防安全、推动社会经济发展、扩大国际合作和科学应用而维护、发展和使用格洛纳斯系统的职权条例》（2021年修订） 《俄罗斯联邦政府关于为车辆、技术设备和系统配备格洛纳斯系统或格洛纳斯系统/GPS的卫星导航设备的决议》（2016年修订） 《俄罗斯联邦政府关于导航活动领域的联邦网络运营商的决议》（2015年修订） 《俄罗斯联邦政府关于2012–2020年格洛纳斯系统的维护、开发和使用专项计划的决议》（2012年） 《俄罗斯联邦政府关于无线电频率或无线电频率频道分配（使用）的国际法保护和俄罗斯联邦境内他国所辖卫星通信网络的使用程序，以及对俄罗斯联邦政府若干文件进行修订的法令》（2020年修订） 《俄罗斯联邦政府建立和发展空间数据基础设施的命令》（2006年） 《俄罗斯联邦政府关于批准国家航天集团公司章程的条例》（2021年修订） 《俄罗斯联邦政府航天活动许可条例》（2021年修订） 《俄罗斯联邦政府关于〈俄罗斯联邦轨道频率资源分配、使用和保护领域国家政策的基本原则的条例〉的命令》（2016年修订） 《俄罗斯联邦政府关于批准国家服务时间、频率和地球自转参数测定的条例》（2021年修订）
部门令	国家航天集团公司	《国家航天集团公司关于提供航天活动许可证服务的行政条例》（2020年） 《国家航天集团公司关于提供航天基础设施建设和运行许可证服务的行政条例》（2020年）
	交通部	《俄罗斯联邦交通部关于为空中导航服务、航空航天搜索和救援的技术设备和系统配备格洛纳斯系统或格洛纳斯系统/GPS卫星导航设备的命令》（2010年） 《俄罗斯联邦交通部关于为客运、特殊品和危险品、固体城市废物的铁路运输车辆配备格洛纳斯系统或格洛纳斯系统/GPS卫星导航设备的命令》（2020年） 《俄罗斯联邦交通部关于为客运、危险品、固体城市废物的公路运输车辆配备格洛纳斯系统或格洛纳斯系统/GPS卫星导航设备的命令》（2020年）
	通信和大众传媒部	《俄罗斯联邦通信和大众传媒部关于配备格洛纳斯系统或格洛纳斯系统/GPS卫星导航设备的技术工具和系统类型的命令》（2011年）
	经济发展部	《俄罗斯联邦经济发展部关于用于大地测量和地籍工作并配备格洛纳斯系统或格洛纳斯系统/GPS卫星导航设备的命令》（2010年）
	工业和贸易部	《俄罗斯联邦无线电导航计划》（2019年）
国际条约		俄中：《中国卫星导航系统委员会与俄罗斯联邦航天局在全球卫星导航领域合作谅解备忘录》（2014年）、《中国北斗和俄罗斯格洛纳斯系统兼容与互操作联合声明》（2015年）、《中国北斗系统和俄罗斯格洛纳斯系统跨境运输车辆联合应用示范项目合作框架协议》（2015年）、《和平利用北斗系统和格洛纳斯系统开展导航技术应用合作的联合声明》（2015年）、《俄罗斯联邦政府和中华人民共和国政府关于和平使用格洛纳斯系统和北斗系统的合作协定》（2018年） 俄欧：《俄罗斯和欧洲关于格洛纳斯系统与伽利略系统的合作协议》（2005年） 俄印：《俄罗斯联邦政府和印度共和国关于共同开发运行和使用俄罗斯格洛纳斯系统用于和平目的的领域长期合作的政府间协议》（2004年） 俄白：《俄罗斯联邦政府与白俄罗斯共和国政府关于使用和发展格洛纳斯系统的合作协定》（2013年） 俄古：《俄罗斯联邦政府与古巴共和国政府关于使用和发展格洛纳斯系统的合作协定》（2015年）

图2　俄罗斯卫星导航法律制度体系示意图

第三节　欧盟卫星导航法律制度体系

欧盟(European Union, EU)是由欧洲共同体发展而来的,是一个集政治实体、经济实体于一身,具有重要影响的区域一体化国际组织。欧盟法指以建立欧盟、规制欧盟各成员国的国际条约为核心建立起来的,包括欧盟自身为实施条约而制定的各项条例、指令、决定、判例和政策,以及欧盟各成员国的相关国内法的总称。自伽利略系统规划和研发之初,欧盟就制定了《关于建立伽利略联合体条例》,通过法律法规方式对伽利略系统计划的实施进行管理。此后,随着伽利略系统和EGNOS(欧洲地球静止导航重叠服务)系统的研发、建设和发展,欧盟制定了多部涉及卫星导航相关的条例、指令和决定,就卫星导航治理体系、基础设施安全保护、系统强制应用等事项作出了规定,并与美国、俄罗斯、中国、印度等国家签订了卫星导航相关的国际条约,共同构成了欧盟卫星导航法律制度体系。

一、欧盟条例

欧盟条例是针对某一领域的事项发布的一般性法规,对欧盟境内所有的法律主体都发生效力,具有普遍适用效力。条例是成员国法律的一部分,具有执行效力,对于所有成员国都适用。根据伽利略系统建设发展阶段和管理需求,欧盟不断制定和修订卫星导航相关欧盟条例,主要就卫星导航治理体系、伽利略系统和EGNOS系统(欧洲地球静止导航重叠服务系统)建设、系统强制应用、系统服务管理等事项作出了规定,并废除不符合发展实际的法律制度。比如2002年的《关于建立伽利略联合体条例》(876/2002/EC),2008年的《进一步实施欧洲卫星导航计划条例》(683/2008/EU),2010年的《欧洲全球卫星导航系统局条例》(912/2010/EU),2013年的《欧洲卫星导航系统实施和开发条例》(1285/2013/EU),2014年的《修订欧洲全球卫星导航系统局职责条例》[(EU)512/2014]都相继废除。

(一)2021年《欧盟空间计划和欧盟空间计划局条例》

2021年4月,欧盟通过了《欧盟空间计划和欧盟空间计划局条例》[(EU)

2021/696][①],制订了2021年至2027年欧盟空间计划,包括伽利略计划、EGNOS计划、哥白尼计划、空间态势感知系统(SAA)以及政府卫星通信系统(GovSatCom)计划,并设立了欧盟空间计划局以取代欧洲全球卫星导航系统局。该条例共12卷,共111条。第一卷为一般条款,确定了欧盟空间计划的宗旨、定义、组成部分、计划的目标、相关资产的所有权、欧盟外国家参与计划的基本原则等内容。第二卷为预算出资和机制,该部分明确了各子计划的预算、收入分配机制、欧盟出资方式。第三卷为财务要求,明确了计划相关的采购、拨款、奖励等方面的基本制度。第四卷为计划的治理体系,明确了在欧盟成员国、欧盟委员会、欧盟空间计划局、欧洲航天局在实施欧盟空间计划方面的职责分工和管理方式。第五卷为计划的安全保障,就安全保障的基本原则、安全的治理体系、基础设施和服务安全制度、安全认证制度、机密资料保护等内容作出了规定,明确了就伽利略系统和EGNOS安全认证要求。第六卷为伽利略计划和EGNOS计划,就计划的具体内容、服务的类型、计划的管理、兼容和互操作等作出规定。第七卷为哥白尼计划,就计划的具体内容、计划的管理,数据信息的获取与分发作出了规定。第八卷为计划的其他部分,就空间态势感知系统、欧盟政府卫星通信计划的建设发展作出具体规定。第九卷为欧盟空间计划局,明确了欧盟空间计划局的法律地位、组织架构、财务管理、职责和权力等事项。第十卷为规划、监督、评估和控制要求和程序。第十一卷为授权和实施措施,制定了计划所涉的授权、紧急状态程序等内容。第十二卷为过渡条款和最终条款,就信息传播和宣传、条例废止、生效等内容作出规定。

在卫星导航方面,该条例主要规定了以下事项:一是明确了欧盟空间计划的目标包括确保伽利略系统和EGNOS系统长期提供先进和安全的PNT服务,同时确保服务的连续性和可靠性。二是制定伽利略系统和EGNOS系统的预算,2021年1月1日至2027年12月31日预算为90.17亿欧元。三是规定了伽利略计划和EGNOS计划的治理主体,明确了欧盟成员国、欧盟委员会、欧盟空

① Regulation(EU)2021/696 of the European Parliament and of the Council of 28 April 2021 establishing the Union Space Programme and the European Union Agency for the Space Programme and repealing Regulations(EU) No. 912/2010, (EU) No. 1285/2013 and (EU) No. 377/2014 and Decision No. 541/2014/EU.

间计划局、欧洲航天局以及欧洲气象卫星应用组织等机构。条例规定,欧盟委员会对计划的实施负全部责任,并明确欧盟空间计划局是欧盟的一个机构,其具有法人资格,其基本行政和管理结构包括行政管理委员会、执行董事和安全认证委员会,其中执行董事是其代表,对行政管理委员会负责。条例明确欧盟空间计划局在卫星导航方面的具体职能主要是:负责管理伽利略系统和EGNOS 系统的应用,包括服务的提供和运行的安全。负责开发下游市场,促进基于伽利略系统、EGNOS 系统的创新和哥白尼系统的商业用户服务。四是制定了伽利略系统和 EGNOS 系统的安全要求,就伽利略系统和 EGNOS 系统安全认证、安全认证委员会职责、机密资料的保护等具体内容作出规定。五是明确了伽利略系统提供的六类服务,EGNOS 系统提供的三类服务,制定了伽利略系统和 EGNOS 系统运行的要求,以及兼容性、互操作性和标准化要求。六是对伽利略系统和 EGNOS 系统的监控、评估、审计、个人数据和隐私保护等作出规范要求。

(二)2018 年《确保移动设备紧急通信呼叫者位置条例》

2014 年欧盟通过了《关于协调成员国与无线电设备市场供给有关法律的指令》(2014/53/EU),为在欧盟市场提供、使用无线电设备建立了监管制度。该指令第 3 条第 3 款 g 规定,无线电设备应确保支持获得紧急服务的功能。呼叫紧急服务的无线电设备位置的准确度,对于获得紧急服务的有效性方面发挥着关键作用。基于 GNSS 信息的呼叫者位置识别可以提高更加准确的呼叫者位置,从而使救援工作更快更有效。此外,2016 年欧盟通过的《欧洲空间战略》宣布了在手机上引入伽利略系统定位和导航服务的措施。为进一步落实上述要求和考虑,2018 年 12 月,欧盟通过了《补充欧洲议会和欧盟理事会的第 2014/53/EU 指令第 3(3)(g)条中提及的基本要求的应用,以确保移动设备紧急通信呼叫者位置的授权条例》①[以下简称《确保移动设备紧急通信呼叫者位置条

① Commission Delegated Regulation(EU)2019/320 of 12 December 2018 supplementing of Directive 2014/53/EU of the European Parliament and of the Council with regard to the application of the essential requirements referred to in Article 3(3)(g) of that Directive in order to ensure caller location in emergency communications from mobile devices.

例》,(EU)2019/320]。根据该条例,自2022年3月起,在欧盟销售的移动设备应能够在紧急通信中提供对Wi-Fi和GNSS位置信息的访问,定位功能应与伽利略计划提供的服务兼容并互通。

(三)2016年《行车记录仪及其组件的构造、测试、安装、操作和维修要求的执行条例》

2014年2月4日,欧盟通过了《关于公路运输行车记录仪,废除〈欧盟理事会关于公路运输记录设备条例〉[(EEC) No. 3821/85],修订〈欧洲议会和欧盟理事会关于协调与公路运输有关社会立法的条例〉[(EC) No. 561/2006]条例》,就公路运输车辆行车记录仪的制造、安全、使用等作出了规定。该条例第11条和第12条要求,欧盟委员会应当就行车记录仪使用卫星定位服务作出规定,确保向行车记录仪提供的卫星定位数据的安全性、准确性和可靠性。为此,2016年3月,欧盟通过了《行车记录仪及其组件的构造、测试、安装、操作和维修要求的执行条例》①[(EU)2016/799]。该条例共6条,就行车记录仪使用卫星导航服务做出要求。该条例第2条规定制造商应确保智能行车记录仪的GNSS接收器与伽利略系统和EGNOS系统提供的定位服务兼容,在此之外制造商还可以选择与其他卫星导航系统兼容。

(四)2015年《部署基于112服务的eCall车载系统的类型批准要求条例》

2015年4月,欧盟通过了《部署基于112服务的eCall车载系统的类型批准要求条例》②[(EU)2015/758],就基于112的eCall车载系统③以及基于112的

---

① Commission Implementing Regulation(EU)2016/799 of 18 March 2016 implementing Regulation (EU) No. 165/2014 of the European Parliament and of the Council laying down the requirements for the construction, testing, installation, operation and repair of tachographs and their components.

② REGULATION(EU)2015/758 of the European Parliament and of the Council of 29 April 2015 concerning type-approval requirements for the deployment of the eCall in-vehicle system based on the 112 service and amending Directive 2007/46/EC.

③ 基于112的eCall车载系统是指一种紧急系统,包括车载设备和触发、管理和执行eCall传输的装置,通过车载传感器自动激活或手动激活,由公共移动无线通信网络的手段,最少的数据集,并在车辆乘员和eCall公共安全应答点之间建立基于112的音频通道。自2003年以来,在所有车辆和所有成员国中部署eCall服务一直是欧盟道路安全领域的主要目标之一。

eCall 车载系统、组件和独立技术单元的车辆 EC 型式认证制定了一般要求。该条例共 14 条,包括使用范围、定义、制造商的一般义务、制造商的具体义务、隐私和数据保护规则、成员国的义务、授权条款、实施条款、委员会程序、处罚、报告和审查要求等内容。在卫星导航方面,该条例第 5 条规定了制造商的具体义务,其中要求制造商应确保基于 112 的 eCall 车载系统中的接收器兼容伽利略系统和 EGNOS 系统提供的定位服务,在此基础上可以选择与其他卫星导航系统兼容。这意味着所有在欧盟销售的新车都必须配备伽利略系统功能。该条例第 6 条就用户隐私和数据保护规则作出了规定,要求制造商应确保基于 112 的 eCall 车载系统数据不可追溯,不受任何持续跟踪,在触发 eCall 之前,用户数据不得在基于 112 的 eCall 车载系统之外提供给任何实体。

二、欧盟指令

欧盟的指令(directive)是欧盟委员会对其成员国颁布的法律文件,要求其成员国必须在给定的时间内自行选择适合的方式、方法来达到欧盟所要求的目标。与条例相比,指令是为了协调成员国的立法,且在严格的约束[①]下,使成员国拥有一定的自由裁量权。对欧盟而言,可互操作的电子道路收费系统有助于实现联盟法律规定的道路收费目标。一直以来,欧盟希望在成员国和周边国家广泛部署电子道路收费系统,使电子道路收费系统具有互操作性,以降低整个欧盟的通行费支付成本。为此,2019 年 3 月,欧盟通过《欧洲议会和欧盟理事会关于电子道路收费系统的互操作性及促进关于欧盟未缴纳道路费用的跨境信息交换的指令》[②][(EU)2019/520],并于 2022 年 3 月进行了修订。该指令共包括九章 35 条,包括一般规定、欧洲电子收费服务的一般原则、调解机构、技术规定等内容,旨在提升欧洲电子道路收费系统的互操作性,使欧盟电子道路收费规则更加有效。该指令第 3 条"技术解决方案"规定,于 2021 年 10 月 19 日之

---

① 这些约束表现为以下方面:一是为了实现指令目标,成员国所采用的方法和手段都需要具有约束力,而不能具有任意性;二是为了实现指令目标,需确保个人的权利能够在国内法庭得到维护;三是在实施指令的整个过程中,成员国必须接受欧盟法院的监督。

② Directive(EU)2019/520 of the European Parliament and of the Council of 19 March 2019 on the interoperability of electronic road toll systems and facilitating cross – border exchange of information on the failure to pay road fees in the Union.

后投放市场的与电子道路收费系统相关的使用卫星导航的车载设备,同时要求该车载设备应与伽利略系统和 EGNOS 系统提供的定位服务兼容。同时,该指令第 15 条要求,委员会应当最迟在 2019 年 10 月 19 日之前,制定关于适用于基于全球卫星导航系统的收费系统的要求。

三、欧盟决定

欧盟的决定(decision)是针对特定对象颁布的单独法令,但它对其所通知的对象具有全面的约束力。[①] 在卫星导航领域,欧盟就全球卫星导航系统安全委员会、相关机密信息交换、公共管制服务管理、地面基础设施管理等内容制定了相关决定。

(一)2009 年《建立欧洲全球卫星导航系统(GNSS)安全专家组的决定》

2008 年 7 月,欧盟《关于进一步实施欧洲卫星导航计划条例》[(EC)683/2008]赋予了欧盟委员会负责管理伽利略系统和 EGNOS 系统安全有关事项的职责,并设立了安全委员会负责处理伽利略系统相关的安全事宜。为有效保障伽利略系统安全,欧盟委员会提议设立一个由成员国代表组成的专家组,协助其处理卫星导航系统安全相关的问题,并审查与卫星导航系统安全有关的事宜。2009 年 4 月,欧盟委员会通过了《建立欧洲全球卫星导航系统(GNSS)安全专家组的决定》[②](2009/334/EC)。该决定旨在设立欧洲全球卫星导航系统安全专家组,又称欧洲全球卫星导航系统安全委员会(Security Board for the European GNSS Systems, 以下简称安全委员会)。

根据该决议,欧盟委员会应当定期咨询安全委员会,并充分考虑其意见。该决议规定了安全委员会的职责:一是协助欧盟委员会管理与系统安全相关的所有问题;二是审查与欧洲全球卫星导航系统安全有关的事宜。

该决定规定了安全委员会组成:安全委员会由每个成员国的推选的一名安

---

① 决定的对象既可以是一个或数个国家,也可以是自然人或法人。对于特定对象,决定具有全面约束力,特定对象必须依照决定要求作为。但决定不具有普遍的约束力。

② 2009/334/EC: COMMISSION DECISION of 20 April 2009 establishing an expert group on the security of the European GNSS systems.

全领域专家和欧盟委员会的一名代表组成；欧洲全球卫星导航系统监管局、欧洲航天局和欧盟高级代表以观察员的身份参加；第三国代表可以根据与欧洲共同体缔结的协定以正式成员身份参加安全委员会的工作；安全委员会主席可根据其议事规则规定的条件，邀请其他专家参加安全委员会的工作。

该决定制定了安全委员会的工作程序。明确安全委员应当由欧盟委员会的一名代表主持，经欧盟委员会同意，可设立小组委员会审查具体事宜。安全委员会及其小组委员会应按照欧盟委员会制定的程序和时间表在欧盟委员会所在地举行会议，秘书处应由欧盟委员会提供。安全委员会应根据欧盟委员会通过的标准议事规则通过其议事规则，并严格遵守欧盟委员会的安全和安保规定。

（二）2009年《欧盟委员会与欧洲全球卫星导航系统监管局关于就机密信息的安全与交换缔结行政管理协议的决定》

欧盟委员会、欧洲全球卫星导航系统监管局（2010年重组为欧洲全球卫星导航系统管理局，现由欧盟空间计划局取代）和欧洲航天局分别承担有伽利略计划和EGNOS计划的职责。为确保机构间机密信息的交换，欧盟委员会于2009年10月通过了《欧盟委员会与欧洲全球卫星导航系统监管局关于就机密信息的安全与交换缔结行政管理协议的决定》①（2009/846/EC）。该决定共13条，旨在满足在伽利略计划和EGNOS计划的背景下，欧盟委员会和欧洲全球卫星导航系统监管局交换机密信息的需求，确保双方安全获得必要的机密信息。决议通过的协议适用于为实现伽利略计划和EGNOS计划目的的机密信息交换。决定通过的协议就信息提供方、接收方在机密信息保护、传输、合作方面的权利义务作出了具体规定。

根据该决定，机密信息，是指一方认为需要防止未经授权的披露，并指定了安全级别的任何信息、材料或文件；信息提供方，是指向另一方（接收方）传达或披露机密信息的一方；接收方，是指从另一方（即信息提供方）接收机密信息的

---

① 2009/846/EC: Commission Decision of 20 October 2009 on the conclusion of an administrative Agreement between the European Commission and the European GNSS Supervisory Authority on the security and exchange of classified information.

一方。该决定要求各方应当按照信息提供方所指定的安全级别保护机密信息，不得将相关机密信息用于信息提供方所确定的用途以外的目的，且只能授权必要知道机密信息且通过安全审查的人员知悉相关机密信息。该决定要求欧盟委员会和欧洲全球卫星导航系统监管局建立安全系统，并制定符合自身安全条例所要求的基本原则和最低标准的安全措施。

（三）2011 年《关于伽利略计划下建立的全球卫星导航系统提供的公共管制服务获取规则的决定》

公共管制服务（PRS）是指伽利略系统和 EGNOS 系统向政府授权用户提供的服务。伽利略计划的目标之一，是向政府授权用户提供高安全、高可靠的公共管制服务，确保在最严重的危机下也能使用持续稳定的服务。为规范公共管制服务的管理和使用，欧盟于 2011 年 10 月通过《关于伽利略计划下建立的全球卫星导航系统提供的公共管制服务获取规则的决定》（1104/2011/EU）[①]。该决定共 17 条，就欧盟成员国、欧盟理事会、欧盟委员会、欧盟对外行动署、欧盟机构、第三国和国际组织使用公共管制服务的规则作出具体规定，包括使用公共管制服务的一般原则、与公共管制服务有关机密信息泄露的处置、公共管制服务的主管机构及职责、伽利略系统安全监测中心的职责、公共管制服务的通用最低标准、出口管制等规定。

根据该决定，公共管制服务参与方，是指欧盟成员国、欧盟理事会、欧盟委员会和欧盟对外行动署、欧盟机构，以及经正式授权的第三国和国际组织；公共管制服务用户，是指经公共管制服务参与方正式授权拥有或使用公共管制服务接收器的自然人或法人。该决定第 5 条就公共管制服务主管机构及其职责作出了规定。不同的参与方的主管机构不同，使用公共管制服务的欧盟成员国，应当在其领土上设立主管机构，并立即通报欧盟委员会；欧洲全球卫星导航系统局（现由欧盟空间计划局取代）是欧盟理事会、欧盟委员会和欧盟对外行动署，以及根据相关协定使用公共管制服务的欧盟机构和国际组织公共管制服务

---

① Decision No. 1104/2011/EU of the European Parliament and of the Council of 25 October 2011 on the rules for access to the public regulated service provided by the global navigation satellite system established under the Galileo programme.

的主管机构。公共管制服务主管机构的职责包括：分类管理用户访问权限，将从伽利略卫星导航系统安全监测中心获得的公共管制服务密钥和其他相关机密信息分发给用户，管理接收器安全和相关机密技术与信息，建立联络点并协助报告发现的潜在有害电磁干扰，与伽利略卫星导航系统安全监测中心对接，监督公共管制服务接收器或安全模块的生产制造，与出口管制主管机构对接等。

该决定制定了使用公共管制服务的五项一般原则：一是欧盟成员国、欧盟理事会、欧盟委员会和欧盟对外行动署有权在全球范围内无限制和不间断地使用公共管制服务；二是应由欧盟成员国、欧盟理事会、欧盟委员会和欧盟对外行动署决定是否在其职权范围内使用公共管制服务；三是由欧盟成员国决定授权其领土范围内的公共管制服务用户，由欧盟理事会、欧盟委员会和欧盟对外行动署决定作为其代理人；四是只有在履行必要职能的情况下，欧盟机构才能成为公共管制服务参与方；五是第三国或国际组织只有在按照《欧盟运作条约》第218条规定的程序，与欧盟签订协定的情况下，才能成为公共管制服务的参与方。

为确保公共管制服务使用安全，该决定规定公共管制服务的使用适用国家安全条例，成员国应将国家安全条例的执行情况告知欧盟委员会，如果发现与公共管制服务有关的欧盟机密信息被披露给未经授权的任何人，欧盟委员会有权采取措施。该决定制定了公共管制服务接收器和安全模块的生产和安全要求，即必须经过安全认证委员会的明确授权才能从事相关开发和生产，且应当按照该决定附件所规定标准进行。此外，该决定禁止相关参与方向欧盟以外的国家或地区出口与公共管制服务的使用、开发和相关设备的生产有关的设备、技术和软件。

（四）2016年《关于确定在伽利略计划下建立的地面基础设施的位置，并制定必要的措施以确保其顺利运行的执行决定》（2019年修订）

根据欧盟条例，欧盟委员会全面负责伽利略计划，负责确定伽利略系统地面基础设施的位置，并确保其稳定、有效运行。为此，欧盟委员会于2012年制定了《关于建立关键决策点列表以评估伽利略计划实施情况，作为计划开发和部署一部分将建设地面中心和站的执行决定》，基本明确了在伽利略计划下建立的地面基础设施的位置。地面基础设施的数量和选址，主要是为了满足世界各地最佳分布的地理要求，并考虑到相关技术限制、现有设施和设备、地面基础设施的安全要求，以及每个成员国的国家安全要求。随着伽利略计划的实施，为了确保伽利略计划的连续性，考虑到发展过程中出现的制约因素和新需求，欧盟委员会认为应当再次确定在伽利略计划下建立的地面基础设施的位置，并采取必要措施确保其稳定有效运行。为此，欧盟委员会于 2016 年 3 月通过《关于确定在伽利略计划下建立的地面基础设施的位置，并制定必要的措施以确保其顺利运行的执行决定》[①][（EU）2016/413]，重新确定伽利略计划的地面基础设施的位置，并要求采取确保其功能正常的必要措施。该决定重新确定了地面基础设施的清单、所在位置、建设主体和状态，包括地面中心和远程地面站。随着英国脱欧，2019 年欧盟委员会对该决定进行了修订，将位于阿森松和马尔维纳斯群岛的全球伽利略传感器站（GSS）从清单中移除。

根据最新修订的决定，伽利略计划下的地面基础设施分为地面中心和远程地面站。地面中心由 2 个伽利略系统控制中心（位于德国和意大利）、伽利略系统安全监控中心（位于法国和英国）、全球卫星导航系统服务中心（位于西班牙）、搜救服务中心（位于法国）、伽利略系统参考中心（位于荷兰）、综合后勤支持中心（位于比利时）和在轨测试站（位于比利时）组成。远程地面站由遥测、跟踪和指挥站（分别位于瑞典、法国、新喀里多尼亚、法属波利尼西亚），伽利略系统传感器站（分别位于葡萄牙、意大利、瑞典、法国、法属波利尼西亚、比利时、挪威等地），上行链路站（分别位于法属波利尼西亚、法国、挪威等地）和搜救站（分别位于塞浦路斯、西班牙、挪威、葡萄牙、法国等地）组成。

（五）2017 年《关于制定技术和操作规范，允许根据伽利略计划建立的系统提供商业服务的执行决定》

欧盟认为，基于伽利略系统的商业服务，不仅是其他全球卫星导航系统不具备的服务，也能够产生收益。更高精度的定位有利于扩大卫星导航系统的应

① Commission Implementing Decision（EU）2016/413 of 18 March 2016 determining the location of the ground – based infrastructure of the system established under the Galileo programme and setting out the necessary measures to ensure that it functions smoothly, and repealing Implementing Decision 2012/117/EU.

用,而认证能力将提高卫星导航系统应用的安全性,防范和减少信号欺骗的风险。为促进和规范此类服务的发展,欧盟委员会于 2017 年 2 月发布了《关于制定技术和操作规范,允许根据伽利略计划建立的系统提供商业服务的执行决定》①[(EU)2017/224],就基于伽利略系统的商业服务类型、服务规范、技术要求、系统架构、用户规范、收费方式、服务计划、机密信息传输等事项作出了规定。该执行决定由正文和附件两部分组成。正文共 2 条,第 1 条和附件,就商业服务的技术和操作规范作出了规定,第 2 条规定该执行决定的生效日期。

该决定规定,伽利略系统和 EGNOS 系统提供两大商业服务,即商业高精度服务和商业认证服务(CS authentication)。商业高精度服务提供高精度数据,可以在正常使用条件下将定位误差降低到 1 分米以下,可在全球范围内提供。商业高精度服务由一个或多个服务提供商提供。服务提供商通过全球卫星导航系统服务中心、地面段以及与地面段相连的卫星,将其提供的高精度数据传输给用户。用户通过使用集成到接收机中的精确定位算法,和信号中传输的数据,获得高精度定位。对于服务费用,该决定规定是否收费取决于现有定价政策。该决定禁止商业服务提供商或最终用户使用欧盟机密信息,除非依法获得授权。根据决定的安排,商业高精度服务的测试和验证计划于 2018 年结束,于 2018 年至 2020 年进入初步商业运营阶段,从 2020 年开始的进入全面商业运营阶段。

商业认证服务有两类:第一类为商业开放认证服务,即地理位置定位信息认证,为包含在信号中的开放服务提供的地理位置定位信息提供认证数据,可在全球范围内提供。认证数据被插入 E1 - B 信号分量外部数据广播服务场的可用容量中,并由连接到地面段的卫星进行传播。用户使用在信号中传输的非对称加密协议和公共密钥来验证数据的真实性。根据该决定的安排,商业开放认证服务的测试和验证计划于 2018 年结束,于 2018 年至 2020 年进入初步信号提供阶段,从 2020 年开始进入全面服务提供阶段。第二类为商业专用认证服

① Commission Implementing Decision(EU)2017/224 of 8 February 2017 setting out the technical and operational specifications allowing the commercial service offered by the system established under the Galileo programme to fulfil the function referred to in Article 2(4)(c) of Regulation(EU) No. 1285/2013 of the European Parliament and of the Council.

务，即使用加密代码进行认证，通过访问包含在信号中的加密代码来对信号进行认证。该服务由系统运行管理员提供加密信号，可在全球范围内提供。服务由伽利略卫星对 E6 信号代码进行加密，通过全球卫星导航系统服务中心将地面段生成的私钥传输给服务提供商。用户使用私有密钥解密加密信号的代码来验证信号的真实性。根据该决定的安排，商业专用认证服务的测试和验证计划于 2020 年结束，之后开始商业运营阶段。对于服务费用，该决定规定，商业认证服务是否收费，取决于当前的定价政策。该决定禁止商业服务提供商或最终用户使用欧盟机密信息，除非依法获得授权。

（六）2017 年《关于确定 EGNOS 系统地面基础设施位置的执行决定》

2017 年 7 月，欧盟委员会发布《关于确定 EGNOS 系统地面基础设施位置的执行决定》①[（EU）2017/1406]，从法律上明确了 EGNOS 系统地面基础设施的清单、所在位置。该执行决定由正文和附件构成，正文共 2 条，第 1 条规定 EGNOS 系统地面基础设施的构成，第 2 条规定该执行决定的生效日期；附件部分通过表格的形式详细列出了 EGNOS 系统地面基础设施及所在位置。决定明确规定，EGNOS 系统的地面基础设施包括系统运行协调中心、任务控制中心、测距和完整性监测站、导航陆地地球站和服务中心，这些基础设施所有权属于欧盟。

对于 EGNOS 系统地面基础设施位置的选择，该执行决定逐一作出了说明。系统运行协调中心负责管理 EGNOS 系统运行活动和系统维护，是 EGNOS 系统的基础，位于法国图卢兹；两个任务控制中心，用于持续监测和控制系统的状态和功能，分别位于意大利钱皮诺和西班牙托雷洪。对于上述中心位置的选择，执行决定规定，系统运行协调中心和任务控制中心的地点，如果符合项目需要，能够充分利用已拨付的公共投资，并与所在成员国协调以满足安全要求，则没有必要重新考虑转移其所在地，转移将产生费用并且可能扰乱系统功能的发挥。测距和完整性监控站，通过对卫星导航系统信号中的地理位置定位数据与其参考位置之间的差异进行实时测量，来监控全球卫星导航系统在当地的平稳

---

① Commission Implementing Decision（EU）2017/1406 of 31 July 2017 determining the location of the ground – based infrastructure of the EGNOS system.

运行。因此,该类站地点的选择需要协调 EGNOS 系统覆盖区域的技术需要,考虑预先存在的设施和设备,并与成员国和其所在的第三国协调遵守安全要求。测距和完整性监控站的数量和位置,尤其是位于第三国的测距和完整性监控站,可能会随着项目的进展情况及其需求而发生变化,也可以根据安全风险分析的结果进行变更。陆地导航地球站通过将修正后的数据发送给安装在地球同步卫星上的 EGNOS 应答器,使 EGNOS 覆盖区域内的全球卫星导航系统信号接收方能够对其定位进行适当的修正。每个地球同步卫星有两个陆地导航地球站,其位置的选择主要是考虑技术要求和安全要求。陆地导航地球站的数量和位置可能会随着项目的进展情况和需要而发生变化,尤其是可能会随着 EGNOS 应答器的寿命以及未来将搭载应答器的卫星而发生变化。服务中心的主要功能:一是用于监控卫星上的应答器发送的信号和数据的质量;二是作为与 EGNOS 用户的接口;三是传播 EGNOS 数据访问服务提供的商业数据。服务中心一直位于西班牙托雷洪,决定规定,如果该地点符合项目需要,充分利用已拨付的公共投资,并与该服务中心所在成员国协调以满足安全要求,则没有必要重新考虑转移其所在地。

(七)2021 年《关于欧盟空间计划下部署、运行和使用的可能影响欧盟安全的系统和服务的安全性的决定》

2021 年 4 月,欧盟理事会通过《关于欧盟空间计划下部署、运行和使用的可能影响欧盟安全的系统和服务的安全性的决定》①[(CFSP)2021/698],规定了国际形势的需要,且在全球卫星导航系统的运行可能影响到欧盟或其成员国的安全的情况下,或在全球卫星导航系统的运行受到威胁的情况下,欧盟理事会应当采取必要的措施。该决定共 10 条,第 1 条就定义了安全威胁的情形。第 2 条至第 5 条,就欧盟理事会、高级代表、欧盟成员国、欧盟委员会、欧盟空间计划局以及欧盟空间系统相关机构,在发生安全威胁时,应当采取的措施及相关程序作出了规定。第 6 条赋予高级代表为实施本决定而与第三国就合作达成行

---

① Council Decision(CFSP)2021/698 of 30 April 2021 on the security of systems and services deployed, operated and used under the Union Space Programme which may affect the security of the Union, and repealing Decision 2014/496/CFSP.

政安排的权力。第 7 – 10 条为过渡条款和最终条款,就决议的修订、实施、废止、生效等内容作出规定。

该决定所称“安全威胁”的紧急状态有两种情形:一是欧盟或其一个或多个成员国面临安全威胁时,或为部署空间系统使欧盟或其一个或多个成员国的基本利益造成严重损害的情形;二是欧盟空间系统的运行或服务受到威胁时。欧盟空间系统包括五个部分,即全球卫星导航系统(伽利略系统)、区域卫星增强系统(EGNOS 系统)、地球观测系统(哥白尼系统)、空间监控和跟踪系统(空间态势感知系统)、卫星通信服务系统(政府卫星通信 GOVSATCOM)。该决定建立了紧急状态下的信息报送制度、影响评估制度、指示发布制度等应对安全威胁的具体程序。根据该决定,当出现安全威胁时,相关机构应立即向高级代表通报相关信息,由高级代表向欧盟理事会报送有关威胁情况和影响评估。应对威胁的相关指示,原则上由欧盟理事会作出,决定规定欧盟理事会可酌情决定向欧盟空间计划局或安全监控机构发出必要指示,政治与安全委员会应酌情就相关指示向欧盟理事会提出建议。如遇紧急情况,高级代表有权向欧盟空间计划局或相关的指定安全监控机构发出必要的临时指示,临时指示应在发布后四周失效或由理事会宣布失效。

四、欧盟政策

(一)2018 年《欧洲无线电导航计划》

2018 年《欧洲无线电导航计划》(ERNP)是欧盟委员会发布的首部无线电导航计划。2016 年 10 月,《欧洲空间战略》提出发布欧洲无线电导航计划,促进全球卫星导航系统应用。该计划的适用范围为全球卫星导航系统及其增强系统、无方向性信标、甚高频全向无线电信标、测距仪、仪表着陆系统、微波着陆系统、罗兰 C 导航系统、移动蜂窝网络、卫星时间和位置等。该计划对欧洲无线电导航系统的发展概况,发展需求和前景展望,全面梳理了相关的法律法规,并阐明了各相关主体有关无线电导航系统建设、运行和管理的职责。

《欧洲无线电导航计划》共有七部分和四个附件:第一部分为引言,阐明欧洲无线电导航和授时系统对欧洲国防、安全和生命安全的重要作用,特别强调了伽利略系统和 EGNOS 系统对于欧洲经济发展的重要意义。第二部分为计划的目的，指出卫星导航系统日益重要，计划旨在为优化欧洲当前的无线电导航格局提供依据。具体包括协调欧洲无线电导航服务、促进欧盟采用伽利略系统和 EGNOS 系统，减少对外国 PNT 系统的依赖等。第三部分为无线电导航系统概况，介绍了陆基和天基无线电导航系统，包括 GPS、格洛纳斯系统、伽利略系统、北斗系统、EGNOS 系统、地基增强系统（GBAS）、差分全球卫星导航系统（DGNSS）、无方向性信标（NDB）等。第四部分为指导原则，包括对所有行业的通用指导原则，以及对民航、海上和内河航道导航行业、公路运输行业等 11 个行业的指导原则。第五部分为益处和机会分析，阐明了使用伽利略系统和 EGNOS 系统带来益处和机会，特别分析了对 11 个行业的益处和机会。第六部分为挑战分析，阐明了优化欧盟无线电导航格局所面临的挑战，特别分析了 11 个行业面临的不同挑战。第七部分为结论。附件一是对无线电导航和授时系统的说明，介绍了不同类型的星基系统、地基系统。附件二介绍了最终用户要求，介绍了民航、海上和内河航道导航、陆基导航等用户的要求。附件三是介绍了欧洲无线导航管理的参与者，其角色和责任，相关参与者包括欧盟委员会、欧洲全球卫星导航系统管理局、欧洲航天局等部门。附件四是欧洲卫星导航治理的监管框架，列举并概述欧盟制定的卫星导航相关条例、指令、决定、战略等法律和政策文件。

（二）2016 年《欧洲空间战略》

为应对空间竞争的加剧，提升欧洲在空间领域的领导地位，增强欧洲在世界空间市场的份额，抓住空间带来的益处和机遇，欧盟委员会于 2016 年 10 月发布了《欧洲空间战略》。该战略明确了欧盟在太空领域的四大战略目标和推进措施。

第一个战略目标是将空间对欧盟社会和经济发展的价值最大化。战略认为，虽然欧洲拥有伽利略系统、EGNOS 系统和哥白尼系统，但空间应用还不充分，社会经济效益还不够显著。为此，战略制定了以下措施：一是制定空间数据政策，推动空间数据和产品的地面应用，包括在短期内制定采用伽利略系统、EGNOS 系统和哥白尼系统解决方案的政策，如要求在手机中使用伽利略系统服务；二是建设空间服务平台，升级空间与非空间数据接口，促进数据分发与应用；三是确保现有空间系统稳定运行与应用，着力建设第二代伽利略系统、第三代 EGNOS 系统和哥白尼系统，满足欧洲可持续发展、应对全球气候变化、安全防务等需求，获得更多的社会经济效益。

第二个战略目标是培育欧洲空间部门的全球竞争力和创新力。战略认为，欧洲航天工业面临日益激烈的全球竞争，供应链安全和出口能力高度依赖外国关键元器件和技术，需要加快提升航天产业创新能力，打造具有国际竞争力和创造力的欧洲航天产业。为此，战略制定了以下措施：一是加强欧盟空间产品与服务采购体系的创新，采取新的有力措施吸引私人投资；二是支持在供应链的各个环节开展竞争，催生创业创新的生态系统；三是开辟新的融资渠道，创造新的商业机会，扶持创新和创业型企业；四是加大对空间科研的支持力度，全面提升空间创造能力。

第三个战略目标是加强欧洲在安全环境下进入和使用空间的自主性。战略强调，空间能力对于民用、商业、安全和国防相关的政策目标具有重要的战略意义，空间竞争日益激烈，空间威胁日益增多，必须确保欧洲在空间领域的行动自由和自主。为此，战略制定了以下措施：一是维持欧洲独立、可靠、经济地进入空间的能力，汇总发射服务需求，支持研究和创新工作，建设现代化、高效和灵活的航天发射基础设施，鼓励发展新兴空间商业市场。二是提升无线电频谱安全和利用的能力，保护欧洲使用的无线电频率不受干扰，在频谱分配协调中充分考虑航天系统的需求。三是加强对欧洲关键空间基础设施的保护和弹性，增强空间态势感知和应对威胁的能力，加强应对新兴网络安全风险的能力。四是加强民用空间活动和国家安全空间活动的协同，提出政府卫星通信计划，提供可靠、安全、经济的卫星通信服务，强化欧盟空间系统的安全要求。

第四个战略目标是加强欧洲作为全球参与者的作用并促进国际合作。战略强调，除非在世界舞台上发挥更强大的作用，否则上述三个战略目标都难以实现。空间国际规则和标准、空间技术国际合作、国际竞争环境、空间治理体系对欧洲的空间发展具有重要影响，欧盟应当在建立全球治理和太空法律框架方面发挥领导作用。为此，战略制定了以下措施：一是积极开展国际空间对话，利用经济外交手段和贸易政策工具，减少贸易壁垒，促进两用品出口，支持欧洲企业进入国际市场；二是促进欧盟对国际倡议的贡献；三是促进外空负责任行为，维护空间环境。

五、国际条约

欧盟单独或与成员国一同与第三国或国际组织签订的国际条约构成了欧盟法的基础渊源。在全球卫星导航系统方面,欧盟与美国、俄罗斯、中国、挪威、瑞士、乌克兰等国家签订了国际条约。

欧盟与中国。2003 年 10 月,欧中双方签署《欧洲共同体及其成员国与中华人民共和国关于民用全球卫星导航系统(伽利略系统)的合作协定》。该协定的签订为中欧双方在卫星导航合作方面确定了一个合作框架,为双方在伽利略计划方面的合作奠定了基础。

欧盟与印度。2005 年 9 月在印度新德里召开的印欧峰会期间,印度与欧盟就印度加入伽利略计划框架正式签署合作协定。根据该合作协定,印度参与伽利略计划的开发,欧盟将保证印度在其本土范围内对于伽利略系统的正常使用,同时欧盟将协助印度建设其开展的卫星导航增强系统以及区域覆盖导航系统。

欧盟与韩国。2006 年 10 月,欧韩双方签署《欧洲共同体及成员国与大韩民国关于民用全球卫星导航系统的合作协定》,确定了合作形式、范围、内容、资金等事项,旨在在欧洲和韩国对民用全球卫星导航系统(GNSS)的贡献范围内鼓励、促进和加强缔约方之间在民用全球卫星导航方面的合作。

欧盟与挪威。2010 年 3 月,欧盟与挪威正式签订《欧盟及其成员国与挪威王国关于卫星导航的合作协定》,该协定主要是为了加强卫星导航系统的技术合作,利用挪威先进的科学技术和科研人才,并积极展开产业合作,共同促进伽利略系统的发展。

欧盟与瑞士。2014 年,欧盟和瑞士签订了《欧盟及其成员国与瑞士关于欧洲卫星导航计划的合作协定》,瑞士宣布其将作为合作方正式参与欧洲伽利略计划。依据该合作协定,瑞士参与伽利略计划后,每一年将投资一定数目的金额。

欧盟与乌克兰。2014 年,《欧洲共同体及其成员国与乌克兰关于民用全球卫星导航系统(GNSS)合作协定》正式生效。这是欧盟及其成员国与乌克兰签订的一份关于民用全球卫星导航系统的协议。该协定的主要目的是鼓励、促进和加强欧盟与乌克兰双方关于民事全球卫星导航方面的合作。

欧盟与摩洛哥。2016年,欧盟与摩洛哥签署《欧洲共同体及成员国和摩洛哥王国之间的民用全球卫星导航系统(GNSS)合作协议》,就双方在伽利略系统相关的无线电频谱、科学研究、产业合作、贸易和市场开发、全球和区域卫星导航系统地面增强系统的开发、安全,以及标准、认证和监管措施方面的合作作出规定,明确了合作范围、合作形式、资金和争议解决等事项。

欧盟卫星导航法律制度体系	条例	《欧盟空间计划和欧盟空间计划局条例》(2021年) 《确保移动设备紧急通信呼叫者位置条例》(2018年) 《行车记录仪及其组件的构造、测试、安装、操作和维修要求的执行条例》(2016年) 《部署基于112服务的eCall车载系统的类型批准要求条例》(2015年)
	指令	《欧洲议会和理事会关于电子道路收费系统的互操作性及促进关于欧盟未缴纳道路费用的跨境信息交换的指令》(2019年)
	决定	《建立欧洲全球卫星导航系统(GNSS)安全专家组的决定》(2009年) 《欧盟委员会与欧洲GNSS监管局关于就机密信息的安全与交换缔结行政管理协议的决定》(2009年) 《关于伽利略计划下建立的全球卫星导航系统提供的公共管制服务获取规则的决定》(2011年) 《关于确定在伽利略计划下建立的地面基础设施的位置,并制定必要的措施以确保其顺利运行的执行决定》(2019年修订) 《关于制定技术和操作规范,允许根据伽利略计划建立的系统提供商业服务的执行决定》(2017年) 《关于确定EGNOS系统地面基础设施位置的执行决定》(2017年) 《关于欧盟空间计划下部署、运行和使用的可能影响欧盟安全的系统和服务安全性的决定》(2021年)
	国际条约	《欧洲共同体及其成员国与中华人民共和国关于民用全球卫星导航系统(伽利略系统)的合作协定》(2003年) 《印度加入伽利略计划框架合作协定》(2005年) 《欧洲共同体及成员国与大韩民国关于民用全球卫星导航系统的合作协定》(2006年) 《欧盟及其成员国与挪威王国关于卫星导航的合作协定》(2010年) 《欧盟及其成员国与瑞士关于欧洲卫星导航计划的合作协定》(2014年) 《欧洲共同体及其成员国与乌克兰关于民用全球卫星导航系统合作协定》(2014年) 《欧洲共同体及成员国和摩洛哥王国之间的民用全球卫星导航系统(GNSS)合作协议》(2016年)
	政策	《欧洲无线电导航计划》(2018年)

图3 欧盟卫星导航法律制度体系示意图

第四节 其他国家卫星导航法律制度发展情况

一、日本卫星导航法律制度体系

日本法律制度体系由法律、政令、府令和政策组成。目前,日本还没有专门规范卫星导航活动的法律,《地理空间信息利用促进基本法》《宇宙基本法》为卫星导航相关活动提供了法律基础。此外,日本还陆续发布了《推进实用准天顶卫星系统事业的基本思路》《宇宙基本计划》《关于卫星定位的措施方针》等推动卫星导航系统建设、技术研发和产业发展的政策性文件。

(一)2007 年《地理空间信息利用促进基本法》

2007 年 5 月,日本颁布了《地理空间信息利用促进基本法》(平成 19 年法律第 63 号)。该法由 3 章 21 条及附则构成,就促进地理空间信息利用的主要措施、国家和地方有关部门的职责分工作出了规定,旨在促进地理空间信息利用。该法规定,地理信息是指空间中特定点或区域位置的信息,包括与该信息相关的时间点信息;卫星定位是指利用人造卫星发射的信号确定位置,获取与该位置相关的时间信息,以及获取与这些相关的移动路线等信息。该法明确了促进地理空间信息利用的基本原则,提出促进地理信息系统和卫星定位等技术的使用,提供高度可靠的卫星导航服务环境。依据该法第三章“基本措施”第三节“卫星导航相关措施”的规定,日本政府应当在全球范围内运行卫星定位系统,以有效确保可以稳定使用高度可靠的卫星定位服务的环境,促进地理空间信息的利用。同时,为促进卫星定位获得的地理空间信息的高效利用,政府应当采取措施推动卫星定位相关的研发与应用示范。

(二)2008 年《宇宙基本法》(2021 年修订)

随着外空开发利用的重要性日趋明显,为扩大在国际社会中的影响,推进外空开发利用综合政策及计划的实施,日本于 2008 年制定了《宇宙基本法》(平成 20 年法律第 43 号)。该法由 5 章 35 条及附则构成,包括总则、基本措施、宇宙基本计划、宇宙开发战略本部 、关于宇宙活动法律制度的发展及附则,就日本空间活动的管理和促进、各部门职责分工等事项作出了规定。该法要求内阁府成立了宇宙开发战略本部(以下简称本部),主要负责宇宙基本计划的制定与实施,审查及综合调整宇宙开发利用的重要规划与各项措施。本部长由内阁总理大臣担任,副部长由内阁官房长官担任,本部员由全体国务大臣担任,本部的事务由内阁处理。为了推进宇宙开发利用综合政策及计划的实施,该法要求政府制订针对宇宙开发利用的一项基本计划,即宇宙基本计划,明确促进空间开发利用的基本方针和主要措施。

在卫星导航方面,该法就使用和发射人造卫星作出了规定。该法第 13 条规定为改善人们生活使用人造卫星，指出日本政府应采取必要措施，推动利用人造卫星建立稳定的信息和电信网络、观测信息系统、定位信息系统等，为改善公民的生活作出贡献，形成一个公民能够有安全感地生活的社会，并减轻灾害、贫困和对人类生存和生计的各种其他威胁。该法第 15 条就自主发射人造卫星作出了规定，指出考虑到日本自主开发、发射、跟踪和运行人造卫星等能力的重要性，政府应当采取措施促进相关技术研发、维护相关设施设备，确保日本取得可用于空间开发和利用的频率。

（三）2011 年《推进实用准天顶卫星系统事业的基本思路》

随着卫星导航系统日益成为社会经济活动的基础设施，各国竞相推进卫星导航系统的建设。日本逐步认识到，由于其依赖美国 GPS，面临着定位时间和精度受到限制的问题，应当通过开发和完善日本自己的准天顶卫星系统，增强产业效率和国际竞争力，提高应对灾害的能力，并提高在亚太地区的存在。为此，日本内阁依据《宇宙基本法》《地理空间信息利用促进法》《宇宙基本计划》等法律和计划，于 2011 年 9 月 30 日发布了《推进实用准天顶卫星系统事业的基本思路》（平成 23 年内阁决定）。该政策一是明确尽快研制实用的准天顶卫星系统。二是明确到 2010 年后半期，日本将首先建立四颗卫星的系统，并以未来建成能够连续定位的七颗卫星系统为目标。三是明确准天顶卫星系统的开发、维护和运行由内阁府在利用第一颗准天顶卫星“MICHIBIKI”成果的基础上进行。此外，明确相关部门和工业界合作开发、准备、运营、使用和海外部署以促进该项目。

（四）2020 年《宇宙基本计划》

2008 年颁布的《宇宙基本法》第 24 条规定，为了推进空间的开发利用综合政策及计划的实施，要求日本政府制订宇宙基本计划，明确促进空间开发利用的基本方针和主要措施。此后，日本内阁府制定了多部《宇宙基本计划》。2020 年 6 月 30 日，日本内阁府发布了 2020 年《宇宙基本计划》（令和 2 年内阁决定），提出了未来十年日本空间领域的政策走向和主要活动，并提出了日本空间政策的基本立场是：出口主导，灵活运用民间力量，发挥人才、资金、知识产权等资源作用，与盟友开展战略合作。《宇宙基本计划》共包括四个部分。一是介绍空间政策的发展背景。主要是考虑到，空间在安全保障中的重要性的增加，社会对空间系统依赖度的提高，妨碍空间持续稳定利用的风险加剧，各国空间活动的活跃化、民间空间活动和新的商业模式的兴起、空间活动的扩展以及科学技术的迅速发展等方面。二是明确日本空间政策的目标。包括确保空间安全防灾减灾、国土强韧化和解决全球问题，知识探索与发展，利用空间技术实现经济增长和创新等方面。三是推进空间政策的基本态度。包括以安全保障和产业利用等需求为导向；赋予投资可预见性，最大限度地利用民间活力；有效利用人才、资金、知识产权等资源；与同盟国友好国等进行战略合作四个方面。四是关于空间政策的具体做法。在卫星导航方面，该计划指出准天顶卫星系统提供的定位导航授时能力对于确保和加强日本的安全能力至关重要。该计划进一步推进准天顶卫星系统发展，确立了准天顶卫星系统的 7 星体系，要求新增开发 3 颗卫星，预计 2023 年投入应用。同时进一步改进准天顶卫星系统，利用海外技术与国内外的需求，确保系统的精度、可靠性，通过搭载美国的传感器，加强与美国合作，提高掌握空间状况的能力。同时，计划要求加强准天顶卫星在应急救灾中的应用，以 2021 年度为目标，将“卫星安全确认服务”普及 20 个都道府县。

（五）2021 年《关于卫星定位的措施方针》

为落实《宇宙基本计划》制定的关于卫星定位工作的专项政策，促进准天顶卫星系统的建设发展，日本内阁府宇宙开发战略推进事务局于 2021 年 4 月发布了《关于卫星定位的措施方针》，系统阐述了日本准天顶卫星系统的建设发展的背景、历程、结构、性能、应用、保障等情况。该方针由四部分组成。第一部分介绍了准天顶卫星系统的建设发展背景。全面介绍日本准天顶卫星系统的开发、维护、运用、利用的经过；准天顶卫星系统提供的服务；准天顶卫星系统相关国际合作以及美国、俄罗斯、中国、欧盟、印度等其他国家和地区发展卫星导航系统的情况。第二部分介绍了准天顶卫星系统的当前发展情况及未来发展目标，明确日本将在 2023 财年开始运营准天顶卫星系统，并加强进一步升级系统的研究，在增加服务卫星数量、延长卫星使用寿命、升级地面操作系统等方面进行研究。第三部分介绍了未来系统性能的方向性要素技术。包括提升服务精度、稳定性、可靠性，保证抗干扰性，保障系统维护更新、降低运营成本等方面。

第四部分阐述了准天顶卫星系统建设发展的基本保障。从接收机小型化和低成本、标准化，地理空间信息利用，海外基础设施部署、人才培养、产学政合作等方面提出加强基础能力建设的要求。

二、印度卫星导航法律制度体系

印度的法律体系继承了殖民地时代的法律框架，形成了大陆法系、普通法系和习惯法、宗教法的混合法律制度。近年来印度高度重视空间系统、技术和应用的发展，2017 年公开征求意见的《空间活动法（草案）》在通过后，将成为印度空间活动的基本法。2021 年公开征求意见的《印度卫星导航政策》在通过后，将成为印度卫星导航领域的首个专门政策。

（一）2017 年《空间活动法（草案）》

2017 年 11 月，印度空间研究机构（ISRO）就《空间活动法（草案）》首次公开征求意见。《空间活动法（草案）》是印度关于空间活动的首个专门立法。该法案涵盖了印度空间发展目标，印度开展空间活动所需要履行的国际和国家义务、法律责任，私营公司参与活动的要求以及责任。该法案首次对“空间活动”和“商业空间活动”等概念做出了定义。2020 年 7 月已进入最终程序，正式发布后将为印度空间活动建立统一的规则与秩序。

（二）2021 年《印度卫星导航政策（草案）》

2021 年 7 月 29 日，印度航天部（DoS）就《印度卫星导航政策（草案）》公开征求意见。该政策旨在通过制定全面和可操作性的国家政策来指导政府有效开发、运行和维护自主控制的卫星导航系统及其增强系统。这项草案最终将提交印度联邦内阁批准。该政策草案提出了八项政策目标：一是发展卫星导航系统，保障系统能力的稳定性和持续性；二是发展星基增强系统，保障其航空安全领域的应用；三是建立信息公开制度，发布接口文件和性能报告；四是扩展导航信号的应用范围；五是注重技术研发，增强系统能力；六是加强与世界上其他全球卫星导航系统的兼容与互操作；七是推动业界和学界积极参与卫星应用研发；八是促进印度卫星导航系统在全球的应用。为达到以上目标，该政策草案对印度空间研究机构和印度航天部在发展印度卫星导航系统方面的任务作出了规定。

(三)2012 年《印度“十二五”规划(2012 - 2017 年)》

从 1951 年起,印度开始实施国家“五年规划”。2012 年印度发布了《“十二五”规划(2012 年 - 2017 年):更快、更包容和可持续增长》,该规划包括概述、宏观经济框架、资助计划、可持续发展、水、土地问题、环境和林业及野生动物、科学技术、创新治理、区域平等内容。在卫星导航方面,该规划提出了印度对于发展本国卫星导航系统的总体思路和主要目标。该规划指出印度卫星导航系统将提供标准定位服务(SPS)和受限服务(RS)两种类型的服务。此外,该“十二五”规划中要求加强法律法规的建设,将进一步制定卫星导航政策,开展国家空间立法研究,促进空间科学和技术的法治化和规范化发展。

三、韩国卫星导航法律制度体系

韩国的法律制度体系大体上由宪法和有效实施法律的总统令、总理令、部令等行政命令,以及政策组成。在航天领域,韩国相继出台了《航天工业促进法》《空间发展促进法》《空间责任法》,建立起韩国空间活动了基本制度,为卫星导航相关活动提供了基本依据。在此基础上,韩国陆续发布了推动空间技术和产业发展政策文件,明确了卫星导航系统的发展计划。

(一)1987 年《航天工业促进法》(2021 年修订)

为促进航天科学研究和工业发展,韩国于 1987 年 12 月颁布了《航天工业促进法》,并于 2021 年 7 月进行了最新修订。该法由 24 条和附则构成,阐述了韩国关于促进航天工业发展的基本立场。该法要求韩国政府负责制订关于航天工业发展计划,就航天工业发展目标、战略、体系、计划、资金、人才、产业发展等内容作出规定。该法第 4 条要求政府应当制定政策,推动包括卫星在内的航天器及其材料、设备的研制。

(二)2005 年《空间发展促进法》(2021 年修订)

为了加快进入空间大国的步伐,韩国于 2005 年颁布了《空间发展促进法》,并于 2021 年 4 月进行了最新修订。该法由 29 条和附则构成,就管理职责、空间基本计划、空间物体登记、空间活动许可、空间物体返回、空间事故赔偿、宇航员营救等事项作出了规定，建立了韩国有关空间活动和管理的基本制度。该法要求韩国政府负责制订促进空间发展的基本计划，就空间发展的目标、战略、体系、计划、基础设施建设、采购、研发、人才培养、国际合作、空间物体使用和管理、空间成果开发利用等事项作出规定，以满足空间发展政策并符合外空条约规定。此外，该法还要求围绕空间开发计划的实施、卫星信息利用等制订专项计划。该法建立了国家航天委员会，由总统管辖，负责审议制订空间基本计划等与航天发展有关的事项。该法规定韩国科学信息通信技术和未来规划部，可以指定或设立专业航天开发机构，负责推进包括人造空间物体的综合开发、发射和运行在内的航天开发项目。

（三）2013 年《空间发展中长期计划（2014－2040 年）》

2013 年 11 月 26 日，韩国国家航天政策的最高决策机构——国家航天委员会审议通过了《空间发展中长期计划》，就韩国 2014 年至 2040 年空间发展的目标和任务作出了规定。该计划由五部分组成。第一部分为计划出台背景与过程。第二部分为国内外航天发展现状与启示。介绍了美国、俄罗斯、欧盟、日本、中国、印度等国航天发展状况及韩国国内在人造卫星、运载火箭、卫星应用、航天产业、航天基础等方面的发展现状。第三部分为愿景与目标。提出了韩国未来航天发展的四大目标：一是持续增加航天预算在政府研发预算中的占比；二是研制韩国航天运载火箭，掌握自主发射能力；三是扩大民间参与，持续研制人造卫星；四是使韩国航天竞争力达到航天先进国家水平。第四部分为重点任务及具体推进计划。提出了韩国未来航天发展的六大重点任务及 17 项具体项目。其中，计划要求围绕国家需求，自主研制人造卫星，包括研制低地球轨道卫星和研制中地球轨道卫星和静止轨道卫星两方面子任务，导航卫星为“研制中地球轨道卫星和静止轨道卫星”子任务的项目之一。该计划首次提出构建由 4 颗倾斜轨道卫星和 3 颗静止轨道卫星组成的 7 星星座的自主的韩国定位系统。第五部分明确了计划相关事项的主管部门与预算安排。明确了科学技术信息通信部、环境部、国土交通省、海洋和渔业部、韩国气象局等部门的职责。

(四)2018 年《第三次空间发展促进基本计划》

2005 年《空间发展促进法》要求,韩国政府应当每隔五年制订一次空间发展的基本计划,计划应当包括航天发展的目标、战略、重点任务、融资和投资、人才培养、国际合作等内容。《空间发展促进法》颁布后,韩国政府分别于 2007 年、2011 年制定了《第一次空间发展促进基本计划》和《第二次空间发展基本计划》。2018 年 2 月 5 日,韩国国家航天委员会审议通过了韩国《第三次空间发展促进基本计划》,明确了 2018 年至 2022 年韩国空间发展目标、重点任务和实施途径。该计划包括计划制定背景、成绩与问题、国外航天发展现状、愿景与目标、重点任务(含具体任务)、五年路线图和 2040 年的韩国空间发展路线图。对比前两次计划,该计划对地观测卫星和运载火箭领域基本保持不变,而空间探测领域出现较大幅度的修订,并且提出加快建设韩国自主的卫星导航系统——韩国定位系统(KPS),并明确 2034 年建成系统。根据规划安排,韩国定位系统将通过播发全球卫星导航系统(GNSS)增强信号、韩国定位系统自主信号,提供性能更佳、更稳定的导航服务;同时通过星基增强和地基增强,提供米级、亚米级的精确位置服务。

第二章　外国卫星导航管理体制

卫星导航相关管理工作涉及系统建设、运维、应用、国际合作和安全保障等多个方面，具有跨部门、跨领域的显著特征，仅仅依靠某个部门难以实现对卫星导航相关工作的全面管理。美国、俄罗斯、欧盟卫星导航相关的法律法规中，有大量的条款，甚至专门的法律法规，就卫星导航管理体制问题作出规定。

第一节　美国卫星导航管理体制

美国为总统共和制国家，实行立法、司法、行政三权分立与制衡相结合的政治制度和两党制的政党制度。总统集国家元首、政府首脑和武装力量总司令三大职务于一身，享有立法倡议权和立法否决权。在卫星导航领域，美国实行总统统一领导，国家天基定位导航授时执行委员会（以下简称国家天基 PNT 执委会）作为专门的、常设的、高级别、跨部门、跨军民机构负责统筹协调管理监督，国务院、国防部、交通部、商务部等在各自职责范围内分工负责的军民融合管理体制。这是美国为保持其全球领先地位采取系列措施的最重要的措施。整体来看，美国卫星导航管理体制具有统分结合的特征，既有顶层统筹协调管理监督机构，又明确了相关部门的职责分工；具有军民融合的特征，国家天基 PNT 执委会开展跨军民统筹协调，执行层面建立了军民部门协作配合机制；具有覆盖广泛的特征，与 GPS、GPS 增强系统和其他卫星导航系统相关的建设运行、商业贸易、国际合作、资金保障、行业应用、国家安全、国防安全等部门都参与其中。

一、联邦总统领导卫星导航工作

GPS 及美国政府建设运行的 GPS 增强系统是美国国家资产，由美国政府运行。美国总统作为国家元首、政府首脑和武装力量总司令，负责领导美国卫星导航有关工作，并根据联邦法律的规定承担了部分重大的卫星导航管理工作。

（一）明确卫星导航管理体制

美国总统行政命令是美国总统要求或授权行政部门及下属机构采取一定的行动而发出的指示。美国总统通过发布总统行政命令等行政权力行使方式，构建了美国卫星导航管理体制，设立了卫星导航统筹协调机制，明确了各部门和机构的职责。

一是建立卫星导航跨部门统筹协调管理监督机构。1996 年，美国总统发布《美国全球定位系统政策》，设立了跨部门 GPS 执行委员会。① 2004 年美国总统发布《美国天基定位导航授时政策》，设立常设的国家天基 PNT 执委会。②2021 年 1 月，美国总统发布《美国天基定位导航授时政策》，进一步优化了国家天基 PNT 执委会的组织架构和职责，并就其与总统行政办公室相关机构的工作机制作出了规定。③

二是根据联邦法律进一步明确各部门在卫星导航领域的职责分工。美国总统多次通过行政命令的方式明确各部门在卫星导航管理方面的职责分工。1996 年《美国全球定位系统政策》明确了国防部、交通部、国务院在卫星导航管理方面的职能权限；④2004 年《美国天基定位导航授时政策》进一步明确商务部、国土安全部、参谋长联席会议、国家航空航天局、联邦通信委员会等部门和机构在卫星导航方面的职责；⑤2021 年《美国天基定位导航授时政策》在以往的基础上，进一步优化了国务院、国防部、商务部、交通部、国土安全部、国家情报

---

① 参见 1996 年《美国全球定位系统政策》第 3 节。

② 参见 2004 年《美国天基定位导航授时政策》第 4 节。

③ 参见 2021 年《美国天基定位导航授时政策》第 5 节第（b）条。

④ 参见 1996 年《美国全球定位系统政策》第 4 节。

⑤ 参见 2004 年《美国天基定位导航授时政策》第 4 节。

总监办公室等部门卫星导航管理职权。①

(二)向国会提交 GPS 计划预算申请

根据联邦政府制定管理预算流程,联邦部门和机构创建预算请求,并将其提交给白宫管理和预算办公室,管理和预算办公室在参考联邦部门和机构的要求的基础上制定总统预算提案,并由总统向国会提交预算提案,统一提出资金需求。② GPS 计划的大部分资金来自国防部拨款,民用 GPS 的资金主要来自于交通部拨款。总统根据国家 GPS 计划的需要,向国会提交 GPS 计划预算申请,提案在国会参议院军事委员会、众议院军事委员会并行推进审议后,由两院组成的协商委员会进行协商达成共识,接着提交总统签署。2022 年,拜登签署的《2022 年综合拨款法》中为国防部 GPS 计划提供超过 20 亿美元的资金,为交通部提供 9200 万美元用于 GPS 广域增强系统(WAAS)和 2200 万美元资金用于弹性民用 GPS 的发展。

表 1　2022 年 GPS 国防拨款

单位:美元

计划项目	总统提交预算	众议院审议	参议院审议	最终预算
采办:GPS Ⅲ后续卫星 太空部队采办第 6 项: “GPS03C/GPS Ⅲ后续卫星”	6.01418 亿	6.01418 亿	5.92918 亿 (减少 0.085 亿)	8.52918 亿 (增加 2.515 亿)
采办:GPS Ⅲ卫星 太空部队采办第 7 项: “GPS Ⅲ/GPS Ⅲ太空段”	8445.2 万	7786.2 万 (减少 659 万)	8245.2 万 (减少 200 万)	8445.2 万
采办:空间模块 太空部队采办第 20 项: “SPCMOD/空间模块”和“NAVSTAR 全球定位系统”(注意:此处的预算仅反映了 6437.1 万美元项目中的 GPS 内容)	8.1 万	—	8.1 万	—

① 参见 2021 年《美国天基定位导航授时政策》第 5 节。

② 参见美国联邦政府“美国政府预算”,载 https://www.usa.gov/budget。

续表

计划项目	总统提交预算	众议院审议	参议院审议	最终预算
采办:初始备件/维修零件 太空部队采办第 22 项:"SS-PARE/备件和维修零件","NAVSTAR 全球定位系统(控制部分)" (注意:此处的预算仅反映了 128.2 万美元项目中的 GPS 内容)	43.9 万	43.9 万	43.9 万	43.9 万
开发:GPS Ⅲ 太空部队研究、开发、测试和评估项目 42:"1203265SF/GPS Ⅲ太空段"	720.7 万	720.7 万	720.7 万	720.7 万
开发:GPS Ⅲ后续卫星 太空部队研究、开发、测试和评估项目 15: "PE1203269SF/GPS Ⅲ后续卫星(GPS ⅢF)"	2.64265 亿	2.64265 亿	2.40251 亿 (减少 0.24014 亿)	2.46332 亿 (减少 0.17933 亿)
开发:下一代操作控制系统(OCX)和 GPS 系统控制器 太空部队研究、开发、测试和评估项目 49: "PE1206423SF/全球定位系统 Ⅲ——操作控制部分"	4.13766 亿	4.13766 亿	40,253.2 万 (减少 1123.4 万)	40,253.2 万 (减少 1123.4 万)
开发:军用 GPS 用户设备(MGUE) 太空部队研究、开发、测试和评估项目 3:"PE1203164SF/NAVSTAR 全球定位系统(用户设备)(太空)"	4.34194 亿	4.34194 亿	4.34194 亿	4.34194 亿
合计	18.05822 亿	17.99151 亿 (减少 0.06671 亿)	17.60074 亿 (减少 0.045748 亿)	20.28074 亿 (增加 2.22252 亿)

■ GPS ⅢF 增加采办包括以下说明:"计划增加采办一颗卫星"。由于"不合理的成本增长",这一部分预算被削减。这一削减与参议院报告中的注释一致。

■ 尽管最终法案为 GPS Ⅲ采办提供了全部资金,但早期众议院和参议院分别因"执行不足"和"提前在轨激励措施"而建议削减开支。

■ GPS ⅢF 开发的削减包括以下原因:"历史遗留问题"。这与参议院的报告一致。由于"计划的系统工程与集成高估",参议院曾建议进一步削减,但这并未反映在最终法案中。

■ 对 OCX 预算的削减包括以下原因:"OCX 不合理增长"。这与参议院的报告一致。

■ 削减空间模型采办预算包括以下原因:"理由不足"。这与众议院报告一致。目前尚不清楚削减是否包括 GPS 相关内容。

注:数据来源于 GPS 官网。

表 2 2022 年 GPS 交通拨款

单位:美元

计划项目	总统提交预算	众议院审议	参议院审议	最终预算
用于 GPS 的广域增强系统(WAAS) 联邦航空管理局设施和设备第二部分,预算项目 2D02:"GPS 广域增强系统(WAAS)"	9714.3 万	9714.3 万	9214.3 万(减少 500 万)	9214.3 万(减少 500 万)
GPS 备份/互补 PNT 技术研究 运输、研究和技术部长办公室(注:此处的预算仅反映 4336.3 万美元项目的一个要素)	1000 万	1000 万	1500 万(增加 500 万)	1500 万(增加 500 万)
行政命令 13905 实施和 GPS 信号认证 运输、研究和技术部长办公室(注:此处的预算仅反映 4336.3 万美元项目的一个要素)	350 万	350 万	350 万	350 万
GNSS 性能监控和干扰检测能力 运输、研究和技术部长办公室(注:此处的预算仅反映了 4336.3 万美元项目中的一个元素)	350 万	350 万	350 万	350 万

注:数据来源于 GPS 官网。

(三)决定 GPS 运行服务的基本政策

美国总统负责就 GPS 服务范围、服务精度、服务状态等 GPS 运行服务的基本政策作出决定。一是在服务范围和服务费用方面,《美国法典》第 51 编第 50112 条要求总统确保 GPS 在全球范围内持续运行,不向用户直接收取费用。二是在发生战争或国家安全受到威胁时,总统有权对美国政府运行的 PNT 系统的运行服务作出指示。① 该权力源于联邦宪法赋予美国总统的军事统帅权。② 此外,总统还决定着向全球提供的 GPS 服务性能和类型。2000 年 5 月,克林顿

① 参见美国《联邦无线电导航计划(2019)》1.7.5.2 信号的提供,"美国的国家政策是,在发生战争或国家安全受到威胁时,由美国政府运行的所有 PNT 系统将继续用于和平用途,但须服从总统的指示"。

② 参见《美国宪法》第 2 条第 2 款规定,"总统为合众国陆海军的总司令"。

总统发表《总统关于美国决定停止降低全球定位系统精度的声明》指出，美国政府认识到 GPS 对民用和商业用户的重要性日益提高，声明不再有意降低非军事信号的精度。①

（四）授权外国政府在美国领土建设卫星定位地面监测站

美国总统负责授权和批准在美国境内建设由外国政府直接或间接控制的全球卫星导航系统地面监测站，这一职责来源于《美国法典》第 10 编第 2279d 条的规定。当国防部长和国家情报总监联合向国会有关委员会证明，在美国境内建设由外国政府直接或间接控制的地面监测站，不具有在美国收集情报或改进任何外国武器系统的能力或潜力等法定情况时，美国总统可以授权或批准该地面监测站的建设运行。②

（五）制订不依赖 GNSS 的 PNT 服务计划

总统通过国家安全事务助理和科学和技术政策办公室主任实现对卫星导航安全事项的领导。2020 年《通过负责任地使用定位导航授时服务来增强国家弹性》总统行政命令要求，白宫科学和技术政策办公室主任以现有计划为依据，协调制订并负责持续更新一项不依赖 GNSS 的 PNT 服务国家计划。该计划应用于研发和测试不依赖于 GNSS 的其他可靠的、安全的 PNT 服务。该计划中还应包括集成和使用多项 PNT 服务以增强关键基础设施弹性的方法。该计划一经发布，白宫科学和技术政策办公室主任应每 4 年或酌情协调对该计划进行更新。

（六）推动卫星导航国际合作与全球推广

联邦宪法规定了联邦总统缔结条约的权力和程序。在卫星导航国际合作领域，总统负责依据法定程序，签订国际协议，促进与外国政府和国际组织的合作。具体来说，《美国法典》第 51 编第 50112 条要求总统负责通过签订国际协议，促进 GPS 及其增强系统，成为国际公认的标准，并努力消除外国政府和平利

① 参见美国《联邦无线电导航计划（2019）》3.2。

② 参见《美国法典》第 10 编第 2279d 条。

用 GPS 的任何障碍和其他限制。①

二、国家天基 PNT 执委会统筹协调管理监督卫星导航工作

GPS 关乎美国国家安全、公共安全、科学和经济利益，其管理涉及军地多个职能部门，加强联邦部门和跨部门的统筹协调成为美国卫星导航管理体制的重点，也是法律制度的焦点。自 1996 年美国国防部宣布了 GPS 具备完全作战能力后，联邦部门间议事协调机构设置几经变化，管理权威性不断加强、管理范围不断拓展、机构分工协作不断优化。

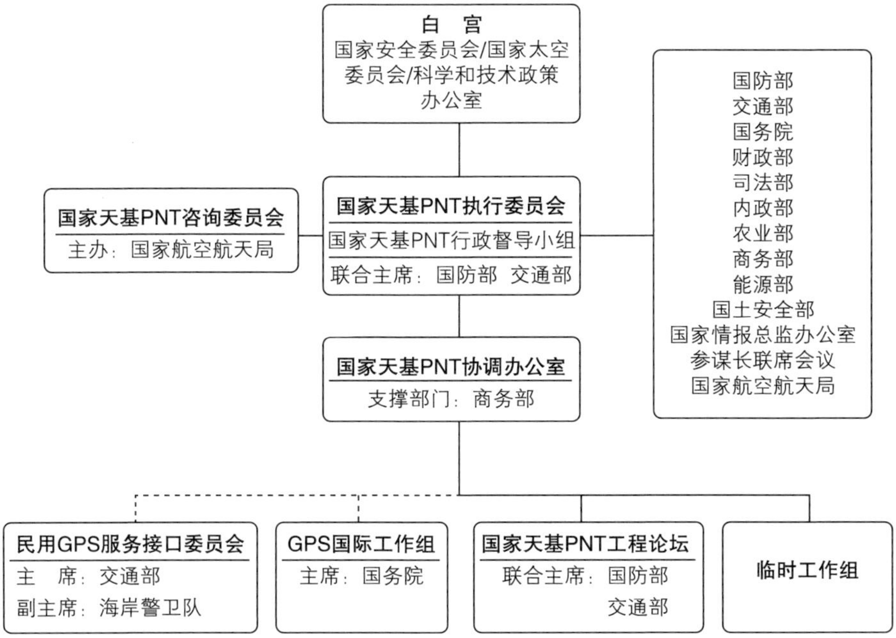

图 4　美国国家天基定位导航授组织

① 参见 1997 年 11 月 18 日《公法》105 – 85 第 A 部，第 10 编，第 1074 节第(a)、(b)小节，第 111 页第 1907 条法令，全球定位系统的保障与运行；《美国法典》第 51 编第 50112 条第(2)款。

（一）美国卫星导航统筹协调管理机构的演变

1. 跨部门 GPS 执行委员会（1996 – 2004 年）

1996 年，美国发布了《美国全球定位系统政策》，确立组建常设的跨部门 GPS 执行委员会（Interagency GPS Executive Board，IGEB），负责管理 GPS 及美国政府的 GPS 增强系统。[①] 跨部门 GPS 执行委员会由国防部和交通部联合主持，其他部门和机构酌情参加。跨部门 GPS 执行委员会负责与参与 GPS 研究、开发、运行和使用的美国政府机构、美国工业界和外国政府进行磋商。跨部门 GPS 执行委员会一直运行到 2004 年 12 月。

2. 国家天基 PNT 执委会（2004 – 2021 年）

经过十年左右的发展，GPS 在继续为国家安全和军事服务的同时，不断向民用和商用领域拓展，提供多用途的服务，成为全球性公共事业。同时，随着 GPS 服务不断发展，军用、民用、商业系统和基础设施对 GPS 的依赖程度不断增长，美国开始注重 GPS 增强系统和备份系统的建设，不再满足于单一 GPS 发展，而是拓展天基定位导航授时（PNT）服务。在这种背景下，为适应天基 PNT 服务的多样多需求、多种应用，美国认为必须改进 GPS 及其增强系统的现有管理体制机制，以适应天基 PNT 系统的项目规划、资源分配、开发运行，满足日益增长和多样化的国内和国际需求。2004 年 12 月 8 日，美国总统颁布了《美国天基定位导航授时政策》，取代 1996 年《美国全球定位系统政策》，设立了国家天基 PNT 执委会，确立了国家级、常态化的天基 PNT 统筹协调管理监督体制。国家天基 PNT 执委会是高级别联邦政府机构，负责向其成员部门和机构提出建议，并通过总统行政办公室的代表向总统呈送建议。此外，国家天基 PNT 执委会还负责就维护和改进美国天基 PNT 基础设施的政策、架构、要求和资源分配等问题，向战略决策部门和机构提供建议并协调相关事务，其中涉及 GPS 及其增强系统、服务的安全性以及与外国 PNT 服务的关系等。

相较于 1996 年建立的跨部门 GPS 执行委员会，国家天基 PNT 执委会级别更高、权力更大、职责更多且更为明确。2006 年，国家天基 PNT 执委会制定了《国家天基定位导航授时执行委员会章程》，就国家天基 PNT 执委会的组织、职

---

① 参见 1996 年《美国全球定位系统政策》第 3 节。

责范围等作出了具体规定。具体而言，一是强化了职能。在以往基础上，国家天基 PNT 执委会负责 PNT 相关工作的统筹协调、部际资源分配、规划计划制订、频谱资源保护等工作。[①] 二是优化了组织架构。增加了商务部、国土安全部、参谋长联席会议、国家航空航天局等职能部门作为国家天基 PNT 执委会的成员，增加包括管理和预算办公室、国家安全委员会的机构、国土安全委员会的机构、科学和技术政策办公室以及国家经济委员会的机构在内的总统行政办公室的成员作为国家天基 PNT 执委会的观察员；增加联邦通信委员会主席作为国家天基 PNT 执委会的联络员。[②] 在国家天基 PNT 执委会的内部架构上，下设国家天基 PNT 协调办公室（NCO）作为其秘书处，履行国家天基 PNT 执委会授权的职能。三是建立了工作机制。设立国家天基 PNT 行政督导小组（ESG）[③]，代表国家天基 PNT 执委会执行任务，促进各部门达成共识并解决问题。国家天基 PNT 执委会每年至少召开两次会议。国家天基 PNT 执委会通过总统行政办公室的代表向总统呈送建议，并向成员部门和机构提供建议。

3. 改革后国家天基 PNT 执委会（2021 年至今）

近些年来，美国持续发展 GPS 及其增强系统，在满足国家、国土和经济安全需求以及其他民用需求的同时，在商业和科学方面的应用不断发展。同时，美国充分认识到，并开始着手处理天基 PNT 依赖性风险，促进负责任地使用 PNT 服务，鼓励开发替代 PNT 服务。在这种背景下，美国政府发布 2021 年《美国天基定位导航授时政策》，取代 2004 年《美国天基定位导航授时政策》，在延续国家天基 PNT 执委会管理模式的基础上，进一步优化了美国天基 PNT 的管理框架，对美国天基 PNT 执委会的职责、管理架构、内设机构等多方面进行了调整，以满足不断增加和变化的国内和全球要求。有关国家天基 PNT 执委会的调整具体包括：第一，在机构职责上，明确国家天基 PNT 执委会实施 PNT 现代化计划等具体任务；第二，在组织架构上，将司法部长、财政部长、能源部长、国家情报总监纳入国家天基 PNT 执委会成员；第三，明确国家天基 PNT 执委会委员应

---

① 参见 2004 年《美国天基定位导航授时政策》第 4 节。

② 参见 2004 年《美国天基定位导航授时政策》第 4 节、第 6 节。

③ 2008 年公布的《国家天基定位导航授时执行委员会章程修正案一》正式提出建立国家天基 PNT 执行指导小组。

具备副部长或同等级别；第四，优化国家天基 PNT 执委会内设机构的分工和工作机制；第五，在工作机制上，着力完善了与总统的报送协调机制，取消了联邦通信委员会主席作为国家天基 PNT 执委会联络员的机制。

（二）国家天基 PNT 执委会的职责

国家天基 PNT 执委会作为跨部门组织，负责在提供天基 PNT 服务、增强和天基替代计划方面，指导和维护整个美国政府的利益。[①] 依据 2021 年《美国天基定位导航授时政策》，国家天基 PNT 执委会的具体职责如下：

第一，向成员机构和总统提出建议。国家天基 PNT 执委会就维护、现代化以及美国天基 PNT 服务相关政策问题，通过总统国家安全事务助理或国家太空委员会执行秘书向其成员机构和总统提出建议。[②] 国家天基 PNT 执委会还需每四年向国家太空委员会执行秘书提交一份报告，评估当前和计划中的民用天基 PNT 服务，以及预计这些服务是否仍可与外国的天基 PNT 服务相竞争。[③]

第二，负责协调 PNT 相关事项。国家天基 PNT 执委会在维护和发展美国天基 PNT 基础设施政策、架构、需求和资源分配等问题上，负责协调战略决策部门和机构的相关事务。具体而言，国家天基 PNT 执委会负责协调和整合国家安全、国土安全和民用需求，并消除不同需求间的冲突；负责协调各部门和机构天基 PNT 项目的计划、需求、预算和政策；负责与科学和技术政策办公室协调，促进下一代技术和劳动力发展的研究和开发，确保美国在天基 PNT 技术方面保持领先地位；负责与国务院协调，审查国际合作机构提出的建议并向其提供建议；与商务部协调，审查国家无线电通信频谱的管理和保护问题；负责就 GPS 及其增强系统的部门间资源分配提出建议并进行协调。[④] 此外，国家天基 PNT 执委会为部门间问题提供解决机制，负责协调解决部门间有关天基 PNT 系统和服务的问题，促进达成共识。在没有达成共识的情况下，最终决定权可以由联合主席行使，或由其中任何一方提升到更高级别决定。[⑤]

---

① 参见 2021 年《美国天基定位导航授时政策》第 5 节第（a）条。

② 参见 2021 年《美国天基定位导航授时政策》第 5 节第（d）条。

③ 参见 2021 年《美国天基定位导航授时政策》第 5 节第（d）条第（iii）款。

④ 参见 2021 年《美国天基定位导航授时政策》第 5 节。

⑤ 参见《国家天基定位导航授时执行委员会章程》。

第三,负责制订 PNT 相关规划计划。国家天基 PNT 执委会负责制定国家天基 PNT 战略,负责将各部门和机构的天基 PNT 目标整合到国家天基 PNT 战略中,以实现各部门的一致性、凝聚力、透明度和协调性;负责制订国家天基 PNT 五年计划,包括政策、架构、项目计划、需求、预算、时间表、国际伙伴关系和科技投资战略等,国家天基 PNT 五年计划应当与国家天基 PNT 战略保持一致;计划落实方面,国家天基 PNT 执委会负责促进、审查和实施美国天基 PNT 基础设施和服务的现代化计划,包括开发、部署和运行新型或改进的国家安全和公共安全服务。①

第四,监督的职能。国家天基 PNT 执委会负责建立天基 PNT 的研究和评估程序并对其进行监督,负责制订评估计划,对部门及机构预算和时间表进行年度评估,通过预算与管理办公室提交给总统,以保证及时贯彻实施国家天基 PNT 五年计划。

(三)国家天基 PNT 执委会的组织架构

1. 国家天基 PNT 执委会的组成

国家天基 PNT 执委会由国防部和交通部主管副部长或其指定代表担任联合主席。其成员还包括财政部、司法部、内政部、农业部、商务部、能源部、国土安全部、国家情报总监办公室、参谋长联席会议、国家航空航天局的副部长级别官员或其指定代表,以及其他被联合主席邀请的政府部门和机构(署)的负责人。国家电信和信息管理局局长是国家天基 PNT 执委会当然成员。

2. 国家天基 PNT 执委会的机构

(1)国家天基 PNT 行政督导小组

国家天基 PNT 行政督导小组以成员协商一致为基础开展工作,代表国家天基 PNT 执委会解决问题,同时在跨部门成员及协调办公室之间,确定任务优先级别并消除冲突任务。当国家天基 PNT 行政督导小组成员无法就提案、预算建议或政策达成共识时,或在发生影响美国天基 PNT 体系结构或服务的重大事件时,应建议召开国家天基 PNT 执委会的补充会议,以解决相关问题。②

---

① 参见 2021 年《美国天基定位导航授时政策》第 5 节第(d)条第(iv)款。

② 参见 2021 年《美国天基定位导航授时政策》第 5 节第(e)条。

国家天基 PNT 行政督导小组由国家天基 PNT 执委会成员部门的高级官员组成，还包括来自各个部门（如空军和联邦航空管理局）的主要机构的代表。国防部首席信息官和交通部研究与技术助理部长担任国家天基 PNT 行政督导小组联合主席。必要时，联合主席可以增加其他成员，需要通过国家天基 PNT 协调办公室向联合主席提出有关小组成员资格的提案。[①]

（2）国家天基 PNT 协调办公室

国家天基 PNT 协调办公室作为国家天基 PNT 执委会的秘书处，负责支持国家天基 PNT 执委会和行政督导小组组织会议和履行职能。国家天基 PNT 协调办公室由一名专职主任领导，专职主任由国防部以外的其他部门或机构指派一名高级行政官员[②]担任，副主任由国防部指派，主任的任期至少为两年，并由执委会进行年度审查。[③] 国家天基 PNT 执委会成负责为国家天基 PNT 协调办公室提供轮岗人员。由主任确定人员配备的要求，并从各部门和机构提名的人员中向国家天基 PNT 执委会推荐全职工作人员。主任还可根据需要向国家天基 PNT 执委会成员部门和机构请求增加全职或临时工作人员，并设立常设和特设问题工作组。[④] 此外，协调办公室的工作人员还包括技术顾问、立法联络员、行政助理等，负责提供专业支持。国家天基 PNT 协调办公室的资金、地点、人员等资源由国家天基 PNT 执委会确定[⑤]，由商务部提供支撑。

国家天基 PNT 协调办公室主任向国家天基 PNT 执委会联合主席报告，代表执委会在天基 PNT 事务上履行指定的职责。国家天基 PNT 协调办公室将收集的信息用以国家天基 PNT 执委会的运作，包括跨部门协调、达成共识以及解决提交给国家天基 PNT 执委会的所有事项。《国家天基定位导航授时协调办公室章程》规定了办公室的主要职责包括：一是与国家天基 PNT 执委会成员制定和实施相关流程，以促进有关部门和机构项目计划、要求、预算和美国天基 PNT 系统和服务运行政策的信息共享、协调和问题的解决；二是协调部门和机

① 参见《国家天基定位导航授时执行委员会章程修正案一》。

② 美国的高级行政官员（Senior Executive Service, SES）是美国联邦政府公务员的职位级别的一种，一般在总统任命的官员之下担任关键职位。

③ 参见《国家天基定位导航授时协调办公室章程》。

④ 参见《国家天基定位导航授时协调办公室章程》。

⑤ 参见 2021 年《美国天基定位导航授时政策》第 5 节第（f）条。

构的 PNT 计划、要求、预算和政策，评估资金和时间的充足性以促进及时整合和消除对天基 PNT 能力要求的冲突；三是评估美国天基 PNT 基础设施现代化的计划，包括开发、部署和运行超过或至少等同于外国天基 PNT 服务的新的或改进的国家安全和民事服务；四是审查需要跨部门协调的国际合作提案，并向国家天基 PNT 执委会提出建议；五是开展或监督，超出单个部门或机构的范围的，涉及国家利益的天基 PNT 研究、分析和项目；六是代表国家天基 PNT 执委会处理政府和公共部门的天基 PNT 事务，并酌情与外国政府和国际组织代表一起履行指定的职责；七是评估跨部门 GPS 执行委员会相关职能，并就其最终处置向国家天基 PNT 执委会提出适当建议；八是根据国家天基 PNT 执委会的职能和责任，评估其他跨部门 PNT 职能和责任，并酌情提出建议；九是与主办部门协调，管理国家天基 PNT 咨询委员会。此外，根据 2021 年《美国天基定位导航授时政策》，国家天基 PNT 协调办公室还负责协调战略信息和教育材料的开发和传播。美国 GPS 政府网站 GPS. gov，也由国家天基 PNT 协调办公室负责运行，并向公众宣传 GPS 和相关主题内容。

国家天基 PNT 协调办公室负责拟制卫星导航相关计划、预算和方案，包括：一是国家天基 PNT 执委会成员各部门和机构在履行卫星导航管理职责方面所取得的进展和采取的行动的最新情况；二是国家天基 PNT 执委会、协调办公室和咨询委员会运作的年度预算和方案计划；三是国家天基 PNT 五年计划，并每年进行更新；四是年度方案评估，评估相关部门的预算和时间是否足以支持《国家天基 PNT 五年计划》所概述的天基 PNT 能力和服务；五是供国家天基 PNT 执委会审议和采取行动的报告和建议；六是关于美国政府执行国家天基 PNT 政策的年度报告；七是国家天基 PNT 执委会的会议议程。①

（四）国家天基 PNT 执委会的工作机制

国家天基 PNT 执委会建立了工作小组机制、会议机制、报告机制、咨询建议机制制等，确保其充分发挥统筹和协调职能。

1. 工作小组机制

国家天基 PNT 执委会及下设机构顺利开展工作离不开各类跨部门工作组

① 参见《国家天基定位导航授时协调办公室章程》。

的支持，主要有 GPS 国际工作组（GIWG）、国家天基 PNT 系统工程论坛（NPEF）等。[①] GPS 国际工作组由国务院于 1990 年成立，作为发展、协调和实施与 GPS 相关的国际战略的论坛，于 2006 年转由国家天基 PNT 执委会领导。GPS 国际工作组定期开会，审查卫星导航相关双边和多边合作活动。[②] 国家天基 PNT 系统工程论坛是在国家天基 PNT 协调办公室主持下成立的一个常设工作组。国家天基 PNT 系统工程论坛负责分析和讨论与 GPS 及其增强系统有关的系统工程问题和技术发展问题。国家天基 PNT 系统工程论坛在成员共识的基础上制定技术建议，如果无法达成共识，则向国家天基 PNT 协调办公室提供解决方案的选项，必要时邀请国家天基 PNT 执委会参与。[③] 系统工程论坛由国防部和交通部的代表共同主持。成员包括来自国务院、商务部、国土安全部、农业部、内政部、参谋长联席会议、国家航空航天局、美国空军、联邦航空管理局、美国海岸警卫队、国家海洋和大气管理局、美国海军天文台、美国地质调查局等部门和机构的代表。[④]

2. 会议机制

国家天基 PNT 执委会应根据行政督导小组的建议，每年至少召开一次会议，议程由国家天基 PNT 协调办公室在会议召开前 30 日内提供给行政督导小组联合主席批准。[⑤] 国家天基 PNT 执委会联合主席可邀请包括管理与预算办公室、国家太空委员会、国家安全委员会、科学和技术政策办公室以及国家经济委员会在内的总统执行办公室组成部门的工作人员，作为观察员参加会议，并就总统政策所涉问题向国家天基 PNT 执委会提供建议。联合主席还可酌情邀请联邦通信委员会主席参加执行委员会会议。[⑥]

国家天基 PNT 行政督导小组根据实际需要召开会议，以确定需要提交国家天基 PNT 执委会审议的任务和议题。国家天基 PNT 行政督导小组会议相较

---

① 参见 GPS 官网：https://www.gps.gov/governance/excom/groups/#giwg。

② 参见 GPS 官网：https://www.gps.gov/governance/excom/groups/#giwg。

③ 参见《国家天基定位导航授时系统工程论坛章程》。

④ 参见《国家天基定位导航授时系统工程论坛章程》。

⑤ 参见 2021 年《美国天基定位导航授时政策》第 5 节第（c）条；《国家天基定位导航授时协调办公室章程》职能。

⑥ 参见 2021 年《美国天基定位导航授时政策》第 5 节第（b）条、第（c）条。

于国家天基 PNT 执委会会议频率更高,其议程应事先得到行政督导小组成员或其指定人员的批准。[①] 在国家天基 PNT 行政督导小组和执委会会议召开前的 6 日内,国家天基 PNT 协调办公室向跨部门工作层提供经核准的会议议程和筹备材料。[②]

3. 报告制度

国家天基 PNT 执委会每四年向国家太空委员会执行秘书提交书面报告,评估当前和计划中的民用天基 PNT 服务,以及预计这些服务是否可与外国的天基 PNT 服务相竞争。[③] 国家天基 PNT 协调办公室主任向执委会联合主席报告,并负责关于美国政府执行国家天基 PNT 政策的活动和成就的年度报告。[④] 国家天基 PNT 咨询委员会主席或副主席向国家天基 PNT 执委会报告调查结果、建议和任务进度。[⑤] 各工作小组通过国家天基 PNT 协调办公室向国家天基 PNT 执委会和行政督导小组报告。[⑥]

4. 咨询建议制度

总统行政办公室成员就政策所涉问题向国家天基 PNT 执委会提供咨询意见。国家天基 PNT 执委会通过总统国家安全事务助理或国家太空委员会执行秘书向总统提出意见。[⑦] 国家天基定位导航授时咨询委员会(以下简称国家天基 PNT 咨询委员会)根据国家天基 PNT 执委会安排,就 GPS 相关政策、规划、项目管理和资金状况向国家天基 PNT 执委会提供独立建议。[⑧] 国家天基 PNT 咨询委员会属于联邦咨询委员会,由国家航空航天局代表国家天基 PNT 执委会支持其运转,根据《联邦咨询委员会法》(FACA)开展工作。国家天基 PNT 咨询委员会就与国家和国际天基 PNT 服务当前状态有关的美国 PNT 政策、计划、管理和资金概况向国家天基 PNT 执委会提供独立建议。2021 年《美国天基

---

① 参见 2021 年《美国天基定位导航授时政策》第 5 节第(e)条。

② 参见《国家天基定位导航授时协调办公室章程》。

③ 参见 2021 年《美国天基定位导航授时政策》第 5 节第(d)条第(iii)款。

④ 参见《国家天基定位导航授时协调办公室章程》。

⑤ 参见《国家天基定位导航授时协调咨询委员会章程》第 5 条。

⑥ 参见《国家天基定位导航授时系统工程论坛章程》。

⑦ 参见 2021 年《美国天基定位导航授时政策》第 5 节第(c)条、第(d)条。

⑧ 参见《国家天基定位导航授时咨询委员会章程》第 4 条。

定位导航授时政策》要求国家天基 PNT 执委会在履行职责时，应当保留或接受国家天基 PNT 咨询委员会的咨询意见。国家天基 PNT 咨询委员会由美国政府以外的不超过 25 名的专家成员组成，成员为重要行业、学术界、国际组织或天基 PNT 用户应用领域的代表。国家天基 PNT 咨询委员会执行主任由国家航空航天局局长任命，并担任指定联邦官员（DFO），负责召集、出席和休停委员会会议，批准议程等事项。执行主任还将与国家天基 PNT 咨询委员会成员和国家航空航天局总法律顾问办公室（OGC）进行协调，确保满足所有法律及道德要求。国家天基 PNT 咨询委员会每个财政年度将召开约一到两次会议。工作小组向国家天基 PNT 协调办公室提供技术等领域专业建议。①

三、联邦政府部门依职权管理卫星导航有关工作

在国家天基 PNT 执委会的统筹协调下，联邦政府部门在其法定职责内开展卫星导航有关工作。其中，国防部、交通部、国土安全部、国务院、商务部和国家航空航天局是卫星导航管理的核心职能部门。

（一）国防部负责 GPS 建设运维和军事应用

国防部主要负责 GPS 建设运维和军事应用，并协同交通部、国务院等其他联邦部门或机构负责 GPS 民用、商用和国际合作方面的工作。联邦法律规定国防部长具有军事用途和民用用途的维护职责与运行 GPS 的职责②。2021 年《美国天基定位导航授时政策》规定，国防部负责 GPS 系统的开发、采办、运行、安全和持续现代化，同时代表国防利益充分参与民用领域和国土安全等部门的相关决策。③ 为保障国防部履行卫星导航管理职能，国防部内部专门设立国防部 PNT 监督委员会，负责监督国防部的定位导航授时有关工作，包括向民用、商用、科学和国际用户提供的定位导航授时服务。④ 国防部多个职能部门和司令部、各军种部均负有卫星导航相关事项管理职责，并设立多个工作机构支撑开

---

① 参见《国家天基定位导航授时系统工程论坛章程》。

② 参见《美国法典》第 10 编第 2281 条全球定位系统第（a）款、第（b）款。

③ 参见 2021 年《美国天基定位导航授时政策》第 7 节第（b）条第（i）款。

④ 参见《美国法典》第 10 编第 2279b 条第（a）款。

展卫星导航管理工作。①

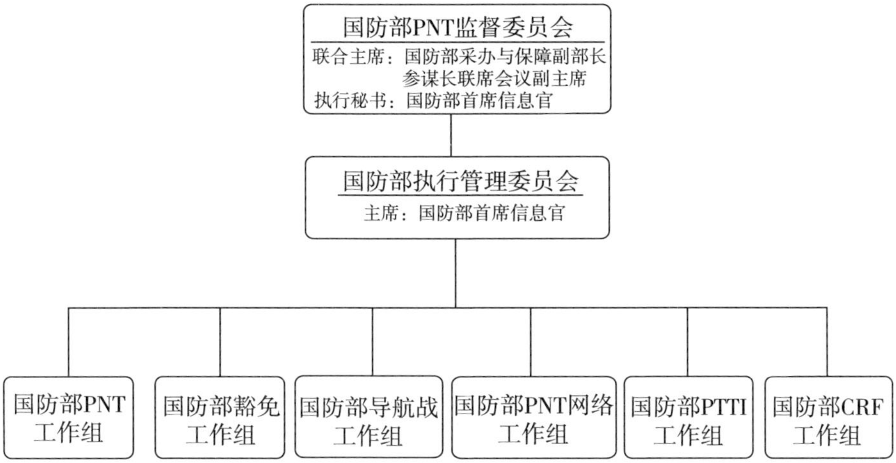

图 5　美国国防部卫星导航管理体制示意图②

1. 建设运行和维护 GPS

在系统建设方面，美国空军作为 GPS 建设运维的核心，负责及时、同步开发、采办和更新 GPS 的主要部分；运行和维护 GPS 星座和地面控制部分；按需执行 GPS 系统工程以及与其他独立系统和增强系统的集成，以监督 GPS 的兼容性和互操作性。③ 国防部 PNT 监督委员会负责性能监督评估（含互操作性）、脆弱性识别和缓解、架构开发、资源优先级划分。④ 国防部长与国务卿、商务部长，以及国家天基 PNT 执委会成员协调，保持国防部在与其他无线电导航卫星服务（RNSS）的无线电频率兼容性协调方面的主导性，这些服务在 GPS 使用的 RNSS 无线电频带中运行或计划运行。⑤ 在运行服务方面，空军部长负责更新 GPS 标准定位服务性能标准和精准定位服务性能标准，并移送国防部首席信息

① 参见《国防部第 4650.05 号指令：定位导航授时》第 2 节；《国防部第 4650.06 号指示：定位导航授时管理》第 3 节。

② 参见《联邦无线电导航计划（2021）》2.1　国防部职责。

③ 参见《国防部第 4650.06 号指示：定位导航授时管理》第 2.17 条。

④ 参见《美国法典》第 10 编第 2279b 条第（d）款。

⑤ 参见 2021 年《美国天基定位导航授时政策》第 7 节第（b）条第（xiii）款。

官进行批示和发布。[①] 国防部长负责发展更为强大的国家安全专用定位导航授时能力，包括但不限于更灵活多样、功能更强大的信号和服务。[②]

2. 发展 GPS 军事应用

国防部负责发展 GPS 的军事应用，确保更新换代的军事和导航战能力尽早投入使用。美国空军部长负责实施全球卫星导航系统原型机项目，开发多制式 M－码（军用代码）全球卫星导航系统接收器，提高军事 PNT 设备抵御 GPS 所受威胁的弹性和能力，并遏制全球范围内攻击 GPS 的企图。[③] 例如，美国空军部长应采取适当的风险缓解措施，确保 GPS 军事用户设备能够接收到来自欧盟伽利略系统和日本准天顶卫星系统的可靠信号。[④]

3. 支持 GPS 民用应用

国防部负有为民用用途而维护与运行 GPS，并与其他联邦部门促进 GPS 民用的职责。[⑤] 具体来说，一是国防部应运行和维护 GPS，提供符合《联邦无线电导航计划》所规定性能要求的 GPS 标准定位服务；二是在全球范围内为民用、商用和科学等和平用途服务，不向用户直接收取费用；三是继续承诺停止使用“选择性可用”功能，避免在全球范围内降低 GPS 标准定位服务的性能；[⑥]四是满足增强系统发展需求，与交通部长协调合作，促进政府开发并实施 GPS 的增强系统，以实现增强该系统对交通运输的支持；[⑦]五是合作促进 GPS 民用和商用的创新发展，与商务部长、美国贸易代表以及其他相关官员协调合作，促进 GPS 民用和商用等用途的开发和扩展；[⑧]六是充分保障和平使用 GPS 民用服务，制定相应措施，防止在特定地区恶意使用 GPS，且不妨碍该系统在其他地区的和平民用。[⑨]

---

① 参见《国防部第 4650.06 号指示：定位导航授时管理》第 2.17 条第（d）款。

② 参见 2021 年《美国天基定位导航授时政策》第 7 节第（b）条第（ix）款。

③ 参见《美国法典》第 10 编第 2281 条全球定位系统附录。

④ 参见《美国法典》第 10 编第 2281 条全球定位系统附录。

⑤ 参见《美国法典》第 10 编第 2281 条全球定位系统第（a）款、第（b）款。

⑥ 参见《美国法典》第 10 编第 2281 条全球定位系统第（b）款第（1）项。

⑦ 参见《美国法典》第 10 编第 2281 条全球定位系统第（b）款第（2）项。

⑧ 参见《美国法典》第 10 编第 2281 条全球定位系统第（b）款第（3）项。

⑨ 参见《美国法典》第 10 编第 2281 条全球定位系统第（b）款第（4）项。

4. 保障 GPS 国际合作

国防部牵头负责 GPS 军事国际合作,参与 GPS 民用、商用和科学领域的国际合作。一是牵头负责 GPS 军事服务国际合作谈判,国防部长负责牵头与外国国防组织就 GPS 军事服务的获取或信息事宜开展各项合作谈判。[①] 二是促进盟国军队使用 GPS 国家安全服务,以加强美国和盟国军事力量和能力之间的互操作性,保持军用天基 PNT 能力的卓越性。一方面向盟军提供 GPS 国家安全服务、用户设备、信息和技术,另一方面与盟国合作监视国家安全服务和用户设备的使用情况,以限制敌方使用美国的 PNT 能力对抗美国和盟国军事力量。[②] 三是参与民用服务及标准的国际推广,国防部长与国务卿、交通部长以及其他部门和机构合作,促进外国政府和国际组织在民用领域使用 GPS 及其增强系统的服务及标准。[③] 四是参与国际频率协调工作,美国空军在 GPS 系统建设时就充分考虑确保 GPS 射频兼容性以及与其他无线电卫星导航系统的互操作性,国防部首席信息官还具有保障无线电频谱的职责,必要时在国际电信联盟和其他论坛上捍卫 GPS 频谱。[④]

5. 维护国家安全

国防部还具有许多卫星导航领域安全监管职责。一是对外国政府在美国领土上建设卫星定位地面监测站的相关限制进行豁免。国防部长和国家情报总监可联合豁免由外国政府直接或间接控制的全球卫星导航系统在美国境内建设地面监测站的限制。[⑤] 二是对卫星导航干扰行为采取措施。各机构在发现或收到美国天基 PNT 服务受到有害干扰或操纵的国内或国际报告时,应及时向国土安全部长、国防部长、交通部长和国家情报总监报告。[⑥] 国防部首席信息官必要时与国防部情报副部长、其他联邦部门机构进行协调,以确保识别、定

---

① 参见 2021 年《美国天基定位导航授时政策》第 7 节第(b)条第(xi)款。

② 参见 2021 年《美国天基定位导航授时政策》第 7 节第(b)条第(v)款。

③ 参见 2021 年《美国天基定位导航授时政策》第 7 节第(a)条第(i)款。

④ 参见《国防部第 4650.06 号指示:定位导航授时管理》第 2.17 条第(f)款。

⑤ 参见《美国法典》第 10 编第 2279d 条,外国政府在美国领土上建设卫星定位地面监测站的相关限制。

⑥ 参见 2021 年《美国天基定位导航授时政策》第 8 节。

位、减轻任何对军事行动中 PNT 使用有不利影响的干扰。[1] 三是促进联邦政府访问适当级别的国家安全服务和用户设备，以满足应急响应和其他国土安全目的的关键需求，在例外情况下，可在民事方面满足州或地方政府的应急响应需求[2]。

6. 实施导航战

国防部负责开发、获取、运行、实测、评估和维护导航战能力和其他所需的能力，确保在面临敌方干扰或其他干扰的情况下，保持 GPS 服务的有效使用；制定有效措施，打击敌方组织、破坏或操纵 PNT 服务的行为，并负责酌情与其他机构协调，查明、定位并减少对 GPS 军事行动使用产生不利影响的任何故意干扰或操纵。为此，国防部发布了《国防部第 4650.08 号指示：定位导航授时及导航战》，就国防部关于 PNT 和导航战的具体政策、程序以及国防部各部门的职责分工作出了规定，明确了由国防部首席信息官负责制定 PNT 和导航战政策、监督政策的实施和协调。

（二）交通部负责牵头 GPS 民用管理和运行维护 GPS 增强系统

交通部部长是美国天基 PNT 执委会的联合主席之一，作为美国政府内部的牵头部门处理所有联邦 GPS 民用事务。[3] 总统行政命令明确交通部牵头开发美国政府所有民事部门和机构提出的民用需求。[4] 为此，交通部专门设立交通部定位导航执行委员会，负责统筹管理交通部内部卫星导航及 PNT 各项事项；设立交通部 PNT 扩大执行委员会，负责处理交通部与其他部门就卫星导航及 PNT 各项事项的协调对接。其中，交通部 PNT 执行委员会是交通部卫星导航事项的最高管理机构，由交通部主管政策的副部长担任主席，交通部内部多个重要职能机构代表担任成员。[5] 交通部 PNT 扩大执行委员会是高层管理机

---

① 参见《国防部第 4650.06 号指示：定位导航授时管理》第 2.1 条第（o）款。

② 参见 2021 年《美国天基定位导航授时政策》第 7 节第（b）条。

③ 参见美国《联邦无线电导航计划（2019）》2.2。

④ 参见 2021 年《美国天基定位导航授时政策》第 7 节第（d）条第（i）款。

⑤ 参见美国《联邦无线电导航计划（2019）》2.2.1，交通部定位导航执行委员会，成员单位包括总法律顾问办公室、预算与计划助理部长办公室、行政助理部长办公室、联邦航空管理局、联邦公路管理局、联邦汽车运输安全管理局、美国铁路管理局、联邦交通管理局、海事管理局、美国高速公路安全管理局、管道与危险品安全管理局、研究与技术助理部长办公室主管研究与技术和圣劳伦斯航道发展公司。

构，由交通部主管政策的副部长担任主席，成员来自交通部、国土安全部、商务部、内政部、联合计划发展办公室、国家航空航天局、国务院、美国海岸警卫队和农业部等不同部门。① 为保障交通部 PNT 执行委员会与交通部 PNT 扩大执行委员会的职能履行，两个执行委员会分别设立工作组承担日常工作。此外，交通部还与国土安全部（美国海岸警卫队）共同承担民用 GPS 服务接口委员会重要管理职责。②

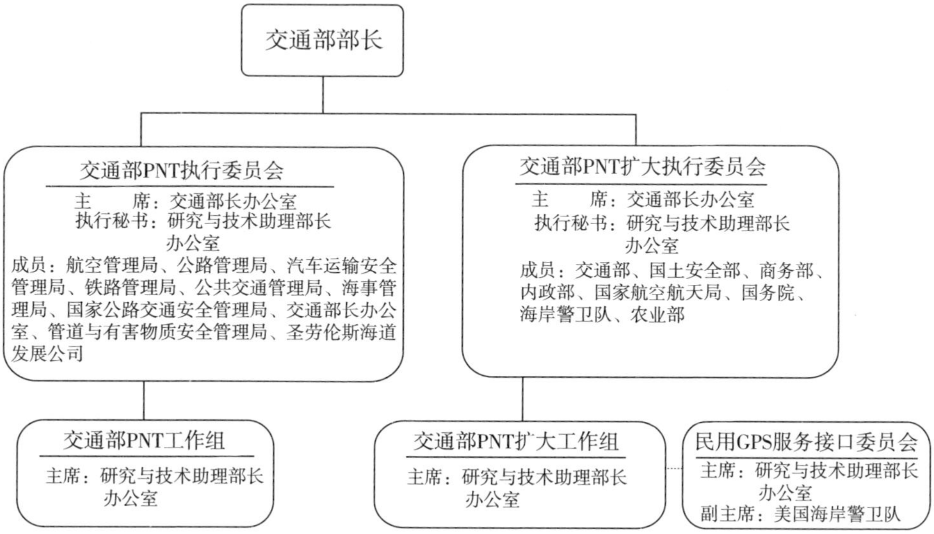

图 6　美国交通部卫星导航管理体制示意图③

1. 部分增强系统建设及监测

交通部在 GPS 及其增强系统建设运维方面具有重要职能，负责与国防部长协调，确保 GPS 及其增强系统上的现代化民用信号和服务尽早投入使用。④ 一是负责建设、运行和管理全国差分全球定位系统（NDGPS），确保在不直接向用户收费的前提下提供 NDGPS 服务，确保 NDGPS 持续升级以改善性能，满足联

① 参见美国《联邦无线电导航计划（2019）》2.2.2。

② 参见美国《联邦无线电导航计划（2019）》2.2.2.2。

③ 参见《联邦无线电导航计划（2021）》2.2　交通部职责。

④ 参见 2021 年《美国天基定位导航授时政策》第 7 节第（d）条第（ix）款。

邦政府、州和地方政府及公众的需求。[①] 但由于 GPS 技术进步以及消费级 NDGPS 接收器的可用性有限等许多因素导致 NDGPS 的公众使用率下降。2016 年 8 月由交通部的 NDGPS 内陆部分退役。二是负责运行广域增强系统（WAAS）以支持航空安全和效率。交通部联邦航空管理局（FAA）代表美国政府向空域提供 WAAS 服务，并承诺可预见的将来采取一切必要措施，保持 GPS 标准定位服务和 WAAS 服务的完整性、可靠性和可用性，并运行终止或服务取消之前至少提前六年发出通知。[②] 三是负责与国防部长和国土安全部长共同协调，监测美国民用天基 PNT 服务性能。[③] 四是负责与国防部长协调，确保 GPS 及其增强系统上的现代化民用信号和服务尽早投入使用。

2. 统筹民用需求

交通部牵头制定美国政府所有民事部门和机构提出的民用需求标准，[④]在 GPS 及其增强系统的开发、获取、管理和运行中代表民用机构。[⑤] 具体来说：一是负责统筹整合联邦政府各职能部门关于 GPS 民用需求。[⑥] 二是通过与国土安全部协调管理民用 GPS 服务接口委员会（CGSIC），与用户交换有关 GPS 的信息，响应民用 GPS 用户的需求，将来自 CGSIC 成员和会议的信息提供给美国 GPS 当局，以供 GPS 政策制定和 GPS 服务运营时考虑，促进所有民用 GPS 用户和美国 GPS 主管部门之间的有效互动。[⑦]

3. 促进 GPS 全球应用

交通部长与国务卿协调，负责促进国际社会参与利用美国天基 PNT 服务开发民用运输应用。[⑧] 其主要包括两个方面：一是国际标准化推进。交通部长与国防部长协调，确保基于美国天基 PNT 服务的公共安全服务应用达到或超

---

① 参见《美国法典》第 49 编第 301 条，建立全国差分全球定位系统。

② 参见美国《联邦无线电导航计划（2019）》3.2.9GPS 增强系统。

③ 参见 2021 年《美国天基定位导航授时政策》第 7 节第（d）条第（ii）款。

④ 参见 2021 年《美国天基定位导航授时政策》第 7 节第（d）条第（i）款。

⑤ 参见 2021 年《美国天基定位导航授时政策》第 7 节第（d）条第（vii）款。

⑥ 参见 2021 年《美国天基定位导航授时政策》第 7 节第（c）条第（vi）款、第（e）条第（i）款、第（g）条第（i）款，商务部、国土安全部、国家航空航天局均需向交通部提交 GPS 系统及其增强系统的民用使用需求。

⑦ 参见美国《联邦无线电导航计划（2019）》2.2.2.2。

⑧ 参见 2021 年《美国天基定位导航授时政策》第 7 节第（d）条第（iii）款。

过满足任务要求所需的国际公认标准，包括用于航空、海事和水陆运输应用的标准。① 此外，交通部还负责在天基 PNT 服务监测标准制定方面，促进国际层面协调一致②，通过国际性能标准建设进一步推动全球范围航空和航海领域对 GPS 的应用。二是协助推动 GPS 军用国际化发展，交通部长负责与国防部长协调，适当评估和协助国际社会接受在民用空域使用 GPS 的军用 PNT 服务。③

4. 协同负责 GPS 安全监管

交通部负责与相关部门协调合作，协同负责 GPS 的安全监管事项。一是负责在运输管理中充分考虑卫星导航安全。交通部长既要与国务卿和国防部长协调，确保国际运输中考虑到天基 PNT 服务的双重用途性质，还需要与其他机构的负责人合作，促进负责人利用美国和外国的天基 PNT 服务的能力，保证国内运输安全，并保持对使用外国天基 PNT 服务风险和潜在惠益的认识。④ 二是负责利用地方和商业能力减少卫星导航服务中断和被操纵的情况。交通部长与国防部长、国土安全部长以及其他机构负责人协调，实施联邦政策，并利用州、地方和商业能力监视、识别、定位和分析天基 PNT 服务在美国境内的中断和被操纵情况。⑤ 三是负责卫星导航数据和信号安全认证。交通部长负责与国防部长和国土安全部长协调，制定并验证需求和融资战略，实施符合联邦无线电导航计划或其后续计划的民用 GPS 和广域增强系统的数据和信号认证，用于国土安全和公共安全目的。⑥

5. 推进交通领域 GPS 应用

交通部负责采取多项措施推进美国领域内 GPS 的深度应用，通过各个交通管理系统开展示范项目，扩大 GPS 应用规模。联邦公路管理局、联邦汽车运输安全管理局、美国铁路管理局、联邦交通管理局、美国高速公路安全管理局和交通部主管研究与技术的助理部长办公室负责开展研发和示范项目，包括依赖

---

① 参见 2021 年《美国天基定位导航授时政策》第 7 节第（d）条第（v）款。

② 参见 2021 年《美国天基定位导航授时政策》第 7 节第（d）条第（xi）款。

③ 参见 2021 年《美国天基定位导航授时政策》第 7 节第（d）条第（x）款。

④ 参见 2021 年《美国天基定位导航授时政策》第 7 节第（d）条第（vi）款、第（xii）款。

⑤ 参见 2021 年《美国天基定位导航授时政策》第 7 节第（d）条第（viii）款。

⑥ 参见 2021 年《美国天基定位导航授时政策》第 7 节第（d）条第（xiii）款。

PNT 系统的受监管行业将 PNT 用于地面运输的项目。①

(三)国土安全部负责卫星导航安全应用

国土安全部作为美国国内安全和防止恐怖活动的主要负责部门,负责管理卫星导航领域安全相关事项,通过与其他机构、私营部门的合作伙伴和利益相关方的协调,参与多个卫星导航及 PNT 有关的计划和活动,并由副部长成立了国土安全部 PNT 行政督导委员会(ESG),以组织、管理和协调整个国土安全部的 PNT 行动和决策。②

1. 增强备份能力建设

一是负责增强系统建设。国土安全部美国海岸警卫队根据《美国法典》规定,建立、维护和运行电子导航系统,满足美国武装部队、海上贸易和航空商业的需求,具体操作 NDGPS 网络的主控站和海事组件。③ 二是提出国土安全相关 PNT 资源配置建议。国土安全部长负责为国土安全目的向交通部长说明天基 PNT 要求,并与交通部长协调,向天基 PNT 执委会提供基于交通部战略和未来要求的资源配置建议,以实施数据和信号认证,并反映与联邦无线电导航计划或其后续计划一致的战略。④

2. 促进负责任地使用 GPS 和其他 PNT 服务

根据第 13905 号总统令,国土安全部与交通部和其他机构协调在关键基础设施领域促进负责任地使用 GPS 和其他 PNT 服务。一是国土安全部长应与负责关键基础设施部门开展安全和弹性计划及相关活动的特定部门机构负责人协调,制订计划来测试关键基础设施系统、网络和资产在 PNT 服务中断和操控情况下的脆弱性。二是国土安全部长与特定部门机构负责人以及其他执行部门机构的负责人协商制定协议内容,将负责任地使用 GPS 和其他 PNT 服务的相关信息纳入相关联邦合同要求中,以鼓励私营部门使用其他的 PNT 服务,开发可靠安全的全新 PNT 服务。三是特定部门机构负责人和其他机构负责人应

---

① 参见《联邦无线电导航计划》(2019)2.2.3.4。

② 参见《联邦无线电导航计划》(2019)2.3。

③ 参见《美国法典》第 14 编第 81 节、《联邦无线电导航计划》(2019)2.3.1。

④ 参见 2021 年《美国天基定位导航授时政策》第 7 节第(e)条第(i)款、第(vi)款。

酌情通过国土安全部长向总统国家安全事务助理和白宫科学和技术政策办公室主任提交报告，说明在其各自机构的采办中对 PNT 配置文件的采用程度，并尽可能说明关键基础设施所有者和运营商对 PNT 配置文件的采用程度。四是国土安全部长负责与关键基础设施的所有者或运营商沟通并制订计划，以评估 PNT 服务的负责任使用情况。

3. GPS 干扰监测减轻与通知管理

一是干扰监测、识别、定位和追踪。国土安全部长与国防部长和交通部长协调，并与商务部长合作，确保建立机制，监测、识别、定位和查明美国境内可能对美国关键基础设施和科学目的造成重大破坏的天基 PNT 服务中断和被操纵的原因；并通过协调利用现有的和计划中的联邦能力，对美国境内影响国土安全、民用、商用和科学领域使用 GPS 系统及其增强系统的任何干扰进行识别、定位和追踪。① 二是干扰信息的通知、告知。一方面，国土安全部长负责制定程序，以便在天基 PNT 服务预计中断或被认为不再可靠时，通知民用部门以及联邦、州、地方、领土和部落区；另一方面，国土安全部长与国防部长、交通部长和国家情报总监协调，及时将天基 PNT 服务受到国内或国际干扰的信息告知国家电信和信息管理局局长、联邦通信委员会主席、国防部长、国家情报总监以及其他部门和机构，以便他们启动适当调查、通报或强制措施。②

4. 负责民用应急响应

国土安全部长与国防部长、交通部长和商务部长协调，开发并维护民用应急响应的能力、程序和手段，并定期演练，以确保在 GPS 访问被中断或阻止的情况下系统运行的连续性。③

5. 提供相关信息沟通支持

国土安全部美国海岸警卫队导航中心（USCG NAVCEN）向民用 GPS 服务接口委员会（CGSIC）及 GPS 系统提供商和用户提供交换信息服务，充当所有非航空、非军事的地面和海上 GPS 用户的民用 GPS 联络点，负责收集、处理和

① 参见 2021 年《美国天基定位导航授时政策》第 7 节第（e）条第（iii）款第 A 项、第（v）款。

② 参见 2021 年《美国天基定位导航授时政策》第 7 节第（e）条第（iii）款第 B 项、第（vii）款，第 8 节第（c）条。

③ 参见 2021 年《美国天基定位导航授时政策》第 7 节第（e）条第（iv）款。

发布即时的 GPS、DGPS、PNT 的信息以及一般海事导航信息。[①]

（四）国务院负责牵头国际合作

国务院负责牵头管理民用卫星导航国际合作相关事项，主要包括卫星导航应用推广的国际合作、卫星导航干扰监测与减轻的国际合作及卫星导航产品与服务进出口管制等。

1. 牵头开展 GPS 相关国际谈判

一是推广 GPS 及其增强服务和标准。国务卿负责与国防部长、交通部长和其他有关机构的负责人合作，向外国政府和其他国际组织推广使用 GPS 及其增强服务和标准，并鼓励发展基于 GPS 的外国民用卫星服务和系统。[②] 二是负责国际合作谈判。国务卿负责牵头与外国政府和国际组织就民用 PNT 事宜进行谈判，并在与国防部长协调一致的情况下，还可就军用 PNT 事宜开展对外谈判。[③] 三是参与盟国对话。国务卿负责与国防部长一起参加与盟国的 PNT 对话，特别是与北约。[④] 四是参加相关国际组织活动，与国家天基 PNT 协调办公室合作，规划、协调 GPS 相关国际活动，支持并参与全球卫星导航系统国际委员会相关活动，带领美国代表团参加国际电信联盟（ITU）世界无线电大会，就影响 GPS 的频谱分配的事项进行谈判。

2. 干扰监测与减轻的国际合作

各机构在发现或收到美国天基 PNT 服务受到有害干扰或操纵的国内或国际报告时，应及时向国土安全部长、国防部长、交通部长和国家情报总监报告。如果外国政府或商业活动对美国天基 PNT 服务造成有害干扰或操纵，国务卿应通知或协调通知外国政府和国际组织。[⑤]

3. 卫星导航相关进出口管理

国务院是美国出口管制的监管部门之一。在卫星导航相关物项的进出口方面，国务卿与国防部长、商务部长和能源部长、国家情报总监以及国家航空航

---

① 参见《美国法典》第 14 编第 81 节、美国《联邦无线电导航计划（2019）》2.3.1。

② 参见 2021 年《美国天基定位导航授时政策》第 7 节第（a）条第（i）款。

③ 参见 2021 年《美国天基定位导航授时政策》第 7 节第（a）条第（ii）款。

④ 参见 2021 年《美国天基定位导航授时政策》第 7 节第（a）条第（iii）款。

⑤ 参见 2021 年《美国天基定位导航授时政策》第 8 节第（b）条。

天局局长协调，负责修改完善 2003 年 4 月 25 日《美国商业遥感空间政策》创建的“敏感技术清单”，特别是与 PNT 应用有关的敏感技术项目和信息。[①] 在军品出口管理方面，美国的政策是努力阻止先进空间技术流向未经授权者，同时确保美国空间工业基础的竞争力。根据《国际武器贸易条例》《常规武器转让政策》《出口管制条例》以及其他相关的法律和承诺，美国逐案审议空间技术出口请求书、发放空间相关出口许可证。敏感或先进的航天器相关出口可能需要通过对外军事销售过程进行政府间转让。因此，国务卿还负责确定当前的武器转让和不扩散政策为新兴技术和空间能力的转让提供充分的指导[②]。此外，国务院还负责支持将 GPS 用于各种政府活动，包括划定边界、渔业执法、健康信息跟踪、遥感和地理信息系统等。

（五）商务部负责运行维护 CORS 和促进 GPS 商业应用

商务部负责卫星导航商业应用发展相关管理事项，具体包括：

一是为加强商业应用提供基础条件。包括技术条件方面，商务部负责投资研究和开发下一代技术，以加强 GPS 的商业应用；[③]需求保障方面，在 GPS 及其相关增强系统的要求审查中，商务部代表美国与其他机构的商业利益，与国家航空航天局局长合作，制定并向交通部长提交使用 GPS 及其增强系统以支持民用空间系统的要求和规范；[④]风险防范方面，商务部负责促进美国工业可以获取外国市场的天基 PNT 货物和服务，同时对美国的国家安全问题采取风险管理；[⑤]开发服务方面，商务部长与国防部长、交通部长和国家航空航天局局长协调，推进美国政府与美国产业界之间的适当合作，找到双方都能接受的解决方案，以维持现有的和不断发展的天基 PNT 服务的使用，同时开发基于无线电频谱的其他技术和服务。[⑥]

二是无线电频谱管理。商务部负责 GPS 所用电磁频谱的管理，负责保护电

---

① 参见美国《联邦无线电导航计划（2019）》2.4.3。

② 参见 2020 年《国家空间政策》第 4 节。

③ 参见 2021 年《美国天基定位导航授时政策》第 7 节第（c）条第（ii）款。

④ 参见 2021 年《美国天基定位导航授时政策》第 7 节第（c）条第（iii）款、第（vi）款。

⑤ 参见 2021 年《美国天基定位导航授时政策》第 7 节第（c）条第（i）款。

⑥ 参见 2021 年《美国天基定位导航授时政策》第 7 节第（c）条第（v）款。

磁频谱免受破坏和干扰。[①] 商务部长与国务卿、国防部长、交通部长和国家航空航天局局长协调，通过适当的国内、国际频谱监督管理办法，力求保护 GPS 及其增强系统使用的无线电频谱。[②] 具体由商务部国家电信和信息管理局负责管理联邦政府对频谱的使用，国家电信和信息管理局主持了跨部门无线电咨询委员会（IRAC），该委员会的成员包括作为政府频谱（其中包括事关生命安全的频段）服务提供方和用户的政府行政机构。[③]

三是安全使用管理。商务部负责与其他机构负责人合作，制定准则，改善 PNT 装置的网络安全，包括其检测和拒绝篡改或伪造信号的能力，并促进负责任地使用天基 PNT 服务的能力。此外，商务部长还负有应与特定部门机构的负责人协作，并酌情与私营部门协商，制作并至少向相关机构和私营部门用户提供 PNT 配置文件的职责，并按照第 13905 号行政命令指示，促进将天基 PNT 服务和能力负责任地用于国家安全、经济增长、运输安全和国土安全的应用。[④]

此外，商务部还具有管理连续运行参考站（CORS）（由美国国家海洋和大气管理局管理的美国 CORS 网络对 GPS 数据进行归档和分发，以实现与国家空间参考系统相关的精确定位）、主持国家天基 PNT 执委会的会议和办公室的工作、制定与 GPS 相关的出口许可的准则、将 GPS 技术应用于各种政府活动等职责。[⑤]

（六）国家航空航天局负责运行维护 GDGPS 和开发 GPS 空间应用技术

国家航空航天局职责如下：第一，负责运行管理部分 GPS 增强系统。一是包括运行全球差分全球定位系统（GDGPS），该系统是 NASA 喷气推进实验室（JPL）开发的高精度 GPS 增强系统，用于支持 NASA 科学任务的实时定位，定时和确定要求；IGS 是一个由来自 80 多个国家的 200 多个组织的 350 多个 GPS 监测站组成的网络。二是负责管理中央局和国际全球卫星导航系统服务（IGS）

① 参见《美国法典》第 51 编第 50112 条第 3 款。

② 参见 2021 年《美国天基定位导航授时政策》第 7 节第（c）条第（iv）款。

③ 参见美国《联邦无线电导航计划（2019）》1.7.9。

④ 参见 2020 年《通过负责任地使用定位导航授时服务来增强国家弹性》，2021 年《美国天基定位导航授时政策》第 7 节第（c）条第（vii）款。

⑤ 参见 GPS 官网：https://www.gps.gov/governance/agencies/commerce/。

的众多参考站，其使命是提供最高质量的数据和产品，作为全球卫星导航系统（GNSS）的标准，以支持地球科学研究，多学科应用和教育，以及促进其他有益于社会的应用。第二，负责开发用于 GPS 的太空用途的新技术，并倡导 GPS 空间服务量。一是国家航空航天局长与商务部长合作，制定并向交通部长提交使用 GPS 及其增强系统以支持民用空间系统的要求和规范；①二是国家航空航天局长与国务卿、国防部长、商务部长和国土安全部长合作，制定支持 GPS 在南半球内以及月球空间内更高轨道的空间操作和符合科学的要求；三是国家航空航天局局长与国务卿、国防部长、商务部长和国土安全部长合作，维持并更新搜索、救援以及遇险警报、定位能力和作为 GPS 卫星辅助有效载荷的方案；②四是研究和开发在太空、航空和陆地环境中的 GPS 应用。③

（七）其他联邦部门依法参与管理

除上述六大职能部门外，美国其他联邦部门和机构根据法律和总统令的规定，按照各自的职责分工参与卫星导航管理。比如，国家情报总监负责查明、监测和评估对使用 GPS、PNT 体系和服务的外国威胁的发展情况，并提供信息协助国防部长制定对策；④农业部进行研究并开发支持农业部机构的任务和活动的 GPS 技术的应用；内政部负责将 GPS 技术应用于测量、地理信息系统、土地管理等各种政府活动。⑤

第二节　俄罗斯卫星导航管理体制

俄罗斯实行总统制的联邦国家体制。俄罗斯联邦由各联邦主体构成（共和国、边疆区、州、直辖市、自治州和自治区）。俄罗斯联邦总统是国家元首，是国

---

① 参见 2021 年《美国天基定位导航授时政策》第 7 节第（g）条第（i）款。

② 参见 2021 年《美国天基定位导航授时政策》第 7 节第（g）条第（ii）款、第（iii）款。

③ 参见美国《联邦无线电导航计划（2019）》2.4.4。

④ 参见 2021 年《美国天基定位导航授时政策》第 7 节第（f）条。

⑤ 参见 GPS 官网：https://www.gps.gov/governance/agencies/interior/，https://www.gps.gov/governance/agencies/agriculture/。

家武装力量最高统帅，负责任命联邦政府总理、副总理和各部部长，主持联邦政府会议，有权解散议会。俄罗斯联邦政府为国家权力最高执行机关，由政府总理、副总理和部长组成。在俄罗斯，卫星导航管理属中央事权，联邦总统负责领导卫星导航工作，联邦政府负责总体实施，国防部为国防与安全目的牵头管理，国家航天集团公司为民用目的牵头管理，其他联邦权力执行机构按照职责分工参与卫星导航管理，各联邦主体权力机构依据联邦法律参与卫星导航管理。

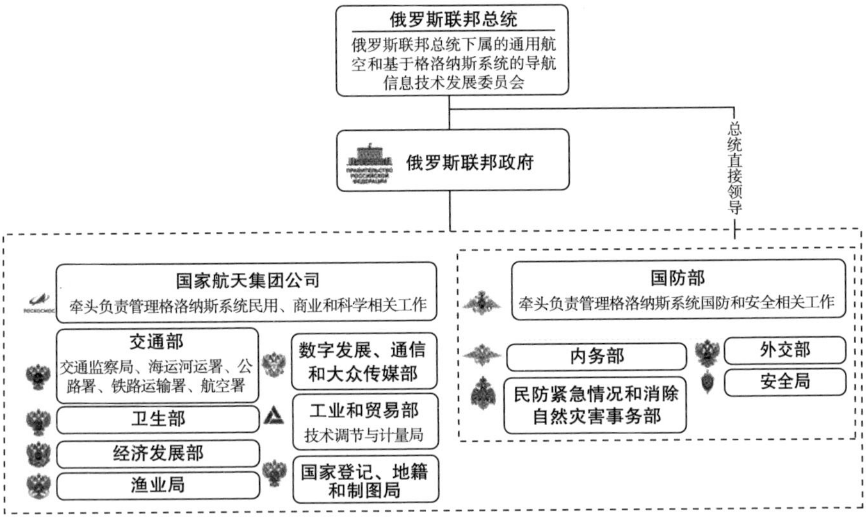

图 7　俄罗斯卫星导航管理体制示意图

一、俄罗斯卫星导航领导管理体制基本结构

在卫星导航领域，联邦总统统一领导卫星导航工作，在联邦政府统筹管理下各部门分工负责卫星导航工作，各联邦主体依法参与卫星导航工作。

（一）联邦总统领导卫星导航工作

《俄罗斯联邦航天活动法》《俄罗斯联邦导航活动法》《俄罗斯联邦国家航天集团公司法》以联邦法律的形式明确了联邦总统负责领导卫星导航工作，包括批准航天和导航领域国家政策、确定总统级的航天项目和规划、解决航天领域关涉国家政策的重要问题等。俄罗斯联邦总统设立卫星导航相关的总统直属专门会议咨询委员会，并依法直接领导国防部、国家航天集团公司，通过颁发总统令的方式确定了卫星导航活动的基本方针、管理原则、基本制度、管理机构及职权，并通过直接行使总统权等多种方式领导卫星导航的管理。

1. 设立总统直属的统筹协调监督机构

2016年《俄罗斯联邦关于俄罗斯联邦总统下属的通用航空、基于格洛纳斯系统的导航信息技术发展委员会的总统令》将“俄罗斯联邦总统通用航空发展委员会”改为“俄罗斯联邦总统下属的通用航空、基于格洛纳斯系统的导航信息技术发展委员会”（以下简称委员会），并明确了委员会的组织架构、组织形式、职能及行使方式等。委员会的设立完善了联邦总统直属机构层面总统管理卫星导航的组织安排。

总统负责批准委员会的组成。委员会由委员会主席、副主席、执行秘书和委员会成员组成。[①] 委员会的组成由总统批准，委员会主席为总统助理。[②] 委员会组建主席团，由委员会主席、副主席、执行秘书和内设的工作组负责人组成，出席会议的委员会主席团成员以多数票通过委员会主席团决议。[③]

委员会的职能服务于总统卫星导航管理的领导权。具体包括：第一，协调制定和实施相关国家政策，即确保联邦权力执行机构和联邦主体权力执行机构以及其他相关机构，在制定和实施通用航空、基于格洛纳斯系统的导航信息技术（简称格洛纳斯系统技术）领域的基本国家政策和法律法规时相互协同一致；[④]第二，推动完善相关基本法律法规和政策，包括明确关于通用航空和格洛纳斯系统技术领域法律规范完善的主要方向，审议关于通用航空、无人机系统和格洛纳斯系统技术的长期计划、投资计划和其他计划的修改建议，参与制定和实施通用航空、格洛纳斯系统技术应用和发展领域统一技术政策，审议旨在

① 参见《关于俄罗斯联邦总统下属的通用航空、基于格洛纳斯卫星导航系统的导航信息技术发展委员会的章程》第5条。

② 参见《关于俄罗斯联邦总统下属的通用航空、基于格洛纳斯卫星导航系统的导航信息技术发展委员会的章程》第6条、第7条。

③ 参见《关于俄罗斯联邦总统下属的通用航空、基于格洛纳斯卫星导航系统的导航信息技术发展委员会的章程》第10条、第11条、第13条。

④ 参见《关于俄罗斯联邦总统下属的通用航空、基于格洛纳斯卫星导航系统的导航信息技术发展委员会的章程》第3条。

制定和实施通用航空和格洛纳斯系统技术领域国家统一政策的监管法律草案并准备提案；[①]第三，推动完善相关管理体制，委员会负责审议关于通用航空、格洛纳斯系统技术应用和发展领域的机构改革和活动有效性的建议；[②]第四，监督的职能，包括监督相关法律法规的执行情况，监督国家参与和组织的相关活动的有效性和透明度；[③]第五，对涉及通用航空和格洛纳斯系统技术领域联邦预算拨款使用的有效性进行分析。[④]

委员会在履行职责的过程中，可以通过听取意见，要求相关机构提供必要材料，要求相关机构提供具体信息，必要时招募专家参与工作的方式行使职能。同时，为执行委员会和委员会主席团决议，可发布法令、命令以及俄罗斯联邦总统指令和指示。

2. 总统直接领导国防部与国家航天集团公司

在俄罗斯，部分涉及外交和安全的联邦行政部门由联邦总统直接领导管理。在卫星导航领域，联邦国防部是为国防与安全目的牵头管理卫星导航的机构，由联邦总统直接领导。国家航天集团公司是为民用目的牵头管理卫星导航的机构，联邦总统依据《国家航天集团公司法》直接领导国家航天集团公司。其主要体现在：第一，在国家航天集团公司的资本上，由联邦总统批准俄罗斯联邦所有或作为联邦财产出资至国家航天集团公司的联邦所有的股份公司，批准应改组为股份制公司、股份作为俄罗斯联邦财产出资移交给国家航天集团公司的国有单一制企业清单，批准作为俄罗斯联邦财产移交给国家航天集团公司的单一制国有企业清单。[⑤] 第二，在人事上，联邦总统对航天集团最高管理机构的监理会具有控制权。公司监理会共 11 名成员中有 5 名是联邦总统的代表，联邦

---

① 参见《关于俄罗斯联邦总统下属的通用航空、基于格洛纳斯卫星导航系统的导航信息技术发展委员会的章程》第 3 条。

② 参见《关于俄罗斯联邦总统下属的通用航空、基于格洛纳斯卫星导航系统的导航信息技术发展委员会的章程》第 3 条。

③ 参见《关于俄罗斯联邦总统下属的通用航空、基于格洛纳斯卫星导航系统的导航信息技术发展委员会的章程》第 3 条。

④ 参见《关于俄罗斯联邦总统下属的通用航空、基于格洛纳斯卫星导航系统的导航信息技术发展委员会的章程》第 3 条。

⑤ 参见《俄罗斯联邦国家航天集团公司法》(2020 年修订)第 5 条第 1 款。

总统对监理会主席及包括总经理在内的所有成员具有任命和免职权。[①] 第三，在具体事项上，国家航天集团公司应当执行联邦总统依据《俄罗斯联邦国家航天集团公司法》颁布的卫星导航相关的总统令和总统计划。[②]

3. 制定重要的卫星导航国家政策

俄罗斯联邦总统通过颁发总统令的方式确定了卫星导航活动的基本方针、管理原则、基本制度、管理机构及职权。1999 年 2 月，时任俄罗斯联邦总统叶利钦签署《俄罗斯联邦关于格洛纳斯系统的总统令》，以总统令的形式明确了格洛纳斯系统军民两用的基本原则，确定了俄罗斯联邦航天局（以下简称俄航局）和国防部为格洛纳斯系统的主要订购方，明确了联邦政府管理格洛纳斯系统的职责。2007 年 5 月，联邦总统普京签署《俄罗斯联邦关于为俄罗斯联邦社会经济发展而使用格洛纳斯系统的总统令》，以总统令的形式确定了格洛纳斯系统民用信号免费提供和强制应用制度，赋予俄航局（后为国家航天集团公司）为民用目的协调维护、开发和使用格洛纳斯系统的职能，并要求联邦政府明确联邦行政机构的职权并制订专项计划。2014 年 1 月，普京签署《俄罗斯联邦关于 2030 年前使用航天成果服务俄联邦经济现代化及其区域发展的国家政策总则》，明确了 2030 年前使用包括卫星导航在内的航天成果服务俄联邦经济现代化及其区域发展的国家政策的国家利益、原则、宗旨、优先事项、任务和阶段，并要求联邦政府每年向联邦总统提交有关本总则执行结果的报告。

（二）联邦政府统筹管理卫星导航工作

《俄罗斯联邦航天活动法》《俄罗斯联邦导航活动法》《俄罗斯联邦国家航天集团公司法》都明确了联邦政府应当为保障俄罗斯联邦的国防与安全，以及国民经济各行业的利益，并为保障俄罗斯联邦的国际合作，在卫星导航活动领域组织实施国家政策。

---

① 参见《俄罗斯联邦国家航天集团公司法》（2020 年修订）第 5 条第 2 款、第 3 款。

② 参见《俄罗斯联邦国家航天集团公司法》（2020 年修订）第 5 条第 1 款。

1. 明确联邦相关行政机构关于卫星导航的管理职责

联邦政府具有分配各联邦行政机构管理卫星导航事项具体职责的权力。[①]为执行《俄罗斯联邦关于为俄罗斯联邦社会经济发展而使用格洛纳斯系统的总统令》的要求，联邦政府于2008年颁发《俄罗斯联邦政府关于国家航天集团公司和联邦权力执行机构在为保障俄罗斯联邦国防安全、推动社会经济发展、扩大国际合作和科学应用而维护、发展和使用格洛纳斯系统的职权条例》，明确了联邦相关行政机构在国防与安全、社会经济发展、国际合作、科学研究方面管理卫星导航的具体职权。

2. 研究制定卫星导航相关规划

俄罗斯联邦政府负责为实施国家政策制订卫星导航相关的计划，并提出财政拨款建议和保障。[②] 联邦政府依据《俄罗斯联邦航天活动法》所赋予的制订航天计划的职责，制订了格洛纳斯系统联邦专项计划，该计划通过明确格洛纳斯系统发展的主要目标、主要任务和主要内容，旨在为保障国家安全、促进社会经济发展而进一步发展和使用格洛纳斯系统，保持俄罗斯在卫星导航领域的领先地位。2001年8月20日联邦政府发布《俄罗斯联邦政府关于批准2001－2011年格洛纳斯系统联邦专项计划的决议》。2008年9月12日联邦政府发布《俄罗斯联邦政府关于修订格洛纳斯系统联邦专项计划的决议》，依据实际情况对专项计划进行修订。2012年3月3日联邦政府发布《俄罗斯联邦政府关于2012－2020年格洛纳斯系统的维护、开发和使用专项计划的决议》，并于2019年进行了修订。该计划根据2001－2011年格洛纳斯系统专项计划的实施情况，就2012－2020年间格洛纳斯系统空间段建设、导航信号改进、地面基础设施维护、监测站网络建设等方面的安排作出了规定。

3. 协调管理卫星导航领域的国际合作

《俄罗斯联邦航天活动法》第5条规定，联邦政府应当负责协调航天活动领域的联邦国际合作问题，对俄罗斯联邦参与的国际航天项目的立项和实施开展监管。此外，联邦政府与多个国家在卫星导航领域展开政府间合作，签订政府

---

① 参见《俄罗斯联邦航天活动法》（2021年修订）第5条第3款第2项，《俄罗斯联邦关于格洛纳斯系统的总统令》第3条第2款。

② 参见《俄罗斯联邦航天活动法》（2021年修订）第5条第3款第4项、第5项。

间合作协定。比如,2018 年联邦政府达成了《俄罗斯联邦政府和中华人民共和国政府关于和平使用格洛纳斯系统和北斗系统的合作协定》,从而建立互利合作的法律框架,以确保格洛纳斯系统和北斗系统及其功能增补的兼容性、互补性与和平利用。

4. 制定规范卫星导航活动的规范性法令

《俄罗斯联邦航天活动法》第 5 条要求联邦政府制定规范航天设备研制、建造、测试和使用的程序。为此,联邦政府于 2020 年 3 月发布了《俄罗斯联邦政府航天活动许可条例》,明确了在俄罗斯境内和俄罗斯有管辖权的其他领土上开展航天活动的许可机关、许可要求和许可程序。《俄罗斯联邦导航活动法》第 7 条要求联邦政府为保障俄罗斯联邦国防与安全、提高交通运输工具的管理效率,确保乘客,特殊货物和危险货物的安全运送,制定安装卫星导航设备的规范程序。为此联邦政府于 2008 年 8 月发布《俄罗斯联邦政府关于为车辆、技术设备和系统配备格洛纳斯系统或格洛纳斯系统/GPS 的卫星导航设备的决议》,明确了需要配备格洛纳斯系统或格洛纳斯系统/GPS 的卫星导航设备的领域。[①]《俄罗斯联邦导航活动法》第 7 条还要求联邦政府负责明确和实施国家动员期间、军事管制期间以及战时具有特殊要求的导航活动。

5. 设立和管理格洛纳斯系统公共服务平台运营商

《俄罗斯联邦导航活动法》第 10 条要求联邦政府确定道路导航信息系统运营商。《俄罗斯联邦导航活动法》第 7 条要求联邦政府,在必要时设立导航活动领域的联邦网络管理机构,规定其职能范围、任务和责任,以保障导航领域统一的技术管理,并为国家提供所需要相关服务。为此,联邦政府于 2009 年 7 月发布了《俄罗斯联邦政府关于导航活动领域的联邦网络运营商的决议》,设立了联邦网络运营商,明确了联邦网络运营商为联邦行政机构、法人和自然人提供使用格洛纳斯系统和格洛纳斯系统导航设备的服务等 16 项职责。

---

① 参见《俄罗斯联邦政府关于为车辆、技术设备和系统配备格洛纳斯系统或格洛纳斯系统/GPS 的卫星导航设备的决议》第 1 条。这六个领域为:航天装备;国家航空、民用航空以及试验飞行的飞机;海轮、内核轮船以及河海联运船只;用于运输旅客和特殊、危险货物的汽车和铁路运输工具;用于进行大地测量和地籍测量工作的仪器和设备;保障时间同步的设备。

6. 管理国家航天集团公司

《俄罗斯联邦国家航天集团公司法》第 5 条规定,联邦政府负责批准将俄罗斯联邦财产出资移交给集团公司的程序(《俄罗斯联邦国家航天集团公司法》未作规定的情况下),负责批准作为俄罗斯联邦财产出资移交给国家航天集团公司的联邦财产清单;负责批准移交至国家航天集团公司的联邦国家机关的名单;负责批准经营权或经营管理权不归国有单一制企业或联邦国家机关的联邦财产,以及由国家航天集团公司代表俄罗斯联邦行使其所有权的联邦财产的清单;负责批准国家航天集团公司的国防订购;负责批准国家航天集团公司章程;负责批准留存资金以建立国家航天集团公司特别储备金的程序。

(三)联邦主体依法参与卫星导航管理

联邦主体依照法律的规定,在联邦总统的领导下参与部分卫星导航的管理。《俄罗斯联邦航天活动法》《俄罗斯联邦导航活动法》明确了联邦主体权力执行机构管理卫星导航的权力。这主要包括四个方面:第一,为了确保俄罗斯联邦国防与安全,提高对交通工具(运输设备)的管理效率,以及保障运送旅客、特殊货物和危险货物的安全,《俄罗斯联邦导航活动法》规定在车辆、技术设备和系统中(包括武器装备和特种设备)必须安装俄罗斯导航系统保障的相关设备。联邦主体权力执行机构应当依据其权限明确需要安装导航设备的物体清单。① 第二,为卫星导航活动提供财政保障,包括提供联邦主体的预算拨款等。② 第三,必要时受邀参与卫星导航活动事故的搜寻和事故救援、事故后果的处理工作。③ 第四,在卫星导航的应用层面,保障道路导航图,包括保障访问有关医疗机构的位置信息,以及联邦级公路、区域级公路或跨地域公路等公路的信息等。④

二、国防部和国家航天集团公司牵头管理卫星导航有关工作

在联邦总统的统一领导下,国防部为国防与安全目的牵头管理卫星导航工

① 参见《俄罗斯联邦导航活动法》(2015 年修订)第 4 条第 1 款。

② 参见《俄罗斯联邦导航活动法》(2015 年修订)第 6 条。

③ 参见《俄罗斯联邦航天活动法》(2021 年修订)第 23 条第 1 款。

④ 参见《俄罗斯联邦导航活动法》(2015 年修订)第 10.2 条第 7 款、第 8 款。

作，国家航天集团公司为民用、商业和科学目的牵头管理卫星导航工作，其他联邦权力执行机构依职能参与卫星导航管理。

（一）国防部为国防与安全目的牵头管理

国防部为国防与安全目的牵头管理卫星导航工作。《俄罗斯联邦航天活动法》明确由国防部为巩固国防和保障俄罗斯联邦国防安全，执行航天活动领域的国家政策，组织发展军用航天技术的工作，并会同国家航天集团公司在国家武器装备规划航天部分和航天活动联邦规划框架下组织建设两用航天技术。[①]《俄罗斯联邦关于格洛纳斯系统的总统令》明确了国防部为格洛纳斯系统总订货方之一。[②]《俄罗斯联邦政府关于国家航天集团公司和联邦权力执行机构在为保障俄罗斯联邦国防安全、推动社会经济发展、扩大国际合作和科学应用而维护、发展和使用格洛纳斯系统的职权条例》进一步明确了国防部为保障俄罗斯国防和安全而协调创建、开发和使用格洛纳斯系统、增强系统和卫星导航设备的职能。[③] 这些规定共同确定了国防部为国防和安全目的牵头管理卫星导航的地位，国防部的具体职责[④]包括：

第一，负责建设、运维和监测格洛纳斯系统。其一，在系统建设上，国防部负责开展建设、发展和使用格洛纳斯及其增强系统和卫星导航设备的协调工作，保障俄罗斯国防安全；管理格洛纳斯系统航天器轨道组网；与国家航天集团公司共同制订发射格洛纳斯系统航天器的计划。其二，在系统安全监测上，包括创建、维护和开发工具监测由格洛纳斯系统制造的导航区域；监测由格洛纳斯系统、增强系统制造的导航区域参数并保障其指定性能，与国家航天集团公司交换数据；与国家航天集团公司、技术调节与计量局一起创建、维护和开发格洛纳斯系统及增强系统的计量保障系统。其三，在服务提供上，包括按规定程

---

① 参见《俄罗斯联邦航天活动法》（2021 年修订）第 7 条第 1 款。

② 参见《俄罗斯联邦关于格洛纳斯系统的总统令》第 2 条。

③ 参见《俄罗斯联邦政府关于国家航天集团公司和联邦权力执行机构在为保障俄罗斯联邦国防安全、推动社会经济发展、扩大国际合作和科学应用而维护、发展和使用格洛纳斯系统的职权条例》第 3 条第 a 款。

④ 参见《俄罗斯联邦政府关于国家航天集团公司和联邦权力执行机构在为保障俄罗斯联邦国防安全、推动社会经济发展、扩大国际合作和科学应用而维护、发展和使用格洛纳斯系统的职权条例》第 3 条。

序向民用客户提供有关格洛纳斯航天器轨道组网的实时和预测状态的信息；与国家航天集团公司一起协调保障格洛纳斯系统民用目的的工作。

第二，编制与实施卫星导航相关的国家政策的职权。国防部负责与其他联邦权力执行机构一起起草并实施为维护、开发和使用格洛纳斯系统、增强系统和卫星导航设备的国家政策；制定提供格洛纳斯系统信号的条件和程序；与国家航天集团公司一起制订并落实使用和开发格洛纳斯系统的计划和项目。

第三，组织开展和推广用于发展格洛纳斯系统导航技术的科研成果，保障俄罗斯国防安全。

第四，为国防与安全目的参与国际合作和保障的职权，包括保障联邦国防和安全活动在内的国际合作；联同国家航天集团公司，参与在使用和完善格洛纳斯系统过程中频率侵占的国际法保护。

（二）国家航天集团公司为民用目的牵头管理

国家航天集团公司为包括科技、社会经济等民用目的牵头管理卫星导航的地位是历经长期体制改革，并通过一系列联邦法律、联邦总统和政府制定的规范性法令形成的。在苏联时期，由苏联通用工程部（IOM）负责苏联航天工业。1992 年 2 月 25 日，时任总统叶利钦签署第 185 号总统令《俄罗斯联邦关于航天活动管理机构的总统令》成立俄罗斯航天局（RCA），该局继承通用工程部关于外层空间的国际条约和协定。1999 年 5 月 25 日叶利钦签署第 651 号总统令，将俄罗斯航天局改制为俄罗斯航空航天局（RACA）。2004 年时任总统普京签署第 314 号总统令，将俄罗斯航空航天局改制为俄罗斯航天局（俄航局），2007 年第 638 号总统令《俄罗斯联邦关于为俄罗斯联邦社会经济发展而使用格洛纳斯系统的总统令》，明确赋予俄航局为民用目的协调并维护、开发和使用格洛纳斯系统的职能。2008 年《俄罗斯联邦政府关于联邦权力执行机构在为保障俄罗斯联邦国防安全、推动社会经济发展、扩大国际合作和科学应用而维护、发展和使用格洛纳斯系统的职权条例》进一步明确了俄航局管理卫星导航的十四项具体职能。2015 年发布的《俄罗斯联邦国家航天集团公司法》以联邦法律规定设立国家航天集团公司，并全面继承俄航局的职权、所签署或执行的国际条约或协议，为民用目的协调并与其他联邦行政机构一起维护、开发和使用格洛纳斯系统的职权。《俄罗斯联邦航天活动法》也作出了相应修改，明确了国家航天集团公司作为联邦授权机构，为科学、技术和各经济部门的利益牵头组织航天活动，组织有关科学和社会经济目的的航天技术工作，并负责与国防部共同研发联邦航天规划框架内的两用航天技术。[①]《俄罗斯联邦国家航天集团公司法》明确了国家航天集团公司为服务特殊用户以及包括商业用户在内的民用用户并扩大俄罗斯联邦在卫星导航领域的国际合作，协调格洛纳斯系统的维护、开发和使用工作。[②]《俄罗斯联邦关于格洛纳斯系统的总统令》明确了国家航天集团公司为格洛纳斯系统总订货方之一。[③] 2017 年修订的《俄罗斯联邦政府关于国家航天集团公司和联邦权力执行机构在为保障俄罗斯联邦国防安全、推动社会经济发展、扩大国际合作和科学应用而维护、发展和使用格洛纳斯系统的职权条例》明确了国家航天集团公司为服务包括商业用户在内的民用用户，扩大俄罗斯联邦国际合作，协调维护、开发和使用格洛纳斯系统及其增强系统。[④]这些规定共同确定了国家航天集团公司为民用目的牵头管理卫星导航的地位，围绕确保科技、经济等民用目的，国家航天集团公司的具体职权[⑤]包括：

第一，为民用目的参与建设、运维与监测格洛纳斯系统。其一，在研发上，组织开展旨在发展格洛纳斯系统及其增强系统的基础科研，并确保研发安全、应用研发成果。其二，在系统建设上，协调并维护、开发和使用格洛纳斯系统、增强系统；与国防部一起制订发射格洛纳斯系统航天器的计划。其三，在系统安全监测上，包括参与监测由格洛纳斯系统和增强系统创建的导航区域参数和特性，并与国防部交换数据；与国防部、技术调节与计量局一起创建和开发格洛纳斯系统及增强系统的计量保障系统。其四，在服务提供上，面向民用用户提供有关格洛纳斯航天器轨道组网的实时和预测状态的信息。

---

① 参见《俄罗斯联邦航天活动法》(2021 年修订)第 6 条第 1 款。

② 参见《俄罗斯联邦国家航天集团公司法》(2020 年修订)第 4 条第 1 款第 4 项。

③ 参见《俄罗斯联邦关于格洛纳斯系统的总统令》第 2 条。

④ 参见《俄罗斯联邦政府关于国家航天集团公司和联邦权力执行机构在为保障俄罗斯联邦国防安全、推动社会经济发展、扩大国际合作和科学应用而维护、发展和使用格洛纳斯系统的职权条例》第 2 条第 a 款。

⑤ 参见《俄罗斯联邦航天活动法》(2021 年修订)、《俄罗斯联邦国家航天集团公司法》(2020 年修订)、《俄罗斯联邦政府关于国家航天集团公司和联邦权力执行机构在为保障俄罗斯联邦国防安全、推动社会经济发展、扩大国际合作和科学应用而维护、发展和使用格洛纳斯系统的职权条例》。

第二,保障落实卫星导航领域国家政策,即联同有关联邦行政机构,保障落实维护、发展和使用格洛纳斯系统及其增强系统和卫星导航设备领域的国家政策。

第三,制订卫星导航计划、规范性法令,参与卫星导航相关立法的职权,即联同有关联邦权力执行机构,编制发展和使用格洛纳斯系统及其增强系统和卫星导航设备相关的法律法规和产业规范,拟定和审议与卫星导航相关的立法。

第四,组织应用与推广的职权,为保障社会经济发展、国内外民用用户以及科学目的,推广格洛纳斯系统及其增强系统。

第五,卫星导航活动与基础设施建设与使用许可的职权,以及航天器登记、注册的职权。其包括许可创造和生产格洛纳斯系统元件、增强系统和卫星导航设备的活动。《俄罗斯联邦政府航天活动许可条例》明确了在俄罗斯联邦领土和俄罗斯联邦具有管辖权的领土上需要进行许可的航天活动的类型、详细清单、许可程序,并明确了由国家航天集团公司开展行政许可。[①] 为实施对航天基础设施相关活动的许可职能,国家航天集团公司于 2020 年 8 月发布了《国家航天集团公司关于提供航天基础设施建设和运行许可证服务的行政条例》(俄罗斯国家航天集团公司第 210 号命令),就国家航天集团公司关于航天基础设施建设和运行的行政许可要求和许可程序作出了规定。为实施对航天活动的许可职能,国家航天集团公司于 2020 年 9 月发布了《国家航天集团公司关于提供航天活动许可证服务的行政条例》(俄罗斯国家航天集团公司第 245 号命令),就国家航天集团公司关于航天活动的许可要求和许可程序作出规定。

第六,参与国际合作和保障的职权。包括扩大俄罗斯联邦国际合作的设施,协调联邦行政机构和组织在该领域的国际合作;联同国防部,参与在使用和完善格洛纳斯系统过程中频率侵占的国际法保护;按照规定的程序,与国外主管部门就使用格洛纳斯及其增强系统开展合作,包括编制俄联邦国际条约草案、签署相关合同、签署部门间性质的国际条约。

(三)其他联邦权力执行机构依职能参与管理

《俄罗斯联邦政府关于国家航天集团公司和联邦权力执行机构在为保障俄

① 参见《俄罗斯联邦政府航天活动许可条例》(2020 年)。

罗斯联邦国防安全、推动社会经济发展、扩大国际合作和科学应用而维护、发展和使用格洛纳斯系统的职权条例》以政府决议的方式明确了其他联邦权力执行机构依职能参与管理卫星导航领域。该条例经过 2009 年、2012 年、2014 年、2017 年、2020 年、2021 年的多次修订，除国防部和国家航天集团外，还有多个联邦权力执行机构参与卫星导航管理。这些机构包括：交通部及其下属的海运河运署、铁路运输署、公路署、航空署、交通监察局，工业和贸易部及其下属的技术调节与计量局，外交部，数字发展、通信和大众传媒部，国家登记、地籍和制图局，经济发展部，农业部下属的渔业局，内务部，民防、紧急情况和消除自然灾害事务部（以下简称紧急情况部），卫生部，安全局。

联邦交通部的卫星导航管理职责主要有：负责会同有关联邦权力执行机构，编制使用格洛纳斯及其增强系统和卫星导航设备领域的国家政策，为俄罗斯交通设施提供导航保障，并在该领域开展规范化法律管理；负责协调其下属机关单位采用基于格洛纳斯系统的卫星导航设备和系统，发展机动车、城市电气和工业运输、海洋运输、内河运输、铁道交通和航空运输；采用规范化的法律法规保障俄罗斯交通设施导航；组织开展和推广在格洛纳斯系统高技术领域获得的科研成果，发展俄罗斯交通设施；协调其下属联邦机关单位与国际组织合作，在交通领域使用不同卫星导航系统及其增强系统；为提升交通工具运输管理的有效性、客运和专用品以及危险品运输的安全性，确认基于使用格洛纳斯系统或格洛纳斯/GPS 导航信号的导航设备要求，包括系统要求和导航设备软件的要求。

交通部下属的海运河运署负责使用卫星导航设备的系统，发展海洋和河道运输；负责建设、支持和发展在海洋和河道运输领域兼容卫星导航设备的功能增补子系统；负责编制用于应用格洛纳斯系统导航技术的行业规范，发展海洋和河道运输；负责开展同国际海洋组织和其他在海洋和河道运输领域使用卫星导航技术的国际组织合作。公路署负责推广使用卫星导航设备的系统，发展机动车和城市电气交通；负责编制用于推广和使用卫星导航技术的行业规范，发展机动车和城市电气交通；负责在机动车交通领域就使用卫星导航技术的问题与国际组织开展合作。铁路运输署负责推广使用卫星导航设备的系统，发展铁道运输；编制用于推广和使用卫星导航技术的行业规范，发展铁道运输；就使用卫星导航技术的问题与国际组织开展合作，发展铁道运输。航空署负责推广和使用格洛纳斯及其增强系统和卫星导航设备，发展航空运输，为俄联邦空域用户提供航空导航服务；负责参考国际民航组织建议，编制行业规范，规范用于定义使用格洛纳斯及其增强系统和卫星导航设备的程序，发展航空运输，为俄联邦空域用户提供航空导航服务；负责组织建立、支持和发展基于使用格洛纳斯系统的航空导航信息数据库工作；负责与国际民航组织就使用格洛纳斯及其增强系统和卫星导航设备开展合作，致力于发展国际航空。联邦交通监察局负责建立、推广和保障使用卫星导航技术的信息系统功能，保障联邦国家交通监察和在交通安全领域的联邦国家交通监察；负责编制行业规范，确定推广和使用卫星导航技术的程序，保障联邦国家交通监察和在交通安全领域的联邦国家交通监察；负责与国际组织就使用卫星导航技术的问题开展合作，保障联邦国家交通监察和在交通安全领域的联邦国家交通监察。

联邦工业和贸易部的卫星导航管理职责如下：负责会同有关联邦权力执行机构，编制研发、组织生产和批量化投产卫星导航设备和相关系统领域的国家政策，以及开展该领域的规范化法律管理；就研发、组织生产和批量化投产卫星导航设备和相关系统等问题，开展与国际组织的合作；研发、组织生产和批量化投产卫星导航设备和相关系统；建设和发展兼容格洛纳斯系统和卫星导航设备的地面无线电导航系统；建立卫星导航设备和相关系统的系列服务中心。工业和贸易部下属的联邦技术调节与计量局，负责会同国家航天集团公司、国防部，建立和发展格洛纳斯及其增强系统和卫星导航设备的测量保障系统；负责国家测量监督，监督格洛纳斯及其增强系统和卫星导航设备的测量保障系统，包括建立和开展针对测量设备的卫星导航设备测试；负责通过标准时频信号、国家时和地球自转参数信息，保障格洛纳斯系统；负责在格洛纳斯系统标准化领域，同有关组织开展协调工作；负责参与格洛纳斯系统导航域的参数和特征值监测，并同国防部和国家航天集团公司交换数据。

联邦外交部的卫星导航管理职责主要有：促进在建设、发展和使用格洛纳斯及其增强系统导航技术的领域建立国际合作；参与起草在发展和使用格洛纳斯及其增强系统导航技术领域的俄联邦国际条约，参与在起草此类国际条约中的双边和多边谈判。

联邦数字发展、通信和大众传媒部负责与国家航天集团公司、国防部共同开展格洛纳斯系统在使用和完善过程中的频率侵占国际法保护。

联邦国家登记、地籍和制图局负责使用格洛纳斯/GPS卫星导航系统，创建俄联邦领土的大地测量保障系统；负责建设常用工作站点，用于卫星差分坐标确定；负责编制和确认在大地测量和导航保障层面的行业规范；负责与国际组织就使用卫星大地测量和导航技术问题开展合作。

联邦经济发展部负责就使用格洛纳斯系统建立俄联邦领土大地测量保障系统，协调联邦国家登记、地籍和制图局的相关业务。

联邦渔业局负责推广使用卫星导航设备的系统，发展渔业设施；建立、支持和发展在捕鱼和水生物资源保护领域兼容卫星导航设备的功能增补子系统；建立组织和应用在格洛纳斯系统导航技术领域获取的科研成果，发展渔业设施；编制用于推广和使用格洛纳斯系统的行业规范，发展渔业设施。

联邦内务部负责推广格洛纳斯及其增强系统和卫星导航设备，保障社会安全、社会秩序、保护生命健康、国民权利和自由免受犯罪侵害；负责编制行业规范，开展应用格洛纳斯及其增强系统和卫星导航设备的科研工作，保障社会安全、社会秩序、保护生命健康、国民权利和自由免受犯罪侵害；负责为内务部使用的卫星导航设备提供认证保障；负责参与内务部采用的卫星导航设备的测量保障工作。

联邦民防、紧急情况和消除自然灾害事务部，负责推广使用卫星导航设备的系统，完成民防事务，保护居民和领土免受自然和人为紧急情况的影响，确保消防安全和水上设施人员的安全。

联邦卫生部负责推广使用格洛纳斯及其增强系统和卫星导航设备，保障捍卫卫生领域人和公民的权利和自由；负责保障业务开展，在救护车辆的多功能接收装置上加装卫星导航设备；负责建立、支持和发展统一的软件解决方案，保障救护车调度功能；负责编制用于推广和使用格洛纳斯系统导航技术的行业规范，保障捍卫卫生领域人和公民的权利和自由；负责组织和推广在格洛纳斯系统导航技术领域获取的科研成果，捍卫卫生领域人和公民的权利和自由。

联邦安全局负责推广使用格洛纳斯及其增强系统和卫星导航设备，保障俄联邦安全。

三、政企合一的授权管理体制

2015 年随着《俄罗斯联邦国家航天集团公司法》的施行，俄罗斯航天局与俄罗斯联合火箭航天集团公司（ORKK）合并组建国家航天集团公司，掀开了俄罗斯航天工业的新一轮改革。同时国家航天集团公司在法律上跨越政府与企业界限，使为民用目的管理卫星导航成为俄罗斯卫星导航管理体制中的最大特色。国家航天集团公司不同于一般的联邦政府权力执行机构，由联邦法律创立，既作为卫星导航的管理者，又作为卫星导航活动的主要参与者，依照法律规定的特殊程序行使为民用目的发展和管理卫星导航。

（一）国家航天集团公司的法律地位

《俄罗斯联邦国家航天集团公司法》创建了国家航天集团公司，并规定了其特殊的法律地位。一方面，国家航天集团公司属国家集团公司法人，是独立的非商业组织；另一方面，国家航天集团公司是包括卫星导航①在内的外层空间研究、开发和使用领域的授权管理机构，代表俄罗斯联邦对卫星导航活动实施国家管理。②

1. 国家航天集团公司是国家集团公司法人

《俄罗斯联邦国家航天集团公司法》明确了国家航天集团公司是俄罗斯联邦以国家集团公司这一法律组织形式创建的法人实体。③ 国家航天集团公司的地位、活动目标、权力和职能只能由《俄罗斯联邦国家航天集团公司法》《俄罗斯联邦航天活动法》《俄罗斯联邦非商业组织法》、其他俄罗斯联邦法和根据上述法律制定的联邦总统和政府的规范性法律，以及俄罗斯联邦作为缔约方之一的国际条约确定。④ 其中，《俄罗斯联邦非商业组织法》明确了国家集团公司法人的法律地位、机构设置和功能定位，规定"国家集团公司是独立的非商业组织。由俄联邦出资组建，目的是使其发挥社会管理和其他有利于社会的功能"。⑤ 因

---

① 参见《俄罗斯联邦航天活动法》（2021 年修订）第 2 条。

② 参见《俄罗斯联邦国家航天集团公司法》（2020 年修订）第 1 条。

③ 参见《俄罗斯联邦国家航天集团公司法》（2020 年修订）第 3 条。

④ 参见《俄罗斯联邦国家航天集团公司法》（2020 年修订）第 3 条。

⑤ 参见《俄罗斯联邦非商业组织法》第 1 条。

而，作为国家集团公司法人的国家航天集团公司具备特殊的产权安排、公司治理和公司经营制度以实现其创建目的。

国家航天集团公司具备特殊的公司产权安排，其财产来源于联邦财产出资、集团经营活动收入、联邦预算补贴、集团特别储备金、捐款和捐赠资产等①，并归集团所有②。但是国家航天集团公司对其财产的处分权却受到限制，除联邦法律另有规定和联邦政府同意外不得就其财产进行交易和抵押③。此外，国家航天集团公司不适用《破产法》的规定④，当国家航天集团公司清算后，集团财产归为俄罗斯联邦财产⑤。同时，国家航天集团公司的公司治理、经营制度都由《俄罗斯联邦国家航天集团公司法》直接予以规定，服务于创建国家航天集团公司的各项目标。

2. 国家航天集团公司是卫星导航的授权管理机构

《俄罗斯联邦航天活动法》与《俄罗斯联邦国家航天集团公司法》明确了国家航天集团公司作为卫星导航授权管理机构的法律地位，明确由其行使国家管理权并承担相应行政责任⑥。首先，《俄罗斯联邦国家航天集团公司法》明确了国家航天集团公司是外层空间研究、开发和使用领域的授权管理机构，有权根据《俄罗斯联邦航天活动法》以及该领域的法律法规，代表俄罗斯联邦对航天活动实施国家管理和领导。⑦ 并重申了国家航天集团公司“为服务特殊用户以及包括商业用户在内的民用用户并扩大俄罗斯联邦在卫星导航系统领域的国际合作，协调格洛纳斯系统的维护、开发和使用工作”⑧的职责。其次，《俄罗斯联邦航天活动法》明确了国家航天集团公司为非军事目的的牵头管理权，即为科学、技术和各经济部门的利益牵头组织航天活动和航天技术工作，并负责与国

---

① 参见《俄罗斯联邦国家航天集团公司法》(2020 年修订)第 16 条。
② 参见《俄罗斯联邦国家航天集团公司法》(2020 年修订)第 16 条。
③ 参见《俄罗斯联邦国家航天集团公司法》(2020 年修订)第 16 条。
④ 参见《俄罗斯联邦国家航天集团公司法》(2020 年修订)第 3 条。
⑤ 参见《俄罗斯联邦国家航天集团公司法》(2020 年修订)第 43 条。
⑥ 参见《俄罗斯联邦国家航天集团公司法》(2020 年修订)第 3 条。
⑦ 参见《俄罗斯联邦国家航天集团公司法》(2020 年修订)第 1 条。
⑧ 参见《俄罗斯联邦国家航天集团公司法》(2020 年修订)第 4 条。

防部共同研发联邦航天规划框架内的两用航天技术。① 其中卫星导航属于航天活动的十大类型之一②。最后,《俄罗斯联邦国家航天集团公司法》规定了国家航天集团公司管理包括卫星导航活动在内的航天活动的具体形式,包括创造(开发、制造和试验)和利用(维护)卫星导航技术与装备、卫星导航材料和卫星导航技术工艺,提供与开展卫星导航有关的服务,以及利用这些卫星导航的成果和开展的有关国际合作。③

(二)国家航天集团公司管理的双重方式

国家航天集团公司的法律地位使其在法律上跨越了政府和企业的边界,得以通过集团内部管理和外部行政管理的双重方式对卫星导航实施管理。

1. 通过集团内部制度管理所属组织的卫星导航活动

国家航天集团公司由俄罗斯航天局与俄罗斯联合火箭航天集团公司(ORKK)合并组建。联合火箭航天集团几乎囊括了俄罗斯航天领域内的所有企业、设计局与科研单位。国家航天集团公司作为卫星导航国家订货的总承包商,以国家集团公司法人身份参与卫星导航活动,并通过法律规定的公司资本制度、公司治理制度、公司经营管理制度等方式实现对集团所属组织的卫星导航活动的管理。

国家航天集团公司通过集团组织管理制度管理集团作为承包商参与的卫星导航活动。内部采用企业化的机构和运作方式。在治理结构上设有监督理事会(以下简称监理会)、总经理和董事会。总经理作为集团独任执行机关,通过领导集团卫星导航相关活动实施管理。④ 董事会作为集团合议执行机构,通过制定集团事关卫星导航的战略和活动计划、财务计划、绩效指标,筹备分配利润和专项储备金使用提案等事项管理集团卫星导航相关的活动。⑤ 监理会是最高管理机构,通对集团对董事会相关事项的批准来管理卫星导航相关的活动。⑥

---

① 参见《俄罗斯联邦航天活动法》(2021 年修订)第 6 条。

② 参见《俄罗斯联邦航天活动法》(2021 年修订)第 2 条。

③ 参见《俄罗斯联邦国家航天集团公司法》(2020 年修订)第 2 条。

④ 参见《俄罗斯联邦国家航天集团公司法》(2020 年修订)第 25 条、第 26 条。

⑤ 参见《俄罗斯联邦国家航天集团公司法》(2020 年修订)第 28 条。

⑥ 参见《俄罗斯联邦国家航天集团公司法》(2020 年修订)第 22 条、第 23 条。

国家航天集团公司通过对集团所属组织的控制或管理，实现对这些组织所从事的卫星导航活动的管理，比如持有多数股份、签署协议、控制组织决策机构等方式。国家航天集团公司通过对国有单一制企业所有权的控制和通过代表联邦持有股份的股份制公司中行使股东权利等方式实施卫星导航的管理。同时，国家航天集团公司通过分析集团公司所属组织的活动，确定其活动的经济效率指标，对集团公司所属组织的财务经营活动和组织内财产使用情况进行检查。①

2. 依据法定程序为民用目的牵头管理卫星导航活动

国家航天集团公司依据联邦法律、联邦总统和政府依法颁发的规范性法令所规定的程序为民用目的牵头管理卫星导航活动。

在卫星导航管理依据上，《俄罗斯联邦国家航天集团公司法》明确规定国家航天集团公司应当在《俄罗斯联邦航天活动法》规定的范围内，对集团公司组织、航天火箭工业组织以及其他参与航天活动的法人行使本联邦法规定的权力和职能。② 由于国家航天集团公司全面继承了俄罗斯航天局职能，因此这些法律法规包括规范俄罗斯航天局的法律法规、俄罗斯航天局发布的部门法规、俄罗斯航天局签订或执行的国际条约或协议③，是国家航天集团公司行使职权的依据，其行为也受到这些法律法规的约束。

在卫星导航管理工作机制上，一方面，国家航天集团公司是卫星导航民用领域的国家订货方。④ 按照《俄罗斯联邦国家和市政需要的货物、工程、服务采购合同系统法》《俄罗斯联邦国家国防采购法》等法律，分配或会同国防部分配卫星导航技术装备、基础设施开发、生产和供应的国家订购，⑤并依照既定程序实施管理。另一方面，国家航天集团公司依据《俄罗斯联邦政府关于批准国家航天集团公司章程的条例》（以下简称《航天集团章程》）进行卫星导航的授权管理。2016 年 5 月 17 日，联邦政府批准国家航天集团公司章程，明确了集团在

---

① 参见《俄罗斯联邦国家航天集团公司法》（2020 年修订）第 7 条第 32 项。

② 参见《俄罗斯联邦国家航天集团公司法》（2020 年修订）第 6 条第 3 款。

③ 参见《俄罗斯联邦国家航天集团公司法》（2020 年修订）第 6 条第 8 款、第 9 款、第 16 款。

④ 参见《俄罗斯联邦总统关于格洛纳斯系统的命令》第 2 条，《俄罗斯联邦国家航天集团公司法》（2020 年修订）第 6 条第 5 款、第 7 款，第 7 条第 1 款第 5 项、第 7 项、第 8 项、第 9 项。

⑤ 参见《俄罗斯联邦国家航天集团公司法》（2020 年修订）第 7 条第 9 项。

履行卫星导航管理职权上的程序性安排，即国家航天集团公司在编制与卫星导航相关的预算法律草案、出席联邦政府会议、与联邦权力执行机构协调开展工作、提交联邦法律和规范性文件草案、参与立法活动、制定规范性法令等时依照联邦权力执行机构的一般程序和期限开展工作。①

第三节 欧盟卫星导航管理体制

20 世纪末，欧盟成立，成为集政治实体和经济实体于一身的超国家区域一体化组织，目前有 27 个成员国。欧盟兼具“超国家”与“政府间合作”双重性质，欧盟成员国将部分事项决策权让渡给欧盟机构，同时通过特定机制（如投票）参与欧盟决策。《里斯本条约》规定欧盟承担的任务由 5 个机构来完成，即理事会（欧洲理事会和欧盟理事会）为欧盟决策机构；欧洲议会负责参与立法、决定预算、实施监督；欧盟委员会为常设执行机构，负责实施决定，提出报告和立法动议，监督法律实施，处理欧盟日常事务；欧洲法院有权审查和解释欧盟立法；欧洲审计院负责独立审计欧盟资金收入支出管理和用途。在卫星导航领域，欧盟委员会代表欧盟统一管理、全面负责欧洲卫星导航系统计划的实施和监督。欧盟空间计划局（前身为欧洲全球卫星导航系统局）负责卫星导航系统空间和地面基础设施管理、运行、维护、升级、发展和安全保护，以及系统服务提供、市场应用促进，与其他卫星导航系统合作；欧洲航天局负责系统的研究、开发、设计、测试和验证。欧盟成员国为计划提供资金、技术、人力、专业知识方面的支持，承担保护系统地面基础设施和频率、实施安全认证、公共管制服务管理等职责。整体来看，欧盟卫星导航管理体制具有集中统管的特征，欧盟委员会对伽利略系统施行集中统一管理，代表欧盟全面负责和监督所有活动；具有分工负责的特征，在欧盟委员会统一管理下，明确划分欧盟成员国、欧盟空间计划局和欧洲航天局在卫星导航方面的具体职责；具有依赖法律的特征，由于欧盟的特殊政治体制，欧盟卫星导航管理体制是通过法律、国际协议（欧盟委员会与欧洲航天局之间）等形式共同确立的。

① 参见《俄罗斯联邦政府关于批准国家航天集团公司章程的条例》。

一、欧盟卫星导航管理体制的演变

1994年开始，欧盟伽利略系统发展和管理体制经历了五个发展阶段。第一阶段为2001年前的定义阶段，是评估欧洲全球卫星导航计划的可行性、设计、能力、结构、可靠性、成本等要素的阶段。1994年欧洲理事会发布决议[①]明确发展欧洲的全球卫星导航系统（GNSS），确定由欧盟委员会负责启动GNSS1（现有卫星导航系统的增强系统）的开发，发起GNSS2（独立控制和管理的全球民用卫星导航系统）所需的筹备工作。为了协助欧盟委员会工作，欧盟成立了由各国政府、用户、电信运营商、有关国际组织代表，特别是欧洲航天局、欧洲空中航行安全组织以及工业界的代表组成的GNSS高级小组。在GNSS高级小组协助下，欧洲议会、欧盟委员会、欧洲理事会先后通过《建立跨欧洲定位和导航网络：采纳全球卫星导航系统（GNSS）欧洲战略》[②]《欧洲参与新一代卫星导航服务—伽利略—定义阶段》[③]《关于伽利略的决议》等[④]文件，明确在伽利略系统和EGNOS系统在定义阶段，由欧洲共同体和欧洲航天局提供资金拨款；欧洲共同体和成员国必须以适当的法律依据保证对伽利略系统和EGNOS系统的有效政治控制；欧盟委员会与欧洲航天局密切合作，确保计划管理和财务控制的统一性，由欧盟委员会建立临时管理结构，直至负责伽利略计划的实体成立。该临时管理结构由欧盟委员会代表和欧洲航天局组成，前者负责保障对计划的总体协调，后者负责确保技术设计，通过欧洲航天局航行计划委员会和欧盟委员会伽利略系统指导委员会与成员国密切合作来管理计划。

第二阶段（2002－2004年）为系统研发验证阶段。这一阶段，欧盟考虑到伽利略计划参与者的数量和所需的资金和技术，为有效管理并引入私营部门资金，认为有必要建立一个法人主体确保伽利略计划的研究、开发和验证阶段的

---

① 参见1994年《理事会关于欧洲对发展全球卫星导航系统（GNSS）的贡献的决议》（94/C 379/02）。

② 参见1998年《委员会与理事会和欧洲议会的沟通——建立跨欧洲定位和导航网络：采纳全球卫星导航系统（GNSS）欧洲战略》（COM/98/0029）。

③ 参见1999年7月19日《关于欧洲参与新一代卫星导航服务—伽利略—定义阶段的决议》（1999/C 221/01）。

④ 参见理事会2001年4月5日《关于伽利略的决议》（2001/C 157/01）。

项目有统一的行政管理和财务管控。[①] 2002 年 5 月,欧盟理事会通过《关于建立伽利略联合体条例》,成立了伽利略联合体(Galileo Joint Undertaking)负责管理伽利略计划。伽利略联合体为具有法人资格的国际组织,欧盟委员会、欧洲航天局为创始成员。[②] 伽利略联合体采用公私合营模式(PPP),通过与特许权经营商合作来推进伽利略计划的部署和运营,在试验开发阶段,由欧盟和欧洲航天局承担主要费用,在部署运营阶段主要由企业出资,对欧盟私营公司开放,也对世界其他政府和非政府机构开放。同时,为确保欧盟成员国对伽利略计划的有效管控,欧盟成立了监督管理委员会,由欧盟成员国代表和欧盟委员会在伽利略联合体行政管理委员会的代表组成,负责监督伽利略联合体的运行和伽利略计划的实施。[③] 为处理伽利略系统的安全事宜,设立了安全委员会,由欧盟各成员国选派的一名代表以及欧盟委员会的一名代表组成。[④]

第三阶段(2004 – 2010 年)为系统部署阶段前期,欧盟考虑到欧洲 GNSS 计划具有战略性且涉及基本公共利益,为确保计划符合欧盟的政治立场并有效监督资金使用,欧盟理事会于 2004 年通过了《关于建立欧洲卫星无线电导航计划管理结构条例》,设立了欧洲全球卫星导航系统监管局(GNSS 监管局),作为欧洲 GNSS 计划的监管机构。[⑤] GNSS 监管局为欧共体下设的机构,具有法人资格,主要负责许可相关特许权、签订特许权合同、监督资金使用、保障系统安全、实施安全认证、制定公共管制服务政策等。GNSS 监管局下设行政委员会、科学技术委员会、系统安全和安保委员会,分别负责行政管理、技术指导和安全管理。2008 年开始,由于伽利略计划的资金开始由欧共体全部提供,欧洲 GNSS 计划的管理体制出现了变化。欧盟委员会开始全面负责管理伽利略计划,GNSS 监管局仅负责伽利略系统安全认证、运行伽利略安全中心、商业化部署等,欧洲航天局负责计划相关的技术研发工作。同时,欧洲

---

① 参见 2002 年《关于建立伽利略联合体条例》(876/2002/EC)序言(12)、序言(14)、第 1 条。

② 参见 2002 年《关于建立伽利略联合体条例》(876/2002/EC)第 1 条、附件《伽利略联合体章程》第 1 条。

③ 参见 2002 年《关于建立伽利略联合体条例》(876/2002/EC)第 3 条。

④ 参见 2002 年《关于建立伽利略联合体条例》(876/2002/EC)第 7 条。

⑤ 参见 2004 年《关于建立欧洲卫星无线电导航计划管理结构条例》[(EC)No. 1321/2004]序言(5)、第 1 条。

议会、欧盟理事会和欧盟委员会共同成立了伽利略机构间小组(GIP),负责密切关注欧洲 GNSS 计划实施情况、相关国际协定的签订、卫星导航市场筹备工作、欧洲 GNSS 治理协定的有效性等,促进各机构履行职责。①

第四阶段(2010－2021 年)为系统部署阶段后期,鉴于 GNSS 监管局的职能范围缩小,不再负责欧洲 GNSS 计划监管和公共利益相关事项,2010 年欧盟理事会通过《成立欧洲全球卫星导航系统局,废除关于建立欧洲卫星无线电导航计划管理结构条例》,将 GNSS 监管局重组为欧洲全球卫星导航系统局(GSA),明确 GSA 为欧盟机构,下设行政管理委员会,负责确保 GSA 工作;设立安全认证委员,独立承担安全认证工作。2013 年,欧盟通过《欧洲卫星导航系统实施和开发条例》,优化了欧洲卫星导航管理体制,明确由欧盟委员会代表欧盟,负责全面管理和监督伽利略计划和 EGNOS 计划;②扩大了 GSA 的职能,要求其负责计划安全相关事项,并负责系统运行升级、促进应用服务、促进基础元件开发等;③欧洲航天局负责相关技术研发和支持;④欧洲对外行动署(EEAS)负责协助欧盟委员会执行与系统安全以及伽利略计划和 EGNOS 计划有关的对外关系事项。⑤

第五阶段(2021 年至今)为系统综合利用阶段。这一阶段,欧盟为发挥伽利略计划、EGNOS 计划、哥白尼计划(对地观测系统)、空间态势感知计划(SSA)和欧盟政府卫星通信计划之间的协同作用,确保欧盟继续成为空间领域拥有广泛行动自由的主要国际参与者,通过《欧盟空间计划和欧盟空间计划局条例》,整合了其各类空间计划,设立了欧盟空间计划局(EUSPA)对空间计划实施统一管理。从而确立了新的欧盟卫星导航管理体制,即欧盟委员会负责代表欧盟全面领导管理伽利略计划和 EGNOS 计划,⑥欧盟空间计划局取代了 GSA,负责伽利略系统和 EGNOS 系统运行、维护、服务管理,应用促进,系统安

---

① 参见 2008 年《关于进一步实施欧洲卫星导航计划条例》[(EC) No. 683/2008]附件《欧洲议会、欧盟理事会和欧盟委员会关于伽利略机构间小组(GIP)的联合声明》第 2 条。

② 参见 2013 年《欧洲卫星导航系统实施和开发条例》[(EC) No. 1285/2013]第 12 条。

③ 参见 2013 年《欧洲卫星导航系统实施和开发条例》[(EC) No. 1285/2013]第 14 条。

④ 参见 2013 年《欧洲卫星导航系统实施和开发条例》[(EC) No. 1285/2013]第 15 条。

⑤ 参见 2013 年《欧洲卫星导航系统实施和开发条例》[(EC) No. 1285/2013]序言(31)。

⑥ 参见 2021 年《欧盟空间计划和欧盟空间计划局条例》[(EU)2021/696]第 28 条。

全监测和系统安全认证等;[1]欧洲航天局负责伽利略系统和 EGNOS 系统的研发和技术支持。[2]

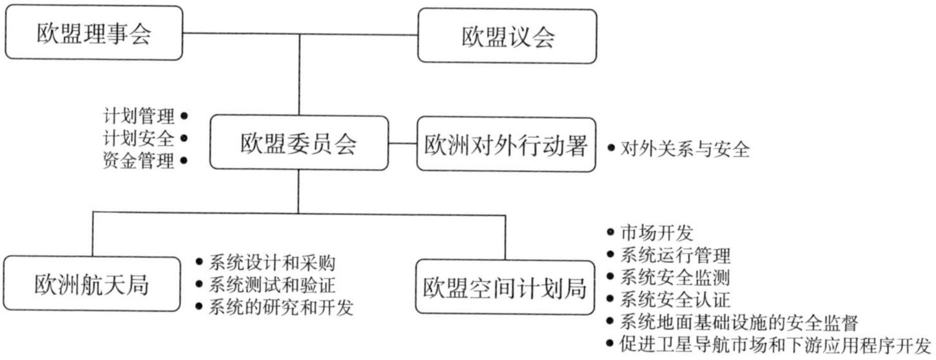

图 8　欧盟卫星导航管理体制示意图

二、欧盟委员会负责全面实施欧洲全球卫星导航系统计划

欧盟是欧洲全球卫星导航系统计划的唯一投资人和所有人,欧盟委员会代表欧盟的基本利益,承担着向欧洲议会和欧盟理事会提出立法、管理和执行欧盟政策、与法院共同执行欧盟法律,并代表欧盟开展国际谈判的职能。在卫星导航领域,代表欧盟,全面负责该计划,推动计划实施并确保计划内开展的活动协调一致。

(一)全面实施伽利略计划和 EGNOS 计划

欧盟委员会作为欧盟的代表,承担着两个计划的进度管理和总体监督责任,负有实施伽利略计划和 EGNOS 计划的总体责任,以保护欧盟的利益。

1. 负责伽利略计划和 EGNOS 计划的资产管理

伽利略计划和 EGNOS 计划的资产包括有形资产和无形资产。其有形资产主要是指欧盟及成员国为计划提供的资金,而无形资产则包括与计划有关的知识产权及其产生的市场价值。欧洲全球卫星导航系统计划作为欧洲自主发展卫星导航系统的战略性举措,其根本目的在于通过推广卫星导航系统的使用或

---

① 参见 2021 年《欧盟空间计划和欧盟空间计划局条例》[(EU)2021/696]第 29 条。

② 参见 2021 年《欧盟空间计划和欧盟空间计划局条例》[(EU)2021/696]第 30 条。

者促进基于这些系统的应用和服务的开发来最大限度地发挥社会经济效益，因而，对其资产的管理至关重要。

从资产的所有权和使用方面来看，根据《欧盟空间计划和欧盟空间计划局条例》第9条的规定，欧盟为伽利略计划和EGNOS计划下所有有形和无形资产的所有人，欧盟委员会应确保在与资产相关的合同、协议和其他安排中制定相关条款，确保欧盟拥有这些资产。除此之外，欧盟委员会还应当确保欧盟所有的上述资产得到最佳利用。欧盟应有效管理相关资产涉及的知识产权，管理应当考虑：需保护的资产并赋予其价值、所有利益相关者的合法利益、市场和新技术协调发展的需要以及对计划组成部门提供的服务的连续性需求。欧盟委员会对相关知识产权的有效管理需特定考虑将知识产权转让给第三方或授予第三方许可权的可能性，确保欧盟空间计划局和欧洲航天局及其他受委托实体在执行相关任务时可以自由享有这些权利。

就伽利略计划和EGNOS计划的预算而言，其被纳入欧盟空间计划后由欧盟预算统一划拨资金，依据《欧盟空间计划和欧盟空间计划局条例》第11条的规定，欧盟委员会可以重新分配计划给各个项目的预算资金。欧盟成员国和参与欧盟空间计划的第三国和国际组织也可以为计划提供部分资金，但是需要经由欧盟委员会进行实施方案审查。在欧盟空间计划资金使用监管和审计环节，欧盟委员会也负有重要职能：负责管理划拨给欧盟空间计划的资金，并监督所有计划活动的执行情况，特别是在费用、进度和执行情况方面。①

在伽利略计划和EGNOS计划的采购方面，《欧盟空间计划和欧盟空间计划局条例》第14条规定，缔约方应当遵循开放准入和公平竞争原则，酌情使用多种供应来源，避免依赖单一供应商，保证欧盟的自主性进而保护欧盟及其成员国的基本安全利益。为此，规定由欧盟委员会内设的采购委员会负责审查与计划组成部分有关的采购过程，监督被委托实体对欧盟预算的合同执行情况。该条例第23条规定，欧盟委员会或欧盟空间计划局可以与欧洲航天局或参与计划的其他国际组织实施联合采购程序。

2. 负责伽利略计划和EGNOS计划的安全事项

欧盟委员会负有确保计划高度安全的职责，在不妨碍成员国在国家安全领

---

① 参见2021年《欧盟空间计划和欧盟空间计划局条例》[(EU)2021/696]第12条。

域特权的情况下,全面负责计划在安全等领域的执行。具体包括:一是保护地面和空间基础设施并提供服务,防止其遭遇物理或网络攻击或数据流干扰;二是控制并管理技术转让;三是在欧盟内发展并保护获得的专业技术、能力和知识;四是保护敏感的机密和非机密信息。[①] 欧盟委员会应当对欧洲全球卫星导航系统计划进行风险和威胁分析,并应当通过实施法案提出对欧洲全球卫星导航系统计划的一般安全要求。在安全认证方面,安全认证委员会的决定应当提交欧盟委员会,欧盟委员会应当向安全认证委员会通报安全认证委员会的决定对计划可能造成的影响。欧盟委员会认为安全认证委员会作出的决定可能产生重大影响,应当立即通知欧洲议会和欧盟理事会。

3. 负责伽利略计划和 EGNOS 计划的服务管理

2011 年《关于伽利略计划下建立的全球卫星导航系统提供的公共管制服务获取规则的决定》规定了欧盟委员会在公共管制服务管理方面的职责。具体包括:一是对公共管制服务主管机构进行监督管理,审查其是否符合使用公共管制服务的通用最低标准细则。欧盟委员会应每三年向欧洲议会和欧盟理事会报告公共管制服务主管机构遵守通用最低标准的情况,以及严重违反这些标准的情况。如果公共管制服务主管机构未满足通用最低标准,则欧盟委员会与相关欧盟成员国协商,并提出相关建议。公共管制服务主管机构应在欧盟委员会建议发出后三个月内,遵从欧盟委员会的建议或申请或提出修改建议,以确保满足通用最低标准,并在与欧盟委员会协商一致的情况下予以执行。二是欧盟委员会负责制定公共管制服务的使用规则。三是当发现与公共管制服务有关的欧盟机密信息被披露给未经授权的任何人时,欧盟委员会应与欧盟成员国充分协商,采取以下行动:通知公共管制服务机密数据的提供方,评估对欧盟或成员国潜在的利益损害,将评估结果告知有关部门,酌情向欧洲议会和欧盟委员会通报。

(二)负责欧洲全球卫星导航计划参与实体职责分工和监督

根据《欧盟空间计划和欧盟空间计划局条例》的规定,欧盟委员会应当明确

---

① 参见 2021 年《欧盟空间计划和欧盟空间计划局条例》[(EU)2021/696]第 34 条。

参与伽利略计划和 EGNOS 计划的各实体的职责分工,并协调这些实体开展活动。[①] 欧盟委员会可通过委托授权的方式将其承担的实施和管理欧洲卫星导航计划的职责委托给欧盟成员国、欧盟机构或欧洲航天局,委托其他实体执行任务时,欧盟委员会应当提供适当的财政、人力和行政资源。比如,欧盟委员会委托欧盟空间计划局运行维护伽利略系统和 EGONS 系统,根据卫星导航系统提供的数据和服务实施计划并执行与下游应用开发有关的活动等。再如,欧盟委员会委托欧洲航天局进行关于卫星导航系统发展以及地面和卫星部分的设计和开发、测试和验证活动。对于欧盟各成员国,欧盟委员会可以委托其执行计划中的非监管任务。

三、欧盟空间计划局负责欧洲全球卫星导航系统运行服务管理

(一)欧盟空间计划局的历史演变

2021 年 4 月通过的《欧盟空间计划和欧盟空间计划局条例》设立了欧盟空间计划局。欧盟空间计划局取代欧洲全球卫星导航系统局(GSA),成为欧洲全球卫星导航系统(包括伽利略系统和 EGNOS 系统)运行服务管理机构。自 1999 年以来,随着欧洲全球卫星导航系统计划的推出和执行,在欧洲全球卫星导航系统研发、建设和运行的不同阶段,其运行管理机构几经变化。

2004 年 7 月,欧盟理事会通过《关于建立欧洲卫星无线电导航计划管理结构条例》,设立了欧洲全球卫星导航系统监督管理局(以下简称 GNSS 监管局)作为欧洲伽利略计划和 EGNOS 计划的监管机构,管理与计划有关的公共利益事项。GNSS 监管局的法律性质为欧共体下设的机构,具有法人资格,主要负责卫星导航系统计划相关特许权许可、特许权合同签订、财务监督、安全认证等事项。GNSS 监管局下设行政委员会、科学技术委员会、系统安全和安保委员会,分别负责行政管理、技术指导和安全管理。

2008 年欧洲议会和理事会通过的《进一步实施欧洲卫星导航计划条例》重新定义构建了伽利略计划和 EGNOS 计划的公共治理体系,将原来分配给 GNSS 监管局的部分职责交由欧盟委员会承担,GNSS 监管局不再承担欧洲全

---

① 参见 2021 年《欧盟空间计划和欧盟空间计划局条例》[(EU)2021/696]第 28 条。

球卫星导航系统计划监管和公共利益相关事项。2010 年 9 月,欧洲议会和理事会《成立欧洲全球卫星导航系统局,废除关于建立欧洲卫星无线电导航计划管理结构条例》,将 GNSS 监管局重组为欧盟机构 – GSA,承担安全认证、运行伽利略系统安全中心、开展商业化准备工作、推广欧洲全球卫星导航系统的职责。

2013 年欧洲议会和理事会通过《欧洲卫星导航系统实施和开发条例》,确定了 2014 – 2020 年欧洲卫星导航计划的公共治理规则,明确了由欧盟委员会对欧洲卫星导航系统计划负总体责任,扩大了 GSA 的职责。除之前负责的安全认证、运行伽利略系统安全中心等工作外,该条例还为 GSA 增加了以下职责:一是运行职责,包括系统基础设施管理、系统维护和改进、认证和标准化工作、提供公共管制服务、提供搜救服务;二是支持系统的改进和下一代系统的开发部署、服务改进和采购;三是促进基于系统的应用和服务的开发;四是促进基础元件的开发,如支持伽利略系统的芯片组和接收器。在此基础上,欧洲议会和理事会于 2014 年通过《修订欧洲全球卫星导航系统局职责条例》,修订了 GSA 的职责。

2021 年欧洲议会和理事会通过《欧盟空间计划和欧盟空间计划局条例》,整合欧盟空间计划并进行统一管理,设立了欧盟空间计划局,承担了伽利略计划、EGNOS 计划、哥白尼计划、空间态势感知计划和欧盟政府卫星通信计划的管理。欧盟空间计划局替代了 GSA,在卫星导航管理方面的职能进一步扩大,负责天基、地基基础设施的管理、运行、维护、持续改进升级、退役、发展和保护,负责伽利略系统和 EGNOS 系统下游应用程序和基本技术的开发和改进,负责持续提供伽利略系统和 EGNOS 系统提供的服务,负责和其他区域或全球卫星导航系统的合作等。

(二)欧盟空间计划局的主要职责

欧盟空间计划局属欧盟机构(EU Agencies),是独立法人,位于捷克布拉格。欧盟机构是在欧洲公法规制下根据二级立法设置的,区别于欧盟理事会、欧洲议会、欧盟委员会等欧盟组织(EU Institutions)的法律实体。欧盟机构是为了应对特定时期或特定问题而设立的,20 世纪 90 年代以来,欧盟为了进一步提高欧洲一体化进程、更好适应社会经济发展,设立了各种欧盟机构。目前已有超过 40 个欧盟机构。在这种架构下,欧盟空间计划局的职责由立法赋予其的职责和欧盟委员会作为欧洲卫星导航系统计划的负责机构委托欧盟空间计划局承担的职责构成。

1. 负责系统运行管理

依据《欧盟空间计划和欧盟空间计划局条例》第 29 条的规定，欧盟空间计划局经欧盟委员会的授权，负责伽利略系统和 EGNOS 系统的运行管理。运行管理职责具体包括：一是伽利略系统和 EGNOS 系统天基基础设施的管理、运行、维护、持续改进、发展、保护、升级和退役。二是伽利略系统和 EGNOS 系统地面基础设施和网络的管理、运行、维护、持续改进、发展、保护、升级和报废。三是负责系统安全监测，负责监控系统可靠性和服务性能，包括监测系统运行风险和威胁。安全监测职责由欧盟空间计划局的伽利略系统安全监测中心（GSMC）负责。伽利略系统安全监测中心有两个站点，一个位于法国圣日耳曼昂莱，另一个位于西班牙马德里的圣马丁德拉维加。伽利略系统安全监测中心负责监控伽利略系统各部分的安全威胁、安全警报和运行状态并采取相应措施。在伽利略系统或 EGNOS 系统的运行或使用对欧盟或成员国造成安全威胁，或者系统本身的运行受到威胁的情况下，欧盟理事会应向欧盟空间计划局发出指示，伽利略系统安全监测中心负责执行相应的指令。四是负责安全监督，欧盟空间计划局负责监督伽利略系统各地面基础设施（诸如位于法国和西班牙的伽利略系统安全监测中心、位于西班牙的欧洲 GNSS 服务中心、位于荷兰的伽利略系统参考中心、位于意大利和德国的伽利略系统控制中心和位于比利时的伽利略系统综合后勤支持中心），按照一般要求安全运行，并制定欧盟理事会或高级代表发出的指示。

2. 负责系统服务管理

依据《欧盟空间计划和欧盟空间计划局条例》第 29 条的规定，欧盟空间计划局经欧盟委员会的授权负责管理伽利略系统和 EGNOS 系统的服务相关事项。一是负责持续提供伽利略系统和 EGNOS 系统的服务，与成员国和私营部门的计划协同发展，促进卫星导航服务市场的开发，以提高社会经济效益；二是负责下一代系统的开发，以及伽利略系统和 EGNOS 系统的迭代，包括考虑利益相关方的需求；三是负责管理用于监测系统可靠性及其利用情况以及服务性能的要素；四是负责管理与提供服务和协调扩大服务范围有关的活动；五是负责管理公共管制服务。

3. 负责系统安全认证

《欧盟空间计划和欧盟空间计划局条例》明确由欧盟空间计划局的欧洲全球卫星导航系统安全认证委员会(SAB)负责履行伽利略系统和 EGNOS 系统的安全认证职责,以确保欧洲全球卫星导航系统的安全。

4. 负责促进卫星导航市场和下游应用程序开发

欧盟空间计划局是空间技术和用户需求之间的重要纽带,通过对伽利略系统和 EGNOS 系统及其服务的商业推广和市场开发,促进欧洲卫星导航系统的采用,使其能够转化为对用户有价值的可靠的服务。具体包括:一是就伽利略系统和 EGNOS 系统提供的服务开展交流、市场开发和推广活动;二是支持伽利略系统和 EGNOS 系统下游应用程序的开发以及基本技术元素的开发和迭代,如伽利略系统的芯片组和接收器;三是支持与伽利略系统和 EGNOS 系统相关的认证和标准化活动,尤其是在交通领域;四是根据伽利略系统和 EGNOS 系统提供的数据、信息和服务,实施和开发下游应用程序,促进用户对这些数据和服务的使用,最大限度地提高社会经济效益。

5. 其他职能

除上述职能外,欧盟空间计划局还负责与其他区域或全球卫星导航系统国际合作、支持欧盟委员会相关工作等。一是负责与其他区域或全球卫星导航系统的合作,包括促进兼容性和互操作性;二是向欧盟委员会提供专业知识,包括与下游太空相关研究要务的筹备有关的专业知识;三是在欧盟委员会充分评估的基础上,负责欧盟委员会委托的其他任务。

(三)欧盟空间计划局的组织架构

欧盟空间计划局的行政和管理架构由行政委员会、执行主任和安全认证委员会组成。根据计划的需要,欧盟空间计划局还可以在成员国设立当地办事处。

1. 行政委员会

行政委员会(Administrative Board)是为代表欧盟成员国和欧盟委员会而设立的,由每个欧盟成员国的一名代表和欧盟委员会的三名代表,以及欧洲议会指定的一名代表(无投票权)组成。行政委员会的主席和副主席应从其有表决权的成员中选举产生,任期为 2 年,可连任一次。行政委员会的目标在于确保欧盟空间计划局完成任务,并具有预算制定、预算审核、财务细则制定、批准工作计划、任命执行主任等权力。具体包括:一是批准计划,包括批准欧盟空间计划局工作计划,与欧洲议会就多年期工作计划进行磋商,批准关于欧盟空间计划局活动和前景的年度报告;二是预算相关职能,包括与安全认证委员会密切合作起草欧盟空间计划局年度收入支出概算表,通知预算部门(欧洲议会和欧盟理事会)和欧盟委员会其实施的任何对预算资金有重大财务影响的项目和考虑;三是就欧盟空间计划局的主管事项制定与第三国和国际组织的关系战略;四是监督的职能,包括监督伽利略系统安全监测中心的运行;五是依据《欧洲议会和欧盟理事会关于公众访问欧洲议会、理事会和委员会的文件的条例》,向公众开放欧盟空间计划局文件;六是人事任命的职责,包括任命和监督欧盟空间计划局的工作人员、会计官员、执行主任,等等。①

2. 执行主任

执行主任(Executive Director)负责管理欧盟空间计划局,由行政委员会任命,并对行政委员会负责。每届执行主任任期为 5 年,可连任一届。《欧盟空间计划和欧盟空间计划局条例》要求执行主任在不损害欧盟委员会和行政委员会权力的情况下,独立履行职责,不得寻求任何政府或其他机构的指示。执行主任的职责包括:一是负责欧盟空间计划局的日常管理,采取一切必要措施确保欧盟空间计划局按照欧盟条例运作;二是代表欧盟空间计划局签署协议,包括签署委托特定实体从事活动的会费或出资协议,以及金融框架合作协议;三是筹备并参加行政委员会的工作(无表决权)、执行行政委员会的决定;四是编制和实施长期和年度工作计划、欧盟空间计划局年度报告等,由安全认证委员会实施的计划除外;五是起草欧盟空间计划局收支预算草案并执行预算;六是人事任命的职责,在行政委员会授权下任命欧盟空间计划局工作人员;七是监督伽利略系统安全监测中心在安全威胁状态下响应相应的指示;八是采取预防措施防范欺诈、腐败等非法活动,利用有效的监督和处罚措施保护欧盟财政利益,等等。②

3. 安全认证委员会

安全认证委员会(Security Accreditation Board)由每个欧盟成员国的一名代

---

① 参见 2021 年《欧盟空间计划和欧盟空间计划局条例》[(EU)2021/696]第 77 条。

② 参见 2021 年《欧盟空间计划和欧盟空间计划局条例》[(EU)2021/696]第 79 条。

表、一名欧盟委员会代表和高级代表的一名代表组成。安全认证委员会成员的任期为四年,可以连任。安全认证委员会设置主席、副主席和成员,有表决权的全体成员以三分之二多数票选举产生或罢免主席和副主席。主席和副主席任期两年,可以连任一次。安全认证委员会作为欧盟空间计划局内的独立机构,负责欧盟空间计划所承担的安全认证任务相关事项,享有自主决策权。安全认证委员会负责执行安全认证任务,具体包括:一是制定和批准安全认证策略。该策略规定了执行和维持欧洲卫星导航系统认证所需的活动、程序等。二是作出安全认证有关决定,包括批准卫星发射,授权各类系统及其提供的服务、授权运行地面站、授权机构开发或制造敏感的公共管制服务技术,接收器或安全模块、认可选择经批准的产品和措施等。三是审批与安全认证相关的所有文件,但是欧盟委员会通过的与公共管制服务和伽利略计划以及 EGNOS 计划的安全事项相关的文件除外。四是编制拟由欧盟委员会发布的欧盟空间计划各部分安全要求的草案,并就此向欧盟委员会提供咨询意见。五是审查和批准安全风险监控和评估措施,准备风险评估报告并将风险评估报告和建议通知欧盟委员会、行政委员会和执行主任。六是开展或发起安全评估、检查或审查活动,检查与欧洲全球卫星导航系统计划安全认证相关的安全措施的实施情况。此外,安全认证委员会还负责监督设立代表成员国的特别附属机构,负责计划飞行密钥的管理以及监测和评估伽利略公共管制服务密钥的核算、安全处理、存储、分发和处置程序的建立和执行等。此外,安全认证委员会还承担部分管理职责,包括编制和批准与安全认证有关的欧盟空间计划局长期工作和年度工作计划、欧盟空间计划局年度报告等。

由于安全认证委员会职责的特殊性,安全认证委员会独立自主地开展工作,不受任何组织和国家的影响。在安全认证委员会的欧盟空间计划局员工不得被同时指派从事欧盟空间计划局的其他任务。2021 年 6 月,欧盟空间计划局发布《欧盟空间计划安全认证委员会议事规则》,就安全认证委员会内部组织架构、会议规则、工作程序等作出了具体规定。为履行完成安全认证职责,安全认证委员会已设立安全认证部门作为下属机构,负责技术安全认证活动,直接向安全认证委员会主席报告。

（四）欧盟空间计划局的工作机制

欧盟空间计划局的工作机制由会议制度、财务制度和机制等构成，行政委员会、执行主任和安全委员会根据欧盟空间计划局内部规则和程序进行协作，确保欧盟空间计划局的正常运作。

1. 议事制度

行政委员会会议由主席召集，定期举行例会，至少每年两次，应主席倡议或至少三分之一成员要求可以召开会议。行政委员会以多数有表决权的成员同意的情况下作出决定，但选举和罢免行政委员会主席和副主席、通过预算和工作计划、有关第三国和国际组织参与行政委员会工作决定等需要投票成员以三分之二多数票通过。如果讨论涉及敏感的国家基础设施的使用，成员国代表和欧盟委员会代表可根据需要参加行政委员会的会议和审议。但是，只有拥有此等基础设施的成员国的代表和欧盟委员会代表才能参与表决。执行主任就任期间，可参加行政委员会的工作，但无表决权。

安全认证委员会的会议，在适当的情况下，可邀请欧洲航天局代表和未参与安全认证的机构代表作为观察员出席安全认证委员会的会议。在特殊情况下，也可以邀请其他欧盟机构、第三国或国际组织的代表作为观察员。安全认证委员会以协商一致的方式达成决定，如果无法达成共识，则在合格多数票的基础上作出决定，欧盟委员会代表和欧盟外交与安全政策高级代表的代表不得投票。①

2. 财务制度

《欧盟空间计划和欧盟空间计划局条例》为欧盟空间计划局制定了覆盖预算、支出、决算、审计各环节，与欧盟财务制度相衔接，职责分工明确的财务制度。

欧盟空间计划局在预算阶段，首先，执行主任和安全认证委员会主席合作拟制欧盟空间计划局年度收支概算草案，安全认证委员会就该草案编写一份声明，由执行主任将草案及声明一起呈送给行政委员会。其次，行政委员会每年应根据收支预算表草案，与安全认证委员会密切合作，起草下一财政年度机构

---

① 参见 2021 年《欧盟空间计划和欧盟空间计划局条例》［（EU）2021/696］第 40 条。

的收支预算表，并在每年1月31日之前，向欧盟委员会和相关第三方国家或国际组织提交一份单一方案文件草案（其中应包括一份预算表）、设立计划草案和临时年度工作计划。最后，由欧盟委员会应根据预算表，在欧盟总预算草案中列出其认为实施设立计划所需的预算以及从总预算中支取的补贴金额，将收支预算表连同欧盟总预算草案一并提交给欧洲议会和欧盟理事会（预算部门），由其最终批准欧盟空间计划局的预算编制计划。执行主任应当执行欧盟空间计划局预算，并向预算部门报告评估所需信息。

四、欧洲航天局负责欧洲全球卫星导航系统研发

欧洲航天局（European Space Agency），简称欧空局或ESA，成立于1975年，拥有22个成员国，总部设在法国巴黎。其宗旨是，为和平目的提供和促进欧洲国家在空间研究、技术以及空间应用方面的合作。在伽利略计划和EGNOS计划方面，欧洲航天局与欧盟各自协调欧盟成员国的财政和技术资源，二者于2004年签订了《欧洲共同体与欧洲航天局框架协议》①。在伽利略计划实施过程中，欧洲航天局领导了伽利略计划的定义、开发和在轨验证阶段，并与欧盟委员会共同出资。欧洲航天局代表欧盟委员会监督了欧洲伽利略系统完全运营能力的设计和部署，并于2017年受欧洲全球卫星导航系统局的委托，对系统运行和服务提供进行监督。

2021年，欧盟整合欧盟空间计划并成立欧盟空间计划局以来，在卫星导航领域，欧洲航天局主要承担伽利略系统和EGNOS系统上游的研究和开发活动。《欧盟空间计划和欧盟空间计划局条例》第30条规定，欧洲航天局负责伽利略系统和EGNOS系统发展以及地面和卫星部分的设计和开发、测试与验证。欧洲航天局在其专业知识领域承担与计划相关的上游研究和开发活动。由于相关资金由欧盟提供，且欧洲航天局不是欧盟机构，不受欧盟法律的约束，《欧盟空间计划和欧盟空间计划局条例》第28条规定，欧盟委员会应当与欧盟空间计划局、欧洲航天局签订财务框架合作协议（FFPA），管理欧盟委员会、欧盟空间计划局和欧洲航天局之间的所有财务关系，确保其符合2004年《欧洲共同体与

---

① Framework Agreement Between the European Community and the European Space Agency [22004A0806(03)].

欧洲航天局框架协议》。该财务框架合作协议应当规定欧洲航天局的义务和责任，规定欧洲航天局要采取适当措施，确保保护欧盟及其成员国的利益。具体而言，该财务框架合作协议应当规定委托的任务和预算执行所需的范围内约定由欧洲航天局委托管理资金的一般条件，特别是在系统的设计、开发和采购、相关的拨款、管理程序、监督和控制措施、合同的成本、进度和绩效方面执行不力时适用的措施，以及所有有形和无形资产的所有权规定。[①] 同时，协议中应当制定监测和控制措施，建立成本预测制度，欧洲航天局应当向欧盟委员会系统地提供关于成本和时间安排的信息，并在计划预算、执行情况和进度出现偏差时采取纠正行动，确保在分配的预算范围内完成任务。

五、欧盟成员国参与欧洲全球卫星导航系统计划

欧盟成员国是欧洲卫星导航系统计划的重要参与主体，与欧盟委员会和欧盟机构合作，促进计划的实施。欧盟成员国一方面为计划提供资金、技术、人力、专业知识方面的支持，另一方面还承担了保护欧洲卫星导航系统地面基础设施和频率、实施安全认证、公共管制服务管理等卫星导航管理职能。

（一）提供资金、人力和技术支持

《欧盟空间计划和欧盟空间计划局条例》第 27 条规定，欧盟成员国可以参与包括伽利略计划和 EGNOS 计划在内的欧盟空间计划，参与计划的成员国应当提供技术能力、专业知识和援助。卫星导航系统在资金方面，伽利略计划和 EGNOS 计划原则上应该完全由欧盟提供财政资金，但是欧盟成员国可以向伽利略计划和 EGNOS 计划提供额外的资金或实物捐助，资助与其潜在特定目标有关的其他计划。

在人力资源方面，各个成员国是欧洲卫星导航计划其他相关治理机构人才的主要输送方。如在伽利略联合体阶段，各成员国选派代表与欧盟委员会代表共同组成伽利略联合体监督管理委员会，负责伽利略开发阶段的信息交流和政治管控。设立欧盟空间计划局后，欧盟成员国的代表仍然是其行政委员会和安全认证委员会的重要组成成员，参与欧盟空间计划局的各项管理事务。

---

① 参见 2021 年《欧盟空间计划和欧盟空间计划局条例》[（EU）2021/696]第 31 条。

(二)参与欧洲全球卫星导航系统管理

欧盟条例要求参与伽利略计划和EGNOS计划的欧盟成员国应当采取一切必要措施确保计划的顺利运行。欧盟成员国的相关责任主要在系统地面基础设施保护、安全认证、公共管制服务等方面。

1. 系统地面基础设施安全保护

欧洲全球卫星导航系统地面基础设施是欧洲全球卫星导航系统的地面段部分,位于欧盟各成员国的领土,成员国具有保护系统地面基础设施的职责。成员国应当至少采取相当于《关于识别和指定欧洲关键基础设施,并评估加强保护必要性的指令》[①]中的保护措施,或本国关键基础设施保护措施,来对伽利略系统和EGNOS系统地面基础设施实施保护。

2. 安全认证

欧盟成员国负有协同安全认证委员会实施安全认证的职责。具体包括:一是向安全认证委员会提交与安全认证相关信息和文件;二是配合安全认证委员会工作,允许安全认证委员会任命的正式授权人员查看与其管辖范围内的系统安全相关的任何信息和进入任何区域和场所,实施安全认证委员会决定的安全检查、审计和测试以及安全风险监测流程等任务;三是与安全认证委员会商议,制定访问标准,说明需要认证的区域或场所;四是在地方层面负责对位于领土内的,属于欧洲全球卫星导航系统组成部分的安全认证区域的部分场所开展安全认证,并向安全认证委员会进行报告。[②]

3. 公共管制服务管理

公共管制服务的使用和管理是欧盟成员国共同的责任,欧盟成员国负责建立公共管制服务主管机构、授权用户、确保公共管制服务安全和建立相应处罚制度。一是设立成员国的公共管制服务主管机构或联络点,并通报欧盟委员会。公共管制服务主管机构负责确保公共管制服务符合通用最低标准,具体负责分组管理授权用户、确定用户访问权限、分发公共管制服务密钥和其他机密

---

① Council Directive 2008/114/EC of 8 December 2008 on the Identification and Designation of European Critical Infrastructures and the Assessment of the need to Improve their Protection.

② 参见2021年《欧盟空间计划和欧盟空间计划局条例》[(EU)2021/696]第42条。

信息、对接收器安全和机密技术信息进行管理和风险评估、报告影响公共管制服务的有害电磁干扰。成员国公共管制服务主管机构还应当就公共管制服务使用和开发及相关设备的生产与设备、技术和软件出口限制主管实体对接,确保其符合出口管制要求。二是授权公共管制服务用户。欧盟成员国应当根据通用最低标准,决定其领土上使用公共管制服务的用户类型和用途。三是确保公共管制服务安全。欧盟成员国应当确保公共管制服务相关技术和设备安全可靠,防止公共管制服务相关信号被非法使用,防止公共管制服务被恶意使用攻击欧盟及其成员国。欧盟各成员国应确保其国家安全条例对机密信息提供的保护程度与欧盟安全条例的保护程度相当,并适用于公共管制服务用户和相关主体。四是制定相关处罚措施。成员国应当制定违反公共管制服务管理要求的相关处罚制度,并确保其有效执行。

除了上述事项外,欧盟成员国还发挥着为伽利略系统开发建设提供保障条件的作用,负责采取一切必要措施,保护在其领土上建立的地面站,并和欧盟委员会一起与适当的国际机构和监管机构合作,以确保系统所需的无线电频谱可用并受到保护,从而保障伽利略计划和 EGNOS 计划的良好运作。

第三章　外国卫星导航建设运维法律制度

卫星导航系统的建设、运维和服务属于重大复杂的工程。卫星导航建设运维法律制度，通过规范卫星导航系统建设、运维和服务活动规范，确保卫星导航系统的高效有序建设、安全稳定运行、持续提供服务。

第一节　外国卫星导航系统建设法律制度

卫星导航系统建设法律制度是规范建设规划、工程建设、建设评估和监督等方面和环节工作的制度。美国、俄罗斯和欧盟探索建立了各具特色的系统建设法律制度。在总体上都是通过明确建设相关活动的主体及职责，建立系统工程建设的实施机制，规范系统建设评估流程、标准和程序，制定和实施严格的系统建设监督制度，来确保系统安全高效建成。

一、卫星导航系统建设规划制度

为应对卫星导航系统建设具有复杂程度高、投入资金大、建设周期长、建设难度大等挑战，相关国家建立了卫星导航系统建设规划制度，通过明确卫星导航系统建设规划的拟制主体、审议程序、考虑因素、发布形式、规划效果等内容，确保卫星导航系统工程建设按计划开展。

（一）美国 GPS 建设规划制度

美国国会通过国防授权和拨款法案对 GPS 建设、现代化等活动作出要求并提供资金支持。从 GPS 启动建设开始，每一财年国会都对 GPS 的建设作出规划和资金安排。美国天基定位导航授时执行委员会（以下简称美国天基 PNT 执委会）负责协调各部门和机构的天基 PNT 项目计划、要求、预算和政策[①]，推动美国 GPS 基础设施的现代化。根据《国家天基定位导航授时执行委员会章程》，美国天基 PNT 执委会负责制订国家天基 PNT 战略和国家天基 PNT 五年计划。国家天基 PNT 战略整合了各部门和机构的天基 PNT 目标，促进部门和机构间的一致性、凝聚力、透明度和协调性。国家天基 PNT 五年计划每年更新一次，包括政策、架构、计划、需求、预算、时间表、国际合作伙伴关系以及为美国天基 PNT 做出贡献的部门和机构的科技投资策略。国家天基 PNT 五年计划应以国家天基 PNT 战略为基础并与之相一致。[②] 美国天基 PNT 执委会同时承担计划年度评估职能，负责对联邦部门和机构的预算和时间表的充分性进行年度评估，并通过管理和预算办公室向美国天基 PNT 执委会成员部门和机构以及总统提出建议。

在 GPS 具体建设方面，国防部定位导航授时监督委员会（以下简称国防部 PNT 监督委员会）负责制订并监督国防部的 PNT 计划。[③] 其中国防部主管政策的副部长与国防部首席信息官协调，制定国家安全和国防政策，整合天基 PNT 政策和计划，以实现国家安全目标。[④] 国防部成本评估和项目评估局局长负责审查 PNT 项目和计划，包括由各军种部编制的保障成本和部队效能分析报告。[⑤] 国防部 PNT 执行管理委员会就国防部 PNT 事务的总体管理、监督和决策过程，包括对联邦无线电导航计划和其他需要国防部审查的计划（如与国防部 PNT 系统相关的架构产品等）进行两年期审查。[⑥] 为了确保国会国防委员会及时掌握计划的实施情况，联邦法律要求国防部 PNT 监督委员会向国会国防委员会提交的年度活动报告需包含关于上一年度国防部 PNT 计划要求的任何变更及说明。[⑦]

---

① 参见 2021 年《美国天基定位导航授时政策》第 5 节第（b）条第（ii）款。

② 参见《国家天基定位导航授时执行委员会章程》。

③ 参见《美国法典》第 10 编第 2279b 条。

④ 参见《国防部第 4650.05 号指令：定位导航授时》第 2 节第 2.10 条。

⑤ 参见《国防部第 4650.05 号指令：定位导航授时》第 2 节。

⑥ 参见《国防部第 4650.06 号指示：定位导航授时管理》第 3 节。

⑦ 参见《美国法典》第 10 编第 2279b 条。

卫星导航系统建设规划制度要求在编制规划的过程中综合和平衡各方面的 GPS 建设需求。这是因为卫星导航系统除了提供时空基准外，还为多领域的用户提供服务，而不同用户、不同类型任务对系统功能、性能要求不完全相同。国家天基 PNT 执委会负责 GPS 建设需求的统筹协调，确保国家安全、国土安全和民用需求在决策过程中得到充分、合理的考虑，并根据需要，推动整合天基 PNT 能力的不同需求，并促进消除这些需求之间的冲突，协调各部门和机构的 PNT 项目的计划、需求、预算和政策，并评估经费和进度的合理性，以及时地满足已确认的需求。①

（二）俄罗斯格洛纳斯系统建设规划制度

格洛纳斯系统建设规划活动被纳入俄罗斯航天建设规划制度中。联邦政府负责协调联邦权力执行机构和参与实施航天活动单位之间的行动；研究和制定联邦航天规划、俄罗斯联邦航天长期发展规划、航天设备和航天基础设施的研制生产和供货的国家采购计划、航天武器装备和军用设备研制生产和供货的国家国防采购计划；按规定程序提出关于联邦航天规划的财政拨款建议等。②俄罗斯国家航天集团公司拟制俄罗斯联邦国家计划、总统计划、俄罗斯联邦航天计划、国家间目标计划和联邦目标计划、联盟国家计划以及航天活动领域国际合作计划的草案，并参与制订职权范围内的其他计划。③俄罗斯国家航天集团公司同国防部，以及其他参与建立和利用航天技术的国家权力执行机构、组织共同保障国家航天政策的执行，编制格洛纳斯系统航天器发射规划。④ 就格洛纳斯系统而言，系统的使用和发展的规划和项目由国防部联同国家航天集团公

---

① 参见 2021 年《美国天基定位导航授时政策》第 5 节第（b）条第（i）款；《国家天基定位导航授时执行委员会章程》。

② 参见《俄罗斯联邦航天活动法》（2021 年修订）第 5 条。

③ 参见《俄罗斯国家航天集团公司法》（2020 年修订）第 7 条。

④ 参见《俄罗斯联邦政府关于国家航天集团公司和联邦权力执行机构在为保障俄罗斯联邦国防安全、推动社会经济发展、扩大国际合作和科学应用而维护、发展和使用格洛纳斯系统的职权条例》（2021 年修订）第 3 条。

司制定并落实。[①]

俄罗斯格洛纳斯系统的军用建设需求与民用建设需求分别由国防部和国家航天集团公司组织协调,国防部负责组织协调系统研究军用航天设备主要方向论证和发展前景,保障俄联邦国防安全。[②] 在民用需求方面,国家航天集团公司负责组织有关社会经济及科学目的的航天主要发展方向的系统研究和论证,同国家其他权力执行机构一起保障完成有关建立以科学和社会经济为目的的航天技术科研和试验设计工作。[③] 两用技术方面,国家航天集团公司与国防部共同组织两用航天技术的研究,组织协调系统研究两用品航天设备的主要方向论证和发展前景。[④]

(三)欧盟卫星导航系统建设规划制度

欧盟建立了具有特色的卫星导航系统建设规划制度。欧洲全球卫星导航系统计划由欧盟委员会拟制,并通过欧洲议会和欧盟理事会以欧盟条例等立法方式予以批准和实施。欧盟条例明确就卫星导航系统建设各方面内容作出规定,包括计划定义、发展路线、实施方式、资金来源、资金使用方式等内容。欧盟卫星导航系统建设规划以立法的方式确定,具有较高的法律效力,相关的欧盟机构、欧盟成员国必须予以执行。在伽利略系统建设部署阶段,由欧盟委员会制定伽利略计划和 EGNOS 计划的实施计划,即年度工作计划,年度工作计划需说明为相关活动提供的资金。[⑤]

1999 年 1 月,欧洲议会通过了有关欧盟委员会致欧盟理事会和欧洲议会的通报文件《建立跨欧洲定位和导航网络:采纳全球卫星导航系统(GNSS)欧洲战略》;1999 年 2 月,欧盟委员会通过《伽利略计划——欧洲参与新一代卫星导航服务》;1999 年 7 月,欧盟理事会通过了《欧洲参与新一代卫星导航服务——伽

---

① 参见《俄罗斯联邦政府关于国家航天集团公司和联邦权力执行机构在为保障俄罗斯联邦国防安全、推动社会经济发展、扩大国际合作和科学应用而维护、发展和使用格洛纳斯系统的职权条例》(2021 年修订)第 3 条。

② 参见《俄罗斯联邦航天活动法》(2021 年修订)第 7 条。

③ 参见《俄罗斯联邦航天活动法》(2021 年修订)第 6 条。

④ 参见《俄罗斯联邦航天活动法》(2021 年修订)第 7 条。

⑤ 参见 2013 年《欧洲卫星导航系统实施和开发条例》(1285/2013/EU)第 27 条。

利略——定义阶段》的决议;2001 年 4 月,欧盟理事会通过了关于伽利略计划的决议;2002 年 3 月,欧盟理事会通过了关于伽利略计划的结论文件。2008 年 7 月,欧洲议会和欧盟理事会通过《进一步实施欧洲卫星导航计划条例》,就伽利略计划的定义、发展路线、各阶段目标作出了规定。条例明确规定,伽利略计划包括四个阶段:(1)定义阶段,该阶段设计系统的结构并确定其要素,已于 2001 年结束。(2)开发和验证阶段,包括建造和发射第一颗卫星、建立第一批地面基础设施以及验证在轨系统所需的所有工作和操作。这一阶段计划应于 2010 年结束。(3)部署阶段,包括建立所有空间和地面基础设施以及相关行动。这一阶段计划从 2008 年持续到 2013 年,包括综合利用阶段的准备工作。(4)综合利用阶段,包括基础设施管理、系统维护、持续改进和更新、与计划有关的认证和标准化工作、导航系统营销,以及开发系统和确保计划顺利运行所需的所有其他活动。综合利用阶段最迟在部署阶段结束时开始。① 2013 年 12 月,欧洲议会和欧盟理事会通过《欧洲卫星导航系统实施和开发条例》,明确了新的阶段下伽利略计划的具体内容。该条例规定,伽利略计划包括以下阶段:一是定义阶段,这一阶段设计系统结构并确定其单元,该阶段于 2001 年完成。二是开发和验证阶段,计划在 2013 年 12 月 31 日之前完成,包括建造和发射首批卫星,建立首批地面基础设施,以及验证该系统在轨运行所需的所有工作和操作。三是部署阶段,在 2020 年 12 月 31 日或之前完成,其中包括建造、建立和保护所有天基基础设施,以及相关的演进维护和运营;建造、建立和保护所有地面基础设施,特别是控制卫星和处理卫星无线电导航数据所需的基础设施,以及服务中心和其他地面中心,并进行相关的维护和操作。四是综合利用阶段的准备工作,包括管理、维护、持续改进、演进和保护天基基础设施;管理、维护、不断改进、演进和保护地面基础设施,特别是服务中心和其他地面中心、网络和场地;还包括系统未来迭代的发展和服务的演进等。②

在伽利略计划的拟制中,欧盟十分重视卫星导航系统建设与用户间的需求。2021 年《欧盟空间计划和欧盟空间计划局条例》就需求保障和协调问题作出规定。欧盟委员会在由成员国代表组成的计划委员会帮助下处理用户需求,

① 参见 2008 年《进一步实施欧洲卫星导航计划条例》(683/2008/EU)第 3 条。

② 参见 2013 年《欧洲卫星导航系统实施和开发条例》(1285/2013/EU)第 3 条。

并通过实施法案的方式确定实施伽利略系统和 EGNOS 系统的技术需求。[①]在此基础上,该条例还要求计划委员会成立专门的“用户论坛”工作组,就用户需求、服务演变和用户接受方面向计划委员会提供建议。[②]《欧盟空间计划和欧盟空间计划局条例》要求欧盟空间计划局在下一代系统的开发、伽利略系统和 EGNOS 系统的迭代过程中,考虑相关利益者的需求。[③]

二、卫星导航系统工程建设制度

美国、俄罗斯和欧盟建立了各具特色的卫星导航系统工程建设机制。这一制度的设计主要受到卫星导航系统性质的影响。GPS 和格洛纳斯系统属于军民两用系统,GPS 和格洛纳斯系统的建设机制总体上是建立在国防工业建设法律体系的框架内的,而伽利略系统和 EGNOS 系统作为民用系统,其工程建设机制建立在欧盟公共采购法律制度的总体框架下。

(一)美国 GPS 工程建设制度

GPS 工程建设制度建立在美国国防采购法律制度框架下。国防采购是指针对武器(或其他系统)和供应(或服务)的一系列活动,包括定义概念、创意、设计、开发、测试、承包、生产、部署、后勤支持、变更,以及退役等过程,目的是在军事任务中使用,或者支持军事任务。GPS 业务涉及数个重大国防采购项目及准重大国防采购项目,处在不同的采购及开发阶段。[④] 根据美国国防部指令规定,所有与 GPS 工程有关的重大国防采购项目活动均由负责系统工程的国防部副部长监督,用以保证国防部在国防采购项目中运用系统工程原理及强有力的技术管理,为整个国防采购提供基于知识的决策支撑。具体而言,国防部研究与工程副部长通过技术预测、有效建模和仿真、原型和实验获得的知识成果,提出 PNT 项目要求。并通过监督和管理各服务实验室、国防部研究机构、行业和学术界的 PNT 研究和开发活动,审查和监督整个服务部门 PNT 研究,系统工程

---

① 参见 2021 年《欧盟空间计划和欧盟空间计划局条例》[(EU)2021/696]第 28 条。

② 参见 2021 年《欧盟空间计划和欧盟空间计划局条例》[(EU)2021/696]第 107 条。

③ 参见 2021 年《欧盟空间计划和欧盟空间计划局条例》[(EU)2021/696]第 44 条。

④ 参见靖德果、薛惠锋:《美国 GPS Ⅲ 业务系统工程管理活动综述》,载《军民两用技术与产品》2016 年第 3 期。

和开发测试流程。[①] 在 GPS 项目中，国防部负责采购与保障的副部长对于运用或提 PNT 能力和国防部 PNT 系统相关性能标准的国防部各系统进行监督，[②]同时与国防部首席信息官就研究，开发、测试和评估以及 PNT 采购事宜进行协调，并与国防部首席信息官就 PNT 系统的开发和采购而指定联合项目办公室和相关组织的事宜进行协调。[③] 空军部长负责及时、同步地开发、采购和更新 GPS 的主要组件。[④]

（二）俄罗斯格洛纳斯系统工程建设制度

俄罗斯联邦国防部、工贸部等国家权力执行机构和国家航天集团公司依据《俄罗斯联邦航天活动法》《俄罗斯联邦国家航天集团公司法》等法律负责管理和实施格洛纳斯系统建设。国防部负责开展建设、发展和使用格洛纳斯系统、其增强系统和卫星导航设备的协调工作，负责确定提供格洛纳斯系统信号的条件和程序；实施管理格洛纳斯系统航天器轨道组网；控制格洛纳斯系统航天器的轨道星座；创建、维护和开发工具监测由格洛纳斯系统制造的导航区域；建设、支持和发展格洛纳斯系统导航域的监测设备。[⑤]

国家航天集团公司负责实行相关航天技术及航天基础设施实体的研制、生产、供货的订购工作的安排。协同国防部和其他相关权力执行机构保障空间基础设施的开发，协调拜科努尔航天发射场和东方航天发射场地面航天基础设施和保障基础设施的管理工作。同时，国家航天集团公司还负责强制性认证和航天技术合格申报，包括航天器、以科研和社会经济为目的制造的航天基础设施，都要按照俄罗斯联邦法律规定的相应要求（强制性认证或合格申报）经受检查。在研发和使用航天技术时使用的设备也应进行强制性认证或受到合格申报的

① 参见《国防部第 4650.05 号指令：定位导航授时》第 2 节第 2.3 条。

② 参见《国防部第 4650.05 号指令：定位导航授时》第 2 节第 2.2 条。

③ 参见《国防部第 4650.06 号指示：定位导航授时管理》第 2.2 条。

④ 参见《国防部第 4650.06 号指示：定位导航授时管理》第 2.17 条。

⑤ 参见《俄罗斯联邦政府关于国家航天集团公司和联邦权力执行机构在为保障俄罗斯联邦国防安全、推动社会经济发展、扩大国际合作和科学应用而维护、发展和使用格洛纳斯系统的职权条例》（2021 年修订）第 3 条。

约束。[①]

工贸部负责实施研发、组织生产和批量化投产卫星导航设备和相关系统；建设和发展兼容格洛纳斯系统和卫星导航设备的地面无线电导航系统；建立卫星导航设备和相关系统的系列服务中心。[②]

（三）欧盟卫星导航系统工程建设制度

伽利略系统作为民用卫星导航系统，系统建设主要通过公共采购的方式实现。欧盟条例规定了伽利略计划部署和综合利用阶段公共采购的一般规定。欧盟条例就伽利略系统和 EGNOS 系统公共采购的基本原则、具体目标、信息安全、供应可靠性、合同、分包等问题作出了具体规定。[③] 第一，2013 年《欧洲卫星导航系统实施和开发条例》规定伽利略系统公共采购的一般原则，即在整个产业供应链中实行公开准入和公平竞争，在提供透明和及时的信息的基础上进行招标，明确通报适用的采购规则、甄选和授标标准以及其他任何相关信息，使所有潜在投标人有一个公平竞争的环境。[④] 第二，该条例就订约当局实施公共采购的目标作出了明确规定：一是促进欧盟内所有经营者，特别是新进入者和中小企业尽可能实现最广泛和最开放的参与，包括鼓励投标人采用分包方式；二是避免可能出现的滥用支配地位和依赖单一供应商的情况；三是利用公共部门以前的投资和经验教训，以及行业经验和能力，包括在伽利略计划和 EGNOS 计划的定义、开发、验证和部署阶段获得的经验和能力，同时确保遵守竞争性招标规则；四是在适当的情况下，采取多种采购方式，以确保对伽利略计划和 EGNOS 计划及其成本和时间安排进行更好的总体控制；五是酌情考虑所投标的产品、服务或工程在其使用寿命周期内的总成本。[⑤] 第三，要求确保信息安全，该条例规定如采购合同涉及、要求包含机密信息时，订约当局应在投标文件

---

① 参见《俄罗斯联邦国家航天集团公司法》（2020 年修订）第 4 条。

② 参见《俄罗斯联邦政府关于国家航天集团公司和联邦权力执行机构在为保障俄罗斯联邦国防安全、推动社会经济发展、扩大国际合作和科学应用而维护、发展和使用格洛纳斯系统的职权条例》（2021 年修订）第 5 条。

③ 参见 2013 年《欧洲卫星导航系统实施和开发条例》[（EU）1285/2013]第 5 章。

④ 参见 2013 年《欧洲卫星导航系统实施和开发条例》[（EU）1285/2013]第 18 条。

⑤ 参见 2013 年《欧洲卫星导航系统实施和开发条例》[（EU）1285/2013]第 19 条。

中明确规定必要的措施和要求,以确保此类信息按照所要求的级别保密。[①] 第四,为确保服务可靠性,该条例规定订约当局应在投标文件中具体说明执行合同时,其对供应的可靠性和服务提供的可靠性的要求。第五,关于分包,欧盟鼓励分包。该条例规定:一是订约当局应要求投标人以竞争性招标的方式,将合同部分分包给招标人集团以外的企业,特别是新进入的企业和中小企业;二是订约当局应界定最低至最高百分比的范围,明确规定所要求的分包比例,这一比例应当与合同的目标和价值相称,并考虑到有关活动的行业性质,特别是竞争条件和可观察到的工业潜力;三是如果投标人在其投标书中表示不打算将合同的任何部分分包,或分包比例低于最低比例范围,则应向订约当局说明理由。订约当局应将这些资料提交给欧盟委员会;四是订约当局可以拒绝候选人在主合同授标程序阶段选定的分包商,或投标人在履行合同时选定的分包商,订约当局应以书面形式说明拒绝理由,拒绝理由只能以主合同投标人的甄选标准为依据。[②]

除了公共采购的一般规定,考虑到系统的地面基础设施对伽利略计划和 EGNOS 计划的重要性及其对系统安全的影响,一是由欧盟委员具体负责确定基础设施的位置。2016 年《关于确定在伽利略计划下建立的地面基础设施的位置,并制定必要的措施以确保其顺利运行的执行决定》,以及 2017 年《关于确定 EGNOS 系统地面基础设施位置的执行决定》明确了地面基础设施选址和建设的程序。欧洲卫星导航系统的地面基础设施的部署应遵循公开透明的过程,在确定此类基础设施的位置时,应考虑到地面基础设施的最佳地理分布所涉及的地理和技术条件,以及可能的适合相关任务的现有安装和设备,并确保满足每个地面站的安全需求以及各成员国的国家安全需求。[③] 欧盟委员会还在欧盟空间计划局的支持下,负责保护地面和空间基础设施以及服务的提供,防止物理或网络攻击。[④] 二是欧盟空间计划局在不影响成员国权限的情况下,对伽利略计划和 EGNOS 计划所有组成部分进行安全认证。具体由安全认证委员会负责

---

① 参见 2013 年《欧洲卫星导航系统实施和开发条例》[(EU)1285/2013]第 21 条。

② 参见 2013 年《欧洲卫星导航系统实施和开发条例》[(EU)1285/2013]第 26 条。

③ 参见 2021 年《欧盟空间计划和欧盟空间计划局条例》[(EU)2021/696]第 47 条。

④ 参见 2021 年《欧盟空间计划和欧盟空间计划局条例》[(EU)2021/696]第 34 条。

作出关于安全认证的决定，特别是关于批准卫星发射、授权运行系统或不同配置要素的授权，它们提供的各种服务乃至空间信号的授权，以及运行地面站的授权。① 三是欧洲航天局负责伽利略系统和EGNOS系统发展以及地面部分和卫星部分的设计和开发，包括测试和验证。② 四是各成员国负责确位于其领土上的地面基础设施得到保护，采取至少相当于保护本国关键基础设施、重要基础设施的保护措施，同时在地方一级负责位于其领土内组成部分的场地的安全认证，并为此向安全认证委员会报告。③

当前，欧盟委员会分别与德国和意大利签署协议，于2009年、2014年在德国和意大利建立了两个伽利略系统控制中心（GCC）；分别与法国和英国签署协议，在两国建立了伽利略系统安全监测中心（GSMC）；与西班牙签署协议建立欧洲全球卫星导航系统服务中心（GSC）；在与法国国家空间研究中心的框架服务合同下建立了伽利略系统搜索救援服务（SAR）中心；与荷兰签订协议建立伽利略系统参考中心（GRC）；在比利时建立了在轨测试站。欧洲航天局通过与服务提供商订立合同，在瑞典、法国等地建设多个遥测、跟踪和控制站（TTC）；在葡萄牙、意大利、挪威、法属波利尼西亚、比利时等地建立多个全球伽利略系统传感器站（GSS）；在法属波利尼西亚、法属库鲁、法属留尼汪、挪威等地建设多个全球伽利略系统上行链路站（ULS）。通过欧洲航天局与马斯帕洛马斯、圣玛丽和斯瓦尔巴台站服务提供商签订的合同，以及通过欧盟委员会与塞浦路斯签署关于马卡里奥斯台站的谅解备忘录，以及与图卢兹台站服务提供商签订的合同，在塞浦路斯、西班牙、葡萄牙、法国、挪威等地建立配有SAR参考信标的SAR台站。

三、卫星导航系统建设监督制度

美国专门在国防部内部设立国防部定位导航授时监督委员会负责监督国防部的PNT计划，包括向民用、商用、科学和国际用户提供PNT服务，并且与提供或支持PNT计划职能的国防部各部门和组织进行协调。监督委员会负责性

---

① 参见2021年《欧盟空间计划和欧盟空间计划局条例》[（EU）2021/696]第38条。

② 参见2021年《欧盟空间计划和欧盟空间计划局条例》[（EU）2021/696]第30条。

③ 参见2021年《欧盟空间计划和欧盟空间计划局条例》[（EU）2021/696]第34条、第42条。

能监督评估(含互操作性)、脆弱性识别和缓解、架构开发、资源优先级划分、国防部长为监督委员会规定的其他职责。① 为具体落实监督管理职责,国防部还特地建立国防部 PNT 执行管理委员会(EMB),以监督具体过程。② 在 GPS 乃至 PNT 相关工程建设中,国防部 PNT 执行管理委员会负责研究系统工程建设及国防部负责的建设管理工作的具体问题和议题。

俄罗斯联邦总统通用航空、基于格洛纳斯系统的导航信息技术发展委员会承担了卫星导航建设监督的职责。该委员会属俄罗斯联邦总统直属委员会,组成由俄罗斯联邦总统批准,委员会主席为俄罗斯联邦总统助理,负责在通用航空、格洛纳斯技术应用和开发领域,监督国家活动的有效性和透明度。委员会的监督职责具体包括:一是负责完善法律与监督法律执行,完善通用航空和格洛纳斯系统技术领域的基本法律法规;监督法律法规的执行情况;确保该领域项目参与者相互协同;参与制定和实施通用航空、格洛纳斯系统技术应用和开发领域的统一技术政策等。二是负责提案或审议相关提案,包括通用航空、格洛纳斯技术应用和开发领域的结构转型,格洛纳斯系统技术开发的基本方向;修订关于通用航空、格洛纳斯技术的长期规划、投资计划及其他发展计划;修订俄罗斯联邦关于税费的法律,包括为推动通用航空和格洛纳斯系统技术发展在某些活动领域增设新的税收系统;拟定涉及通用航天和格洛纳斯系统技术领域统一国家政策的制定和实施方面的提案等。为完成监督管理职能,委员会可以召开会议,听取委员会成员、联邦权力执行机构代表、联邦主体权力机构代表、地方自治机关代表以及其他法律形式的组织代表的报告,并要求联邦权力执行机构就提供相关信息,确定相关信息提交的格式和周期,必要时,还可招募科研机构、社会团体以及其他法律形式的组织的专家免费参加委员会工作。③

此外,俄罗斯相关职能部门根据各自职能具有一定监督职能,如国家航天集团公司负责组织协调、监督集团公司各组织实施有关运用有效方法和手段保障航天安全的研发工作;俄罗斯联邦审计署和其他俄罗斯联邦权力执行机构根

① 参见《美国法典》第 10 编第 2279b 条第(d)款。

② 参见《国防部第 4650.06 号指示:定位导航授时管理》第 3.1 条。

③ 参见《俄罗斯联邦关于俄罗斯联邦总统下属的通用航空、基于格洛纳斯系统的导航信息技术发展委员会的总统令》(2018 年修订)。

据俄罗斯联邦法对集团公司的活动进行检查和监督，对格洛纳斯系统、增强系统以及卫星导航设备的计量保障实施国家计量监督，包括对属于测量仪器的卫星导航设备组织和实施测试。①

欧盟高度关注通过法律方式明确伽利略系统建设过程的监督管理事项，明确负责监督管理的职责机构，规范了不同的具体的监督管理事项。欧盟委员会应全面负责伽利略计划和 EGNOS 计划，包括按照用户的要求，确定方案的优先事项和长期发展，并监督所有计划活动的执行情况，特别是在费用、进度和执行情况方面。一是监督各实体之间的责任分工与计划的资金管理。欧盟委员会应确保参与伽利略计划和 EGNOS 计划的各实体之间的任务和责任有明确的分工，并应协调这些实体的活动，通过授权法案方式将相关职能委托给不同职能部门。欧盟委员会还应确保参与执行伽利略计划和 EGNOS 计划的所有受托实体保护欧盟的利益，保证欧盟的资金得到妥善管理，并遵守财务条例及相关法律法规。二是监督确定技术要求。欧盟委员会在由成员国代表组成的计划委员会帮助下处理用户需求，并通过实施法案的方式确定实施伽利略系统和 EGNOS 系统的技术需求。② 三是监督评估计划执行情况。欧盟委员会负责有效评估该计划在实现其目标方面的进展，在认为必要的情况下对项目进展的指标进行修订，并补充建立监督和评估框架的规定。③ 到 2024 年 6 月 30 日，以及此后每四年，欧盟委员会还将评估伽利略计划和 EGNOS 计划的执行情况。评估应涵盖计划的所有组成部分和行动，包括在计划下提供的服务的执行情况；用户需求的演变及竞争对手提供的数据和服务的发展。欧盟委员会还应将评估结论及其意见提交给欧洲议会、欧盟理事会、欧洲经济和社会委员会和地区委员会。四是监督评估欧盟空间计划局的工作效能。到 2024 年 6 月 30 日，以及此后每四年，欧盟委员会将评估欧盟空间计划局的工作效能。欧盟委员会应以成本效益分析为基础，评估欧盟空间计划局在目标、任务方面的表现，以判断是否有可能赋予欧盟空间计划局更多的任务。评估监督还应涉及欧盟空间计

---

① 参见《俄罗斯联邦政府关于国家航天集团公司和联邦权力执行机构在为保障俄罗斯联邦国防安全、推动社会经济发展、扩大国际合作和科学应用而维护、发展和使用格洛纳斯系统的职权条例》（2021 年修订）第 15 条。

② 参见 2021 年《欧盟空间计划和欧盟空间计划局条例》[（EU）2021/696]第 28 条

③ 参见 2021 年《欧盟空间计划和欧盟空间计划局条例》[（EU）2021/696]第 101 条。

划局关于利益冲突的政策以及安全认证委员会的独立性和自主权。如果欧盟委员会认为该局不再有理由继续开展活动，可建议对相关法律法规进行修订。欧盟委员会应向欧洲议会、理事会行政委员会和安全认证委员会提交结果并将评估结果予以公布。[①] 此外，欧盟委员会还需要及时将授权法案的通过情况同时通知欧洲议会和理事会；将对任何采购程序和相关合同（包括分包合同）的临时和最后评价结果通知由欧盟成员国代表组成的计划委员会。[②] 此外，欧盟空间计划局负责监督欺诈、腐败或任何其他非法活动，并采取有效的监督预防措施。欧洲反欺诈办公室（Olaf）有权进行行政调查，包括现场检查和视察，以确定是否存在欺诈、腐败或影响联盟财务利益的任何其他非法活动。[③] 欧盟空间计划局作为伽利略系统安全监测中心的操作者，其行政委员会负责监督伽利略系统安全监测中心的运作。[④]

第二节　外国卫星导航系统运维法律制度

卫星导航系统是天地一体化的复杂系统，系统运维涉及空间段、地面控制段和其他条件保障等多方面工作。卫星导航系统组网建成后，一方面需要保证系统在全寿命周期内的长期稳定运行，另一方面仍需要根据应用战略需求不断改进，以适应和满足不同用户在不同应用阶段对系统的需求。[⑤] 美国、俄罗斯和欧盟建立了卫星导航系统运行维护制度，确保卫星导航系统运行的安全稳定性和规范化。

一、卫星导航系统的日常运行维护制度

卫星导航系统的日常运行维护制度是关于相关主体以何种方式运行维护

---

① 参见 2021 年《欧盟空间计划和欧盟空间计划局条例》[（EU）2021/696］第 102 条。

② 参见 2021 年《欧盟空间计划和欧盟空间计划局条例》[（EU）2021/696］第 28 条。

③ 参见 2021 年《欧盟空间计划和欧盟空间计划局条例》[（EU）2021/696］第 79 条、第 95 条。

④ 参见 2021 年《欧盟空间计划和欧盟空间计划局条例》[（EU）2021/696］第 77 条。

⑤ 参见杨长风、陈谷仓、郑恒等：《北斗卫星导航系统智能运行维护理论与实践》，中国宇航出版社 2020 年版，第 11 页。

卫星导航系统的制度。美国《国防授权法》以及美国多个与 GPS 相关的总统文件就 GPS 的运行维护的主体、职责、运行维护规范等作出了规定，明确由国防部负责 GPS 的开发、采办、运行、安全和持续现代化①。国防部制定了《国防部第 4650.06号指示：定位导航授时管理》就 GPS 运行维护作出具体规定。其中，空军部长负责运行和维护 GPS 星座和地面控制部分，并根据需要，进行 GPS 与其他独立系统和增强系统的集成，以监控 GPS 的兼容性和互操作性。② 太空军司令部第 14 航空军队负责 GPS 主控站、地面天线、监测站、发射场执行操作控制权；第 14 航空军队下属第 50 太空联队负责维护星座的健康运行，确保 GPS 性能和可靠性满足用户需求。③ 交通部负责运行管理广域增强系统（WAAS）、全国差分全球定位系统（NDGPS），其中 WAAS 是由美国联邦航空管理局（FAA）运营的区域天基增强系统（SBAS），支持北美各地的飞机导航，NDGPS 是一种地面增强系统，可为美国水道上的用户提供更高的 GPS 信息的准确性和完整性。商务部负责管理连续运行的参考站（CORS），具体由美国国家海洋和大气管理局负责管理的美国 CORS 网络存档和分发 GPS 数据，以便与国家空间参考系统相关联的精确定位。国家航空航天局负责运行全球差分全球定位系统（GDGPS），以及中央局和国际全球卫星导航系统服务（IGS）的众多参考站。

俄罗斯联邦国防部负责格洛纳斯系统运行。《俄罗斯联邦关于为俄罗斯联邦社会经济发展而使用格洛纳斯系统的总统令》④明确了联邦国防部负责协调为保障俄罗斯联邦国防和安全而创建、开发和使用的格洛纳斯系统、增强系统和卫星导航设备。⑤《俄罗斯联邦政府关于国家航天集团公司和联邦权力执行机构在为保障俄罗斯联邦国防安全、推动社会经济发展、扩大国际合作和科学

① 参见 2021 年《美国天基定位导航授时政策》第 7 节第（b）条。

② 参见《国防部第 4650.06 号指示：定位导航授时管理》第 2.17 条。

③ 参见杨长风、陈谷仓、郑恒等：《北斗卫星导航系统智能运行维护理论与实践》，中国宇航出版社 2020 年版，第 11 页。

④ 参见《俄罗斯联邦关于为俄罗斯联邦社会经济发展而使用格洛纳斯系统的总统令》（2019 年修订）。

⑤ 参见《俄罗斯联邦政府关于国家航天集团公司和联邦权力执行机构在为保障俄罗斯联邦国防安全、推动社会经济发展、扩大国际合作和科学应用而维护、发展和使用格洛纳斯系统的职权条例》（2021 年修订）第 3 条。

应用而维护、发展和使用格洛纳斯系统的职权条例》明确国防部负责管理格洛纳斯系统航天器轨道组网。俄罗斯国家航天集团公司负责作为维持和发展格洛纳斯系统、民用应用和相关国际合作的协调者。

欧盟空间计划局负责伽利略系统和 EGNOS 系统的运行。《欧盟空间计划和欧盟空间计划局条例》第 29 条、第 44 条规定,经欧盟委员会的授权,由欧盟空间计划局负责伽利略系统和 EGNOS 系统的运行管理。具体包括伽利略系统和 EGNOS 系统天基基础设施的管理、运行、维护、持续改进、发展、保护、升级和退役;伽利略系统和 EGNOS 系统地面基础设施以及网络的管理、运行、维护、持续改进、发展、保护、升级和报废;下一代系统的开发,以及伽利略系统和 EGNOS 系统服务的迭代,包括考虑利益相关方的需求;伽利略系统和 EGNOS 系统运行安全管理,制定技术规范和操作程序,并确保系统运行符合一般安全要求。欧盟空间计划局通过签订采购合同方式,将具体运行维护工作委托给相关运行维护单位。

欧洲伽利略系统服务运营商 SpaceopalGmbH 公司,通过竞争性招标程序,根据欧洲伽利略全球卫星导航系统完全运营能力运营框架合同,作为负责欧洲伽利略全球卫星导航系统运营的主要承包商,具体实施欧洲伽利略系统的日常运行维护。其运营由两个控制中心通过全球地面站网络进行管理。自 2017 年 7 月以来,受托负责运行伽利略系统的卫星群,确保向全世界提供伽利略系统服务。其核心业务活动包括:运行管理,运营工程和准备,维护和操作,伽利略系统服务的提供,发射和早期运行,伽利略系统数据传播网络,时间服务的提供,大地参考服务的提供,在轨测试服务,综合后勤服务,以及安全行动。①

EGNOS 系统服务运行由欧洲卫星服务提供商负责。欧洲卫星服务提供商的股东为欧洲的七家航空服务提供商,即瑞士的 Skyguide、德国的 DFS IBS、法国的 DSNA、西班牙的 ENAIRE、英国的 NATS、意大利的 ENAV、葡萄牙的 NAV。欧洲卫星服务提供商持有空中导航服务提供商证书,并受欧洲航空安全局的持续监督。2013 年,欧洲全球卫星导航系统局授予欧洲卫星服务提供商一项合同,由其作为 2014 年至 2021 年 EGNOS 系统服务单一的提供商,负责地面

① 参见 2018 年《欧洲无线电导航计划》附件 3。

和空间段的运行、基础设施的全面维护和安全标准的合规。[①]

此外,欧洲航天局就伽利略系统的运行维护承担技术支持的职责。欧洲航天局在伽利略计划和 EGNOS 计划的综合利用阶段,通过工作协定的方式与欧盟空间计划局开展合作,特别是在开发下一代系统的框架内进行构思、设计、监测、采购和验证;在为现有系统的运行和维护框架内提供技术支持等方面,对系统运行和服务提供进行监督。[②]

二、卫星导航系统监测评估制度

卫星导航系统监测评估既包括对系统运行状态的日常监测评估,也包括对干扰情况的检测与减轻。监测评估是卫星导航运行维护活动的重要环节,对于监控风险,保证系统运行状态至关重要。卫星导航系统监测评估制度是规范监测评估主体、评估标准、评估程序、评估后措施等活动的制度规范。

在美国,由国防部长与交通部长、国土安全部长合作,确保对美国民用天基 PNT 服务的性能进行监测。其中,交通部长负责对 GPS 民用信号性能进行监测,并促进在制定天基 PNT 服务监测标准方面的国际协调。[③] 美国未对标准定位服务(SPS)性能进行连续监测,但是精确定位服务(PPS)监测可以有效探测到大多数服务异常情况,包括用户距离误差,使卫星运营商能够获得必要的信息来采取行动,保护用户免受异常信号的影响。[④] 对 GPS 的信号监测主要由美国空军和美国国家地理空间情报局(NGA)负责。美国空军负责通过 GPS 控制段的主控站与监控站实现对 GPS 的监测,并与 11 个国家地理空间情报局(NGA)监控站结合在一起,提供 GPS 卫星 100% 的全球覆盖。

俄罗斯在莫斯科州科罗廖夫市建立监测和确认格洛纳斯系统实用技术性能的中心。该中心的投入使用将使独立监测格洛纳斯系统和 GPS 的性能以保障民用用户的利益、建立用于卫星导航领域研究和实验工作的现代技术和实验基地、开展国际合作以确保全球卫星导航系统的互补性和兼容性成为可能。[⑤]

---

① 参见 2018 年《欧洲无线电导航计划》附件 3。

② 参见 2021 年《欧盟空间计划和欧盟空间计划局条例》[(EU)2021/696]第 30 条。

③ 参见 2021 年《美国天基定位导航授时政策》第 5 节第(h)条、第 7 节第(d)条。

④ 参见美国《联邦无线电导航计划(2019)》3.2.5。

⑤ 参见《俄罗斯联邦政府关于 2012 - 2020 年格洛纳斯系统的维护、开发和使用专项计划的决议》。

俄罗斯多个国家行政机构参与格洛纳斯系统的运行监测。其中,国防部负责建设、支持和发展格洛纳斯系统导航域的监测设备,监测由格洛纳斯系统、增强系统制造的导航区域参数并保障其指定性能,与国家航天集团公司交换数据。国家航天集团公司参与格洛纳斯系统及其增强系统导航区域的参数和特征值监测,并与国防部交换数据。联邦技术调节与计量局负责参与格洛纳斯系统导航区域的参数和特征值监测,并同国防部和国家航天集团公司交换数据。[①] 此外,联邦网络运营商负责监测格洛纳斯系统的导航区域,向用户提供这些区域及增强系统的相关数据,以及星历时间信息。[②]

欧盟空间计划局负责监测系统运行的状态,具体由伽利略系统安全监测中心(GSMC)承担欧洲伽利略系统的安全监测,负责对安全威胁、安全警报和系统运行状态进行监控并采取行动。在系统的运行或使用对欧盟或成员国的安全造成威胁,或是在系统的运行受到威胁的情况下(尤其是在由于国际危机而产生威胁的情况下),伽利略系统安全监测中心负责酌情立即向欧盟高级代表通报有关情况,并落实相关的指示。[③]

三、卫星导航系统紧急状态措施

卫星导航系统紧急状态措施是指在特定情形下,对卫星导航系统运行状态采取的限制性措施。美国、俄罗斯和欧盟都制定有其卫星导航系统紧急状态措施,定义了紧急状态的具体情形,对卫星导航系统运行采取限制性措施的程序及具体措施作出了规定。

美国《联邦无线电导航计划》阐明了美国卫星导航系统紧急状态措施。即美国的国家政策是,在战争或国家安全受到威胁的情况下,美国政府供公众使用而运行的所有 PNT 系统将保持和平使用状态,但须服从总统的指令。在极

---

① 参见《俄罗斯联邦政府关于国家航天集团公司和联邦权力执行机构在为保障俄罗斯联邦国防安全、推动社会经济发展、扩大国际合作和科学应用而维护、发展和使用格洛纳斯系统的职权条例》(2021年修订)第2条、第15条。

② 参见《俄罗斯联邦政府关于导航活动领域的联邦网络运营商的决议》(2015年修订)第2条(7)。

③ 参见《关于欧盟空间计划下部署、运行和使用的可能影响欧盟安全的系统和服务的安全性的决定》第2条、第3条、第4条。

端国家紧急情况下，运行机构可能会停止运行或更改 PNT 系统的特性和信号格式。所有通信链路，包括用于传输差分 GPS 修正和其他 GPS 增强信号的通信链路，也应服从总统的指令。①

《俄罗斯联邦导航活动法》规定，在国家动员期间、军事管制期间以及战时，由俄罗斯联邦政府明确和实施具有特殊要求的导航活动。② 根据《俄罗斯轨道频率资源分配、使用和保护领域国家政策的基本原则的条例》，在采取特殊措施期间和在紧急情况下，可能会对无线电频率的使用施加临时限制。实行限制的程序和有权实行该限制的机构清单由俄罗斯联邦政府确定。③

欧盟认为，在国际形势需要欧盟采取行动，且欧洲全球卫星导航系统的运行可能影响欧盟或其成员国安全的情形下，或在欧洲全球卫星导航系统的运行受到威胁的情况下，欧盟理事会应当采取必要的措施。④ 2021 年《关于欧盟空间计划下部署、运行和使用的可能影响欧盟安全的系统和服务的安全性的决定》就欧洲全球卫星导航系统紧急状态措施作出了规定。一是及时通知。如果发生威胁，欧盟成员国、欧盟委员会、欧盟空间计划局或指定的任何安全监测机构应酌情立即向高级代表通报有关情况。高级代表应立即将安全威胁情况以及对有关系统运行或提供服务有潜在影响的情况通知欧盟理事会。二是一般指示。欧盟理事会根据高级代表采取一致行动的提议，酌情决定向欧盟空间计划局或任何指定的安全监测机构发出必要指示，该提议应当包括对拟提出的指示的影响评估。欧盟空间计划局或相关指定的安全监测机构、欧盟委员会应就拟向高级代表提出的任何指示对计划组成部分下的系统设置和提供的服务可能产生的更广泛影响向高级代表提供建议。政治和安全委员会（PSC）应酌情就提议的任何指示向欧盟理事会提供意见。三是临时指示。如果情况紧急，高级代表有权或指示欧洲对外行动署秘书长代表其向欧盟空间计划局或相关指定的安全监测机构发出必要的临时指示，并将发出的任何指示通知欧盟理事会和欧盟委员会。欧盟理事会应尽快确认、修改或撤销高级代表的临时指示。高

① 参见美国《联邦无线电导航计划（2019）》3.1。

② 参见《俄罗斯联邦导航活动法》（2015 年修订）第 4 条。

③ 参见《俄罗斯轨道频率资源分配、使用和保护领域国家政策的基本原则的条例》第 15 条。

④ 参见《关于欧盟空间计划下部署、运行和使用的可能影响欧盟安全的系统和服务的安全性的决定》序言。

级代表应不断审查这些临时指示,酌情修改或在不再需要立即采取行动的情况下撤销相关临时指示。在欧盟理事会未撤销的情况下,临时指示在发布四周后失效。

第三节　外国卫星导航系统服务法律制度

卫星导航系统服务法律制度着眼于系统的供给侧,是规范卫星导航系统服务提供的制度,规范包括卫星导航系统服务性能、服务提供方式、系统供应商活动等内容。

一、卫星导航系统服务性能承诺制度

卫星导航系统服务性能承诺制度是卫星导航系统供应商通过法律或政策的形式,向用户公开承诺所提供的卫星导航服务的定义,完整性、连续性、可用性等性能标准的制度安排。

(一)美国 GPS 服务性能承诺制度

美国通过联邦法律和政策向用户承诺 GPS 服务的性能,对于增强用户使用 GPS 服务的信心,为促进 GPS 在各行业的应用提供了制度保障。联邦法律要求国防部长应维护和运行 GPS 标准定位服务,以满足国防部长和交通部长共同制定的《联邦无线电导航计划》中的性能要求。[①] 2010 年《国家空间政策》要求美国按照公开的性能标准和接口规范运行和维护 GPS,以满足民用和国家安全需求,2020 年新制定的《国家空间政策》重申了该项政策主张。在此基础上,国防部、交通部和国土安全部制定的《联邦无线电导航计划》就 GPS 的服务性能作出了规定。国防部发布的《GPS 标准定位服务性能标准》[②],定义了美国政府向用户提供 GPS 标准定位服务(SPS)的性能标准,目前已更新至第 5 版。联邦航

---

① 参见《美国法典》第 10 编第 2281 条第 b 款。

② Global Positioning System Standard Positioning Service Performance Standard.

空管理局发布的《GPS 广域增强系统(WAAS)性能标准》[1],定义了美国政府向用户提供广域增强系统增强的 GPS 标准定位服务的性能标准。GPS 及美国政府的 GPS 增强系统的运行需符合上述性能标准。

为确保 GPS 及美国政府的 GPS 增强系统提供符合性能标准的服务,国防部指令规定,国防部首席信息官负责审批和分发适用于 GPS 标准定位服务、精确定位服务和其他服务(视情况而定)的 PNT 服务绩效标准;[2]空军部长负责对 GPS 标准定位服务性能标准和精确定位服务性能标准进行更新,并将其提交给国防部首席信息官进行审批和发布;[3]美国太空司令部司令参与适用于 GPS 标准定位服务、精确定位服务和其他服务(视情况而定)的国防部 PNT 服务绩效标准的拟定和维护。[4] 美国政府明确其在可预见的将来采取一切必要措施保持 GPS 标准定位服务的完整性、可靠性以及可用性。国际海事组织大会决议《全球无线电导航系统》及国际民航组织的第十届空中导航大会和第二十九届国际民航组织大会均记载了这一承诺。

(二)俄罗斯格洛纳斯系统服务性能承诺制度

为保障导航活动,《俄罗斯联邦导航活动法》要求俄罗斯联邦授权的权力执行机构依据国家标准,在其官方国际互联网站点上发布有关导航活动的数据、信息和服务标准。[5] 俄罗斯格洛纳斯系统及增强系统提供四种导航服务:一是基本服务,可以在绝对模式下向所有类型的用户提供定位导航授时服务,该服务由中轨道的导航卫星提供;二是生命安全服务,为有更高的可靠性和准确性需求的服务提供导航保障,该服务由中轨道的导航卫星以及差分模式的空间和地面(局域、地区和广域)增强系统提供;三是有限的高精度导航服务,该服务在地面增强站网络的 50 公里范围内实施;四是高精度导航服务,该服务通过地面和互联网渠道实施。[6] 俄罗斯国防部和国家航天集团公司发布了《开放服务性

---

① Global Positioning System Wide Area Augmentation System(WAAS) Performance Standard.

② 参见《国防部第 4650.06 号指示:定位导航授时管理》第 2.1 条。

③ 参见《国防部第 4650.06 号指示:定位导航授时管理》第 2.17 条。

④ 参见《国防部第 4650.06 号指示:定位导航授时管理》第 2.19 条。

⑤ 参见《俄罗斯联邦导航活动法》(2015 年修订)第 10 条。

⑥ 参见《俄罗斯联邦无线电导航计划(2019)》4.2。

能标准》[①]（STEHOS），确定了格洛纳斯系统开放服务（OS）的操作特性水平。

（三）欧盟卫星导航系统服务性能承诺

《欧盟空间计划和欧盟空间计划局条例》仅就伽利略系统和EGNOS系统服务作出了原则性规定。伽利略系统提供6项服务：伽利略开放服务（GOS）、高精度服务（HAS）、信号认证服务（SAS）、公共管制服务（PRS）、紧急服务（ES）和授时服务（TS）。伽利略开放服务，向用户免费提供定位和同步信息，主要用于面向消费者的大容量卫星导航应用。高精度服务，向用户免费提供，并通过在补充频段传播的附加数据，提供主要用于专业或商业卫星导航应用的高精度定位和同步信息。信号认证服务，基于信号中包含的加密代码，主要用于专业或商业卫星导航应用。公共管制服务，仅限于安全和防务等领域的敏感应用程序的政府授权用户，这类应用程序使用强加密信号，对服务连续性要求较高；服务应免费向成员国、欧盟理事会、欧盟委员会、欧洲经济区以及适当情况下经正式授权的欧盟机构提供。紧急服务，免费向用户提供，并通过发送信号的方式，播报有关特定地区自然灾害或其他紧急情况的警告信息。授时服务，免费为用户提供准确、可靠的参考时间，并协调通用时间，以促进基于伽利略计划的授时应用程序的开发和关键应用程序的使用。[②] EGNOS系统提供3项服务：EGNOS系统开放服务（EOS），免费向直接用户提供定位和同步信息，主要用于面向消费者的大容量卫星导航应用；EGNOS系统数据访问服务（EDAS），免费向直接用户提供定位和同步信息，主要用于专业或商业卫星导航应用，提供附加值比，通过EGNOS系统开放服务，获得的性能和数据更高的增强性能和数据；生命安全（SoL）服务，免费向直接用户提供连续性、可用性和准确性高的定位和时间同步信息，包括提醒用户由伽利略系统和其他全球卫星导航系统发出并由EGNOS系统在覆盖区域内增强的任何故障或超差信号的完整性消息，主要针对对安全要求高的用户，特别是根据国际民航组织标准在民航部门提供空中导航服务的用户或其他运输部门。[③]

---

① Ст андарт эксплуат ационных характ ерист ик от крыт ого сервиса（СТЭХОС），Редакция 2.2，2019 г.

② 参见2021年《欧盟空间计划和欧盟空间计划局条例》[（EU）2021/696]第45条。

③ 参见2021年《欧盟空间计划和欧盟空间计划局条例》[（EU）2021/696]第46条。

欧盟虽然发布了《伽利略开放服务—服务定义文件》(OS SDD v1.1)、《伽利略高精度服务(HAS)信息说明》、《伽利略—搜索和救援—服务定义文件》(SAR SDD v2.0)、《EGNOS—开放服务—服务定义文件》(OS SDD v2.3)、《EGNOS—生命安全—服务定义文件》(SoL SDD v3.4)等服务性能说明,但是欧盟不对伽利略系统和EGNOS系统的服务性能做任何承诺。2013年《欧洲卫星导航系统实施和开发条例》(1285/2013/EU)的序言写到,“必须注意,2014－2020年期间系统的投资和运营成本估计并未考虑欧盟可能需要承担的不可预见的财务义务,尤其是欧盟对系统拥有的所有权产生的服务性能责任,特别是在系统出现故障时”。《伽利略开放服务—服务定义文件》专门强调“尽管在设计、实施和运行系统以及提供开放服务方面都非常谨慎,但开放服务并不意味着为用户提供任何服务保证”[①]。该文件阐明了欧盟对于伽利略系统服务的免责声明,即“作为伽利略系统的所有者,欧盟——包括其任何机构、办事处,例如欧盟委员会、欧洲全球卫星导航系统局(GSA),以及其他根据与欧盟签订的合同或协议而参与伽利略系统服务的实体,不提供任何与开放服务相关的任何类型(无论明示或暗示)的保证,包括但不限于关于可用性、连续性、准确性、完整性、可靠性和适用于特定目的或满足用户要求的保证”。

二、卫星导航系统服务信息公开制度

卫星导航系统服务信息公开制度是规范相关机构发布卫星导航系统服务信息的活动的制度,包括规范发布的信息内容、发布时间、发布程序等。对于面向全球用户提供的卫星导航服务,服务信息公开对于开发和制造基于卫星导航服务的相关设备和应用至关重要。美国、俄罗斯和欧盟都建立有相应的卫星导航系统服务信息公开制度。

美国总统令规定,美国政府保证“在全球范围内提供对美国天基GPS服务和政府提供的扩增系统的连续访问,不向用户直接收取费用,并提供公开、免费访问必要信息的机会,以开发和建立使用这些服务的设备”。这项工作由PNT协调办公室承担,具体负责协调战略信息和教育材料的开发和传播。[②] 此外,考

① Galileo Open Service－Service Definition Document(OS SDD v1.1).

② 参见2021年《美国天基定位导航授时政策》第4节。

虑到既定的 GPS 干扰测试和卫星星座运行状态变化会影响平时向用户提供的 GPS 标准定位服务（SPS），当既定事项影响向 GPS 用户提供的服务，美国政府会依据 GPS 标准定位服务性能标准，至少提前 48 小时发布恰当的 Navstar 用户公告（NANU）。针对既定干扰测试活动的协调工作通常在测试事件 60 天前开始。一旦活动获得批准，美国海岸警卫队会立即通知用户，而美国联邦航空管理局（FAA）通常在活动开始前 72 小时内公布信息。2007 年，美国联邦航空管理局长代表美国政府重申了美国政府为全球航空提供 GPS 标准定位服务的承诺，并按规定的服务空域提供广域增强系统（WAAS）服务。美国政府计划在可预见的将来采取一切必要措施，保持 GPS 标准定位服务和 WAAS 服务的完整性、可靠性和可用性，并在此类运营终止或服务取消之前至少提前 6 年发出通知。①

俄罗斯格外重视在法律法规中明确卫星导航系统服务信息公开制度，《俄罗斯联邦无线电导航计划》明确指出，无线电导航计划的目标之一就是俄罗斯联邦导航服务开发商和用户之间的信息交互。《俄罗斯联邦导航活动法》进一步明确“为保障导航活动，俄罗斯联邦授权的权力执行机构依据国家标准，在其官方国际互联网站点上发布有关导航活动的数据、信息和服务标准”。② 并且在《俄罗斯联邦政府关于国家航天集团公司和联邦权力执行机构在为保障俄罗斯联邦国防安全、推动社会经济发展、扩大国际合作和科学应用而维护、发展和使用格洛纳斯系统的职权条例》中明确国家航天集团公司负责向包括国外用户在内的民用用户提供有关格洛纳斯系统航天器轨道星座的当前和预测状态的信息，并通过在其官方网站上发布根据公共服务标准和这些标准提供的导航服务信息，为导航活动提供信息支持。国防部按照规定程序负责，向民用用户提供格洛纳斯系统航天器轨道组网的实时和预测状态信息。③

由于伽利略系统为开放服务、高精度服务等与公共管制服务提供服务信息的差异性，其信息发布制度也有一定的区别。开放服务和高精度服务等服务由

① 参见美国《联邦无线电导航计划（2019）》1.7.5.2。

② 参见《俄罗斯联邦导航活动法》（2015 年修订）第 10 条。

③ 参见《俄罗斯联邦政府关于国家航天集团公司和联邦权力执行机构在为保障俄罗斯联邦国防安全、推动社会经济发展、扩大国际合作和科学应用而维护、发展和使用格洛纳斯系统的职权条例》（2021 年修订）第 2 条、第 3 条。

欧洲全球卫星导航系统服务中心(GSC)提供。GSC 就 24/7 全天候运营,并提供一系列服务,例如:提供伽利略系统和开放服务用户之间的接口;提供伽利略系统与其高精度服务提供商和用户之间的接口;托管伽利略系统用户帮助台;为伽利略系统相关的产品提供一个传播平台;托管一个含伽利略系统和全球卫星导航系统参考文件的电子图书馆;提供伽利略系统控制中心(GCC)存档数据的按需检索和交付;为高精度服务的管理提供支持;托管开放服务、商业服务和生命安全服务方面的专业知识中心;向用户提供生命安全和商业服务用户服务绩效评估的预测等。

关于公共管制服务的信息沟通,欧盟专门成立伽利略系统安全监测中心开展工作。具体来说,伽利略系统安全监测中心负责系统及公共监管服务使用的管理。确保与使用公共监管服务相关的敏感信息得到适当管理和保护。伽利略系统安全监测中心充当政府实体请求加密密钥的接口,以及管理卫星相关信号消息的伽利略核心组件的接口,用户分发公共管制服务密钥和相关机密信息,此外,伽利略系统安全监测中心还负责提供公共监管服务和伽利略系统安全专业知识和分析。[①]

三、卫星导航系统服务监督管理制度

在卫星导航系统的公开服务之外,为规范伽利略系统提供了较为特殊的公共管制服务、高精度服务和认证服务,欧盟制定了专门的系统服务监督管理制度。

(一)伽利略系统公共管制服务监督管理制度

公共管制服务是欧洲伽利略系统提供的服务之一,该服务使用加密信号为政府授权用户提供服务,适用于需要高度服务连续性的敏感应用。公共管制服务的目标就是保证服务的连续性,要确保在最严重危机下服务的持续运行。由于公共管制服务的安全性、敏感性,一旦违反安全规则使用该服务,其后果不仅会涉及相关用户,还可能波及其他用户。因此,欧盟严格限制对公共管制服务的访问,并对使用该项服务的用户持续检测。为确保该项服务提供和使用的稳

① 参见 2018 年《欧洲无线电导航计划》附件 3。

健性,以及规范服务授权,欧盟制定了《关于伽利略计划下建立的全球卫星导航系统提供的公共管制服务获取规则的决定》,就公共管制各管理和监督机构职能、服务获取和使用的一般规则、接收器和安全模块生产制度、出口管制等作出了规定。

1. 公共管制服务主管机构及职责

公共管制服务主管机构是负责管理公共管制服务使用、管理和监督用户的专门机构。公共管制服务主管机构由公共管制服务参与方指定。公共管制服务参与方是指欧盟成员国、欧盟理事会、欧盟委员会、欧盟对外行动署、欧盟机构,以及经正式授权的第三国和国际组织。其中,欧盟成员国指定的公共管制服务主管机构应在其领土设立,并通报欧盟委员会;未指定主管机构的,应指定一个联络点。欧盟理事会、欧盟委员会、欧盟对外行动署,以及使用公共管制服务的欧盟机构、国际组织可指定欧盟空间计划局为公共管制服务主管机构。

公共管制服务主管机构负责按照通用最低标准对用户进行持续监督。公共管制服务用户是指经公共管制服务参与方正式授权,拥有或使用公共管制服务接收器的自然人或法人。公共管制服务主管机构的职责具体包括:一是用户管理,公共管制服务主管机构负责进行用户分组,并与伽利略系统安全监测中心共同管理,负责确定和管理每个用户组或用户的公共管制服务访问权限;二是密钥和机密信息管理,公共管制服务主管机构负责从伽利略系统安全检测中心获取公共管制服务密钥和其他相关机密信息,并将其分发给用户;三是安全管理,公共管制服务主管机构负责对接收器的安全以及相关机密技术、信息进行管理和风险评估,负责报告检测到的影响公共管制服务的潜在有害电磁干扰;四是公共管制服务接收器的操作概念和程序,由欧盟成员国的公共管制服务主管机构负责监督公共管制服务接收器或安全模块的开发或生产。

公共管制服务主管机构在履行职责时,需与伽利略系统安全监测中心对接。伽利略系统安全监测中心是公共管制服务主管机构、欧盟理事会和欧盟外交和安全政策高级代表与控制中心之间的运行对接机构,并负责将可能影响公共管制服务顺利实施的任何事件通报给欧盟委员会。

2. 公共管制服务获取和使用规则

欧盟严格限制公共管制服务的获取和使用。关于公共管制服务的使用者,欧盟成员国、欧盟理事会、欧盟委员会和欧盟对外行动署有权在世界范围内无限制、不间断地获取公共管制服务，并决定是否在其职权范围内使用公共管制服务；欧盟各成员国负责确定其公共管制服务的用户、用途，用户应为代表其履行公务的自然人或法人；只有在因履行任务有必要的情况下，欧盟机构才可成为公共管制服务的参与方，并遵守欧盟委员会与有关机构缔结的行政协定中的详细规则。第三国或国际组织通过与欧盟签订协定成为公共管制服务的参与方。该协定必须规定机密信息的交换和保护规则、获取公共管制服务的条件等，具体由欧盟理事会负责批准公共管制服务的授权。

使用公共管制服务必须遵循安全规则，要求欧盟及其成员国尽最大努力确保伽利略计划下所建系统及公共管制服务技术和设备安全可靠，防止为公共管制服务发射的信号被自然人和法人非法使用，防止公共管制服务被恶意使用攻击欧盟及其成员国。具体来说，一是欧盟各成员国应确保其国家安全条例对机密信息的保护程度至少等同于欧盟机密信息保护相关规定的要求，并确保国家安全条例适用于公共管制服务的用户以及相关机密信息的处理者。二是机密信息泄露的处理，如果与公共管制服务有关的欧盟机密信息已披露给未经授权的任何人，则欧盟委员会应与有关欧盟成员国充分协商采取措施，包括通知公共管制服务机密数据的提供方、评估对欧盟或成员国潜在的利益损害、将评估结果告知有关当局并附上补救建议。三是第三国或国际组织与欧盟签订使用公共管制服务的协定时，必须规定交换和保护机密信息框架的信息安全协议，提供的保护程度至少与欧盟成员国的相当。

3. 公共管制服务接收器和安全模块生产规则

公共管制服务接收器和安全模块的生产规则包括开发生产准入制度和开发生产标准。第一，开发、生产公共管制服务接收器和安全模块，必须经过欧盟空间计划局安全认证委员会正式授权，安全认证委员会至少每五年审查一次接收器和安全模块的开发、生产授权。第二，公共管制服务接收器和安全模块，应当在欧盟成员国领土上生产。《关于伽利略计划下建立的全球卫星导航系统提供的公共管制服务获取规则的决定》规定，欧盟成员国可将生产公共管制服务接收器或相关模块的任务分配给在其领土上或另一成员国领土上建立的机构，欧盟理事会、欧盟委员会或欧盟对外行动署可将生产自用公共管制服务接收器或相关安全模块的任务分配给在欧盟成员国领土上建立的机构。第三，开发、生产公共管制服务接收器和安全模块的活动必须满足通用最低标准，涉及公共管制服务用户组的授权，研究、开发和生产阶段接收器和技术的安全，接收器和技术的集成，接收器、安全模块和技术材料的保护等。

4.公共管制服务的出口管制

欧盟严格限制公共管制服务的出口，规定只能将公共管制服务，以及相关设备、技术、软件的开发和生产出口到与欧盟签订了国际协定并经正式授权可接入公共管制服务的第三国。签订的协定中，必须规定第三国或国际组织获取公共管制服务的条款和条件细则。特别注意的是，此类协定可包括在特定条件下生产公共管制服务接收器，但不能包括安全模块。同时这类符合出口标准的，欧盟成员国的公共管制服务主管机构应当就相关出口与出口管制主管机构对接。

（二）伽利略系统高精度服务和认证服务监督管理制度

高精度服务（High Accuracy Service，HAS）和信号认证服务（Signal Authentication Service，SAS）是伽利略系统提供的服务。高精度服务通过补充频段传播的附加数据提供高精度定位和同步信息，主要用于专业或商业用途的卫星导航应用。高精度服务由一个或多个服务提供商提供高精度数据，通过欧洲全球卫星导航系统服务中心、地面段和连接到地面段的卫星传输给用户。信号认证服务基于信号中包含的加密代码，主要用于专业或商业用户的卫星导航应用。信号认证服务的目的是使用户确认其使用的是来自伽利略系统卫星的信号和数据，而非任何其他来源的信号和数据，从而增加伽利略定位服务的可信度，并防止可能导致欺诈的伽利略信号。信号认证服务有两类：一类是地理定位信息认证，为来自系统的地理定位信息提供身份验证数据；另一类是使用加密代码进行身份认证，通过访问信号中包含的加密代码来验证信号。《欧盟空间计划和欧盟空间计划局条例》《关于制定技术和操作规范，允许根据伽利略计划建立的系统提供商业服务的执行决定》就高精度服务和信号认证服务管理作出了规定。

关于服务费用，《关于制定技术和操作规范，允许根据伽利略计划建立的系统提供商业服务的执行决定》中规定，高精度服务和信号认证服务被统称为“商业服务”，服务费用根据现行定价政策来决定。但是2021年新出台的《欧盟空间计划和欧盟空间计划局条例》取消了将这两类服务称为“商业服务”的规定，并进一步规定免费提供高精度服务。

关于欧盟机密信息的使用，《关于制定技术和操作规范，允许根据伽利略计划建立的系统提供商业服务的执行决定》规定，商业服务提供商或最终用户不得使用欧盟机密信息，如果需要使用欧盟机密信息需要根据相关条例获得授权。

第四章　外国卫星导航应用发展法律制度

第一节　外国卫星导航应用促进法律制度

美国、俄罗斯和欧盟为了促进其卫星导航系统在全球的应用，根据其卫星导航系统的特色、发展阶段和市场情况制定了一系列制度措施，如民用服务免费、强制应用、政府或国防采购、国家标准推广等。但是美国、俄罗斯和欧盟的应用促进制度的侧重点各有不同，美国 GPS 是全球第一个卫星导航系统，美国利用先发优势，采取免费服务制度，使 GPS 应用范围迅速扩展；俄罗斯更多采用在涉及国防安全、公共安全、交通等领域强制应用格洛纳斯系统设备或兼容格洛纳斯系统和 GPS 的设备的方式，促进了格洛纳斯系统在国内的迅速应用；伽利略系统作为后发系统，欧盟采用承诺免费提供伽利略系统高精度服务、EGNOS 数据访问服务、EGNOS 系统生命安全服务的方式来获得差异化优势，并采用强制应用兼容伽利略系统服务的设备的策略，来扩大伽利略系统的应用规模。

一、卫星导航系统民用服务免费制度

卫星导航系统民用服务免费制度，是指拥有和运行卫星导航系统的国家，通过法律的方式承诺按照一定服务性能的要求，免费向用户提供卫星导航系统民用服务的制度。免费服务制度是卫星导航服务供应国为促进系统服务在全世界范围内应用的一项基本制度，由“免费”和“服务承诺”两项基本内容构成。通过免费的方式，不仅可以促进卫星导航系统服务的推广，还能够最大限度地减少系统间竞争。

（一）美国 GPS 标准定位服务免费制度

免费服务制度是美国为促进 GPS 在全世界范围内应用的一项基本制度，是指美国政府在全球范围内为民用、商用和科学等和平用途提供 GPS 标准定位服务，不向用户直接收取费用。

一是免费，即不向用户直接收取费用。根据《美国法典》第 31 编第 9071 条“用户费用规约”的规定，美国政府通过向享受联邦服务的特定用户群收取费用来回收成本。GPS 服务是美国政府提供的服务，理应收取服务费用，但美国政府对 GPS 标准定位服务采取免费政策，这主要基于以下考虑：首先，从实际操作看，美国政府很难向用户收取费用，因为单个用户或某一用户群体对 GPS 服务使用量难以估计，很难直接摊派用户费用；其次，免费服务可以最大限度降低系统层面的竞争，由于系统建设投资巨大，免费服务的政策可以最大程度降低其他国家或组织建设另一个全球卫星导航系统的需求，但如果美国政府向用户收取费用或无法确保 GPS 安全稳定运行，就可能激发其他国家做出建设 GPS 的替代系统的决定；最后，免费服务政策能够最大程度降低商业成本，能够刺激 GPS 商业应用的增长，这有利于促进全世界使用 GPS 服务。因此，在 1996 年总统发布的《美国全球定位系统政策》中，美国政府承诺免费持续为民用开放 GPS 标准定位服务。免费服务的制度也以法律的形式被确定下来，被编入《美国法典》第 10 编第 2281 条。无论是 2004 年《美国天基定位导航授时政策》，还是 2021 年《美国天基定位导航授时政策》，美国政府都在重申其免费公开标准定位服务这一基本制度。

二是服务承诺，即美国政府承诺免费提供的并不是 GPS 所有的服务，而是符合《全球定位系统标准定位服务性能标准》①性能指标的 GPS 标准定位服务（SPS）。最初，美国出于国家安全原因，采取“选择性可用”（Selective Availability）政策，即有意降低向公众提供的 GPS 信号精度。随着 GPS 系统在民用和商业领域应用的拓展，1996 年《美国全球定位系统政策》规定，美国政府计划在 10 年内停止使用 GPS 选择性可用功能。2000 年，克林顿发表《总统关于美国决定停止降低全球定位系统精度的声明》，宣布停止“选择性可用”政策，使标准定位

---

① Global Positioning System Standard Positioning Service Performance Standard(5th Edition).

服务精度较过去提升十倍，这大大促进了 GPS 在世界范围内各领域的应用。2004 年《美国天基定位导航授时政策》公布，美国政府免费提供的服务范围进一步扩展，规定美国政府提供 GPS 民用服务和 GPS 增强服务不向用户直接收取费用，并要求美国政府提供必要的，免费开放的服务接入信息，以促进开发和制造此类服务设备。2007 年，美国联邦航空管理局（FAA）局长代表美国政府重申了美国政府为全球航空提供 GPS 标准定位服务（SPS）的承诺，并按规定的服务空域提供广域增强系统（WAAS）服务，承诺美国政府计划在可预见的将来采取一切必要措施，保持 GPS 标准定位服务和 WAAS 服务的完整性、可靠性和可用性，并在此类运营终止或服务取消之前至少提前 6 年发出通知。①

GPS 的先发优势和免费服务制度相结合，大大促进了 GPS 商业服务的发展，使 GPS 的各类芯片、设备、服务得以迅速占领卫星导航应用市场，还在很大程度上增加了其他的卫星导航系统应用推广的难度。

（二）俄罗斯格洛纳斯系统民用服务免费制度

2007 年，俄罗斯总统发布了《俄罗斯联邦关于为俄罗斯联邦社会经济发展而使用格洛纳斯系统的总统令》，明确规定"免费并无限制地向俄罗斯本国和外国用户提供格洛纳斯系统的民用导航信号"。首先，格洛纳斯系统民用导航信号免费向全球用户提供，不区分用户的国籍；其次，免费提供的格洛纳斯系统民用导航信号是无限制的，换言之，不同于美国最初采取的降低 GPS 信号精度的"选择性可用"政策，俄罗斯对格洛纳斯民用导航信号的性能没有限制。1996 年，俄罗斯联邦提议通过格洛纳斯系统支持国际民用航空的需求，向国际民航组织承诺，格洛纳斯系统标准精度频道将被提供给国际民航组织至少 15 年的时间，不直接向用户收取费用，国际民航组织理事会接受了该提议。

（三）欧盟伽利略系统和 EGNOS 系统民用服务免费制度

欧盟最早于 2008 年确立的免费服务制度，2008 年发布的《进一步实施欧洲卫星导航计划条例》附件中规定，伽利略和 EGNOS 计划的具体目标是确保系统发出的信号可用于"为用户提供免费的开放服务（OS），并为大容量卫星导航

① 参见美国《联邦无线电导航计划（2019）》3.2.2.1　标准定位服务（SPS）。

应用提供定位和同步信息”。2013 年《欧洲卫星导航系统实施和开发条例》在序言中指出,“为了最大限度地普及 EGNOS 系统生命安全服务,应在无须用户直接付费的情况下提供该服务,还应免费向公共管制服务(PRS)参与方免费提供伽利略公共管制服务”,并重申了免费提供伽利略系统开放服务和 EGNOS 系统开放服务的承诺。

2021 年《欧盟空间计划和欧盟空间计划局条例》系统规定了欧盟关于卫星导航系统民用服务免费制度,拓展了免费服务的范围和类型。该条例第 45 条就伽利略系统民用服务免费制度作出了明确规定,伽利略系统免费提供四种民用服务:一是伽利略开放服务(GOS),向用户免费提供定位和同步信息,主要用于面向消费者的大容量卫星导航应用;二是高精度服务(HAS),向用户免费提供,并通过在补充频段传播的附加数据,提供主要用于专业或商业卫星导航应用的高精度定位和同步信息;三是紧急服务(ES),免费向用户提供,并通过发送信号的方式,播报有关特定地区自然灾害或其他紧急情况的警告信息;四是授时服务(TS),免费为用户提供准确、可靠的参考时间,并实现协调通用时间,以促进基于伽利略计划的授时应用程序的开发和关键应用程序的使用。

该条例第 46 条就 EGNOS 系统民用服务免费制度作出了规定,EGNOS 系统免费提供三种民用服务:一是 EGNOS 开放服务(EOS),免费向用户提供定位和同步信息,主要用于面向消费者的大容量卫星导航应用;二是 EGNOS 数据访问服务(EDAS),免费向用户提供定位和同步信息,主要用于专业或商业卫星导航应用,提供附加值比通过 EGNOS 开放服务获得的性能和数据更高的增强性能和数据;三是生命安全(SoL)服务,免费向用户提供连续性、可用性和准确性高的定位和时间同步信息,主要针对对安全要求高的用户,特别是根据国际民航组织标准在民航部门提供空中导航服务的用户或其他运输部门。

二、卫星导航系统服务强制应用制度

强制应用是指通过法律或行政手段,要求在特定行业或领域,特定服务或产品中使用特定卫星导航系统信号,或安装和使用特定卫星导航系统终端产品的行为。

（一）美国 GPS 服务强制应用制度

相较于俄罗斯、欧盟，美国关于卫星导航系统服务强制应用的规定较少，这和 GPS 的先发优势有关。美国是全球第一个建成运行卫星导航系统的国家，在相当长的一段时间内，仅有 GPS 提供的卫星导航服务可以使用，GPS 的技术优势使其在美国民用和商用市场上获得独占优势。因此，美国 GPS 强制应用主要是出于保护生命安全和公共利益的考虑。

联邦法律规定，在医疗救治的"个人应急反应系统"和海岸警卫队的直升机救援计划中，利用 GPS 提供患者或海上受困人员的位置信息；①对性犯罪者和高危人群利用 GPS 进行定位追踪；②进行少量气体探测和研究的公司必须具备部署调配 GPS 的能力；③在油气管道电话报警系统中利用 GPS 对地下管道进行定位与标记；④利用 GPS 进行森林资源调查与分析；⑤要求利用 GPS 建立国家火山早期预警监测系统；⑥要求利用 GPS 建立为野外消防员提供火源位置的定位系统⑦等。美国联邦通信委员会颁布行政性命令 E911，该命令旨在建设公众安全网，硬性要求所有手机必须具备定位功能，无论在任何时间任何地点，用户的手机信号都可以被追踪，这一规定使手机生产商对 GPS 的需求剧增。⑧

（二）俄罗斯格洛纳斯系统服务强制应用制度

俄罗斯通过法律、总统令及政府令全面推动格洛纳斯系统的强制应用。需强制应用的特定活动、设备或领域清单，根据法律授权，由联邦权力执行机构、俄罗斯联邦主体权力执行机构和地方政府依据职权确定。在强制应用的对象上，要求配备格洛纳斯系统设备或兼容格洛纳斯系统和 GPS 信号的设备。在强

---

① 参见《美国法典》第 38 编第 1710 条。

② 参见《美国法典》第 34 编第 20981 条。

③ 参见《美国法典》第 42 编第 16522 条。

④ 参见《美国法典》第 49 编第 60114 条。

⑤ 参见《美国法典》第 16 编第 1642 条。

⑥ 参见《美国法典》第 43 编第 31k 条。

⑦ 参见《美国法典》第 43 编第 1748b－1 条。

⑧ 参见《联邦法规》第 47 编第 9.10 条。

制应用的领域上，主要是要求在关系国防安全、公共安全和生命安全的领域应用格洛纳斯系统设备。具体来说：

第一，要求俄罗斯联邦权力执行机构及其所属组织使用能够接收格洛纳斯系统信号的卫星导航设备。2001 年 8 月俄罗斯联邦政府出台《联邦政府关于批准 2001－2011 年格洛纳斯系统联邦专项计划的决议》，要求政府机构所使用的设备必须同时兼容格洛纳斯系统和 GPS 信号。2007 年 5 月《俄罗斯联邦关于为俄罗斯联邦社会经济发展而使用格洛纳斯系统的总统令》要求为确保俄罗斯联邦安全，所有联邦权力执行机构及其下属组织因需购买卫星导航设备的，应当购买使用格洛纳斯系统的信号运行的设备。

第二，要求某些行业领域、特定活动必须强制配备某种特定设备，而该设备是具备接收格洛纳斯系统信号功能的。《俄罗斯联邦"格洛纳斯—时代"国家自动化信息系统法》要求在俄罗斯联邦境内运行的"M"和"N"类车辆需要装配紧急呼叫设备。[①]"紧急呼叫设备"是安装在交通工具上的设备或系统，通过使用格洛纳斯系统信号来确定车辆的位置、速度和移动方向等信息，利用移动无线电通信实现交通工具与应急处置部门之间的双向语音通信。该法要求在规定的时间范围内，由汽车制造商进行紧急呼叫设备的安装，而此前已经在俄罗斯联邦境内运行但没有安装紧急呼叫设备的车辆，可以根据俄罗斯联邦相关的技术法规，在车主主动申请后装配该设备。

第三，要求在交通、测绘、通信等领域的特定活动中所使用的设备必须具备接收格洛纳斯系统信号的功能。

在法律层面，《俄罗斯联邦导航活动法》要求车辆、技术设备和系统（包括武器、军事和特殊设备）应装备格洛纳斯系统提供支持的导航设备，其清单由联邦权力执行机构、俄罗斯联邦主体权力执行机构和地方政府根据其职权确定。[②]这类强制应用主要是出于保障俄罗斯联邦的国防和安全，提高车辆交通管理效率以及保障运送旅客、特殊货物（用于进行大地测绘和自然灾害救援的设备）和危险货物的安全的目的。强制应用采用了清单管理的方式，联邦权力执行机构、联邦主体权力执行机构和地方政府均具有依据职权制定清单的权力。

---

① 参见《俄罗斯联邦"格洛纳斯—时代"国家自动化信息系统法》（2015 年修订）第 8 条。

② 参见《俄罗斯联邦导航活动法》（2015 年修订）第 4 条。

在联邦政府令层面,2008 年俄罗斯联邦政府发布《关于为车辆、技术设备和系统配备格洛纳斯系统或格洛纳斯系统/GPS 的卫星导航设备的决议》(2016 年修订),规定航天装备,国家航空、民用航空以及试验飞行的航空器,海轮、内河轮船以及(河海)联运船只,用于运输旅客和特殊、危险品的公路和铁路运输车辆,用于大地测量和地籍测量工作的仪器和设备,以及保障时间同步的设备必须配备格洛纳斯系统或格洛纳斯系统/GPS 卫星导航设备。该决议还规定,供俄罗斯联邦武装力量、其他部队、军事组织和被赋予军事和相等职责的机构使用的技术装备和系统、武器样品、军事技术装备和特种技术装备,以及用来保障被赋予军事和相等职责的机构的交通工具,都应该装备格洛纳斯系统或格洛纳斯系统/GPS 卫星导航设备。

在联邦政府令下,俄罗斯联邦交通部、经济发展部,以及数字发展、通信和大众传媒部相继出台了本领域强制应用的部门规定。在交通领域,俄罗斯联邦交通部于 2010 年发布《关于为空中导航服务、航空航天搜救和救援的技术设备和系统配备格洛纳斯系统或格洛纳斯系统/GPS 卫星导航设备的命令》,要求用于空中交通服务的自动化系统、飞行和航空电信无线电技术支持的自动飞行控制系统、航空和航天搜索和救援手段等必须配备格洛纳斯系统或格洛纳斯系统/GPS 卫星导航设备,以提高空中交通服务、搜索和救援的安全性和效率。交通部还于 2020 年 7 月发布《关于为客运、特殊品和危险品、固体城市废物的铁路运输车辆配备格洛纳斯系统或格洛纳斯系统/GPS 卫星导航设备的命令》,2020 年 10 月发布《关于为客运、危险品、固体城市废物的公路运输车辆配备格洛纳斯系统或格洛纳斯系统/GPS 卫星导航设备的命令》,要求载客汽车(M2 类车辆、M3 类车辆),用于运输危险品的汽车(EX/Ⅱ或 EX/Ⅲ类车辆、FL 类车辆、AT 类车辆、MEMU 类车辆)以及用于运输城市固体废物的汽车(N1 类车辆、N2 类车辆、N3 类车辆)配备格洛纳斯系统或格洛纳斯系统/GPS 卫星导航设备。

在测绘领域,俄罗斯联邦经济发展部于 2010 年发布了《关于用于大地测量和地籍工作并配备格洛纳斯系统或格洛纳斯系统/GPS 卫星导航设备的命令》,要求移动和固定卫星差分大地站设备、大地网永久点设备、地球动力学试验区设备、计量场所设备、用于创建和更新导航地图的统一移动系统设备等设备配备格洛纳斯系统或格洛纳斯系统/GPS 卫星导航设备。

在通信领域，俄罗斯联邦通信和大众传媒部于 2011 年发布了《关于配备格洛纳斯系统或格洛纳斯系统/GPS 卫星导航设备的技术工具和系统类型的命令》，明确在无线数据传输的无线电接入设备、有线电视广播网络设备、通过地球静止轨道上的人造地球卫星运行的地球卫星通信站、时钟网络同步设备、IMT－MC－450 移动无线电电话网络基站子系统上配备格洛纳斯系统或格洛纳斯系统/GPS 卫星导航设备。

（三）欧盟伽利略和 EGNOS 系统服务强制应用制度

欧盟在交通、生命救援、大众消费领域推行伽利略和 EGNOS 系统服务的强制应用。相较于俄罗斯，欧盟的强制应用制度更强调开放兼容，在特殊活动、设备和领域仅要求使用兼容伽利略系统和 EGNOS 系统服务的设备，未排除其他卫星导航系统的使用。

在交通领域，2016 年 3 月，《行车记录仪及其组件的构造、测试、安装、操作和维修要求的执行条例》，规定制造商应确保智能行车记录仪的 GNSS 接收器与伽利略和 EGNOS 系统提供的定位服务兼容。2019 年 3 月，欧盟通过《关于电子道路收费系统的互操作性及促进关于欧盟未缴纳道路费用的跨境信息交换的指令》规定，于 2021 年 10 月 19 日之后投放市场的与电子道路收费系统相关的适用卫星导航的车载设备，应与伽利略和 EGNOS 系统提供的定位服务兼容。

在生命救援领域，《部署基于 112 服务的 eCall 车载系统的类型批准要求条例》要求 2018 年 3 月 31 日之后在欧盟注册的所有新汽车和轻型商用车必须配备 eCall 紧急呼叫技术，基于 E112 的 eCall 车载系统中的接收器必须兼容伽利略系统提供的定位服务。2018 年 12 月，欧盟通过了 2018 年《补充欧洲议会和欧盟理事会的第 2014/53/EU 指令第 3（3）（g）条中提及的基本要求的应用，以确保移动设备紧急通信呼叫者位置的授权条例》［（EU）2019/320］。根据该条例自 2022 年 3 月起，在欧盟销售的移动设备应能够在紧急通信中提供对 Wi－Fi 和 GNSS 位置信息的访问，定位功能应与伽利略系统提供的服务兼容。

三、卫星导航产品服务政府采购制度

国防采购是美国政府促进 GPS 军事应用的重要手段。美国政府通过对所需购买的产品品种、质量进行选择,引导基于 GPS 的技术、产品、服务的发展。其中,《国防授权法》(NDAA)是美国政府实施国防采购的重要法律工具。《国防授权法》是一项年度立法,国会通过《国防授权法》来制定国防政策指导方针、国防优先事项,对军事机构进行组织改革,并就如何使用资金提供指导。作为国会两党合作的一个相对罕见的例子,《国防授权法》已经连续 60 年获得通过。1994 财年、1998 财年、2011 财年、2017 财年的《国防授权法》要求国防部所采购的大部分军事设备和设施必须配备 GPS 军用信号接收机。《1994 财年国防授权法》第 152 条和《2006 财年国防授权法》第 260 条规定,在 2007 年 9 月以后购买的所有军用飞机、舰船、装甲车辆和间接射击武器系统都必须配备 GPS,对未加装 GPS 接收机的国防部飞机、舰船、装甲车辆、间接射击武器等,不再提供升级和维护资金。《2011 财年国防授权法》第 913 条规定,2017 财年以后购买的所有 GPS 军用设备均具有接收新的 M 码[①]信号的功能,客运车辆、商用车辆或国防部长豁免的除外。

2020 年《国家空间政策》要求为促进美国国内商业空间产业的蓬勃发展,加强美国在商业空间活动领域的领导地位,各机构负责人应在现有法律允许的最大实际范围内,购买和使用符合美国政府要求的美国商业空间能力和服务。[②]美国还通过政府采购制度促进负责任地使用 PNT 产品、系统和服务,2020 年《通过负责任地使用定位导航授时服务来增强国家弹性》(第 13905 号行政命令)规定,负责美国关键基础设施安全性和弹性的特定部门机构负责人以及其他执行部门和机构的负责人,应当酌情与国土安全部长协商制定合同条款,将 PNT 服务审慎使用规范中的相关信息纳入针对集成或利用 PNT 服务的产品、系统和服务的联邦合同要求中,以鼓励私营部门使用其他的 PNT 服务,开发可靠安全的全新 PNT 服务。

---

① M 码是指 GPS 的军用代码,军用代码提供增强的定位导航授时能力,且具有更强的抵抗新兴威胁的能力。

② 参见 2020 年《国家空间政策》第 5 节。

四、卫星导航国际标准推广制度

推动各自的卫星导航系统纳入国际标准是美国、俄罗斯和欧盟共同的措施。一旦某一卫星导航系统相关的标准被确定为国际标准，将促进该卫星导航系统在该领域的规模化应用。

美国高度重视GPS相关标准的国际化推广。《美国法典》第51编第50112条"推广美国GPS标准"规定，为了促进并保持GPS最有效地实现美国国家安全、公共安全、科学和经济利益，国会支持总统促进GPS及其增强系统成为国际公认的标准。2021年《美国天基定位导航授时政策》要求国务卿与国防部长、交通部长和其他有关机构的负责人合作，向外国政府和其他国际组织推广使用GPS及其增强服务和标准，并鼓励发展基于GPS的外国民用卫星服务和系统；要求交通部长与国防部长协调，确保基于美国天基PNT服务的公共安全服务应用达到或超过满足任务要求所需的国际公认标准，包括用于航空、海事和水陆运输应用的标准。美国倡导GPS系统和设备成为国际标准；鼓励各国引入使用GPS，激励GPS民用设备制造商、应用开发商和增值服务商进入民用市场等内容对GPS系统民用发展起到至关重要的作用。在民航国际标准方面，1994年美国提出提供GPS支持国际民用航空的需要的提议。2001年，国际民航组织通过了标准和建议措施，通过增强核心卫星星座的信号支持全球卫星导航系统的运行，以满足安全和可靠性的要求。美国政府于2007年重申了提供GPS支持国际民用航空需要的提议，国际民航组织理事会接受了这些提议。

俄罗斯也意识到推动格洛纳斯系统进入国际组织标准的重要意义。2012年《俄罗斯联邦政府关于2012－2020年格洛纳斯系统的维护、开发和使用专项计划的决议》进一步规定了在俄罗斯国内外市场上推广使用格洛纳斯系统的设备、应用系统以及基于格洛纳斯系统的导航服务，包括推动格洛纳斯系统进入国际组织（国际民用航空组织、国际海事组织、全球卫星导航系统国际委员会等）的标准和建议措施。在民航国际标准方面，1996年俄罗斯联邦提议通过格洛纳斯系统支持国际民用航空的需要，俄罗斯联邦政府确认在第十次空中航行会议上所作的关于向全球航空界提供标准精度格洛纳斯系统频道，为期至少15年，不向用户收取任何直接费用的提议。国际民航组织理事会接受了这一提议。

第二节 外国卫星导航应用管理法律制度

一、外国卫星导航信号使用管理制度

美国建立了外国卫星导航信号使用制度。根据联邦通信委员会(FCC)的规定,单边接收功能的非联邦设备须获取许可后,方可在运行中采用外国卫星系统,其中,单边接收功能的地球站须获取许可后,方可在运行中采用非美国授予许可证的卫星无线电导航服务(RNSS)卫星系统,依照程序获得豁免的除外。

(一)使用外国卫星导航信号许可制度

美国联邦通信委员会及国家电信和信息管理局(NTIA)共同管理国家无线电频谱资源。联邦通信委员会是由国会监督的独立的美国政府机构,是负责实施和执行美国通信法律法规的联邦机构。联邦通信委员会通过管理无线电广播、电视、电信、卫星和电缆的使用来协调国内和国际的通信。许多无线电应用产品、通信产品和数字产品要进入美国市场,都要求联邦通信委员会的认可——FCC 认证。国家电信和信息管理局是商务部下属的联邦部门机构,是总统在国内和国际电信政策(包括与该国经济和技术进步有关的政策)方面的首席顾问。国家电信和信息管理局就电信政策提出建议,并向国会、联邦通信委员会和公众提出行政部门对电信事务的看法。国家电信和信息管理局负责管理联邦政府对无线电频谱(包括 GPS 频谱)的使用。

依据《美国法典》第 47 编“电信”第 25 部分“卫星通信”第 B 分章“应用与许可”第 131 条规定的“单边接收地球站的要求”,与非美国许可的空间站一起运行的具备单边接收功能的地球站应提交 FCC 表格 312,要求获得许可或进行修改以操作该工作站。具体来说,许可申请由拟使用外国 RNSS 服务的地球站的申请人或实体提交。

提交的申请材料有两类:一是“意向书”或“声明性裁决书”;二是 FCC 表格 312 申请书的证明,涵盖法律和技术资料证明。这些材料需要向联邦通信委员会证明以下事项:一是有效竞争机会:美国许可的卫星系统在该外国具有有效

的竞争机会;没有任何实际或法律上的限制来限制或阻止在该外国市场上使用美国卫星系统。如果该非美国许可的卫星已获得世界贸易组织成员的许可或正在寻求世界贸易组织基本电信所涵盖服务的国家的许可协议,则此项证明不适用。二是符合联邦通信委员会要求,包括但不限于报告要求、其他适用的服务规则等。同时,联邦通信委员会还设置了许可转让限制,即根据声明性裁决书申请获准在美国服务的非美国许可卫星运营商,如果计划将控制权转让或转让给另一方,则必须通知联邦通信委员会。

(二)使用外国卫星导航信号许可豁免

2011 年 3 月 15 日,联邦通信委员会发布了一份适用于外国 RNSS 信号接收机的许可豁免程序方面的公告,即《国家电信和信息管理局关于豁免第 25 部分有关“使用非美国许可无线电导航卫星的单边接收地球站许可规则”的行政部门建议》[①]。使用经过豁免的外国 RNSS 信号,无须再向联邦通信委员会申请许可证。豁免程序首先由外国 RNSS 信号供应商向国家电信和信息管理局提出豁免请求;经国家电信和信息管理局审查后,向联邦通信委员会提出豁免建议;联邦通信委员会审查该外国 RNSS 信号与美国非联邦许可系统的兼容性的要求后,决定是否予以豁免。国家电信和信息管理局建议联邦通信委员会准予豁免请求的标准如下:一是授予豁免符合公共利益;二是该系统符合联合国减少空间碎片准则;三是授予豁免符合美国的国际贸易和其他条约义务;四是豁免请求仅限于单边接收 RNSS(包括定位)以及标准时间和频率卫星服务;五是外国 RNSS 系统提供的 RNSS 信号的操作与在指定 RNSS 频段中操作的美国政府系统(GPS)兼容。

2018 年 11 月 15 日,欧盟获得一份 FCC 许可豁免令。联邦通信委员会的豁免令允许具有美国单边接收功能的非联邦地球站无须获得许可或市场准入,就可以在运行中使用伽利略系统的特定信号。伽利略信号的豁免申请从很早就开始启动。2004 年,欧盟与美国签订《关于推广、提供和使用伽利略系统和

---

① National Telecommunications and Information Administration Provides Information Concerning Executive Branch Recommendations for Waiver of Part 25 Rules Concerning Licensing of Receive - only Earth Stations Operating with Non - U. S. Radio Navigation Satellites(DA 11 - 498), March 15, 2011.

GPS 及相关应用的协定》，为欧盟和美国在促进、提供和使用 GPS 和伽利略系统的民用定位导航授时信号和服务、增值服务方面提供了一个框架。该协定第 4 条记述了 GPS 和伽利略“应兼容无线电频率”和“尽最大可能，在非军事用户级可互操作”的各方之间的协议。2013 年 10 月 23 日，欧盟委员会向美国国务院递交了信函，建议美国国务院要求联邦通信委员会进行豁免许可，允许非联邦单边接收设备运行伽利略系统的 E1、E5 和 E6 信号。2013 年，美国国家电信和信息管理局代表欧盟委员会提交豁免申请。2014 年 8 月 12 日，欧盟委员会向美国国务院递交补充文件。2015 年 1 月 30 日，国家电信和信息管理局向联邦通信委员会递交了欧盟委员会的豁免请求，并附豁免建议。2017 年 1 月 6 日，联邦通信委员会就豁免伽利略系统信号公开征求意见。2018 年 11 月 15 日，联邦通信委员会首次豁免单边接收伽利略 RNSS 服务地球站的许可要求。联邦通信委员会最终豁免了伽利略系统的 E1 和 E5 信号，拒绝欧盟请求的伽利略系统 E6 信号豁免申请，联邦通信委员会认为伽利略系统 E6 信号通过 1260 - 1300MHz 频段传输，而该频段在美国没有分配给 RNSS，也没有被美国 GPS 用来提供 PNT 服务，允许访问伽利略系统 E6 信号，可能会限制美国未来 1300MHz 以内频谱的管理。

二、卫星导航应用服务平台管理法律制度

随着卫星导航应用的不断发展，一些卫星导航应用的细分领域出现了服务平台型系统或组织。目前，这些基于卫星导航系统的服务平台或组织主要出现在交通领域，如俄罗斯建设运行了“格洛纳斯—时代”国家自动化信息系统、道路导航信息系统等。基于卫星导航系统的服务平台面向海量终端用户提供服务，并汇集有大量的敏感数据信息，俄罗斯和欧盟制定了相应的法律法规，确保卫星导航应用服务平台的安全高效运行。

（一）“格洛纳斯—时代”国家信息化系统管理制度

俄罗斯“格洛纳斯—时代”（ERA - GLONASS）国家自动化信息系统是指联邦国家地域内分布的事故应急处置自动化信息系统，通过使用格洛纳斯系统信号，确保能够实时接收俄罗斯联邦道路交通信息以及其他道路交通事故信息（原始的、未经修改的信息），并处理、储存和向应急处置部门传输这些信息。俄

罗斯联邦政府机构、地方自治机构、执法人员、法人以及自然人通过访问这些信息，来解决在接收、处理、储存和传输与俄罗斯联邦公路上的道路交通和其他道路交通事故相关的信息时遇到的其他问题。2013年，俄罗斯通过《俄罗斯联邦"格洛纳斯—时代"国家自动化信息系统法》，规范系统的建设、运行等活动。

1. 系统构成及运行的基本原则

《俄罗斯联邦"格洛纳斯—时代"国家自动化信息系统法》明确了系统建设运行的四项原则：第一，信息完整可靠准确原则，即确保使用该系统接收和传输的信息的完整性、可靠性、原始性，以及信息提供的及时性；第二，信息开放共享原则，即通过交通工具上安装的紧急呼叫设备传输的关于俄罗斯联邦道路交通和其他事故的信息应当开放共享、免费使用；第三，保护公民隐私原则，即在自动化处理信息时，应遵守公民隐私不受侵犯的公民权利；第四，系统安全稳定运行原则，即系统技术设备运行应当连续顺畅。①

"格洛纳斯—时代"国家自动化信息系统由信息资源、程序、技术设备组成。其中，信息资源包括图像信息、装配紧急呼叫设备的车辆信息、车辆坐标—时间参数、交通事故的补充信息、向应急处置部门发送的信息、交通事故响应措施的信息、事故的统计信息及分析信息、电子签章工具的信息等。程序和技术设备包括用于将从紧急呼叫设备接收的信息传送至应急处置部门的技术设备，以及由为以下目的设计的程序技术设备组成：一是收集、处理和存储俄罗斯联邦道路交通信息和其他道路交通事故信息，以及车辆上的紧急呼叫设备发出的车辆信息；二是收集、处理和存储关于紧急呼叫设备的信息；三是向强制性保险自动化信息系统和其他国家信息系统，以及国家机构、地方自治机构、执法人员、法人和自然人发出的信息。②

2. 联邦政府和联邦权力执行机构的权力职责

《俄罗斯联邦"格洛纳斯—时代"国家自动化信息系统法》就俄罗斯联邦政府和联邦权力执行机构在管理"格洛纳斯—时代"国家自动化信息系统建设运行方面的职责作出明确规定。联邦政府应当负责制定系统创建和运行的程序、明确信息所有者向系统提供的信息类别、制定系统运营商与信息所有者及信息

① 参见《俄罗斯联邦"格洛纳斯—时代"国家自动化信息系统法》（2015年修订）第3条。

② 参见《俄罗斯联邦"格洛纳斯—时代"国家自动化信息系统法》（2015年修订）第5条。

用户之间进行信息交互的程序、制定紧急呼叫设备的操作程序、制定本系统与强制性保险自动化信息系统进行交互的程序，并保证法人、自然人、政府机关、地方自治机关、执法人员依程序访问。[①] 被授权的联邦权力执行机构应当负责制定对保障系统运行的技术、软件、语言手段的要求，制定递送信息的格式，负责系统职权范围内代表俄罗斯联邦行使系统中心里所有者的全部权利，制定系统运行年度报告的程序和格式等。

3. 系统运营者的权利义务

《俄罗斯联邦"格洛纳斯—时代"国家自动化信息系统法》明确规定由格洛纳斯系统股份公司作为"格洛纳斯—时代"国家自动化信息系统运营商，负责依法运行该系统，负责确保及时接收俄罗斯联邦道路交通信息以及其他道路交通事故的信息，进行处理并存储、传输到应急处置部门；负责确保国家信息系统和其他信息系统的技术基础设施的应用和开发。系统运营商的具体义务包括：一是负责系统的开发、组织，并确保其运行；二是确保信息收集，并在系统中进行处理，以及信息的存储、提供和分发；三是确保系统同其他信息系统的交互，以及系统之间在自动模式下使用经认证的增强型电子签章进行信息交流；四是拥有系统中使用的电子签名验证密钥证书；五是确定在系统中使用电子签名的程序，确定验证密钥证书的所有者是系统运营商。[②]

《俄罗斯联邦"格洛纳斯—时代"国家自动化信息系统法》还要求系统运营商于每年第一季度，就系统的创建和运行方面向被授权的联邦权力执行机构提交系统创建和运行方面的系统运行报告。

4. 系统信息提供者和用户的权利义务

在系统运营商之外，系统的运行还有赖于向系统提供信息的信息提供者和使用系统的主体，即信息用户。《俄罗斯联邦"格洛纳斯—时代"国家自动化信息系统法》定义了信息提供者、所有者和信息用户，并对其权利义务作出规定。

信息所有者，即向系统提供信息的主体，具体包括：一是在道路交通和其他交通事故中提供紧急援助的联邦权力执行机构，以及俄罗斯联邦主体执行机构；二是系统运营商；三是进行车辆登记的联邦权力执行机构；四是管理测绘资

① 参见《俄罗斯联邦"格洛纳斯—时代"国家自动化信息系统法》(2015 年修订)第 6 条。

② 参见《俄罗斯联邦"格洛纳斯—时代"国家自动化信息系统法》(2015 年修订)第 6 条之一。

料储备的联邦国家机构；五是负责俄罗斯联邦境内车辆产量的联邦权力执行机构和组织；六是在俄罗斯联邦境内运行，并装配紧急呼叫设备车辆的所有者。① 信息所有者具有以下权利：一是使用信息系统免费传输道路交通信息以及其他道路交通事故信息，免费传送紧急呼叫设备发出的车辆信息；二是当发生道路交通和其他道路交通事故时，能够免费获取系统中车辆的坐标/时间参数及车主的可靠信息；三是能够接收应急处置部门关于俄罗斯道路交通和其他道路交通事故的信息，并对其作出反应。②

信息用户指的是：一是在道路交通和其他交通事故中提供紧急援助的联邦权力执行机构，以及俄罗斯联邦主体的执行机构；二是在俄罗斯联邦境内运行，并装配紧急呼叫设备车辆的所有者；三是其他国家机构、地方自治机构、执法人员、法人、自然人。信息用户有义务确保使用系统接收关于俄罗斯联邦道路交通和其他道路交通事故的信息，并在收到信息后，按照既定程序对其作出响应，并在系统中录入开始进行响应及紧急响应措施的信息。③

（二）道路导航信息系统管理制度

俄罗斯的道路信息系统是为个人或法人提供创建道路导航图所必需的，同时作为国家和公共信息资源组成部分的，或处于私有公路所有者管理的信息。《俄罗斯联邦导航活动法》就道路导航信息系统的构成、系统运营商的权利义务等作出了规定。

《俄罗斯联邦导航活动法》定义了道路导航信息系统的用途，即保障对如下信息的访问：一是客体对象的位置；二是各类注册的国家医疗系统、市级医疗系统和授权从事医疗活动的私人医疗机构的位置；三是内务机构固定检查站的位置；四是俄罗斯联邦边境检查站的位置；五是海关检查站的位置；六是授权从事消防安全工作的国家权力执行机构所属的消防和救援单位的位置；七是交通工具在联邦级公路、区域级公路或跨地域公路，市级及私有公路上的行驶轨迹；八是有关交通工具在道路上的限行和取消限行的信息；九是在规定道路上来

---

① 参见《俄罗斯联邦"格洛纳斯—时代"国家自动化信息系统法》(2015 年修订)第 7 条。

② 参见《俄罗斯联邦"格洛纳斯—时代"国家自动化信息系统法》(2015 年修订)第 9 条。

③ 参见《俄罗斯联邦"格洛纳斯—时代"国家自动化信息系统法》(2015 年修订)第 9 条。

往交通工具的位置,包括道路建筑物的位置;十是道路类别、等级、路面覆盖物等信息;十一是俄罗斯联邦各主体之间边界、市级公共设施边界,居民定居点边界的位置信息;十二是有关道路服务点、驾驶员休息区,车辆停车场的位置信息。①

《俄罗斯联邦导航活动法》明确规定,道路导航信息系统的运营商由俄罗斯联邦政府确定,并根据《俄罗斯联邦信息、信息技术和信息保护法》创建道路导航信息系统并保障其运行。运营商应通过使用统一的标识和认证系统,借助官网保障自然人和法人对道路导航信息的访问。《俄罗斯联邦导航活动法》还明确了向该系统提供信息的各主体的义务,即联邦权力执行机构和下属单位应当保证运营商访问上述信息,联邦公路国营公司负责保障运营商访问有关公路信息,并由俄罗斯联邦政府负责制定信息访问的程序、内容和数量,以及访问道路导航信息系统费用的最高限额。②

第三节　外国卫星导航对外贸易法律制度

全球卫星导航系统的国际性属性使卫星导航相关的国际经贸活动频繁发生。美国、俄罗斯和欧盟既建立了一般性的规范外国投资和对外贸易活动的法律制度,也针对卫星导航相关的活动制定了特殊措施。

一、卫星导航外国投资法律制度

卫星导航外国投资是指外国投资者为投资东道国开展有关卫星导航的经济活动而进行的任何类型的直接投资,包括能够有效参与管理或控制进行经济活动的公司的投资。外国直接投资在世界经济中发挥着日益重要的作用,但出于国家安全和经济安全的考量,各国制定了外国投资限制措施和安全审查制度,以减少外资进入对国家安全所构成的威胁。各国在外国投资审查中重点关注两个方面:一是投资领域;二是外国投资者。就投资领域而言,各国有关外资

① 参见《俄罗斯联邦导航活动法》(2015 年修订)第 9 条。

② 参见《俄罗斯联邦导航活动法》(2015 年修订)第 10 条。

审查的法律主要聚焦于对国内具有战略意义的基础设施、高新技术、两用物资、敏感信息和能源物资供应等领域,各国关注外国投资者借助特定投资获得战略竞争优势的可能性。就外国投资者而言,各国则会关注投资者与外国政府之间的关系,注重审查外国投资者是否直接或间接受到外国政府控制,外国投资者是否得到外国政府的资助,外国投资者对该项投资持有的股权比例等。在卫星导航领域,一方面,美国、俄罗斯和欧盟都致力于提升各自卫星导航系统的全球竞争力,通过有限度地外资鼓励和保护制度,促进卫星导航民用、商业和科学研究的发展;另一方面,卫星导航活动与国家安全紧密相关,在美国、俄罗斯和欧盟,卫星导航系统被定位为与国家安全相关的两用航天技术,涉及重要战略性基础设施、高新技术、两用物项和国家安全等多个领域,美国、俄罗斯和欧盟对该领域的外国投资采取了一定的限制性措施。

(一)美国卫星导航外国投资法律制度

外资进入美国一般无须审批,只需按照一定的程序直接申报。对外商投资美国实行准入前国民待遇和负面清单的管理模式,除负面清单和法律法规中明确列出的部分外,其他所有行业和部门都对外资开放。同时,为确保国家安全和经济安全,美国建立了外国投资安全审查制度。从 20 世纪 70 年代起,美国就关注到外国投资对其国家安全的影响,并于 1988 年根据《埃克森—弗洛里奥修正案》[①]建立了外国投资安全审查制度。50 多年来,美国根据不断变化的外商投资情况,数次修订外国投资安全审查制度,主要法律文件包括 2007 年《外国投资与国家安全法》[②]以及 2008 年《关于外国人合并、收购和接管条例的最终规定》[③]。当前的外国投资安全审查制度建立在 2018 年颁布的《外国投资风险审查现代化法》[④]及美国财政部 2020 年发布的《FIRRMA 最终实施细则》[⑤]的基础上。

外国投资委员会(CFIUS)是负责美国外国投资的监管机构。外国投资委

① Exon – Florio Amendment.

② Foreign Investment And National Security Act Of 2007, FINSA.

③ Regulations Pertaining to Mergers, Acquisitions, and Takeovers by Foreign Persons Final Rule.

④ Foreign Investment Risk Review Modernization Act of 2018, FIRRMA.

⑤ Final CFIUS Regulations Implementing FIRRMA.

员会成立于1975年,是一个跨部门委员会,由美国财政部长担任主席,由来自国防部、国务院、商务部、国土安全部等美国政府的16个部门、机构、办公室的代表组成。外国投资委员会的职能是审查可能潜在控制美国企业的外国企业或实体从事的相关交易(受管辖交易),以判断该项交易是否对美国国家安全构成不利影响。外国投资委员会有权建议美国总统强制交易各方解除该交易,而美国总统通常会听取外国投资委员会建议。2018年《外国投资风险审查现代化法》出台后,赋予外国投资委员会更大的审查权力,明确了外国投资委员会在未获总统指令的情况下,可以在审查中要求终止交易。

外国投资委员会的审查程序包括常规审查程序、简化审查程序、例外国家的免除审查程序,以及强制申报程序。《FIRRMA最终实施细则》规定了涉及"关键技术"或外国政府获得"实质性利益"的交易的强制申报要求。具体来说,下列交易的交易方须于预期交易交割前至少30日对该交易予以申报:第一,某一国(非"例外国家")中央或地方政府机构持有"实质性利益"的外国投资实体在美国TID企业[①]中获得"实质性利益"的交易;"实质性利益"是指外国投资实体据此交易可获得美国TID企业中具有25%或以上的直接或间接投票权益,而"外国政府"在该外国投资实体中持有49%或以上直接或间接表决权。第二,针对从事关键技术生产、设计、测试、制造、组装、开发业务的美国TID企业的"控制权"交易或其他"受管辖投资"类型交易,且上述关键技术被该TID美国企业应用于FIRRMA法案实施细则附录B所列的涉及NAICS(North American Industry Classification System,北美工业分类系统)代码的27个敏感行业(清单见表3);或者上述关键技术系由该TID美国企业为《FIRRMA最终实施细则》附录B所列行业而特别设计的,无论该关键技术是否仍可以应用于其他行业。其中,敏感行业清单中的多个行业与卫星导航有关,如导航、无线通信设备制造等。涉及卫星导航相关的外国投资活动,也将受到外国投资委员会的监管。

---

① 美国TID企业(TID U.S. Business),是指涉及"关键技术"(Critical Technology)、"关键基础设施"(Critical Infrastructure)或"敏感个人数据"(Sensitive Personal Data)的美国企业。

表 3 《FIRRMA 最终实施细则》27 个敏感行业清单

27 个敏感行业清单①
1. 飞机制造
2. 飞机发动机及发动机零件制造
3. 氧化铝精炼和原铝生产
4. 球与滚子轴承的制造
5. 计算机存储设备制造
6. 电子计算机制造
7. 导弹与航天器制导
8. 导弹与空间飞行器推进装置及推进装置零件制造
9. 军用装甲车辆、坦克和坦克零部件制造
10. 核能发电
11. 光学仪器和镜头制造
12. 其他基本无机化学制造
13. 其他制导导弹和空间飞行器零件及辅助设备制造
14. 石化制造
15. 石油化工制造粉末冶金零件制造
16. 电力、配电和特种变压器制造
17. 原电池制造
18. 广播电视广播及无线通信设备制造业
19. 纳米技术的研究与开发
20. 生物技术研究与发展(纳米生物技术除外)
21. 铝的二次冶炼和合金化
22. 搜索、探测、导航、制导、航空和航海系统及仪器制造
23. 半导体及相关设备制造
24. 半导体机械制造
25. 蓄电池制造
26. 电话设备制造
27. 汽轮机及发电机组制造

此外,美国还就境内卫星定位地面监测站领域对外国投资作出限制。《美国法典》第 10 编第 2279d 条对外国政府在美国领土上建设卫星定位地面监测站的相关事项作出限制规定。该条规定,总统不得授权或允许在美国境内建设由外国政府直接或间接控制的全球卫星导航系统地面监测站(包括代表外国政府拥有、运行或控制的地面监测站),除非国防部长和国家情报总监联合向有关国会委员会证明,该地面监测站不具有在美国收集情报或改进任何外国武器系

① 参见《FIRRMA 最终实施细则》附录 B:https://home. treasury. gov/system/files/206/Part – 800 – Final – Rule – Jan – 17 – 2020. pdf,第 3155 页。

统的能力或潜力。这意味着,如果外国投资者或其投资建设的地面监测站被认为由外国政府直接或间接控制,除非获得豁免,否则该地面监测站将不被批准或授权建设运行。

(二)俄罗斯卫星导航外国投资法律制度

对于卫星导航外国投资,俄罗斯采取鼓励外国投资和限制外国投资并举的制度措施。在利用外资促进俄罗斯卫星导航事业发展的同时,防止外资对关键、战略和核心部分的控制。

1. 鼓励卫星导航外国投资政策

早在 1999 年,俄罗斯就阐明了鼓励外国投资的政策立场。《俄罗斯联邦关于格洛纳斯系统的总统令》明确规定,将格洛纳斯系统作为建设国际化全球卫星导航系统的基础,通过这种方式为格洛纳斯系统吸引外国投资。① 2014 年发布的《俄罗斯联邦关于 2030 年前使用航天成果服务俄联邦经济现代化及其区域发展的国家政策总则》第 15 条规定,在涉及国际合作方面,航天成果应用领域的国家政策任务之一便是支持航天产品和服务的创新发展,在俄罗斯和外国公司的参与下创建技术联盟和合资企业。②

在制定外国投资鼓励政策的同时,俄罗斯还制定了保护航天领域外国投资的规定,增强外国投资者投资航天产业的信心。《俄罗斯联邦航天活动法》规定,对于外国投资,参与完成联邦航天规划的航天活动,可获得联邦预算资金以及俄罗斯联邦法律规定的俄罗斯联邦所属资产担保。外国投资俄罗斯联邦各组织和公民参与的航天活动,可获得这些组织和公民的资金保障,或者是知识产权或其他财产的保障。③

2. 限制卫星导航外国投资政策

20 世纪 90 年代以来,苏联解体对经济领域带来了巨大冲击,俄罗斯迫切希望发展本国经济,在国有财产大规模私有化的潮流下,俄罗斯出台了一系列鼓

---

① 参见《俄罗斯联邦关于格洛纳斯系统的总统令》第 1 条。

② 《俄罗斯联邦关于 2030 年前使用航天成果服务俄联邦经济现代化及其区域发展的国家政策总则》第 15 条规定,“在涉及国际合作方面,航天成果应用领域的国家政策任务为:……d)支持航天产品和服务的创新发展,在俄罗斯和国外公司的参与下创建技术联盟和合资企业”。

③ 参见《俄罗斯联邦航天活动法》(2021 年修订)第 12 条第 4 款。

励外国投资的法律法规，促进俄罗斯与世界贸易体系的接轨。一些外国公司借机获取俄罗斯战略领域的股权，甚至掌控了军工企业，俄罗斯联邦政府逐渐认识到不加管制的外国投资行为将对俄罗斯国家经济安全和经济体系造成负面影响。1999 年，俄罗斯通过《俄罗斯联邦外国投资法》，在对外国投资进行规制，给予外国投资国民待遇的同时，规定可基于维护宪法基本原则等法律利益，或维护国家安全，对外国投资进行必要的限制。比如，禁止外国投资在某些区域进行投资。进入 21 世纪，为了促进经济发展，并平衡与国家安全之间的矛盾，普京提出通过立法明确规定限制或禁止外国投资者进入对俄罗斯具有战略意义的经济部门。2008 年，俄罗斯通过《俄罗斯联邦关于外资进入对保障国防和国家安全具有战略意义的商业组织程序法》（以下简称《战略领域外国投资法》），限制外国投资者及有外国投资者参与的团体获得对国防和国家安全具有战略意义的商业组织的注册资本或进行可使其对上述商业组织实施控制的交易，来保障国防和国家安全。[①] 此后，《战略领域外国投资法》几经修订，该法第 6 条规定了 46 项对国家安全具有战略意义因而限制外商投资的行业，即战略行业。其中，航天活动（第 29 项）、在占俄罗斯联邦人口一半及以上人口的领土范围内进行无线电广播（第 35 项）等活动均属于对保障国防和国家安全具有战略意义的活动。这些具有战略意义的活动与卫星导航关系密切。卫星导航相关领域的外国投资活动，受到《战略领域外国投资法》对于投资比例、投资主体、投资对象、投资程序等方面的禁止或限制性规定的约束。

《战略领域外国投资法》规定，如果交易结果使外国投资者或团体获得以下两种权利，则应获得该法所规定的程序获得相关权力执行机构的初步同意：一是直接或间接掌握具有战略意义的商业组织注册资本超过 50% 投票权股份的权利；二是任命具有战略意义的商业组织单一（或集体）的权力执行机构中 50% 以上的成员的权利，有任命董事会（监事会）或其他集体管理机构中 50% 以上成员的权利。[②] 另外，任何外国投资者或团体，同直接或间接控制具有战略

---

① 参见 2008 年《俄罗斯联邦关于外资进入对保障国防和国家安全具有战略意义的商业组织程序法》第 1 条。

② 参见 2008 年《俄罗斯联邦关于外资进入对保障国防和国家安全具有战略意义的商业组织程序法》第 7 条第 1 款。

意义的商业组织的第三者进行可导致外国投资者或团体控制该类商业组织的交易,都属于导致控制具有战略意义的商业组织的情况并需依据本法规定的程序获得权力机构初步同意。[①] 一旦外国投资者违反《战略领域外国投资法》的要求,交易将被撤销。如果外国投资者或团体在违反《战略领域外国投资法》要求情况下获得对具有战略意义商业组织的控制后,则该商业组织股东大会和其他管理机构的决定及进行的交易都可根据全权负责机构的诉讼通过司法程序宣布其无效。[②] 由此可知,俄罗斯以此来对外国投资者作出限制,从而减少外国投资对具有国防战略意义的卫星导航活动的威胁。在外国投资审查的执行上,由俄罗斯外国投资监督委员会负责对外国投资前置审批的交易进行审批和监管。

(三)欧盟卫星导航外国投资法律制度

欧盟对卫星导航领域的外国投资作出了限制性规定。2019 年 3 月,欧盟通过的《外国直接投资审查框架条例》[③]为成员国以安全或公共秩序为由审查进入欧盟的外国直接投资,以及对成员国之间、成员国与委员会之间就该事项的合作机制建立了法律框架。《外国直接投资审查框架条例》第 4 条规定,在确定外国直接投资是否影响安全或公共秩序时,应考虑该投资对关键基础设施(包括航空航天、国防、敏感设施、用于这类基础设施的土地和不动产)、关键技术及军民两用物品(包括航空航天、国防)的潜在影响。卫星导航相关的投资可能涉及航空航天的关键基础设施、关键技术及军民两用物品,进而成为欧盟的重点审查对象。《外国直接投资审查框架条例》第 8 条明确了可能影响欧盟利益的项目或计划,这些项目与计划包括涉及大量欧盟资金的项目和计划,或涉及对安全或公共秩序至关重要的欧盟法律确认的关键基础设施、关键技术或关键投入的项目和方案。为此,欧盟制定了"欧盟感兴趣的项目或计划清单",欧洲全

---

① 参见 2008 年《俄罗斯联邦关于外资进入对保障国防和国家安全具有战略意义的商业组织程序法》第 7 条第 3 款。

② 参见 2008 年《俄罗斯联邦关于外资进入对保障国防和国家安全具有战略意义的商业组织程序法》第 15 条第 1 款和第 3 款。

③ See Regulation(EU)2019/452 of the European Parliament and of the Council of 19 March 2019 Establishing a Framework for the Screening of Foreign Direct Investments into the Union.

球卫星导航计划(伽利略计划和 EGNOS 计划)被视为对安全或公共秩序至关重要的项目而被纳入清单中。对于涉及清单的外国投资,如果欧盟委员会基于安全或公共秩序的理由认为外国直接投资可能影响涉及欧盟利益的项目或方案,委员会可向计划或已完成外国直接投资的成员国发表意见。如果成员国同意欧盟委员会意见,则应通过其国家法律或政策制定相关措施。若该成员国不同意委员会的意见,则需向委员会进行解释。

根据欧盟《外国直接投资审查框架条例》的规定,在确定外国投资是否影响公共秩序和安全时,由欧盟委员会和成员国进行审查①。并且欧盟委员会和成员国有权以公共秩序和安全为由,对外国投资采取限制性措施。涉及航空航天的关键基础设施、关键技术与两用物品的外国投资,将由欧盟委员会和欧盟成员国进行审查和管理。

二、卫星导航出口鼓励政策制度

为促进国内空间事业发展,鼓励促进空间商品的服务及出口并通过国际合作形式扶持本国中小企业,创造国际市场,在不威胁国家利益的情况下,美国、欧盟及俄罗斯均支持天基定位导航授时能力的出口。

为了加强美国在与空间有关的科学和技术方面的领导地位以及提高美国的空间竞争力,美国对卫星导航领域的相关产品、服务和技术等的出口制定了一系列的鼓励政策。美国 2020 年《国家空间政策》制定了卫星导航出口鼓励政策,阐明美国政府应在不会威胁国家利益的情况下,鼓励出口与空间有关的物品。使全球市场上普遍存在的、不提供关键军事功能的、运往某些盟国或伙伴国的空间相关物项的出口有资格获得简化授权。同时,为促进国内商业空间工业的蓬勃发展并加强美国作为开展商业空间活动的首选国家的领导地位,各机构负责人应根据美国的出口管制和国家安全目标,促进出口美国商业空间产品和服务,包括中小型企业开发的产品和服务,供国际市场使用。② 2021 年《美国天基定位导航授时政策》中,重申了对美国天基 PNT 出口的鼓励政策,将继续支持目前全球市场上可获得或计划可获得的民用、大众市场的天基 PNT 出口

---

① 参见 2019 年《外国直接投资审查框架条例》第 4 条。

② 参见 2020 年《国家空间政策》第 4 节第 3 条。

作为一项总指导原则。[①] 该政策规定《美国军需品清单》或《商业管制清单》所列的任何美国 PNT 能力的出口需获得许可，要求出口管制措施应予以更新，确保在不损害美国导航战、国家安全或国土安全的前提下，减少或消除破坏或限制民用 GPS 弹性使用和全球使用的不必要管制措施。[②]

俄罗斯将扩大航天产品和服务出口作为航天成果应用的优先事项。卫星导航产品和服务是航天产品和服务的重要一类。《俄罗斯联邦关于 2030 年前使用航天成果服务俄联邦经济现代化及其区域发展的国家政策总则》要求在航天产品和服务出口项目实施过程中，强调通过研发机构、专注于外国市场的国有企业、俄罗斯媒体以及依据充分的关税调控措施等渠道，对包括中小型企业在内的俄罗斯企业进行扶持。[③]

三、卫星导航出口管制法律制度

出口管制是国家或国家集团通过对其向境外转移的或向外国组织和个人提供的产品、服务或技术等物项通过核查、审批、限制、禁止等方式来阻止或限制目标国获取某些产品、服务或技术的行为。美国、俄罗斯和欧盟都建立有出口管制制度，并针对卫星导航相关物项作出了特殊要求。作为一种对外政策工具，卫星导航出口管制有助于保护和促进多种政治、经济、外交、军事、安全利益的实现。卫星导航技术、产品、服务和数据等物项有多种性质，既有仅用于民用和商用的物项，也有军用的物项，还有较为敏感的两用物项。

（一）美国卫星导航出口管制法律制度

尽管美国制定了一系列的出口鼓励性政策来促进卫星导航领域的相关出口，但出于国家安全和保持国际领先地位的考量，美国对涉及卫星导航的相关物品、服务和技术也作出了一系列的限制，尤其是敏感的、先进的相关物品、服务和技术受到更严格的限制。美国建立了复杂严密的出口管制法律制度，卫星

---

① 参见 2021 年《美国天基定位导航授时政策》第 6 条第（b）款。

② 参见 2021 年《美国天基定位导航授时政策》第 6 条第（a）款。

③ 参见《俄罗斯联邦关于 2030 年前使用航天成果服务俄联邦经济现代化及其区域发展的国家政策总则》第 6 条。

导航相关物项的出口受到一般出口管制规则的约束。受管制的卫星导航相关物项涉及军民两用物项和军用物项。

1. 出口管制一般规定

所有的“美国人”(US Persons)都受到美国出口管制的管辖,包括美国公民、非美国国籍的美国永久居民或在美国设立的任何组织形式的实体。例如,在美国法律下成立或在美国有主要办公地的实体机构,如在美国境内设立的中资公司;由美国公司控制的外国附属公司,如在中国设立的美国独资公司;在美国境内从事的交易涉及美国管控产品、服务、技术或软件出口,或参与美国制裁项目的特定交易的外国公司;担任前述外国公司交易中介的外国经销商等。受管制的行为主要为出口、再出口和转让。出口指管制物项通过实际传送或运输的方式从美国跨境转移,包括将来源于外国的物项出口、通过美国运输、转运或从美国归还至其来源国。再出口指管制物项从美国出口至进口国,然后从进口国再次出口至第三国,以及之后的任何再次出口。第三国境内转让是指管控物项来源于美国,那么在非美国境内,转让该管控物项所有权或控制权属于第三国境内转让。美国主要通过对物项的管制、对国家或地区的管制以及对交易对象的管制来实现出口管制目标。

(1)对物项的管制,包括对军民两用物项的管制和对军用物项出口的管制。两用物项出口管制以《出口管制改革法》①(ECRA)为基础法,以《出口管制条例》(EAR)②为实施条例,以《商业管制清单》③(CCL)为清单。《商业管制清单》所列每一种产品、技术均有出口管制分类标识,出口任何清单上所列物品或技术,原则上均需要获得美国商务部工业与安全局颁发的出口许可。《商业管制清单》物项共 10 类,其中第七类为“导航和航空电子”。同时,美国将未被纳入《商业管制清单》中的军民两用物项,以“EAR99”进行标识,将 EAR99 物品出口至“受管制国家”时需申请出口许可。此外,美国总统也有权援引《国际紧急经济权力法》④(IEEPA)决定对出口活动进行调查、控制和禁止。例如,2019 年

① Export Control Reform Act, ECRA.

② Export Administration Regulations, EAR.

③ Commercial Control List, CCL.

④ International Emergency Economic Powers Act, IEEPA.

5 月 15 日特朗普总统签署了《关于确保信息和通信技术与服务供应链安全》[①]的总统令,宣布当涉及获取或使用由外国对手拥有、控制或管辖的信息通信技术或服务的交易,可能在美国构成破坏或颠覆通信技术或服务的风险时;在对美国关键基础设施或美国数字经济构成风险时;在对美国的国家安全或公民安全构成风险时,商务部长可与其他相关部门的负责人协商决定处置措施,禁止该项交易的进行。

近年来,美国维持了对卫星导航新兴技术的管制。《出口管制改革法》于 2018 年生效,首次提出"新兴和基础技术"(Emerging and Foundational Technology,EFT)的概念,扩大了对技术的管制范围。2018 年 11 月,商务部工业与安全局(BIS)发布了《拟议修法的提前通知》[②](ANPRM),就识别"新兴技术"的标准征求公众意见,列出了 14 种[③]拟管制的"新兴和基础技术",其中包括定位导航授时技术。

军用物项出口管制主要是指用于军事目的的装备、专用物资、技术的出口管制。军事物项出口管制,以《武器出口管制法》[④](AECA)和 1954 年制定的《原子能法》[⑤](AEA)作为基础法,由美国国务院颁布的《国际武器贸易条例》(ITAR)[⑥]规定具体操作规范,《国际武器贸易条例》中包含的《美国军需品清单》[⑦]规定了具体受管制的产品目录,主要是航空器、战舰、导弹、枪支等产品或技术。美国国务院对《美国军需品清单》的制定、政策制定和出口许可的颁发提供指导意见。国务院国防贸易管制委员会(DDTC)主管清单下的"军用品"和"国防服务"的出口或者(临时)进口。所有清单上物品的生产商和出口商都必须在政治军事事务局、国防贸易管制委员会上注册,以成为在"军用品/国防服

---

① Executive Order on Securing the Information and Communications Technology and Services Supply Chain, Section 1.

② Advance Notice of Proposed Rulemaking.

③ 14 种新兴技术包括:生物技术、人工智能和机器学习、定位导航授时技术、微处理器技术、先进计算技术、数据分析技术、量子信息与传感技术、物流技术、3D 打印等增材制造、机器人、脑机接口、超高音速空气动力学、先进材料、先进监控技术。

④ Arms Export Control Act, AECA.

⑤ Atomic Energy Act, AEA.

⑥ International Traffic in Arms Regulations, ITAR.

⑦ United States Munitions List, USML.

务”领域进行交易的适格主体，注册之后再根据清单上相关规定申请出口许可。

表 4　美国军用物项和两用物项出口管制法律框架

管制物项	军用物项	两用物项
法律	《武器出口管制法》 《原子能法》	《国际紧急经济权力法》 《出口管制改革法》
法规	《国际武器贸易条例》(国务院)	《出口管制条例》(商务部)
指引清单	《美国军需品清单》(国务院)	《商业管制清单》(商务部)

(2)对国家或地区的管制。美国商务部工业与安全局制定了《商业国家清单》[①](CCC)，以实现其对特定国家和地区的管制措施。每个国家的禁运产品及许可标准均不相同，清单对不同国家实行特定商品禁运的原因进行阐释，并据此判断某项商品出口是否需要许可证以及需要申请何种类型的许可证。列入国家清单进行出口管制的理由包括反恐、生化武器、化学武器公约、武器公约、导弹技术、国家安全、核不扩散等。

(3)对交易对象的管制，包括美国商务部、国务院以及财政部三个部门制定的 13 个出口管制的负面清单。

2. 卫星导航出口管制特殊规定

除一般性的出口管制制度外，美国卫星导航相关的政策制度也对卫星导航相关物项的出口作出规定。2020 年《国家空间政策》指出美国将努力阻止先进空间技术流向未经授权者，同时确保美国空间工业基础的竞争力。各机构负责人在开展其方案时负责防止不利的技术转让。该政策进一步指出美国政府应根据并依照《国际武器贸易条例》《常规武器转让政策》《出口管制条例》以及其他相关的法律和承诺，逐案审议空间相关出口申请书并签发许可证；空间相关物项运往武器禁运目的地或其他禁运目的地的，其出口许可证申请将被推定为拒绝；敏感或先进航天器的相关出口可能需要通过涉外军售流程进行政府间转让，并要求国务卿应确定当前的武器转让和不扩散政策指令是否为新兴技术和空间能力的转让提供了充分的指导。

2021 年《美国天基定位导航授时政策》对天基 PNT 能力的出口管制作出规

---

① Commerce Country Chart, CCC.

定。虽然美国将外国获得美国天基 PNT 能力作为一项总的指导原则，美国将继续支持目前全球市场上可获得或计划可获得的民用、大众市场天基 PNT 出口。但是，敏感的两用或先进的 PNT 信息、系统、技术和部件的出口将根据现行法律法规以及相关的国家安全和外交政策目标和考虑逐案审议。①

（二）俄罗斯卫星导航出口管制法律制度

俄罗斯联邦政府建立了以《俄罗斯联邦出口管制法》为主体的出口管理法律体系。其中，1999 年颁布的《俄罗斯联邦出口管制法》是俄罗斯实施出口管制的核心依据。《俄罗斯联邦出口管制法》确定了俄罗斯联邦的出口管制政策，列出了出口管制产品的清单。诸多卫星导航相关材料、设备、技术和服务被纳入清单范畴。同时，《关于对自俄罗斯联邦出口两用商品和技术进行监督的办法条例》，对军民两用产品出口实行监督，出口军民两用产品和技术需申领出口许可证，颁发依据为出口产品是否符合俄罗斯承担的有关国际义务。卫星导航相关的两用物项和军用物项的出口受到上述法律法规的规制。

俄罗斯总统设立了出口管制委员会（ECC），负责协调各部门的出口管制工作，起草出口管制的政策建议等。出口管制委员会的成员来自经济发展部、外交部、海关、国防部、原子能部、安全局、外国情报局、军事和技术合作局、药物管制局、司法部、科学院、教育和科学部、工业和贸易部、国家原子能公司、国家技术集团等多个政府部门和企业。俄罗斯联邦经济发展部的出口管制部是俄罗斯的主要出口管制机构，是颁布法规和处理出口许可证申请的牵头机构。俄罗斯联邦技术出口管制局（FSTEC）是两用品出口管制许可证签发的执行部门。该机构是由联邦政府特别授权的联邦权力执行机构，隶属于国防部。俄罗斯现有的六种两用品清单必须由技术出口管制局颁发许可证。同时，根据对外贸易经营者的要求，发展大规模毁灭性武器及其运载工具或其他类型武器和军事装备过程中可能使用的商品（工程和服务）、信息和知识产权的外贸交易，由技术出口管制局进行国家审查。俄罗斯联邦国防部主要负责与出口管制部门协商，发行与军品有关的出口许可证，发行武器出口许可证和两用国防项目出口许可证。《俄罗斯联邦出口管制法》第 10 条规定，联邦权力执行机构、国家原子能公

① 参见 2021 年《美国天基定位导航授时政策》第 6 条第（b）款。

司、国家航天集团公司确保执行该法、总统令、政府令和国际义务赋予其在出口管制领域的权力。《俄罗斯联邦国家航天集团公司法》第 7 条规定，国家航天集团公司在管理航天活动领域的权力和职能之一是与相关的联邦权力执行机构合作，保障俄罗斯联邦参与国际出口管制制度。[①]

（三）欧盟卫星导航出口管制法律制度

欧盟建立了军民两用物项和军事物项出口管制制度。其中，军事物项出口管制以《管理军事技术和设备出口控制共同条例》[②]为依据，并制定了《欧盟共同军事清单》。欧盟卫星导航出口管制主要受到 2021 年 5 月通过的《建立欧盟两用物项出口、中介服务、技术支持、过境和转让管制制度条例》[③]（以下简称《欧盟两用物项出口管制条例》）约束。欧盟的两用物项是指可用于民用和军用目的的物项（包括软件和技术），包括可用于设计、开发、生产或使用核武器、化学或生物武器或其运载工具的物项，以及包括所有既可用于非爆炸性用途又可以任何方式协助制造核武器或其他核爆炸装置的物项。[④] 欧盟管制的两用物项有三类：两用物项清单（《欧盟两用物项出口管制条例》附件 1）所列物项、全面管制物项和自主管制物项。欧盟两用物项清单（《欧盟两用物项出口管制条例》附件 1）涵盖 10 类两用物项，包括“0　核材料、设施和设备类”“1　特殊材料和相关设备类”“2　材料加工类”“3　电子产品类”“4　计算机类”“5　电信和信息安全类”“6　传感器和激光器类”“7　导航与航空电子设备类”“8　海洋类”“9　航空航天和推进系统类”。其中，卫星导航两用物项主要被列入两用物项清单的第七类“导航与航空电子设备类”，第九类物项为“航空航天和推进系统类”。全面管制物项是指即使未在两用物项清单中，但因出口用于特定最终用途而被管制的物项。《欧盟两用物项出口管制条例》第 4 条、第 5 条规定，如果

---

① 参见《俄罗斯联邦国家航天集团公司法》第 7 条第（55）项。

② Council Common Position 2008/944/CFSP of 8 December 2008 Defining Common Rules Governing Control of Exports of Military Technology and Equipment.

③ Regulation（EU）2021/821 of the European Parliament and of the Council of 20 May 2021 Setting up a Union Regime for the Control of Exports, Brokering, Technical Assistance, Transit and Transfer of Dual – use Items.

④ 参见 2021 年《欧盟两用物项出口管制条例》第 2 条。

成员国出口管制主管机关发现出口经营者所出口的物项将被接收方用于特定最终用途，则该物项的出口需要获得主管机关的许可证。如果出口经营者怀疑所出口的物项将被接收方用于特定最终用途，出口经营者应当向欧盟成员国的出口管制主管机关报告，并由主管机关确认有关出口是否需要获得许可证。特定用途物项包括四类：一是用于生化武器、核武器、其他爆炸装置及运载导弹的研发、生产和制造的物项；二是出口至武器禁运国家用于军事最终用途的物项；三是用于已非法出口军事物项的零部件的物项；四是用于恐怖主义、侵犯人权相关的网络监控物项。自主管制物项是指欧盟成员国可以出于公共安全原因，如出于防止恐怖主义行为、人权等考虑，制定本国两用物项清单进行管制的物项。

欧盟对涉及两用物项的管制行为包括以下几类：出口行为、中介服务、技术支持、过境、转让。其中，出口行为有四类：一是出口，即欧盟货物从欧盟境内转移到欧盟境外的行为；二是再出口，即非欧盟货物从欧盟境内再出口到欧盟境外的行为；三是外发加工，即暂时出口欧盟货物到非欧盟国家加工或修理的行为；四是软件和技术的电子传输，即通过电子媒介或口头向欧盟领土外实体或个人传送软件或技术的行为。

中介服务主要是指为从第三国向任何其他第三国采购、销售或供应两用物项提供交易谈判或安排的服务；将两用物项从第三国出售或采购其他第三国的服务，但不包括仅提供运输、金融服务、保险、再保险、一般广告或促销等辅助服务。技术支持是指与维修、开发、制造、装配、测试、维护或任何其他技术服务相关的任何技术支持，包括三种情形：任何人从欧盟境内向第三国提供技术支持；欧盟成员国的居民或在欧盟境内成立的实体在第三国境内提供技术支持；欧盟成员国的居民或在欧盟境内成立的实体向在欧盟境内短暂停留的第三国公民或实体提供技术支持。

过境是指非欧盟货物进入欧盟边境或通过欧盟边境运输，而该物项最终目的地是欧盟境外的国家，包括四种情形：一是仅途经欧盟境内运输但仍保持非欧盟货物的关税状态；二是从免税区直接转运出口；三是临时仓储并从仓库直接转出口；四是由飞机或船舶运输入境后不卸货直接运输出境。转让，即条例附件4中的两用物项从一个欧盟成员国转让到另一个欧盟成员国，主要包括导弹及相关软件、技术，欧盟进行战略控制的物项，化学武器，核技术等。上述这些行为只要涉及管制两用物项,就受到《欧盟两用物项出口管制条例》约束。

出口管制的两用物项或从事管制行为,需要依照相应规定取得许可证。出口许可共有四类,分别为欧盟通用出口许可(EU GEAs)、成员国通用出口许可(NGAs)、全球出口许可和个别出口许可。欧盟通用出口许可和成员国通用出口许可是指出口商满足条件,无须申请,即可直接适用的许可。欧盟通用出口许可,允许特定条件下将两用物项出口到特定目的地,欧盟各成员国的出口商满足相应出口条件,在履行注册或通知程序后,即可直接适用该许可。欧盟通用出口许可分为 8 类(EU001 - EU008),规定了不同的条件和要求,如 EU001 授权向澳大利亚、加拿大、日本、美国、英国等国出口大多数两用物项,EU002 授权向阿根廷、南非、韩国等国出口列明的特定两用物项。成员国通用出口许可是根据成员国国内法和实践,满足国内法许可要求的出口商无须额外申请,只需注册出口信息即可直接适用,但用于特殊最终用途的物项除外。全球出口许可和个别出口许可需要向成员国当局申请,并经审批。全球出口许可是指欧盟成员国对一个特定的出口商向一个或多个国家或向一个或多个最终用户出口两用物项的许可。个别出口许可是指欧盟成员国对一个特定出口商向一个特定最终用户出口一个或多个两用物项的许可。

总体而言,从欧盟出口的物项在两用物项清单中的,需遵守许可要求;从欧盟出口两用物项清单外物项,但该物项用于或可能用于生化武器、核武器开发制造等特殊最终用途的,需遵守许可要求;对于涉及欧盟货物的中介服务、技术支持、过境等非出口行为,如果这些物项可能被用于管制用途的,需遵守许可要求。在这种制度框架下,出口两用物项清单中的卫星导航设备、技术等相关的物项,需以程序获得许可。两用物项出口的最终决定权和执法权由各成员国掌握。欧盟对伽利略系统和 EGNOS 系统提供的公共管制服务实施特殊的出口管制。《关于伽利略计划下建立的全球卫星导航系统提供的公共管制服务获取规则的决定》规定,只能将与公共管制服务的使用、开发和生产有关的设备、技术或软件出口到与欧盟签订了国际协定经正式授权可接入公共管制服务的第三国。第三国和国际组织只有按照《欧盟运行条约》第 218 条规定的程序,与欧盟签订了协定,才能够成为公共管制服务的参与方。该规则第 9 条规定,除签署协定外,不得授权相关机构向欧盟外的国家或地区出口与公共管制服务使用、开发及相关设备的生产有关的设备、技术和软件。

第五章　外国卫星导航国际合作法律制度

全球卫星导航系统因其国际化属性突出，其国际合作成为各拥有卫星导航系统国家的工作重点。全球卫星导航系统的频率轨位资源协调、兼容与互操作、全球推广、军事应用是国际合作的重点方向。美国、俄罗斯、欧盟在卫星导航国际合作的实践中，逐步建立了卫星导航国际合作法律制度，但由于各系统的发展阶段不同，各国卫星导航国际合作制度各有侧重。

第一节　美国卫星导航国际合作法律制度

2021 年《美国天基定位导航授时政策》明确鼓励开展 GPS 和全球卫星导航系统相关的国际合作，阐明“与国际全球卫星导航系统供应商合作，确保 GPS 兼容性，增强与利益一致的国家的互操作性，提升民用服务的制度透明，并使美国产业能够进入市场”的国际合作政策主张。《1998 财年国防授权法》第 1074 条就 GPS 国际合作工作作出规定，要求国会敦促总统采取措施，促进美国及其盟国的安全、公共安全和商业利益，这些措施包括总统与外国政府和国际组织签订国际协议、努力消除外国政府和平利用 GPS 的任何障碍和其他限制，以及相关国际协定的批准签署程序。美国因其占据先发优势，已具备相当的应用规模，因此，美国在国际合作中更加注重扩大优势、推行自身标准、深入参与友好国家的应用。通过法律、总统令和政策的方式，将国际合作工作制度化，为美国开展卫星导航的国际合作提供了制度框架。

一、美国卫星导航国际合作机构及职责分工

美国涉及卫星导航国际合作工作的有国会、总统、国务院和美国贸易代表

办公室。总统是美国卫星导航国际合作工作的领导者，履行着协调行政部门内部行动的任务，以促进GPS系统及其增强系统作为全球范围内的资源。总统还可以代表美国政府与外国政府和国际组织签署多双边协议，以促进GPS及其增强系统成为国际公认的标准。国会负责在立法方面给予卫星导航国际合作工作最大的支持。

国务院负责处理与卫星导航有关的具体外交事务，牵头与外国政府和国际组织就定位导航授时（PNT）的应用进行谈判，与各有关部门和机构协作，促进外国政府和国际组织对美国空间政策和项目的了解与支持，并鼓励外国政府和国际组织利用美国的空间能力、系统和服务。国务卿作为代表可与国防部长协调，就军用定位导航授时事宜开展对外谈判，共同参与美国与盟国的PNT对话，尤其是与北约的对话。

美国贸易代表办公室是负责协调贸易政策的机构，对美国加入的国际贸易协定负有主要责任。美国贸易代表办公室经与其他相关部门和机构协商后与其他国家签署国际贸易协定，负责积极主导有关规范空间商品和服务的相关贸易规则的谈判和实施过程。

国防部在卫星导航国际合作方面，负责牵头与外国国防组织就GPS军事信息或服务事宜开展各项合作谈判，并向美国盟军提供GPS国家安全服务、用户设备、信息和技术，以加强美国和盟国军事力量和能力之间的互操作，并保持军用天基PNT能力的卓越性。国防部还承担与盟国合作监视国家安全服务和用户设备使用情况的责任，以限制敌方使用这些能力对抗美国和盟国军事力量，维护国家安全利益。

交通部负责牵头处理与美国GPS民用相关的国际合作事务，以支持美国关键交通运输、国土安全以及其他重要的民用和商业应用。交通部在与商务部和国务院进行协调的情况下，促进外国开发基于GPS的民用PNT服务及系统，并推动国际组织参与美国天基PNT服务的民事应用的开发。同时交通部也与国防部合作，对国际上接受在民用领域内使用GPS军用PNT服务的主体，提供评估和适当协助，积极促进GPS技术的商业应用，并推动接受GPS和美国政府增强应用作为国内外运输系统的标准。

商务部牵头负责履行美国卫星导航方面的频谱保护的职能。商务部与联邦通信委员会共同管理GPS所使用的无线电频谱，商务部部长负责在国际上保护电磁频谱免受破坏和干扰,可与国务卿、国防部长、交通部长和国家航空航天局局长协调,通过采取适当的国内、国际频谱监督管理办法,力求保护 GPS 系统及其增强系统使用的无线电频谱。

美国国家天基 PNT 执委会作为机构间组织,负责围绕技术维护、GPS 现代化以及美国天基 PNT 服务相关政策问题向其成员机构和总统提出建议,并协调涉及 GPS 及其增强系统服务的安全性以及与外国 PNT 服务的关系等事务。

二、美国卫星导航国际合作的形式

《1998 财年国防授权法》和 1998 年《商业空间法》都规定通过签订国际协议的方式,促进美国与外国政府和国际组织的合作。GPS 面向全球提供服务以来,美国通过多边合作的方式,促进 GPS 进入相关国际标准,并引导和建立了卫星导航相关国际标准,促进了 GPS 在相关行业领域的规模化应用;与中、俄、欧等卫星导航系统供应商国家签署双边合作协议,促进系统的兼容与互操作;与英、韩、澳等国家签署双边合作协议,在促进更多的国家和地区使用 GPS 服务。

(一)多边合作

美国在国际电信联盟(ITU)、国际海事组织(IMO)、国际民用航空组织(ICAO)、联合国和平利用外层空间委员会(COPUOS)、亚太经济合作组织(APEC)、北大西洋公约组织(NATO)、世界贸易组织(WTO)等多边条约和平台框架下开展卫星导航国际合作,通过多边机制处理国际卫星导航问题。

1. 国际电信联盟

卫星频率是指无线电频谱用于空间无线电业务的部分,即卫星电台使用的频率,轨位是指卫星所处的空间轨道位置。频率轨位资源是卫星导航系统建立、运行、发展的重要基础,同时由于它的有限性和不可再生性,对于任何国家来说频率轨位都是十分宝贵的自然资源。因此,频率轨位资源必须由国际电信联盟(ITU)的无线电通信大会(WRC)负责分配和管理,各国都需要依据国际电信联盟制定的规则进行开发、利用、协调。国际电信联盟是主管信息通信技术事务的联合国机构,旨在实施无线电频谱的频带划分,无线电频率的分配,以及无线电频率指配和对地静止卫星轨道的相关轨道位置的登记,以避免不同国家无线电电台之间的有害干扰,并协调各种努力,消除不同国家无线电电台之间的有害干扰和改进无线电通信业务中无线电频谱及对地静止卫星轨道的利用，同时促进全球电信标准化，向发展中国家提供电信援助，促进全球电信发展。在治理方面，国际电信联盟基本法规《国际电信联盟组织法》和其补充法《国际电信联盟公约》以及《国际电信规则》和《国际无线电规则》构成了国际电信联盟的法律框架。《国际无线电规则》是由各成员国一起研究并讨论所作出的关于修订频率和卫星轨道资源使用的规则程序的相关决议。国际电信联盟每三至四年举行一次世界无线电通信大会(WRC)来实施频谱分配。由于世界无线电通信大会的最终决议相当于参与国之间设定的条约，国与国之间都会遵守世界无线电通信大会的最终决议，因此全球频谱分配得以保持相对一致。

美国也是在 ITU 的框架下开展 GPS 的频率轨位协调工作。由国家天基 PNT 执委会与国务院协调，审查国际合作机构提出的建议并向其提供建议，与商务部协调，审查国家无线电通信频谱管理和保护问题。① 美国从 20 世纪五六十年代就已向国际电信联盟申报，也成功依照国际程序获取了大量的频率轨道资源，以支撑其数量庞大的卫星系统，国际电信联盟指定了以下频段用于美国 PNT 服务：航空无线电导航服务(ARNS)频段、卫星无线电导航服务(RNSS)频段、无线电导航服务(RNS)频段。②

2. 国际海事组织

国际海事组织成立于 1959 年 1 月 6 日，旨在促进各国间的航运技术合作，鼓励各国在促进海上安全、提高船舶航行效率、防止和控制船舶对海洋污染等方面采取统一的标准，鼓励取消国际贸易中对航运的歧视行为和不必要的限制。国际海事组织几乎影响到船舶的设计、建造、设备、维护、配员、报废处置等航运的方方面面，当前已制定几十个国际公约及具体支持实施的数百个议定书、规则、准则、建议书等。国际海事组织发布的公约中与卫星导航相关的内容包括审议助航设备和全球无线电导航系统的操作要求，在国际海事界发挥着使用户设备的性能目标、标准化和成本最小化的作用。《国际海事组织公约》第Ⅶ章第 28 条(a)款规定，海上安全委员会应审议本组织范围内的有关助航设备、船舶建造和装备、船舶安全配员、避碰规则、危险货物装卸、海上安全措施和要

① 参见 2021 年《美国天基定位导航授时政策》第 5 节天基 PNT 服务的管理第(d)条。

② 参见美国《联邦无线电导航计划(2019)》1.7.9 射频频谱考虑要素。

求、航道信息、航行日志和航行记录、海上事故调查、打捞和救助以及直接影响海上安全的任何其他事宜。

国际海事组织第 A.1046(27)号决议规定了对全球无线电导航系统的操作要求,即无线电导航系统必须提供准确度、覆盖范围、可用性和完整性水平,以便在海洋和沿海水域航行以及进港,为国际航运提供规范,服务于世界航运。美国《联邦无线电导航计划》要求 PNT 服务和系统的提供要符合国际海事组织标准和准则,各种军用船舶可以在和平时期使用符合国防部政策的民用 PNT 系统,但前提是这些系统符合国际海事组织制定的关于提供同等性能和安全性的规范。1994 年,美国海岸警卫队代表美国向国际海事组织就 GPS 服务做出承诺,即"美国将在美国法律规定的资金下,在可预见的未来,在全球范围内持续提供 GPS - SPS 服务,不向用户收取直接费用。此服务将根据美国政府《联邦无线电导航计划》技术部分的无歧视性规定,向所有用户提供,其水平精度将达到 100 米(95% 的概率)。美国将采取一切必要措施,保持服务的完整性、可靠性,并在 GPS 停止运行或取消 GPS - SPS 前至少 6 年进行通知①。2008 年美国海岸警卫队司令代表美国向国际海事组织重申了 GPS 服务承诺的政策立场,即"美国打算根据美国法律的要求,在可预见的未来,连续在全球范围内提供 GPS,并不向用户直接收取费用。该服务将在非歧视性的基础上提供给所有用户在 SPS 性能标准中规定的性能水平。美国政府计划在可预见的未来采取一切必要措施,以保持 GPS - SPS 的完整性、可靠性和可用性,并在停止运行 GPS 或取消 GPS - SPS 之前至少提前 6 年通知"②。

3. 国际民航组织

1944 年 11 月 1 日至 12 月 7 日在芝加哥召开的国际会议上,52 个国家签订了《国际民用航空公约》(通称《芝加哥公约》),按照公约规定成立了临时国际民航组织,以便组织并支助全球新兴航空运输网络需要开展的大量国际合作。1947 年 4 月 4 日,《国际民用航空公约》正式生效,国际民航组织也因之正式成立,工作之一就是起草关于卫星导航服务的国际法律框架。国际民航组织的主

---

① See 1994 GPS Service Commitment to IMO, https://www.gps.gov/policy/cooperation/imo/1994 - service - commitment.pdf.

② See 2008 GPS Service Commitment to IMO, https://www.gps.gov/policy/cooperation/imo/2008 - service - commitment.pdf.

要职责是通过国际公约为国际通用的民航 PNT 系统制定标准。根据《国际民用航空公约》第六章第 37 条和第 38 条，缔约各国承允在关于航空器、人员、航路及各种辅助服务的规章、标准、程序及工作组织方面进行合作，凡采用统一办法而能便利、改进空中航行的事项，尽力求得可行的最高程度的一致。为此，国际民用航空组织应根据需要就一些项目随时制定并修改国际标准及建议措施和程序，这些项目包括卫星导航领域内的通信系统、助航设备和航空地图及图表等。

《联邦无线电导航计划》规定，PNT 系统的适当标准由国际民航组织协调，并发布给国际航空使用，以确保全世界范围内的互操作性；各种军用航空器可以在和平时期使用符合国防部政策的民用 PNT 系统，但前提是，这些系统符合国际民航组织制定的关于提供同等性能和安全性的规范。1994 年，联邦航空管理局向国际民航组织作出了关于 GPS 服务的承诺，即"美国将在美国法律规定的资金下，在可预见的未来，在全球范围内持续提供 GPS - SPS 服务，不向用户直接收取费用。此服务将根据美国政府《联邦无线电导航计划》技术部分的无歧视性规定向所有用户提供，其水平精度将达 100 米（95%）和 300 米（99.99%）。美国将采取一切必要措施，保持服务的完整性、可靠性，并希望它能够在 GPS 运行终止或取消 GPS - SPS 之前提前至少 6 年通知"。[1] 2007 年，美国政府重申了该项承诺，即"美国政府继续承诺在持续、世界范围的基础上，免收直接使用费提供 GPS - SPS 信号，确保世界范围的民用空间 PNT 服务（包括 GPS - SPS）增强，并提供公开、可自由获得的必要信息，以便开发和制造设备以使用这些服务"[2]。2007 年，联邦航空管理局向国际民航组织作出了关于 WAAS 服务的承诺，即"美国政府承诺在非歧视的基础上提供单频率 WAAS 信号，无须向用户直接收取费用，覆盖其规定服务范围内的 WAAS 卫星，并提供公开的、可自由获取的用于开发和制造服务设备所需的信息。美国政府计划在可预见的未来采取一切必要措施，以保持 GPS - SPS 和 WAAS 服务的完整性、可靠性和可用性，并预计在此类运行终止或取消此类服务之前提前至少 6 年通知"[3]。

---

① 1994 GPS Service Commitment to ICAO, https://www.gps.gov/policy/cooperation/icao/1994 - service - commitment.pdf.

② 参见国际民航组织：《全球导航卫星系统（GNSS）手册》（第三版）（Doc 9849 号文件）。

③ 2007 GPS and WAAS Service Commitments to ICAO, https://www.gps.gov/policy/cooperation/icao/2007 - service - commitments.pdf.

（二）双边合作

美国分别同俄罗斯、中国、欧盟、韩国、日本、澳大利亚、英国等国家或地区签署卫星导航相关双边协定、联合声明和公告，促进了兼容与互操作、卫星导航应用、卫星导航军事和安全领域的国际合作。

1. 美俄合作

美国和俄罗斯于 2004 年启动了合作，其主要目标是在 GPS 和俄罗斯 GLONASS系统之间在用户级别上实现民用互操作性。2004 年 12 月，美俄发表政府间联合声明，表示美俄将持续在全球范围内播发民用信号，使其应用于商业、科研和生命安全等方面，并且对民用信号直接使用者免费。2006 年 12 月，美俄发表“美俄 GPS/GLONASS 互操作与兼容工作组声明”，该工作组召开的第 3 次会议解决了关于 GPS 和格洛纳斯系统间互操作与兼容的多个问题。此外，美国和俄罗斯建立了两个工作组来解决：(1)无线电频率的兼容性和互操作性，以增强定位、导航和授时；(2)计划用于 GPS 和格洛纳斯系统的搜索和救援能力之间的技术互操作性。先后签订了《美国全球定位系统（GPS）和俄罗斯全球卫星导航系统（GLONASS）联合声明》和《美国与俄罗斯 GPS/GLONASS 的兼容互操作工作组联合声明》。

表 5　美俄双边合作文件

时间	名称	主要内容
2004 年	《美国全球定位系统（GPS）和俄罗斯全球卫星导航系统（GLONASS）联合声明》	美国和俄罗斯联邦酌情就共同关心的涉及民用卫星导航和授时信号与系统、服务、产品的问题开展合作；双方最大限度地合作，以维护彼此使用卫星导航和授时信号的频谱；双方将共同努力，在可行的基础上最大限度地保持兼容性，为全球民用用户的利益促进 GPS 和格洛纳斯系统的互操作。双方拟成立工作组解决格洛纳斯系统和 GPS 及其增强系统的问题
2006 年	《美国与俄罗斯 GPS/GLONASS 的兼容互操作工作组联合声明》	解决了关于 GPS 和格洛纳斯系统之间兼容与互操作的许多问题。双方指出，关于使用 FDMA 和 CDMA 的问题，在了解使用通用的方法对于用户群体产生的益处方面取得了重大进展。俄方指出，在这方面的决定将在 2007 年年底进行

2. 美欧合作

自2004年美国和欧盟签署《关于推广、提供和使用伽利略系统和GPS及相关应用的协定》，确定了GPS和欧洲伽利略计划之间的合作以来，美国与欧盟及其成员国一直是卫星导航领域的紧密合作伙伴。该项协定建立了以下工作组合作：负责射频兼容性和互操作性的A工作组、负责贸易和民用的B工作组、负责下一代系统的设计和开发的C工作组以及负责GPS和伽利略有关安全问题的D工作组。其中下一代系统的设计和开发工作组旨在设计和开发下一代民用卫星导航和授时系统方面开展合作以为生命安全服务开发基于GPS—伽利略系统的应用。为此，该合作工作组于2010年7月1日成立了高级接收机自主完整性监控技术小组。高级接收机自主完整性监控技术小组的目标是：在双边基础上，对高级接收机自主完整性监控进行调查研究，并研究确定高级接收机自主完整性监控是否可以作为支持全球空中导航多星座概念的基础。此外，2007年7月，美欧签署《GPS与伽利略系统兼容与互操作协议》，将MBOC(6,1,1/11)调制信号作为其互操作民用信号，以加强GPS和伽利略系统间的兼容和互操作。

表6　美欧双边合作文件

时间	名称	主要内容
2004年	《关于推广、提供和使用伽利略系统和GPS及相关应用的协定》	互操作和频率协调；双方同意在建立任何有关卫星导航标准、认证、监管措施及授权之前，与对方进行协商；非歧视和贸易公平；开放卫星导航授时信号民码接口；开放信息获取；知识产权互不影响；倡导免费试用；国家安全兼容性和频谱使用；搜寻服务合作；合作形式；国际学术交流平台的合作
2006年	《欧盟委员会和美国在关于伽利略系统和GPS信号优化的联合声明》	双方拟优化通用基准信号结构来实现卫星导航更高的性能优化
2007年	《美国和欧盟关于GPS—伽利略系统贸易和民用应用B工作组的联合声明》	明确双方就伽利略系统的特许经营商地位，美国和欧盟在伽利略系统和GPS行业利益方面交换了信息，更新了相关的美国国家频率分配表，明确了使用GPS和伽利略系统来执行紧急电话定位指令
	《GPS—伽利略系统合作的联合简报》	阐述了双方在兼容互操作、接收机完好性监测、市场应用等领域的合作进展

续表

时间	名称	主要内容
	《美国和欧盟宣布GPS—伽利略系统共同民用信号最终设计的联合新闻公告》	宣布美国和欧盟同意共同采用并改进各自的全球卫星导航系统信号的设计
2008年	《美国、欧共体及其成员国代表关于GPS和伽利略系统合作的联合声明》	1. 兼容与互操作性工作组(WG－A)继续密切协调改进通用民用信号 2. 贸易和民用应用工作组(WG－B)拟就非歧视性方法、采购机制等问题展开工作 3. 加强下一代GPS和伽利略系统合作工作组(WG－C)计划编制工作计划,以在第一阶段解决生命服务安全性问题 4. 安全工作组(WG－D)共同主席提出工作计划
2010年	《美国和欧盟宣布使用GPS和伽利略系统组合性能接收器以改进性能的联合声明》	WG－C工作组的评估显示GPS和伽利略系统组合服务提供了显著的性能改进,美国和欧盟进入新的协调阶段

3. 美中合作

自2007年以来,美中在国际电信联盟的主持下,开展双边讨论。2010年,美国和中国进行了关于中国北斗卫星导航系统与GPS之间的射频兼容性的技术协调讨论。2014年,美中开始就GPS和北斗卫星导航系统的民间合作开展双边磋商。

表7　美中双边合作文件

时间	名称	主要内容
2014年	《美中民用全球卫星导航系统合作联合声明》	声明双方在民用信号在商业发展服务和GPS之间的兼容性和互操作性;各自的增强系统和民用航空应用;监测和评估;频谱保护;干扰检测和减轻;国际多边论坛活动等方面开展合作
2017年	《全球定位系统(GPS)与北斗卫星导航系统(BDS)民用信号兼容与互操作联合声明》	声明中国卫星导航系统管理办公室与美国国务院空间与先进技术办公室共同建立了政府监督机制——中美民用全球卫星导航系统合作对话机制,并阐明双方就GPS与北斗系统的兼容与互操作达成共识

4. 美国和其他国家的双边合作

第一,美国和日本。自1998年以来,美国和日本两国元首签署了建立合作伙伴关系的联合声明,确立了在使用GPS方面的合作。两国实现了GPS与日本基于多功能运输卫星(MTSAT)的卫星增强系统(MSAS)之间的互操作性。

表8 美日双边合作文件

时间	名称	主要内容
1998年	《美国政府和日本政府关于使用GPS合作的联合声明》	声明双方建立合作关系,促进和推动GPS的民用用途;设立合作机制,每年举行一次全体会议,讨论有关使用GPS基本服务的重要事项;在全体会议下成立工作组讨论共同关心的具体问题
2001年	《关于第一届日美GPS全体会议联合公告》	重申了1998年联合声明的原则,阐明双方将继续密切合作,促进使用GPS基本服务作为全球定位导航授时标准;促进航空和海上GPS增强系统开发信息的交流;避免GPS和其他服务之间的有害干扰;确保有效和适当地使用频谱进行GPS现代化;并防止滥用GPS及其增强系统
2002年	《关于第二届日美GPS全体会议联合公告》	阐明日本计划建造准天顶卫星系统,建造一个与GPS具有互补性的区域卫星定位系统,两国政府决定设立技术工作组,负责协调与准天顶卫星系统和GPS有关的技术问题
2004年	《美日关于GPS合作的联合声明》	首次确认1998年联合声明的原则和加强合作的共识,日本阐明其发射多功能运输卫星(MTSAT)、卫星增强系统(MSAS)的情况以及准天顶卫星系统建设计划。美国阐明准天顶卫星系统将加快确立日本在空间技术领域的领导地位,美国予以坚决支持
2006年	《美日关于GPS合作的联合公告》	两国政府重申为和平目的免费提供天基PNT服务,声明GPS和准天顶卫星系统的设计是完全互操作和兼容的,承认准天顶卫星系统对日本天基PNT服务的重要潜在贡献,声明卫星导航领域继续密切合作将有助于亚太地区的和平发展,促进全球经济增长
2007年	《美日关于GPS合作的联合公告》	两国政府代表回顾了美日的GPS/准天顶卫星系统技术工作组正在进行的工作,该工作组的成立是为了美日两国在准天顶卫星系统发展过程中以及在国际电信联盟活动中相互合作。技术工作组重申GPS和准天顶卫星系统被设计成可兼容和互操作。他们继续就准天顶卫星系统监测站和双向卫星时间及频率转移方面可能的合作进行了讨论

续表

时间	名称	主要内容
2008 年	《美日关于 GPS 合作的联合公告》	日本宇航署(JAXA)和美国国家海洋和大气管理局(NOAA)通过合作,允许日本宇航署在 NOAA 位于关岛的土地上安装准天顶卫星系统监测站,以获取监测站数据;日本宇航署和美国国家航空航天局(NASA)拟在 NASA 位于夏威夷的设施中建立准天顶卫星系统监测站和双向卫星时间和频率传输站,为日本国家信息通信技术研究所(NICT)和美国海军天文台(USNO)提供支持
2010 年	《美日关于 GPS 合作的联合公告》	加强了美国和日本之间的合作关系,两国政府都承认准天顶卫星系统对日本天基 PNT 服务的重要性和对未来做出的贡献,确认在卫星导航领域继续密切合作将有助于亚太地区的和平发展,促进全球经济增长
2011 年	《美日关于 GPS 合作的联合公告》	审查了 GPS/准天顶卫星系统技术工作组的工作,公布 JAXA 和 NOAA 已开始在关岛建立准天顶卫星系统监测站,JAXA 和 NASA 在夏威夷建设准天顶卫星系统监测站和双向卫星时间和频率传输站的工作即将完成
2012 年	《美日关于 GPS 合作的联合公告》	美国支持日本将准天顶卫星系统扩大和升级为一个业务和区域系统,日本准天顶卫星系统在美国关岛和夏威夷的两个监测站成功运行,两国政府继续密切合作
	《美日合作倡议》	倡议声明在民用航天方面,美国和日本已承诺通过加深对和平探索和利用外层空间,并采取以下具体活动框架协议的谈判以早日达成民用空间合作,包括互操作和改善区域导航,GPS 和准天顶卫星系统之间多种合作
2013 年	《关于第一次美日太空全面对话会议的联合声明》	阐明 GPS 与准天顶卫星系统在定位导航授时服务方面的进一步合作
	《美日关于 GPS 合作的联合公告》	美国和日本交换了有关在 ICG 会议研讨会上侧重于干扰监测与减轻(IDM)和多系统互操作方法的意见。两国政府再次承诺在多边会议上相互合作
2014 年	《关于第二次美日太空全面对话会议的联合声明》	双方就 GPS 和准天顶卫星系统的定位导航授时服务以及地球观测和空间科学的进一步合作进行了讨论,重申继续合作以寻求空间活动的透明度和建立信任措施(TCBMs)的重要性

续表

时间	名称	主要内容
2017 年	《关于第四次美日太空全面对话会议的联合声明》	双方提供了各自太空政策的最新情况，包括日本法律制度的最新发展，如遥感数据处理和卫星发射系统的规定，以及影响空间技术和空间系统的美国出口管制政策；就 GPS 与准天顶卫星系统等卫星导航系统的应用进行了讨论，重申外空法治的重要性
2018 年	《关于第五次美日太空全面对话会议的联合声明》	双方讨论了 GPS 和准天顶卫星系统的进一步合作，重申外空法治和自愿性最佳实践准则的重要性。就两国多边合作论坛，包括正在进行的联合国和平利用外层空间委员会（UNCOPUOS）和七国集团（G7）活动交换了最新情况，并重申了继续合作追求长期指导方针、外层空间活动的可持续性，以及加强空间活动稳定性的透明度和建立信任措施（TCBMs）的重要性
2019 年	《关于第六次美日太空全面对话会议的联合声明》	双方重申在全球卫星导航系统等领域扩大双边合作的坚定决心，并寻求与第三国和多边组织的接触机会；审查并确认于 2023 年推出在日本准天顶卫星系统上托管美国提供的 SSA 有效载荷的计划；双方继续通过双边和多边机制讨论 GPS 和准天顶卫星系统等卫星导航系统的合作；重申加强外层空间法治的重要性，包括支持自愿准则和最佳做法；重申继续合作寻求透明度和建立信任措施以加强空间活动稳定性的重要性
2020 年	《关于第七次美日太空全面对话会议的联合声明》	阐明日本内阁府和美国国防部就将于 2024 年 3 月底在日本准天顶卫星系统发射美国提供的 SSA 有效载荷的计划作出详细的执行安排。双方重申法治在外层空间的重要性，并进一步重申在外空负责任的行为以及透明度和建立信任措施的重要性

第二，美国和印度。2007 年，美国与印度签署了一项联合声明，开始了在 GPS 及其增强系统方面的合作，主要是努力实现 GPS 与印度的“GPS 和 GPS 辅助增强导航系统（GAGAN）”之间的互操作性。

表 9　美印双边合作文件

时间	名称	主要内容
2007 年	《美印关于使用 GPS 和天基 PNT 系统及应用合作的联合声明》	阐明印度通过与 GPS/WAAS 兼容的地球静止导航有效载荷,开发自己的天基增强平台 GAGAN 系统。阐明两国政府将紧密合作,以广泛而有效地利用 WAAS 和 GAGAN 的民间空间基础设施扩充 GPS
2008 年	《印美关于无线导航卫星服务提供商会议的联合公告》	两国的专家讨论了 GNSS 计划和国际电信联盟的相关文件,以及系统兼容互操作的合作事宜

第三,美国和澳大利亚。2007 年,美国与澳大利亚签署了一项联合声明,开始了在 GPS 及其增强系统方面的合作,主要是努力实现 GPS 与澳大利亚"地面增强系统"(GBAS)之间的互操作性。

表 10　美澳双边合作文件

时间	名称	主要内容
2007 年	《美澳联合代表团关于民用 GPS 和天基定位导航授时系统及应用领域合作的声明》	明确双方将密切合作,促进广泛有效地使用 GNSS 增强系统,特别强调了在民航领域的合作
2010 年	《美澳关于 GPS 民用和民用空间活动双边合作的联合声明》	阐明美澳两国正在寻求通过制定一个核心框架的长期战略方法来加强合作,将建立支持监测和管理空间环境的机制、开展重要空间应用合作等

第四,美国和英国。英国作为欧盟的前成员国,在伽利略系统与 GPS 合作基础上与美国开展双边合作。

表 11　美英双边合作文件

时间	名称	主要内容
2013 年	《英美关于 GPS 知识产权的联合声明》	宣布双方已就与 GPS 有关的知识产权达成了共识,共同致力于确保 GPS 民用信号永远免费和公开地提供给世界各地的用户。英国致力于将所有与美国 GPS 民用信号设计及其从 GPS 和其他 GNSS 广播获得的相关的政府专利和专利申请纳入公共领域,英国政府承诺不追究或主张对这些信号的任何方面的知识产权

第五，美国和韩国。自 2018 年以来，美国和韩国一直在讨论在符合两国共同利益的民用卫星导航方面的兼容性、互操作性和透明度方面的合作。2021 年发表美韩伙伴关系告知书，扩大了现有关于与民用卫星导航相关的兼容性、互操作性和透明度问题的讨论。

表 12　美韩双边合作文件

时间	名称	主要内容
2021 年	《美韩关于民用全球卫星导航系统合作的联合声明》	阐明两国政府共同努力确保 GPS 与韩国定位系统（KPS）在民用方面的兼容性和互操作性，具体包括：合作为 KPS 设计信号，以确保与 GPS 兼容，并在国际电信联盟框架下完成 GPS 与 KPS 之间的无线电频率兼容性协调；尽可能实现 KPS 与 GPS 和其他全球卫星导航系统的互操作性；促进双边会议和机制建立，交流有关 KPS 民事方面的技术信息，并讨论共同关心的相关事项
2021 年	《美国—韩国伙伴关系告知书》	阐明美国将支持韩国发展本国的卫星导航系统，即 KPS，提高其与 GPS 的兼容性和互操作性

三、美国卫星导航国际合作的内容

根据美国联邦法律和总统政策的规定，在多边和双边框架下，美国逐步建立了在卫星导航频率轨位协调、兼容与互操作、军事应用合作方面的以及在测绘、交通方面的国际合作制度。

（一）美国卫星导航频率轨位协调制度

卫星导航系统服务需要足够的频带宽度，具有可用性、连续性和完整性的信号，以及充分的抗干扰保护。联邦法律和总统政策都要求保护 GPS 及其增强系统目前使用的频谱环境[①]，通过国际电信联盟等论坛与其他国家进行协调。国家天基 PNT 执委会与国务院协调，审查国际合作机构提出的建议并向其提供建议。与商务部协调，审查国家无线电通信频谱管理和保护问题。[②] 在规划

① 参见 2021 年《美国天基定位导航授时政策》第 4 节。

② 参见 2021 年《美国天基定位导航授时政策》第 5 节。

GPS 系统和服务时,必须在频谱分配和管理方面充分考虑美国国内和国际环境。在美国,商务部长与国务卿、国防部长、交通部长和国家航空航天局局长协调,通过适当的国内、国际频谱监督管理办法,力求保护 GPS 及其增强系统使用的无线电频谱。[①]

在美国,美国联邦通信委员会和国家电信和信息管理局对无线电频谱的使用进行监管。国家电信和信息管理局负责管理联邦政府对频谱的使用,主持跨部门无线电咨询委员会(IRAC),该委员会的成员包括作为政府频谱(其中包括事关生命安全的频段)服务提供方和用户的政府行政机构。联邦通信委员会负责监管所有非联邦部门对频谱的使用,作为观察员参加跨部门无线电咨询委员会会议。在两个部门的互相配合下,美国按照国际电信联盟制定的规则与外国通过友好协商开展 GPS 频率轨位协调,积极参与国际电信联盟规则的研究制定及有关活动,并与有关国家合作拓展卫星导航频率资源。2004 年,美国与欧盟签订《关于推广、提供和使用伽利略系统和 GPS 及相关应用的协定》,强调国家安全兼容性和频谱使用,加强双方互操作和频率协调;2004 年,美国与俄罗斯签订《美国全球定位系统(GPS)和俄罗斯全球卫星导航系统(GLONASS)联合声明》,双方协作最大程度地维护自身使用卫星导航和授时信号的频谱;2017 年 12 月 4 日,美国与中国签订《全球定位系统(GPS)与北斗卫星导航系统(BDS)民用信号兼容与互操作联合声明》,规定根据 2010 年完成的双边频率兼容性协调,GPS 和 BDS 在国际电信联盟的框架下具有无线电频率兼容性。

(二)美国卫星导航兼容与互操作制度

兼容即确保各个卫星导航系统及其增强系统之间不造成不可接受的干扰,且不会对单个独立系统或服务产生有害影响的能力。互操作即支持利用来自不同卫星导航系统及其增强系统的信号,获得优于仅仅依赖单个系统的信号提供导航服务的能力。目前,各个国家尤其是几个卫星大国都致力于通过国际合作实现全球卫星导航系统间的兼容和互操作,进一步实现 GNSS 资源的优化和整合,从而实现各个卫星导航系统之间在信号层面互不干扰,并达到“1 +1 >2”的效益,提高卫星导航系统服务的连续性。

---

① 参见 2021 年《美国天基定位导航授时政策》第 7 节。

美国政府一直鼓励国内与国外天基 PNT 系统在全球民用、商用和科学应用领域加强兼容与互操作性。与仅使用 GPS 相比，设计良好的接收机利用其他 PNT 系统可以获得更多卫星信号，如获得欧洲伽利略卫星和日本准天顶卫星的可靠信号，可带来 GPS 弹性加强、冗余能力增强、系统性能改进等好处。美国已采取多种措施加强系统间兼容与互操作：第一，为支持未来民用，美国政府在现有民用信号 L1 C/A 上引入了三个额外的编码信号，其中一个信号是 L1C，其中心频率为 1575.42 MHz，旨在促进与其他 GNSS 的互操作性，已被美国以外的运营商和用户作为国际标准采用；[①]第二，美国在全球卫星导航系统国际委员会（ICG）的框架下，推动成立了由 GNSS 供应商组成的供应商论坛，用以讨论多个民用 GNSS 服务的兼容性和互操作性；[②]第三，美国政府还通过遵守差分全球定位系统（DGPS）、地基增强系统（GBAS）和天基增强系统（SBAS）等服务的国际标准，推动了对可互操作增强型系统的应用，这其中包括差分增强系统（NDGPS）和广域增强系统（WAAS）；[③]第四，联邦法律要求国家电信和信息管理局帮助协调和有效地利用电磁频谱以及通信卫星系统与美国和国外现有通信设施的技术兼容性；第五，根据国防部第 4650.06 号指示要求空军部长通过确保 GPS 与其他无线电卫星导航系统之间的射频兼容性和互操作性，为国防部首席信息官履行无线电频谱职责提供支持。截至目前，美国已与欧盟、俄罗斯、日本、印度、澳大利亚等签订合作协议或声明，加强 GPS 与各系统间的兼容与互操作。

（三）美国卫星导航民用国际合作制度

为促进 GPS 在测绘地理信息、道路交通、海运等领域的应用，美国在卫星导航民事应用方面制定了相应的制度措施。

测绘界是最先使用 GPS 的行业之一，因为 GPS 支持对物理世界进行精确的地图绘制和建模，且测量出的地理参考数据可以显示、存储、操作在地理信息系统（GIS）中，为测绘行业提供了更加精准和可靠的数据，极大地提高了测绘生

---

① 参见美国《联邦无线电导航计划（2019）》第 5 章第 1 节。

② 参见美国《联邦无线电导航计划（2019）》第 1 章第 7 节。

③ 参见美国《联邦无线电导航计划（2019）》第 1 章第 7 节。

产率。联邦法律规定国防部长授权国家地理空间情报局(NGA)向外国政府和国际组织交换或提供测绘、制图和地理数据供应品和服务。[①] 国防部长可以授权国家地理空间情报局向从事地理空间信息研究的非政府组织或学术机构交换或提供与美国以外地区有关的测绘、制图和地理数据供应品和服务。国家地理空间情报局负责向国防部和情报机构(IC)提供全球 GPS 监测站网络的维护服务,并且国家大地测量局(NGS)是当前服务于地理信息系统 GNSS 轨道产品的 14 个轨道分析中心之一,为国内外提供轨道信息。

在道路交通领域,交通部的主要职责是确保交通运输安全有效,而 PNT 系统在交通部履行这一职责时起着非常重要的作用,交通部编制并颁布美国民用领域 PNT 计划,牵头开发天基 PNT 服务的民用应用,并鼓励国外开发基于 GPS 的 PNT 服务及系统,为民用部门和军方使用的某些系统提供导航。交通部运行 PNT 系统的两个主要机构分别是美国联邦航空管理局(FAA)和圣劳伦斯海道发展公司(SLSDC)。圣劳伦斯海道发展公司与加拿大的圣劳伦斯航道管理公司共同运行船舶交通控制系统,在圣劳伦斯河的美国水域提供导航。美国联邦航空管理局(FAA)按国际条约的要求提供空中导航。

在海事行业,美国海岸警卫队作为国土安全部的一部分,负责为安全高效的海上航行提供导航信息,以防止海上航行的船只和航空器发生灾难、碰撞和沉落等情况。为提供沿海海事安全信息(MSI)播报,美国海岸警卫队(USCG)通过制定合作研究和开发协议,牵头开发原型海上数字广播(NAVDAT)系统,作为对现有 NAVTEX 系统的增强。[②] 原型海上数字广播系统是国际海事组织和国际电信联盟建议开发的系统,也是国际海事组织全球海上遇险和安全系统(GMDSS)升级换代工作的一项内容,原型海上数字广播系统的频谱分配在 2012 年世界无线电通信大会上获得批准,可作为一种增强手段向全世界的船舶传输沿海紧急海洋安全信息,以满足全球海上遇险和安全系统(GMDSS)的要求。

(四)美国卫星导航军用国际合作制度

GPS 提供两个等级的服务——标准定位服务(SPS)和精确定位服务

---

① 参见《美国法典》第 10 编第 454 条。

② 参见美国《联邦无线电导航计划(2019)》第 6 章。

(PPS)。标准定位服务在 L1 频率上使用 C/A 码,可在全球范围内持续供所有用户使用,且按规定不得向用户直接收取费用。精确定位服务在 L1 和 L2 频率上使用 P(Y)码,出于对美国国家安全的考虑,只有美国武装部队、美国联邦政府机构以及部分盟军和政府才有权使用精确定位服务。国防部负责促进盟国军事力量为国家安全使用 GPS 服务,包括 GPS 国家安全服务、用户设备、信息和技术。使用这些军事力量有利于美国与盟国军事力量之间的互操作,保持卓越的天基 PNT 军用能力,维持美国在与外国国防部门谈判有关 GPS 军事服务接入与信息获取的合作中的主导地位。国防部与盟国展开合作,监视对国家安全服务的访问及其用户设备的获得,以便限制潜在的对手使用这些能力对抗美国及其盟国的军事力量,阻止、防御并在必要时击败干扰或攻击美国或盟国空间系统的行为。

此外,为确保国防部使用并防止对手使用 PNT 信息,国防部可借助补充 PNT 源提升导航战争防御能力。根据国防部第 4650.08 号指示,在成功确定符合导航战合规要求的前提下,经豁免可使用外国来源作为获取作战、作战支援或作战勤务支援行动 PNT 信息的主要手段之一。[①] 国防部应通过现有的信息和技术转移控制流程,确保美国和盟军获得 PNT 信息优势。

第二节　俄罗斯卫星导航国际合作法律制度

一、俄罗斯卫星导航国际合作的机构

俄罗斯卫星导航系统开展国际合作旨在立足于国家利益,实现格洛纳斯系统和其他全球卫星导航系统的兼容和互操作,维护俄罗斯国家安全和系统安全,并在国际交流过程中促进格洛纳斯系统技术变革,在世界范围内推广格洛纳斯的使用。俄罗斯联邦通过各层级立法明确了在国际合作事项中,国家航天集团公司、国防部、交通部、外交部,以及数字发展、通信和大众传媒部等机构的法定职责,确保各个机构明确责任,各司其职,共同促进卫星导航国际合作有序

① 参见 2020 年《国防部第 4650.08 号指示:定位导航授时及导航战》。

开展。

俄罗斯联邦国防部成立于1992年，是俄罗斯国内统辖俄罗斯武装部队的政府部门，负责保障俄罗斯联邦国防安全。在卫星导航领域，俄联邦国防部主要负责与相关部门相配合制定并落实格洛纳斯系统使用和发展的国际合作规划和项目，其中包括与无线电频率、频道分配和使用相关的国际协调和保护事项。《俄罗斯联邦政府关于国家航天集团公司和联邦权力执行机构在为保障俄罗斯联邦国防安全、推动社会经济发展、扩大国际合作和科学应用而维护、发展和使用格洛纳斯系统的职权条例》（以下简称《职权条例》）中规定，俄联邦国防部要与国家航天集团公司和数字发展、通信和大众传媒部合作，在运行和完善格洛纳斯系统过程中负责频率侵占的国际法保护。这一规定在《在俄罗斯联邦从事有关无线电频率或无线电频率频道分配（使用）的国际法保护的工作规则》得到了细化，明确了国防部或警卫局在各自的职权范围内，根据国家政府机构、国防、国家安全和维护法律秩序的需要编写用于各种用途的无线电频率频道申请、协调和登记的材料，并在收到外国和政府间卫星组织的无线电设备的频率分配的材料之日起30日内对其进行审核。上述材料以及审核结果或报告都应送交俄罗斯无线电频率服务机构。此外，国防部或警卫局还负有评估各种用途的无线电设备的频率分配之间的电磁兼容性的职责。

俄罗斯联邦数字发展、通信和大众传媒部负责无线电设备和格洛纳斯系统的频率轨道资源的协调，并在此过程中与国家航天集团公司和国防部合作。具体职责包括：第一，负责组织实施俄罗斯联邦无线电设备频率分配的国际法律保护工作①，并与国家航天集团公司和国防部合作共同开展格洛纳斯系统在使用和完善过程中的频率侵占国际法保护工作②，以在无线电频谱监管领域实现俄罗斯联邦法律和国际法规的协调一致，进而保障俄罗斯联邦的国家利益。第二，批准俄罗斯联邦卫星网络对轨道、航天器停放点和无线电频段的总体需求，负责向国际电信联盟申请、协调和登记各类无线电服务机构使用俄罗斯联邦无

① 参见《在俄罗斯联邦从事有关无线电频率或无线电频率频道分配（使用）的国际法保护的工作规则》第7条。

② 参见《在俄罗斯联邦从事有关无线电频率或无线电频率频道分配（使用）的国际法保护的工作规则》第7条。

线电设备的频率分配，以及与他国政府机构协调无线电设备的频率分配。第三，负责拟定与他国通信管理机构或政府间卫星组织之间就协调各类无线电服务机构所使用的无线电设备的频率分配问题进行谈判的谈判情形、谈判草案、谈判的组织工作、谈判程序，编写谈判的日期和地点、谈判议程草案，并与他国通信管理机构或政府间卫星组织进行初步协商。① 第四，负责规定俄罗斯联邦通信管理机构代表团的组建程序，审查和批准代表团参加国际组织工作的指示和技术任务书，任命代表团团长，以及确定代表团参加以上活动提交工作报告的程序，以确保俄罗斯联邦通信管理机构代表团遵照指示在世界和地区的无线电通信会议、国际电信联盟的无线电通信大会开展工作。②

国家无线电频率委员会主要负责有关联邦政府机构和俄罗斯联邦组织开展的关于无线电设备频率分配的国际法律保护的协调工作，以及俄罗斯联邦数字发展、通信和大众传媒部，国家无线电频率委员会，无线电频率服务机构，俄罗斯联邦组织间的协作工作。根据《在俄罗斯联邦从事有关无线电频率或无线电频率频道分配（使用）的国际法保护的工作规则》，其具体内容如下：第一，在国际电信联盟中对俄罗斯联邦各类无线电服务机构使用无线电设备频率的分配进行申请、协调和登记工作，以及与他国的通信管理机构或政府间卫星组织开展协调工作。第二，领导无线电频谱使用国际分配和监管工作组（也称筹备工作组），确保其协调有关联邦政府机构和组织之间的工作、制定通信管理机构关于无线电频谱使用的国际分配和监管问题立场的草案，并协调相关联邦机构和组织在国际组织中执行通信管理机构的立场。第三，在有关国际分配和监管工作的组织和协调方面，国家无线电频率委员会的筹备工作组负责根据建议拟制数字发展、通信和大众传媒部参加国际组织工作时的立场草案，拟制工作完成后由国家无线电频率委员会批准草案。数字发展、通信和大众传媒部收到国际组织关于无线电频谱使用的国际分配和监管的材料后，要呈送给国家无线电频率委员会办公室，供筹备工作组或项目小组审查，并以此向俄罗斯联邦通信

---

① 参见《在俄罗斯联邦从事有关无线电频率或无线电频率频道分配（使用）的国际法保护的工作规则》第 45 – 47 条。

② 参见《在俄罗斯联邦从事有关无线电频率或无线电频率频道分配（使用）的国际法保护的工作规则》第 11 条。

管理机构拟制建议。

无线电频率服务机构与国家无线电频率委员会和数字发展、通信和大众传媒部密切合作，共同负责无线电频率申请、协调和登记的相关事宜①。第一，负责确定是否有必要向国际电信联盟申请、协调和登记以下工作。第二，负责相关材料的编写、审核和鉴定。无线电频率服务机构负责编写向国际电信联盟提交无线电频率的分配和使用进行申请，协调和登记的材料；负责鉴定由用户编写的使用无线电设备频率的分配进行的申请、协调和登记的材料。在航天领域，负责对俄罗斯航天系统使用无线电设备频率分配的申请、协调和登记的材料进行鉴定，并与警卫局合作，在收到这些材料之日起不超过 45 个日历日内，提交关于是否向国际电信联盟发送这些材料的书面鉴定。第三，在数字发展、通信和大众传媒部与他国通信管理机构或政府间卫星组织进行谈判的过程中，负责编写俄罗斯联邦通信管理机构代表团进行谈判的技术任务书草案，并与国防部和警卫局进行协商确认。

交通部是负责民用交通运输的联邦权力执行机构。在卫星导航领域，交通部主要负责格洛纳斯系统和其他系统在交通运输方面的信息协调和信息保障，并确保相关国际组织使用格洛纳斯系统的协同。第一，交通部以导航信息生产中心为基础，创建关于格洛纳斯系统和美国 GPS 的信息服务部门。第二，俄罗斯联邦交通部会同国防部、国家航天集团公司和国家国防工业委员会，向国际民用航空组织和国际海事组织提交必要材料，并确保指定的国际组织在使用格洛纳斯系统中的相互协同。此外，在确保交通运输安全方面，俄联邦交通部要协调其下属联邦行政机构与国际组织合作，在交通领域使用不同卫星导航系统及其增强系统，以避免单一导航系统信号中断或者受到干扰所可能造成的损失。

国家航天集团公司由俄航局与联合火箭航天公司合并组建。《俄罗斯联邦国家航天集团公司法》规定，在按照既定程序通过俄罗斯联邦航天局清算决议之日起，俄航局所缔结条约、合同、协议的所有权利和义务均应移交给集团公司，包括与俄罗斯组织和外国组织签订的国家合同（条约）和条约（合同、协议）。其在卫星导航国际合作方面具体职能如下：第一，集团公司以扩大俄罗斯

---

① 参见《在俄罗斯联邦从事有关无线电频率或无线电频率频道分配（使用）的国际法保护的工作规则》第 2 条。

联邦在卫星导航系统领域的国际合作，协调格洛纳斯系统的维护、开发和使用工作为目的，对航天活动领域国际法律、技术法规的现状和发展趋势进行分析，进而制订俄罗斯联邦国家计划、总统计划、俄罗斯联邦航天计划、国家间目标计划和联邦目标计划、联盟国家计划以及航天活动领域国际合作计划的草案，并参与制定职权范围内的其他计划草案。第二，国家航天集团公司负责按照俄罗斯联邦法规定的程序开展国际合作和对外经济活动。第三，国家航天集团公司可协同相关联邦行政机构，就制定和实施航天活动领域的国家政策（主要指国际合作方面）提出意见建议，并在国际组织和专业国际论坛中代理俄联邦事务，为俄罗斯国家政策的实施提供有利的国际条件。第四，国家航天集团公司负责确定本集团投资俄罗斯本国组织及外国组织程序，并且有权向国外派遣代表。此外，国家航天集团公司也负责组织和监督实施各项措施，保障根据俄罗斯联邦国际合同和通用标准规范规划和实施并在国家航天项目框架内保障航天活动的安全。

此外，俄罗斯联邦的立法也规定了其他部门在卫星导航国际合作领域的职责。外交部作为外交事务的负责机构，在卫星导航领域其主要担负着促进在建设、发展和使用格洛纳斯系统及其增强系统导航技术的领域进行国际合作的职责，同时负责就发展和使用格洛纳斯系统及其增强系统导航技术相关国际条约进行多双边谈判。海运河运署、公路署、铁路运输署、航空署、交通监察局，以及国家登记、地籍和制图局在各自所负责的领域内与国际组织就使用卫星导航技术的问题开展合作，发展各自产业，并参考国际标准制定行业规范，以推进格洛纳斯系统及其增强系统的国际应用，推进国际合作，维护国家安全。①

二、俄罗斯卫星导航国际合作的形式

（一）多边合作

俄罗斯联邦在卫星导航领域开展的国际合作旨在促进格洛纳斯系统的可持续发展，并积极参与全球卫星导航协议。随着多个卫星导航系统的同时运行，对拥有此类系统的国家间以及与卫星导航开发和使用直接相关的国际组织

---

① 参见《俄罗斯联邦政府关于国家航天集团公司和联邦权力执行机构在为保障俄罗斯联邦国防安全、推动社会经济发展、扩大国际合作和科学应用而维护、发展和使用格洛纳斯系统的职权条例》。

间项目协调发展的需求日益增加，卫星导航领域的国际合作在俄罗斯联邦在国家航天活动政策中的地位不断提升。

俄罗斯在国际民航组织的框架下推动格洛纳斯系统在民用航空和海事领域的国际合作。1995 年，联邦政府发布政府令，要求联邦交通部会同联邦国防部、航天局和联邦国家国防工业委员会，向国际民用航空组织和国际海事组织提交必要材料，并确保指定的国际组织在使用格洛纳斯系统中的相互协同，这些材料用于拟定将格洛纳斯系统作为为民用用户服务的国际全球导航系统组成部分的协定。① 1996 年，俄罗斯联邦提议通过格洛纳斯系统来支持国际民用航空的需要，向国际民航组织承诺，格洛纳斯系统标准精度服务将被提供给国际民航组织至少 15 年，不直接从用户收取费用，国际民航组织理事会接受了该提议。国际海事组织认可了投入运行的格洛纳斯系统，作为世界无线电导航系统的组成部分。

此后，2008 年联邦政府再次发布政府令，要求联邦航空署负责实施参考国际民航组织建议，编制行业规范，规范用于规定使用格洛纳斯及其增强系统和卫星导航设备的程序，发展航空运输，为俄联邦空域用户提供航空导航服务；与国际民航组织就使用格洛纳斯系统及其增强系统和卫星导航设备开展合作，致力于发展国际航空组织。②《俄罗斯联邦政府关于 2012 – 2020 年格洛纳斯系统的维护、开发和使用专项计划的决议》，要求在国内外市场上推广使用格洛纳斯系统的设备、应用系统以及基于它们的导航服务，包括推动格洛纳斯系统进入国际组织（国际民用航空组织、国际海事组织、全球卫星导航系统国际委员会等）的标准和建议措施。

（二）双边合作

1. 俄中合作

2014 年 10 月 13 日，中俄总理第十九次定期会晤期间，中俄双方签署了《中

---

① 参见《俄罗斯联邦政府关于开展民用用户使用格洛纳斯系统工作的决议》。

② 参见《俄罗斯联邦政府关于国家航天集团公司和联邦权力执行机构在为保障俄罗斯联邦国防安全、推动社会经济发展、扩大国际合作和科学应用而维护、发展和使用格洛纳斯系统的职权条例》第 11 条。

国卫星导航系统委员会与俄罗斯联邦航天局在全球卫星导航领域合作谅解备忘录》,明确成立“中俄卫星导航重大战略合作项目委员会”(以下简称项委会),提出了增强系统、兼容与互操作、监测评估、应用推广四个后续重点合作领域,标志着中俄卫星导航合作作为中俄合作战略性项目正式被纳入中俄总理定期会晤机制框架。2015 年俄罗斯联邦航天局和中国卫星导航系统管理办公室正式成立了项委会,在项委会内成立了四个专题工作组,主要在四个领域进行合作:第一,确保格洛纳斯系统和北斗系统的兼容性和互操作性。第二,在功能增加方面进行合作,包括在俄罗斯和中国相互建设监测站。第三,监测和分析全球卫星导航系统特性的互动。第四,在使用导航技术方面进行合作。项委会的正式会议每年举行一次或两次,在俄罗斯和中国轮流举行。

2015 年 5 月 8 日,中俄双方在莫斯科签署了《中国北斗和俄罗斯格洛纳斯系统兼容与互操作联合声明》,加强北斗系统和格洛纳斯系统在兼容与互操作等方面的合作。2017 年,俄罗斯协调时间和导航支持信息分析中心(IAC KVNO)和中国测试与评估研究中心、中国卫星导航系统管理办公室完成“中俄卫星导航监测评估服务平台”建设,并开展了一个联合项目,旨在提供对格洛纳斯系统和北斗系统特性的监测和评估服务。2019 年 8 月 30 日,中俄卫星导航重大战略合作项目委员会第六次会议在俄罗斯喀山举行,商谈《北斗和格洛纳斯系统时间互操作合作协议》。会议审议了兼容与互操作、增强系统与建站、监测评估、联合应用四个工作组的工作报告,对联合建站、跨境运输、精准农业等合作项目进行深入研讨交流。此外,中俄还签署了《中华人民共和国政府和俄罗斯联邦政府关于和平使用北斗和格洛纳斯系统的合作协定》的政府文件。

2. 俄欧合作

相比与美国 GPS 的合作,由于伽利略系统的后发优势,俄罗斯格洛纳斯系统与之在兼容和互操作等方面的合作内容将更加广泛和深入。2005 年 9 月,俄罗斯与欧洲签署了《俄罗斯和欧洲关于格洛纳斯系统与伽利略系统的合作协议》,其内容包括三个方面:第一,伽利略系统与格洛纳斯系统的兼容与互操作;第二,俄罗斯投入工业能力,协助欧洲发展伽利略系统;第三,开展俄罗斯格洛纳斯系统与欧洲 EGNOS 系统的相关合作。在 2005 年签署的《俄罗斯和欧洲关于格洛纳斯系统与伽利略系统的合作协议》的基础上,近几年俄罗斯和欧洲在卫星导航领域一直保持着密切合作关系,这些合作包括兼容与互操作、卫星搜索救援、卫星导航技术、导航卫星发射等诸多方面，如欧洲的“伽利略—在轨验证”（Galileo - IOV）卫星继续利用俄罗斯的联盟号运载火箭发射、俄欧双方共同发展搜索救援地面段等。作为俄罗斯和欧洲航天合作的重要部分，双方在卫星导航领域的合作计划与成果，都会记录在双方每年发表的《欧—俄公共空间合作报告》中。

3. 俄罗斯和其他国家的国际双边合作

俄罗斯还与巴西、尼加拉瓜、南非和印度在卫星导航领域开展了不同程度的合作。2012 年 2 月，俄罗斯与巴西签署了相应的计划，在巴西安装了格洛纳斯系统电台。目前，巴西有 4 个格洛纳斯系统地面站正在运营，这有助于在全球范围内显著提高格洛纳斯系统的准确性。2014 年 11 月，俄罗斯启动了一个项目的实施工作，将俄罗斯地面测量收集系统（SSI）放置在尼加拉瓜境内。2018 年，俄罗斯实施了一个在南非领土上安装 Sazhen - TM 量子光学系统的项目，这是俄罗斯格洛纳斯系统地面基础设施的一部分。2004 年 12 月 3 日，俄罗斯总统普京与时任印度总理辛格于新德里签署了包括《俄罗斯联邦政府和印度共和国关于共同开发、运行和使用俄罗斯格洛纳斯系统用于和平目的的领域长期合作的政府间协议》在内的 11 项合作协议，协议中提到印度将协助俄罗斯发射GLONASS - M卫星，并承担一定费用；作为交换条件，印度可以参与第三代导航卫星 GLONASS - K 卫星的研制工作，格洛纳斯系统也将向印度开放军用权限。2011 年 12 月 16 日，在俄罗斯和印度的联合声明中双方表达了对共同使用俄罗斯格洛纳斯系统的兴趣，希望在这一领域推动合作，包括联合生产卫星导航系统和服务民用用户。

三、俄罗斯卫星导航国际合作的内容

（一）俄罗斯卫星导航频率轨位协调制度

关于频率轨位协调，俄罗斯联邦政府出台了《俄罗斯联邦境内他国所辖卫星通信网络的使用规则》，对俄罗斯频率资源的保护及其使用管理作出详细规定。俄罗斯联邦通信管理机构负责俄罗斯联邦无线电设备频率分配的国际法律保护工作，由国家无线电频率委员会负责有关联邦政府机构和俄罗斯联邦组织开展的关于无线电设备频率分配的国际法律保护的协调工作以及相关机构和组织之间的协作工作。为了更好地参加国际组织工作，数字发展、通信和大众传媒部负责组建俄罗斯联邦通信管理机构代表团，并确定其参加国际组织工作的指示、任务技术书和工作程序，以确保俄罗斯联邦通信管理机构代表团遵照指示在世界和地区的无线电通信会议、国际电信联盟的无线电通信大会开展工作。

数字发展、通信和大众传媒部负责与国家无线电频率委员会合作，根据用户的需要以及从他国通信管理机构或政府间卫星组织收到的关于协调航天系统使用无线电设备的频率分配请求，制订并审议无线电设备的频率分配年度工作计划。

同时，数字发展、通信和大众传媒部在与他国通信管理机构协调无线电设备频率或无线电频道分配（使用）时所需要提交的材料，对于无线电设备频率分配的申请、协调和登记的费用归属、数额以及无线电频率服务机构向国际电信联盟支付的无线电设备频率分配登记申请的费用来源和支付程序作出了详细的规定。

（二）俄罗斯卫星导航兼容与互操作制度

首先是格洛纳斯系统和其他全球卫星导航系统的兼容和互操作。《俄罗斯联邦无线电导航计划》指出，在现阶段，格洛纳斯系统、GPS、伽利略系统和北斗系统构成了俄罗斯用户的无线电导航保障的基础，并且无线电导航系统的集成最有发展前景的方向之一就是确保格洛纳斯系统、GPS、伽利略系统和北斗系统之间的兼容性和互补性。因此，在开发、运行以及现代化改造国内外无线电导航系统的过程中应确保其兼容性和整合性，并将确保格洛纳斯系统与其他全球和地区（区域）导航系统的兼容性和互补性作为俄罗斯卫星导航领域国际合作的主要目标。

其次是确保格洛纳斯增强系统的兼容和互操作。《俄罗斯联邦政府关于2012－2020年格洛纳斯系统的维护、开发和使用专项计划的决议》要求，为了给格洛纳斯系统的民事应用创造条件，维护和开发具备与国外系统等效技术性能的格洛纳斯系统，并在国际空间市场上推广格洛纳斯系统，需要在国际合作的框架内，确保格洛纳斯系统及其增强系统与外国系统的兼容性和互补性，并在国内外市场上推广使用格洛纳斯系统的设备、应用系统以及基于它们的导航服务,包括推动格洛纳斯系统进入国际组织(国际民用航空组织、国际海事组织、全球卫星导航系统国际委员会等)的标准和建议措施。同时要在某些特定的领域兼容卫星导航设备的功能增补子系统。

(三)俄罗斯卫星导航信息共享合作制度

《俄罗斯联邦无线电导航计划》指出,无线电导航计划的任务之一为改善俄罗斯联邦国内和国外导航服务开发人员与用户之间的信息交互并向俄罗斯联邦、国际社会和国际组织中不同的坐标时间和导航服务用户群体通报国家在使用现有和发展未来俄罗斯联邦无线电导航系统和设备方面的主要政策方向,国际联合系统的技术状态、功能和规划使用期限,以及无线电导航领域国际合作的方向等。《关于批准俄罗斯联邦建立和发展空间数据基础设施纲要》和《俄罗斯联邦航天活动法》还规定要建立联邦数据库同其他国家库的合作程序,将本国空间数据基础设施集成到国际基础设施中,深化国际合作。

第三节　欧盟卫星导航国际合作法律制度

一、欧盟卫星导航国际合作的机构

为了促进伽利略系统的发展,提高系统的自主性,降低欧盟对国外卫星导航系统的依赖性,欧盟在伽利略系统的发展过程中非常重视国际合作,不仅在国际组织框架下开展的多边机制协调,也与美国、俄罗斯和中国等卫星导航大国开展双边合作。在国际合作中,欧盟的欧盟委员会、欧盟理事会、欧盟空间计划局以及各个成员国都发挥着重要的作用。

欧盟理事会是一个由欧盟成员国各国政府部长所组成的理事会,其主要任务是协调欧盟各成员国事务,制定欧盟法律和法规。在卫星导航系统国际合作方面,欧盟理事会主要职责如下:第一,批准通过国际协定授权的第三国或国际组织使用公共管制服务[①]。在欧洲卫星导航系统提供的各种服务中,公共管制

---

① 参见《关于伽利略计划下建立的全球卫星导航系统提供的公共管制服务获取规则的决定》第3条。

服务是最安全、最敏感的，因此，对公共管制服务的访问主体必须严格限制在某些类别的用户，并对这些用户进行持续监测。第二，批准通过相关协定。根据欧盟或欧盟与其成员国先前缔结的国际协定，包括根据《关于伽利略计划下建立的全球卫星导航系统提供的公共管制服务获取规则的决定》第 3 条第 5 款准予获取公共管制服务的协定，欧盟外交和安全政策高级代表有权就本决议中的合作与第三国缔结行政管理协定。但此类协定须经欧盟理事会一致通过。

欧盟委员会代表着欧洲联盟的普遍利益。在欧洲全球卫星导航系统项目中，其角色是管理全球卫星导航系统项目和资金。[①] 在国际合作领域，其具体职责如下：第一，负责伽利略计划和 EGNOS 计划以及与计划相关的服务的国际合作方面的财务审计。首先是对伽利略计划和 EGNOS 计划本身的财务管理和控制。依据《欧盟空间计划和欧盟空间计划局条例》以及与参与这些计划的第三国和国际组织签订的协议，由欧盟委员会或其授权的任何代表进行监督和财务控制。其次是对计划相关的服务方面的费用管理。公共管制服务方面，欧盟委员会负责分析是否应制定公共管制服务的收费政策，包括对第三国和国际组织的收费政策，并向欧洲议会和欧盟理事会报告分析结果。第二，确保伽利略系统与其他系统的兼容与互操作。《进一步实施欧洲卫星导航计划条例》规定，欧盟委员会应尽一切努力确保 EGNOS 和伽利略计划下的系统、网络和服务的兼容性和互操作性，以及与其他导航系统、其他常规导航方式的兼容性和互操作性以深化全球卫星导航系统间的国家合作，提高系统性能，降低系统被干扰的可能性，维护国家安全。第三，对外交流。欧盟委员会负责代表欧盟并在其主管领域内管理与第三国和国际组织的关系，并与欧洲对外行动署合作执行与系统安全以及伽利略计划和 EGNOS 计划有关的部分对外关系任务。

欧盟空间计划局在卫星导航国际合作领域的主要职责如下：第一，作为公共管制服务主管方。《关于伽利略计划下建立的全球卫星导航系统提供的公共管制服务获取规则的决定》规定，公共管制服务参与方包括欧盟成员国、欧盟理事会、欧盟委员会和欧盟对外行动署、欧盟其他相关机构，以及经正式授权的第三国和国际组织。第三国或国际组织只有在按照《欧盟运行条约》第 218 条规定的欧盟与第三国或国际组织谈判和缔结协议程序，与欧盟签订了信息安全协

---

① 《欧洲无线电导航计划》附件 3。

议以及其获取公共管制服务的条款和条件细则的情况下，可成为公共管制服务的参与方，欧盟空间计划局可以成为其主管方。第二，与第三国和国际组织交流合作。一是欧盟空间计划局负责明确第三国和国际组织参与其工作的性质、范围和方式。其制定的相关规定应包括第三国参与相关工作所开展的行动、缴纳经费和职员方面的规则。当涉及人事时，需要符合《欧盟官员人事条例》的规定。另外，在涉及机密信息时，欧盟空间计划局制定的相关规则应当包括与第三国和国际组织交换及保护机密信息的规定，这些规定须经欧盟委员会事先批准。二是在财政方面，欧盟空间计划局或欧盟空间计划局有合作关系的第三国和国际组织有权了解相关的预算和决算。此外，欧盟空间计划局还负责管理伽利略系统和 EGNOS 系统的应用，其中包括促进系统与其他区域或全球卫星导航系统的合作，如促进兼容性和互操作性。第三，维护欧盟空间计划的安全。一是欧盟空间计划局下的安全认证委员会应执行该条例交给欧盟空间计划局的安全认证任务，并作出“安全认证决策”，尤其是关于批准安全认证策略和卫星发射、授权在不同系统配置下以及在不同服务范围内运行系统、授权操作地面站尤其是位于第三国的传感器站，以及授权制造包含公共管制服务技术及其组件的接收器。二是欧盟空间计划局应当在不影响各成员国权限的情况下，对欧盟空间计划的所有组成部分进行安全认证，欧盟空间计划局下的行政管理委员会和安全认证委员会共同协商核准第三国和国际组织在安全认证方面的相关合作安排。并且，当直接涉及这些第三国或国际组织，特别是商讨关于属于他们或在他们领土上建立基础设施的事项时，可邀请第三国或国际组织作为观察员出席安全认证委员会的会议。

欧盟对外行动署①。鉴于欧盟对外行动署（EEAS）的特殊专业知识及其与第三国和国际组织的行政管理部门的定期联系，该机构负责根据欧盟理事会（欧盟）第 2010/427 号决议协助欧盟委员会执行与系统安全以及伽利略计划和 EGNOS 计划有关的部分对外关系任务。

欧洲审计院和欧洲反欺诈办公室主要负责对欧盟空间计划局内部的预算与决算进行监督和审查。欧盟空间计划局与第三国和国际组织签订的合作协议、合同、赠款协议以及该机构作出的任何赠款决定均应包含明确授权欧洲审

---

① 参见 2021 年《欧盟空间计划和欧盟空间计划局条例》[（EU）2021/696]前言（53）。

计法院和欧洲反诈骗办公室根据各自权限进行此类审计和调查的条款。

欧洲防务局是欧盟理事会的一个机构，通过促进成员国之间的合作，为其27个成员国提高防务能力提供支持。欧洲防务局指导委员会还负责确定定位导航授时信息在欧洲的潜在安全使用范围，并确定在哪些情况下可以与其他全球卫星导航系统协调使用欧洲伽利略系统。[①]

二、欧盟卫星导航国际合作的形式

在多边合作方面，欧盟在国际民航组织、国际海事组织的框架下开展国际合作。在国际民航组织的框架下，欧盟委员会向国际民航组织提议，将免收直接使用费向国际民航界提供EGNOS系统的生命安全服务。国际民用航空组织批准提出使用EGNOS系统和伽利略系统的新标准和建议措施。在国际海事组织的框架下，欧盟积极推动伽利略系统获得国际海事组织认可。2016年，国际海事组织的海上安全委员会（MSC）投票承认伽利略开放和搜索救援（SAR）服务是全球无线电导航系统（WWRNS）的一部分，这一认可标志着伽利略在商业航运中应用的一个重要里程碑。

在双边合作方面，欧盟与美国、俄罗斯、中国、印度、韩国等国家签署了卫星导航相关双边合作协定。2001年6月，欧盟与中国表示希望在伽利略计划上展开国际合作，最终双方于2003年10月30日在北京正式签订了《欧洲共同体及其成员国与中华人民共和国关于民用全球卫星导航系统（伽利略系统）的合作协定》（以下简称《欧中合作协定》）。该协定为中欧双方在卫星导航方面的合作确定了一个合作框架，为双方在伽利略导航计划上的合作奠定了坚实的基础。2004年10月9日，科技部国家遥感中心伽利略联合执行体（GJU）在北京正式签署了《伽利略计划技术合作协议》，该协议确立了中国在伽利略系统的管理者身份，确定中国有权参与伽利略系统在开发验证阶段的相关项目，为中国参与伽利略计划制定了一个合法的、可操作的框架。随着北斗系统的发展，自2008年以来，中欧成立兼容与互操作工作组，共进行了7轮谈判和多次非正式交流，并在ITU框架下完成首轮频率兼容协调，正在持续开展深入协调。

欧盟和印度。欧盟与印度在伽利略计划合作方面的谈判始于2004年1

---

① 参见2018年《欧洲无线电导航计划》附件3。

月,双方针对印度加入欧洲伽利略计划框架的各项事宜进行深入研究和讨论,以期印度能够平等地加入伽利略计划空间段、地面段和用户段的建设中。在此基础上,经过多轮磋商,2005 年 9 月在印度新德里召开的印欧峰会期间,印度与欧盟就印度加入伽利略计划框架正式签署合作协定。根据该合作协定,印度参与伽利略计划的开发,欧盟将保证印度在其本土对于伽利略系统的正常使用,同时欧盟将协助印度建设其开展的卫星导航增强系统以及区域覆盖导航系统。

欧盟和韩国。2006 年 10 月,欧韩双方签署《欧洲共同体及成员国与大韩民国关于民用全球卫星导航系统的合作协定》,确定了合作形式、范围、内容、资金等事项,旨在在欧洲和韩国对民用全球卫星导航系统(GNSS)的贡献范围内鼓励、促进和加强缔约方之间在民用全球卫星导航系统方面的合作。

欧盟和挪威。2010 年 3 月 11 日,欧盟与挪威正式签订《欧盟及其成员国与挪威王国关于卫星导航的合作协定》,该协定主要是为了加强卫星导航系统的技术合作,利用挪威先进的科学技术和科研人才,并积极展开产业合作,共同促进伽利略系统的发展。

欧盟和瑞士。2014 年,欧盟和瑞士签订了《欧盟及其成员国与瑞士关于欧洲卫星导航计划的合作协定》,瑞士宣布其将作为合作方正式参与欧洲伽利略计划。依据该合作协定,瑞士参与伽利略计划后,每一年将投资一定数目的金额。

欧盟和乌克兰。《欧洲共同体及其成员国与乌克兰关于民用全球卫星导航系统合作协定》于 2007 年开始由乌克兰议会和欧盟及其成员国开始谈判起草,于 2014 年正式生效。这是欧盟及其成员国与乌克兰签订的一份关于民用全球卫星导航系统的协议。该协定的主要目的是鼓励、促进和加强欧盟与乌克兰双方在民用全球卫星导航系统方面的合作。

欧盟和摩洛哥。2016 年,欧盟与摩洛哥签署《欧洲共同体及成员国和摩洛哥王国之间的民用全球卫星导航系统合作协议》,就双方在伽利略系统相关的无线电频谱、科学研究、产业合作、贸易和市场开发、全球和区域卫星导航系统地面增强系统的开发、安全,以及标准、认证和监管措施方面的合作作出规定,明确了合作范围、合作形式、资金和争议解决等事项。

三、欧盟卫星导航国际合作的内容

（一）欧盟卫星导航频率轨位协调制度

欧盟的频率轨位协调事项主要由欧盟委员会和成员国负责。《欧盟空间计划和欧盟空间计划局条例》规定，欧盟委员会和成员国应与适当的国际机构和监管机构合作，以确保欧盟空间计划所需的频率可以受到适当级别的保护。[①]《欧洲议会和欧盟理事会关于制定多年期无线电频谱政策计划的决定》[②]进一步规定，欧盟委员会可以向欧洲议会和欧盟理事会提交立法建议，以制订多年期无线电频谱政策计划，为战略规划和协调频谱使用确定政策方向和目标；欧盟委员会应与成员国合作，努力确保在协调条件下提供足够的频谱，以支持安全服务的发展和相关设备的自由流通，以及为公众开发可互操作的创新解决方案。[③]

在卫星导航领域，成员国和欧盟委员会应确保频谱可用性，保护监测全球民航卫星系统伽利略计划所需的无线电频率，用于全球环境与安全监测计划（GMES），以及智能运输安全和运输管理系统。在就有关频谱事项进行国际谈判的过程中，应遵循以下原则：第一，如果国际谈判的主题属于欧盟的职权范围，则应根据欧盟法律确定欧盟立场；第二，如果国际谈判的主题，部分属于欧盟的职权范围，部分属于成员国的职权范围，则欧盟和成员国应根据真诚合作原则的要求寻求建立共同立场。在与伽利略系统有关的频谱问题成为国际电信联盟世界无线电通信大会议程的主题时，欧盟应通过部长会议的决定来确定欧盟的立场。[④] 欧盟应在法律、政治和技术支持方面协助成员国解决与欧盟周边国家（包括候选国和加入国）的频谱协调问题，使有关成员国能够遵守其根据欧盟法律所承担的义务。在提供此类支持时，欧盟应利用其所有法律和政治权

---

① 参见 2021 年《欧盟空间计划和欧盟空间计划局条例》[（EU）2021/696]第 27 条。

② Decision No 243/2012/EU of the European Parliament and of the Council of 14 March 2012 Establishing a Multiannual Radio Spectrum Policy Programme Text with EEA Relevance.

③ 参见《欧洲议会和欧盟理事会关于制定多年期无线电频谱政策计划的决定》（243/2012/EU）第 8 条。

④ 参见 2018 年《欧洲无线电导航计划》附件 4。

力促进欧盟政策的实施。欧盟还应支持第三国为实施与欧盟的频谱管理相适应的频谱管理而做出的努力，以维护欧盟的频谱政策目标。与第三国进行双边或多边谈判时，成员国应受其根据欧盟法律承担的义务的约束。在以签署方式或以其他方式接受有关频谱的任何国际义务时，成员国应在其签署或做出任何其他接受行为的同时，附上联合声明，声明它们将根据《欧洲联盟条约》和《欧洲联盟运行条约》所规定的义务执行这些国际协定或承诺。

（二）欧盟卫星导航兼容与互操作制度

2018 年《欧洲无线电导航计划》指出，欧洲伽利略系统与其他全球卫星导航系统相结合，可使许多领域通过使用欧洲全球卫星导航系统获得益处和机会。比如，空域用户、安全和防御以及基于位置的服务等。鉴于伽利略系统与其他导航系统兼容和互操作为以上领域带来的好处，确保欧洲伽利略系统与其他全球卫星导航系统之间的互操作，以及欧洲伽利略全球卫星导航系统与其他定位技术之间的互操作就变得至关重要。为此，《欧盟空间计划和欧盟空间计划局条例》明确指出，欧盟空间计划局在负责伽利略系统和 EGNOS 系统的应用管理时，要促进其与其他区域或全球卫星导航系统的合作，尤其是促进兼容性和互操作性。《进一步实施欧洲卫星导航计划条例》要求欧盟委员会应尽一切努力确保 EGNOS 计划和伽利略计划下的系统、网络和服务的兼容性和互操作性，并应寻求 EGNOS 系统和伽利略系统与其他导航系统的兼容性和互操作性以及在可能的情况下与常规导航方式的兼容性和互操作性。为此，在伽利略计划的综合利用阶段要求其与其他全球卫星导航系统进行合作。

（三）欧盟卫星导航安全国际合作制度

一是卫星导航信息安全相关的国际合作。欧盟关于导航活动信息安全方面的规定主要是与欧盟空间计划有关的机密信息的保护。《欧盟空间计划和欧盟空间计划局条例》规定，与欧盟空间计划相关的机密信息的交换应取决于欧盟与第三国或国际组织之间就机密信息交换达成的国际协议，或者在适用情况下取决于由欧盟主管机构与第三国或国际组织的有关当局就交换机密情报所达成的安排以及其中规定的条件。居住在第三国的自然人和在第三国设立的法人只能在严格遵守第三国安全法规的情况下，才能允许使用和处理涉及该计划的欧盟机密信息。且该安全法规的保护程度至少与欧盟委员会第 2015/444 号决定附件所划分的安全等级和欧盟第 2013/488 号决定附件中的欧盟理事会安全规则所规定的保护程度相当的情况下,才被允许使用涉及该计划的欧盟机密信息。适用于第三国和国际组织的安全法规的等效性将会在信息安全协议中被定义,该协议是由欧盟和第三国及国际组织共同达成。此外,自然人或法人、第三国或国际组织可以根据机密信息的性质和内容、接收者需要了解的情况以及该信息交换对欧盟的益处,来获得具体事项的机密信息访问权限。除欧盟委员会外,信息安全保障主体还包括欧盟空间计划局。《欧盟空间计划和欧盟空间计划局条例》明确规定,在与第三国和国际组织合作的过程中,欧盟空间计划局应当在必要时制定与第三国和国际组织关于交换和保护机密信息的规定,但是这些规定须经欧盟委员会事先批准。

二是国家和区域安全相关的卫星导航国际合作。2018 年《欧洲无线电导航计划》指出,定位导航授时服务是安全和防御行动中的关键赋能能力。天基无线电导航信号被用作军队的定位导航授时信息的主要来源。随着多个军事系统越来越依赖全球卫星导航系统,欧盟防御行业寻求保持定位导航授时的适当能力和自主权,特别是考虑到定位导航授时信息保障面临的不断变化和日益增加的威胁。因此,根据 2017 年 3 月商定的一项为欧盟成员国确定全球卫星导航系统服务的军事用途的要求,提供指导的欧洲军事卫星导航政策,欧洲的定位导航授时的能力要求和优先事项要遵循以下原则:第一,定位导航授时服务的交付必须完全由欧洲控制,或者由盟国防务伙伴可靠地提供。第二,必须杜绝敌对势力对安全的定位导航授时服务的利用。[①] 同时,2018 年《欧洲无线电导航计划》还指出该计划的目的之一是,通过建设和发展欧洲自主卫星导航系统,减少对国外全球定位导航授时系统的依赖。

① 参见 2018 年《欧洲无线电导航计划》4.12　安全和防御行业的指导原则。

第六章　外国卫星导航安全保护法律制度

在过去的十年中，随着智能手机、智能设备和互联网普及率的上升，全球卫星导航系统的重要性急剧凸显，但是也产生了系统故障、信号中断、干扰和欺骗等问题，给依赖卫星导航系统服务的生产生活造成负面影响。为此，美国、俄罗斯和欧盟在大力拓展本国卫星导航系统应用的同时，也在积极探索并建立卫星导航安全保护法律制度，从卫星导航系统设施安全、卫星导航系统运行安全和卫星导航系统应用安全等不同的方面予以保护。

第一节　外国卫星导航系统设施安全保护法律制度

卫星导航系统设施是指支撑卫星导航系统运行的基础物理设施，由空间基础设施和地面基础设施组成，空间基础设施主要包括导航卫星等航天器，地面基础设施主要包括卫星导航系统的主控站、基准站、注入站等。卫星导航系统设施的安全对于卫星导航系统的安全稳定运行至关重要。卫星导航系统设施安全保护法律制度，通过明确卫星导航系统设施的权利归属与管辖、安全保护规范、安全监督制度，确保卫星导航系统设施的安全建设和运行。

一、卫星导航系统设施的权利归属与管辖

卫星导航系统设施的法律性质涉及卫星导航系统设施归谁所有、由谁管辖的基本问题。只有明确这一问题才能明确相应主体的权利义务和责任，因此，明确卫星导航系统设施的法律性质是制定卫星导航系统设施安全保护和安全监督规范的前提。美国、俄罗斯和欧盟的法律法规就各自卫星导航系统设施的

法律性质问题作出了明确规定。

（一）卫星导航系统设施权利归属制度

卫星导航系统设施涉及空间段设施和地面段设施两部分。卫星导航系统设施权利归属制度是关于确定这两类设施归谁所有、有何权利的制度。

1. 美国卫星导航系统设施权利归属制度

GPS 是由美国拥有并运行的系统，属美国国家资产，是美国多个重要基础设施部门的关键组成部分。2004 年《美国天基定位导航授时政策》要求，应当在依据 2003 年《关键基础设施的识别、优先级和保护》①（第 7 号总统令）所明确的关键基础设施中，保持使用 GPS 来提供定位、导航和授时服务。GPS 是美国多个重要基础设施的关键组成部分。根据 2001 年《美国爱国者法》②第 1016（e）条的规定，关键基础设施是指对美国至关重要的物理和虚拟系统及资产。

2. 俄罗斯卫星导航系统设施权利归属制度

依据《俄罗斯联邦航天活动法》《俄罗斯联邦导航活动法》的有关规定，格洛纳斯系统空间段、地面段设施归俄罗斯联邦所有，禁止流通和转让。《俄罗斯联邦导航活动法》规定了导航设备设施的权利归属和权利内容，即"属于卫星导航系统的，以及利用俄罗斯联邦预算资金建造的航天器和航天系统的地面基础设施归俄罗斯联邦国家所有，禁止其流通和转让"③。

卫星导航系统属航天系统，卫星导航活动是《俄罗斯联邦航天活动法》明确列举的航天活动。《俄罗斯联邦航天活动法》就航天器和航天基础设施的权利归属问题作出了具体规定。对于航天器，《俄罗斯联邦航天活动法》规定，除非俄罗斯联邦签订的国际条约另有规定，航天器无论在地面、在飞行的任何阶段或是在太空中、在其他天体还是返回地面之后，其财产所有权仍属俄罗斯联邦；如果航天器是由俄罗斯的组织和个人同国外的组织和个人或者与国际组织共同制造的，则该航天器的所有权问题按照相应的国际条约加以解决。格洛纳斯

---

① Homeland Security Presidential Directive 7：Critical Infrastructure Identification，Prioritization，and Protection.

② Uniting and Strengthening America by Providing Appropriate Tools Required to Intercept and Obstruct Terrorism Act of 2001（USA PATRIOT Act）.

③ 参见《俄罗斯联邦导航活动法》（2015 年修订）第 5 条。

系统属于航天系统,格洛纳斯系统的卫星属于航天器。① 因此,导航卫星无论所处状态如何,其所有权归俄罗斯联邦。② 同时,俄罗斯法律要求,为证明格洛纳斯系统卫星归属俄罗斯联邦所有,这些卫星应按要求予以登记注册和标注。

《俄罗斯联邦航天活动法》定义了航天基础设施的内容,包括发射场、启动设施和发射装置、指挥测量设施、航天器飞控中心和站点、信息接收存储和处理站、航天设备存储基地、航天器分离部分的降落区、航天器着陆试验场和起降跑道、用于开发航天设备的试验基地的设施、用于开展航天活动的其他地面设施和设备等。③ 格洛纳斯系统地面基础设施属于航天基础设施。《俄罗斯联邦航天活动法》规定航天基础设施归俄罗斯联邦所有,由相关使用的国有组织负责航天设施的经济管理和运行管理。转让俄罗斯联邦所有的航天基础设施给其他组织的,应根据法律规定的程序开展。④

3. 欧盟卫星导航系统设施权利归属制度

2021 年《欧盟空间计划和欧盟空间计划局条例》第 9 条专门就欧盟卫星导航计划所涉及的资产所有权和使用作出规定。原则上,欧盟拥有伽利略计划和 EGNOS 计划下建设和开发的所有有形和无形资产的所有权。⑤ 为确保欧盟获得所有权,《欧盟空间计划和欧盟空间计划局条例》要求欧盟委员会应确保在与可能建设或开发此类资产的活动有关的相关合同、协议和其他安排中包含确保欧盟拥有伽利略计划和 EGNOS 计划资产的条款。⑥ 伽利略系统和 EGNOS 系统的空间段和地面段设施属于有形资产,依据该条例,属欧盟所有。

同时,欧盟还发布决定,明确了伽利略计划地面基础设施的范围。《关于确定在伽利略计划下建立的地面基础设施的位置,并制定必要的措施以确保其顺利运行的执行决定》确定了系统地面基础设施的清单、所在位置、建设主体和状态,包括地面中心和远程地面站等。

---

① 参见《俄罗斯联邦航天活动法》(2021 年修订)第 4 章。

② 参见《俄罗斯联邦航天活动法》(2021 年修订)第 16 条。

③ 参见《俄罗斯联邦航天活动法》(2021 年修订)第 17 条。

④ 参见《俄罗斯联邦航天活动法》(2021 年修订)第 17 条。

⑤ 参见 2021 年《欧盟空间计划和欧盟空间计划局条例》[(EU)2021/696]第 9 条。

⑥ 参见 2021 年《欧盟空间计划和欧盟空间计划局条例》[(EU)2021/696]第 9 条。

（二）卫星导航系统设施的管辖权制度

广义的管辖权是指一个国家在规定和实施其权利和义务以及在管理自然人与法人的行为等方面的法律权力。卫星导航系统设施具有特殊性，一些地面设施处于本国领土以外的国家或地区，而卫星导航系统的空间设施处于外层空间。美国、俄罗斯在明确卫星导航系统设施权利归属的基础上，就管辖权问题作出了规定。

美国 2020 年《国家空间政策》阐明了美国在太空系统设施管辖权方面的政策立场。美国认为所有国家的太空系统都有权在不受干扰的情况下通过太空并在太空开展活动；故意干扰包括配套基础设施在内的太空系统，被视为对一国权利的侵犯。《俄罗斯联邦航天活动法》规定，俄罗斯联邦对登记在册的航天器拥有司法管辖权和监控权，无论该航天器在地面、在飞行的任何阶段或处于太空、其他天体，或返回地球落入司法管辖权以外的任何国家；如果航天器是由俄罗斯的组织和个人同国外的组织和个人或者与国际组织共同制造的，则该航天器的司法管辖权和监控权问题按照相应的国际条约加以解决；航天器的司法权和监控权不损害其所占的航天空间区域、天体表面或内核的法律地位。①

二、卫星导航系统设施安全管理制度

卫星导航系统设施安全管理制度是卫星导航系统设施研发、建设、运维、退役等全生命周期的活动的安全规范制度，约束卫星导航系统设施的建设者、运维者。美国、俄罗斯和欧盟的卫星导航系统设施安全管理制度主要包括规划安全制度、建设安全制度、运维安全制度、事故处置制度等。

（一）卫星导航系统设施规划安全制度

卫星导航系统基础设施的安全规划是通过加强系统安全能力建设规划，提升系统整体的规划性，在基础设施建设工程开始之前明确系统开发建设方需要考虑到的安全问题，以保证卫星导航系统的运行顺畅。

欧盟多以规划计划的形式强调在系统设计、建设、运行各个阶段对系统基

---

① 参见《俄罗斯联邦航天活动法》（2021 年修订）第 16 条。

础设施的安全的充分考虑,并提出了相对应的要求。在设计阶段,欧盟考虑到卫星导航的广泛应用范围,提供安全稳定的系统服务对社会正常运行和经营者的经济影响尤为重要,明确要求在伽利略计划的规划中应充分考虑由于战略因素导致卫星导航系统的基础设施遭到恶意使用的情况,在伽利略系统和EGNOS系统的基础架构的设计计划中应充分考虑系统基础设施对于安全的需求。在建设阶段,《欧盟空间计划和欧盟空间计划局条例》要求欧盟委员会考虑到系统的地面基础设施对伽利略和EGNOS计划的重要性及其对系统安全的影响。由欧盟委员会负责确定基础设施的位置,在选址过程中应考虑到与地面基础设施的最佳地理分布有关的地理和技术限制,以及可能存在适合相关任务的现有安装和设备,并确保遵守每个地面站的安全需求以及每个成员国的国家安全需求。同时,在建设任务完成之前应充分考虑并完成以下内容:一是所有天基基础设施的建设、建立和保护,实现特定目标所需的所有卫星以及为保证伽利略提供免费开放服务、搜救服务、监测服务等服务目标而建立的备用卫星,以及进行相关的演进的卫星维护和运营。二是所有地面基础设施的建设、建立和保护,尤其是控制卫星和处理卫星无线电导航数据所需的基础设施,服务中心和其他地面中心,并进行维护和运营。

(二)卫星导航系统设施建设安全制度

各国主要通过建设许可、制定建设标准、建立安全监督制度,对许可环节的合规性进行不定期的检查,从事前、事中和事后三个环节确保设施建设的安全。

一是建立卫星导航设施建设许可制度。卫星导航系统设施的建设与国家安全密切相关,具有资源投入大、建设周期长、涉及范围广等特点,卫星导航系统设施主要由国家或国家授权的主体开展建设。通过严格建设主体和建设活动的准入制度,确保相关主体具有安全管理和风险防范的技术能力、内部管理能力、风险防范能力,发挥事前风险防范的功能,确保系统设施安全。俄罗斯建立了卫星导航系统设施建设许可制度。俄罗斯将卫星导航系统空间段设施和运载设施的管理与地面空间基础设施的管理进行分类管理,分别需要获取不同的许可证以开展许可范围内的活动。根据《俄罗斯联邦航天活动法》的规定,卫星导航活动属于航天活动,导航卫星是航天器的类型之一,卫星导航系统设施属于航天基础设施,俄罗斯的卫星导航活动受到航天法律制度的规制。许可的审批主体为国家航天集团公司及其授权组织。审批的内容包括合规性审核、资质审核等方面。合规性审查包括土地所有权证明、土地规划书、土地测量项目文件，以及具备监管系统等内部管理制度。资格审核方面，要求申请主体配备相应相关专业和具有执业资格的人员，并提供从事许可的经营活动的工龄等人力条件的相关证明材料。欧盟也制定了关于基础设施建设的审批许可，《欧盟空间计划和欧盟空间计划局条例》规定，欧盟空间计划局安全认证委员会负责“做出与安全认证有关的决定，特别是与卫星发射的批准、以不同配置运行根据计划组成部分或部分项目建立的系统的授权以及系统提供的各种服务（包括空间信号）及运行地面站的授权有关的决定”。

二是制定卫星导航系统设施建设规范，包括基础设施的选址要求、质量要求等。《欧盟空间计划和欧盟空间计划局条例》明确了伽利略系统和 EGNOS 系统建设安全标准要求，一方面是就地面基础架构的选址问题按照相关的安全要求由欧盟委员会全权负责，并保证公开透明的程序，接受欧盟成员国的实时监督；另一方面是针对系统安全和操作安全问题，要求欧盟委员会对伽利略系统和 EGNOS 系统的安全性能负责，考虑安全要求的可行性、必要性，确保系统建设的风险可控、系统建设按期完成。同时，《欧盟空间计划和欧盟空间计划局条例》要求欧盟委员会考虑并提出有效的安全标准和要求，防止系统总体的安全级别降低，且不影响基于这些标准和要求的现有系统的功能，并制定保证系统功能的技术要求和操作规范。

（三）卫星导航系统设施运维安全制度

卫星导航系统设施运维安全制度是确保卫星导航系统设施运行安全的制度，主要涉及卫星导航系统设施运维活动准入，以及设施运维者的运维规范，如设施持续监测义务、事故处理义务等。

第一，卫星导航系统设施的运维者的资格准入制度。俄罗斯要求航天基础设施的工作人员应持有相应的专业要求的证书。通过明确工作职责和专业人员资质，保证了工作的开展有序和安全，进行人为层面的风险控制。

第二，卫星导航系统设施运维者的安全保护义务。美国方面，2020 年美国《国家空间政策》规定，国防部长、国土安全部长和国家情报总监应酌情与其他机构负责人协商，就空间领域的有害行动对国家关键基础设施的影响，持续制定有针对性的威胁和风险评估。[①] 在国防部情报副部长的授权、指示和控制下，国家安全局长/中央安全局长与空军部长负责协调 GPS 研发、集成和运营各阶段中，提供、验证、核查是否具有充足的安全措施。[②] 欧盟方面，立法规定欧盟成员国应采取一切必要措施，确保伽利略计划和 EGNOS 计划的良好运作。其中，要求成员国制定有关其领土上卫星导航系统地面站的具体保护措施，这些措施应至少相当于欧盟理事会第 2008/114 号指令所规定的保护欧洲重要基础设施的程度。欧盟成员国不得采取任何可能有损于计划的措施，特别是在基础设施运作的连续性方面。[③] 此外，在制定基础设施安全要求时，应适当考虑保护系统及其服务免受网络攻击的需要。

（四）卫星导航系统设施事故处置制度

各国对卫星导航系统设施都有极大的资金投入，对于事故的防范和赔偿都给予了充分的重视，从设施的危机管理和设施的重建分别进行了规范。在俄罗斯政企合一的管理体制下，格洛纳斯系统由国家航天国家集团公司代表俄罗斯联邦进行管理。在 2020 年新实行的《俄罗斯联邦国家航天集团公司法》中规定，国家航天集团公司负责涉及航天地面基础设施和产能设施的重建、技术更新等投资项目的开发和实施，以及设置格洛纳斯系统的防护系统。同时，俄罗斯也考虑到卫星导航系统的造价高昂的特性，为格洛纳斯系统引入了保险制度。在《俄罗斯联邦航天活动法》中规定，从事航天活动的机构和公民可自愿参加航天技术的保险，保险的范畴包括航天设备丢失、短缺或损坏的风险。从技术和资金方面双向保护了格洛纳斯系统的事故风险。

三、卫星导航系统设施安全监督制度

美国、俄罗斯、欧盟的卫星导航系统设施安全监督制度主要包括运行评估机制与事故处置机制两个方面，涉及定期审核、监督检查，基础设施的质量评估和运行状态的评估等具体制度。

---

① 参见 2020 年《国家空间政策》跨部门准则。

② 参见《国防部第 4650.06 号指示：定位导航授时管理》2.8 国家安全局局长/中央安全局局长。

③ 参见 2021 年《欧盟空间计划和欧盟空间计划局条例》[（EU）2021/696]第 34 条。

一是卫星导航系统基础设施的定期审核、监督检查。欧盟方面，由欧盟空间计划局负责监督诸如位于法国和西班牙的伽利略系统安全监控中心(GSMC)、位于西班牙的欧洲 GNSS 服务中心(GSC)、位于荷兰的伽利略系统参考中心(GRC)、位于意大利和德国的伽利略系统控制中心(GCC)和位于比利时的伽利略系统综合后勤支持中心(GILSC)的安全运行，确保其符合一般安全要求，并监督其在紧急情况下有效执行欧盟理事会作出的指令。

二是卫星导航系统基础设施的质量评估。《俄罗斯联邦国家航天集团公司法》规定，国家航天集团公司应当对保障的航天器、航天作业以及服务全体工作人员和居民的航天基础设施工程等的安全方式和安全质量进行评估，并在自身职权范围内，与相关的联邦权力执行机构一起，在国家和国际层面上，参与制定和协调安全实施航天活动的控制准则①。

三是卫星导航系统基础设施的运行状态评估。在美国，主要由国防部负责卫星导航系统基础设施运行状态的评估，主要是对有效载荷的运行能效进行评估。国防部长需要与其他部门和机构合作，评估在 GPS 卫星上搭载辅助有效载荷的效用和可行性，包括但不限于那些用于提高全球搜救能力的辅助有效载荷。目的是保证辅助有效载荷不对 GPS 及其信号或服务的性能、进度或成本产生不利影响。辅助有效载荷的评估、开发、采办、整合和运行所需的资源应由发起机构负责。② 由发起机构实时监控卫星导航系统的运行状态，排查问题成因。

第二节　外国卫星导航系统运行安全保护法律制度

卫星导航系统的安全稳定运行，既需要空间段和地面段的物理设施设备完好有效，也有赖于卫星在轨管理、运控系统管理、故障处置、性能监测评估等活动的规范进行。当前，美国、俄罗斯和欧盟建立了卫星导航系统运行安全保护制度，主要包括卫星导航系统安全风险监测制度、频率资源保护制度以及网络安全保护制度等内容。

---

① 参见《俄罗斯联邦国家航天集团公司法》第 11 条。

② 参见 2004 年《美国天基定位导航授时政策》第 6 节。

一、卫星导航系统安全风险监测制度

卫星导航系统安全风险监测是确保系统运行安全的关键环节，对于发现风险、及时处置、控制危害后果的发生至关重要。美国、俄罗斯和欧盟建立了卫星导航系统安全风险监测制度，明确安全风险监测职责、信息通报程序等。

2021 年《美国天基定位导航授时政策》要求国土安全部长与国防部长和交通部长协调，并与商务部长合作确保建立机制，监测、识别、定位和查明美国境内，可能对美国关键基础设施和科学目的造成重大破坏的天基定位导航授时(PNT)服务中断和被操纵的原因；并制定通知程序，以便在天基服务预计会中断或被认为不再可靠时，通知民用部门以及联邦、州、地方、领地和部落区的机构。[①] 商务部长和联邦通信委员会主席应与其他机构负责人合作，采取适当的和法律允许的必要行动，减少在美国境内对美国天基 PNT 服务的有害干扰或操纵。[②] 对于太空中导航卫星面临的空间碎片撞击等安全风险，《国家空间政策》制定了一系列减缓空间碎片撞击风险的措施，具体包括：一是国防部长在与国家情报总监、国家航空航天局局长以及其他部门和机构协商后，可与产业界和外国开展合作，维护和完善空间物体数据库；二是推行国际通用数据标准和数据完整性措施；三是向商业和国际机构提供服务和发布轨道跟踪信息，包括空间物体交汇的预报；四是努力维护并整合空间监测、情报和其他信息，以开发准确及时的空间态势感知信息。

俄罗斯国防部负责建设、支持和发展格洛纳斯系统导航区域的监测设备，并开展相关参数的监测，保障格洛纳斯及其增强系统导航区域的设定特征值，并同俄罗斯联邦国家航天集团交换数据。俄罗斯国家航天集团公司、联邦技术调节和测量局负责实施格洛纳斯系统及其增强系统导航区域的参数和特征值监测，并与国防部交换数据。[③]

欧盟空间计划局负责监测系统可靠性和服务性能，包括监测系统运行风险

---

① 参见 2021 年《美国天基定位导航授时政策》第 7 节。

② 参见 2021 年《美国天基定位导航授时政策》第 8 节。

③ 参见《俄罗斯联邦政府关于国家航天集团公司和联邦权力执行机构在为保障俄罗斯联邦国防安全、推动社会经济发展、扩大国际合作和科学应用而维护、发展和使用格洛纳斯系统的职权条例》十三、联邦技术管理和测量局负责实施。

和威胁。欧盟空间计划局运行的伽利略系统安全监测中心（GSMC）负责具体实施系统的安全监测职责。伽利略系统安全监测中心基于两个站点，是伽利略系统基础设施的组成部分，一个位于法国圣日耳曼昂莱，另一个位于西班牙马德里的圣马丁德拉维加。伽利略系统安全监测中心负责监测伽利略系统各部分的安全威胁、安全警报和运行状态并采取相应措施。在伽利略系统或 EGNOS 系统的运行或使用对欧盟或成员国造成安全威胁，或者系统本身的运行受到威胁的情况下，欧盟理事会应向欧盟空间计划局发出指示，伽利略系统安全监测中心负责执行相应的命令。

二、卫星导航系统频率保护制度

卫星导航系统以无线电方式向用户提供的定位导航授时信息。无线电频率具有有限性和易干扰性。为协调该种资源的使用，国际电信联盟（ITU）要求依据《无线电规则》的规定合理而有效率地节省使用无线电频率。在此基础上，美国、俄罗斯、欧盟制定了保护卫星导航系统频率、防止有害干扰的措施，以保护卫星导航系统安全运行和安全应用。

在美国，由联邦通信委员会（FCC）与商务部国家电信和信息管理局（NTIA）共同管理国家无线电频谱资源。前者负责管理非联邦政府频谱资源，后者负责管理包括 GPS 频谱在内的联邦政府频谱资源。《美国法典》第 50112 条中规定“国会支持总统向商务部主管通讯与信息事务的助理部长提供明确的指导和充足的资源，以便商务部助理部长能够在国际上实现并保持 GPS 所用电磁频谱的有效管理以及保护电磁频谱免受破坏和干扰”。《国家空间政策》要求，通过提升抗干扰能力与技术，以及与民用、商业和外国合作伙伴合作来确认电磁干扰的源头，并采取必要措施维持美国空间系统运行所需要的频率环境。受 Ligado 事件①影响，美国联邦政府再次提高了对频谱安全的重视程度。2021 年《美国天基定位导航授时政策》将保护 GPS 及其增强系统的频谱资源作为政策目标，

① 2020 年 4 月 16 日美国联邦通信委员会提出了一项命令草案，将用于宽带通信的无线电频谱的特定部分重新分配给 Ligado Networks 公司，允许其使用与 GPS 频率相邻的频率进行 5G 地面服务。国家天基定位导航授时执行委员会强烈反对，认为此举对 GPS 造成极大损害。围绕频率问题，国家天基定位导航授时执行委员会及其成员机构，与联邦通信委员会展开了持续博弈。

强调应保护 GPS 及其增强系统目前使用的频谱环境,并与美国工业界合作,调查可能增加 GPS 和 PNT 弹性的其他无线电频谱区域,以创造良好的系统运行环境。此外,《美国天基定位导航授时政策》还通过以下措施强化了 GPS 频谱保护:一是削弱联邦通信委员会对美国天基定位导航授时执行委员会(美国天基 PNT 执委会)的影响。联邦通信委员会主席不再作为联络官,参加美国天基 PNT 执委会会议。二是明确美国天基 PNT 执委会保护 GPS 频谱的职责。该政策要求美国天基 PNT 执委会应与商务部协调,审查国家无线电通信频谱管理和保护问题。三是强化国防部保护 GPS 频谱的职责。明确在与其他在 GPS 使用的无线电频带中运行或计划运行的无线电导航卫星服务的兼容性协调方面,由国防部承担主导责任,负责与国务卿、商务部长及其他美国天基 PNT 执委会成员协调。

为了确保格洛纳斯系统的频率分配得到国际承认并不被侵占,联邦政府令要求数字发展、通信和大众传媒部,以及国防部、国家航天集团公司共同采取法律、技术、组织等措施,保护格洛纳斯系统建设发展所需的频率。有关保护格洛纳斯系统频率的具体措施,应依照《在俄罗斯联邦从事有关无线电频或无线电频率频道分配(使用)的国际法保护的工作规则》确立的组织协调机制、工作程序来进行。

欧盟高度重视伽利略系统和 EGNOS 系统的频率保护。2012 年欧盟通过第 243/2012/EU 号决议,制定了欧盟无线电频谱政策,用于频谱应用的战略规划和协调。根据该决议,欧盟成员国和欧盟委员会应确保频谱可用性,促进空间应用的开发和利用,改善交通运输系统,特别确保伽利略系统和 EGNOS 系统所需频率。2021 年欧盟通过的《欧盟空间计划和欧盟空间计划局条例》再次强调,欧盟成员国和欧盟委员会应当根据第 243/2012/EU 号决议,与相应的国际组织和监管机构合作,确保包括伽利略计划和 EGNOS 计划在内的欧盟空间计划获得所需的频率,并得到适当保护。条例第 27 条进一步明确了欧盟成员国在伽利略计划和 EGNOS 计划中的具体职责,要求成员国应当采取一切必要措施确保计划的顺利进行,特别是协助为计划所需的频率提供适当保护。

三、卫星导航系统网络安全保护制度

信息系统和网络是卫星导航系统不可或缺的要素，空间段和地面段之间的指挥、控制和任务信息传输依赖于无线通信信道的使用，这些系统、网络和信道容易受到恶意活动影响，威胁卫星导航系统安全稳定运行。近年来，美国和欧盟日益重视卫星导航系统的网络安全问题，制定了保护卫星导航系统网络安全的制度措施。

2020 年 9 月 4 日，美国发布了首份涉及卫星导航系统的网络安全政策《空间系统的网络安全原则》（SPD－5），要求联邦各部门在各类空间活动中推广保护空间资产和防范网络威胁的做法，并制定了增强空间系统网络防御能力的网络安全五项原则，从而确立了保护空间系统网络安全的基本政策。《空间系统的网络安全原则》适用于所有空间系统，包括政府国家安全空间系统、政府民用空间系统和私营空间系统；适用于系统的全生命周期，包括设计、开发、运行等环节；适用于系统的全要素，包括地面基础设施、飞行器、信息系统、天线、终端、相关局域网和广域网以及电源等；适用于系统的全供应链，包括产品制造、采购、应用；适用于空间活动所有主体，包括参与空间活动的政府机构、非政府机构及其人员。GPS 增强系统的地面基础设施、空间基础设施以及相关的供应链，都应当遵循网络安全原则进行管理。网络安全五项原则具体包括：一是采用基于风险的网络安全信息工程，开发运行空间系统及其支持性基础设施（含软件）；二是要求系统所有者、运行者应制订并实施网络安全计划；三是制定配套法规、指引或实施原则；四是鼓励系统所有者、运行者采用最佳做法并加强风险信息共享；五是所采取的网络安全措施应兼顾网络安全措施的有效性与风险容错性。

在此基础上，2020 年 12 月美国发布的《国家空间政策》进一步明确将网络安全原则纳入包括 GPS 在内的所有空间系统的设计、开发、采办和部署阶段。该政策强调要“提高 GPS 及其增强系统，以及联邦政府拥有的 GPS 设备的网络安全性，促进商业空间部门采用符合空间系统网络安全原则的 GPS 网络安全系统”。具体的要求包括：一是确保空间系统及其支持基础设施（包括软件）的设计、开发和运行采用基于风险的网络信息安全工程；二是与产业界合作，制定和完善空间系统网络安全计划，减少未经授权使用关键空间系统功能的情形，保护地面系统,促进网络安全规范,并管理供应链风险;三是与跨机构组织、盟国、合作伙伴和商业空间系统运营商合作,促进最优方法和缓解措施的开发与采用;四是在制定规则和条例时,酌情运用被广泛采用的最佳做法和标准;五是根据针对空间系统设计和运行的飞行任务风险评估,确定政府空间系统的网络安全措施。①

欧盟 2021 年发布的《欧盟空间计划和欧盟空间计划局条例》就卫星导航系统的网络安全问题作出了规定。条例中提到,欧洲地面和空间的基础设施的网络安全是确保系统运行连续性和服务连续性的关键,在制定安全规范时,应适当考虑保护系统及其服务免受网络攻击的需要,包括考虑新技术的利用。② 该条例第 34 条要求欧盟委员会在 2023 年年底前,通过立法确定包括伽利略计划和 EGNOS 计划在内的欧盟空间计划各部分的一般安全要求。该条例还规定,在制定安全要求的过程中,欧盟委员会应考虑到这些安全要求对系统顺利运行的影响,特别是对成本、风险管理和进度方面的影响,确保总体安全水平不会降低,同时现有设备的功能不会受到破坏。

第三节 外国卫星导航系统应用安全保护法律制度

一、卫星导航信号应用安全保护法律制度

卫星导航信号应用安全主要涉及两个方面:一是确保导航信号传输和接收的安全;二是确保导航信号接收后的使用安全。美国建立了卫星导航信号干扰通知制度、卫星导航信号干扰减缓制度,并提出了"负责任地使用定位导航授时(PNT)服务"制度,为确保卫星导航信号应用安全提供了制度保障。

(一)卫星导航信号干扰通知制度

卫星导航信号干扰通知制度,包括计划内干扰的通知和非计划干扰的通

① 参见 2020 年《国家空间政策》第 4 节。

② 参见 2021 年《欧盟空间计划和欧盟空间计划局条例》[(EU)2021/696]序言。

知。计划内干扰通知制度，即关于计划中的 GPS 信号干扰情况的通知制度，包括计划的情形、通知时间、通知对象、通知程序、通知方式等要求。当既定事项影响到 GPS 服务，美国政府应依据《全球定位系统标准定位服务性能标准》，至少提前 48 小时发布恰当的用户公告。既定干扰测试活动的协调工作通常在测试事件 60 天前开始。国防部与其他受影响的联邦机构协调所有干扰测试，其中，联邦航空管理局的协调是这一过程的必要步骤。一旦活动获得批准，美国海岸警卫队会立即通知用户，而联邦航空管理局通常在活动开始前 72 小时或更晚才会通知用户。国防部的通知会下达至美国海岸警卫队导航中心（NAVCEN）导航信息服务系统（NIS），联邦航空管理局的通知则会传至航行通告（NOTAM）系统。导航信息服务系统和航行通告系统将宣布由于系统故障或计划外维修，系统会有意外中断。除计划内 GPS 干扰测试外，国防部会提前 48 小时通知可能影响和平时期 GPS 标准定位服务提供的卫星星座运行状态的变化。

2021 年《美国天基定位导航授时政策》建立了 GPS 非计划有害干扰或操纵通知制度，即当出现非计划的 GPS 干扰情形时，美国政府的通知时间、通知对象、通知程序、通知方式等。该政策要求各机构在发现或收到美国天基 PNT 服务受到有害干扰或操纵的国内或国际报告时，应及时向国土安全部长、国防部长、交通部长和国家情报总监报告。在接到通知后，有关部门应当采取以下措施：第一，商务部长和联邦通信委员会主席应与其他机构负责人合作，采取适当的和法律允许的必要行动，减少在美国境内对美国天基 PNT 服务的有害干扰或操纵；第二，如果外国政府或商业活动对美国天基 PNT 服务造成有害干扰或操纵，国务卿应通知或协调通知外国政府和国际组织；第三，国土安全部长应在适当时候将中断情况通知民用部门和美国政府机构。[①] 该政策还要求国土安全部与国防部、交通部、商务部合作，在天基 PNT 服务中断或被操纵情况下，制定面向民用部门和联邦、州、地方的通知制度。[②]

---

① 参见 2021 年《美国天基定位导航授时政策》第 8 节。

② 参见 2021 年《美国天基定位导航授时政策》第 7 节。

(二)卫星导航信号干扰减缓制度

卫星导航信号干扰减缓制度,即关于减少、缓解卫星导航信号干扰的制度性措施。在美国,由国土安全部负责提高美国关键基础设施的安全性和抗干扰能力,国土安全部通过跨部门协调合作,识别、定位和减少美国境内对 GPS 及 GPS 增强系统产生不利影响的干扰。2004 年发布的《美国天基定位导航授时政策》就规定了负责减缓 GPS 干扰的职责,2021 年发布的《美国天基定位导航授时政策》延续了这些规定。该政策要求国土安全部长与交通部长、国防部长及国家情报总监协调,并与其他部门和机构合作建立中央存储数据库,对国内和国际干扰国土安全、民用、商用和科学领域使用 GPS 系统及其增强系统民用服务的行为上报入库;将天基 PNT 服务受到国内或国际干扰的信息及时告知国家电信和信息管理局长、联邦通信委员会主席、国防部长、国家情报总监以及其他部门和机构,以便他们启动适当调查、通报或采取强制措施。《国家空间政策》要求美国在国内能力方面加大投入,支持国际活动,以检测、减小对 GPS 有害的干扰,增强抵御能力,并与商业、民用和国际伙伴合作,增强检测、识别、定位和确定射频干扰源的能力和技术,并采取必要措施保障美国关键太空系统运行的电磁环境。

国土安全部于 2008 年发布了《定位导航授时干扰检测与减轻(IDM)计划》[①]和《干扰检测与减轻(IDNI)计划实施战略》[②],为国土安全部履行 GPS 干扰检测与减轻职责提供了框架和指南。美国成立了蓄意干扰响应小组(PIRT),以快速报告、评估和解决涉及美国政府与商业太空系统、服务、能力或利益的蓄意干扰事件。蓄意干扰响应小组执行委员会建立了一个联邦跨部门工作组,以促进信息的实时共享,推动各部门更好地协调应对干扰事件,更好地保护国家关键基础设施。由于航空方面的独特安全要求,联邦航空管理局正在实施干扰测向(IDF)系统,以便更快地做出响应。干扰测向计划将与国土安全部干扰检

---

① Department of Homeland Security, Positioning, Navigation, and Timing, Interference Detection and Mitigation(IDM)Plan, August 20, 2007.

② Department of Homeland Security, Interference Detection and Mitigation(IDM)Plan Implementation Strategy, January 2008.

测与减轻计划整合，以快速降低和缓解射频干扰对当前和未来国家空域系统（NAS）无线电服务的影响。为顺利使用 GPS 及其增强系统的地面段和机载段等新功能，干扰测向计划要求相关机构做好提高射频和电磁干扰检测能力的准备，提供快速解决干扰的响应能力。

（三）负责任地使用 PNT 服务制度

负责任地使用 PNT 服务，是指在已知风险的情况下，审慎使用 PNT 服务，以降低 PNT 服务的中断或被操控对国家安全、经济、公共卫生和联邦政府关键职能的影响。[①] 负责任地使用 PNT 服务制度，即 PNT 服务审慎使用制度，该项制度着眼于卫星导航系统的用户段，通过制定并执行 PNT 服务审慎使用标准、指南，来减少或防止 GPS 中断或被操控对美国国家和经济安全产生的不利影响。2020 年 2 月，美国发布《通过负责任地使用定位导航授时服务来增强国家弹性》总统行政命令，建立了负责任地使用 PNT 服务制度。2021 年《美国天基定位导航授时政策》进一步完善了负责任地使用 PNT 服务制度。

1. 制度背景

自从美国向全世界提供 GPS 以来，天基系统提供的 PNT 服务在很大程度上已成为技术和基础设施（包括电网、通信基础设施和移动设备）、各种运输工具、精准农业、天气预报和应急响应的无形基础。军事、民用、商业应用、系统和基础设施对 GPS 的应用越来越广泛，对其依赖也日益增长，GPS 成为美国多个重要基础设施部门的关键组成部分。GPS 的长时间中断、被欺骗或操纵，造成的串联效应会对所有部分产生不利影响，可能会造成严重的经济损失，并将生命置于危险之中。为此，联邦政府提出鼓励关键基础设施所有者和运营商，负责任地使用 PNT 服务，尤其是在较小信号减损就可能导致生命危险的应用领域，并采取合理的措施核实或验证接收到的 GPS 数据和测距信号的完整性。

2. 制度工具：PNT 服务审慎使用规范

负责任地使用 PNT 服务制度的工具是“PNT 配置文件”（PNT profile）。“PNT 配置文件”是一份描述如何负责任地使用 PNT 服务的文件，即 PNT 服务审慎使用规范。根据总统令的要求，由商务部和特定部门机构（SSA）负责人共

① 参见 2020 年《通过负责任地使用定位导航授时服务来增强国家弹性》第 2 节。

同制定 PNT 服务审慎使用规范。PNT 服务审慎使用规范将使公众和私营部门能够识别出依赖于 PNT 服务的系统、网络和资产，确定适当的 PNT 服务来源，检测 PNT 服务的中断和被操控，并管理依赖于 PNT 服务的系统、网络和资产的相关风险。[①] PNT 服务审慎使用规范一经提供，应每两年审查一次，并在必要时更新。

3. 联邦各部门的职责

国土安全部主要承担推进负责任地使用 PNT 服务的职责。国土安全部长负责与特定部门机构负责人协调，制订计划测试关键基础设施系统、网络和资产在 PNT 服务中断或被操控情况下的脆弱性，并将测试结果应用于对 PNT 服务审慎使用规范的更新中。特定部门机构是在 2013 年《关键基础设施的安全性和弹性》[②]（PPD－21）总统政策指令中提出的，该政策指定联邦政府部门和机构作为关键基础设施的特定部门和机构，并明确了其保护关键基础设施安全的责任。比如，能源部为能源基础设施的特定部门机构，财政部为金融服务基础设施的特定部门机构等。

特定部门机构负责人负责将 PNT 服务审慎使用规范纳入合同，并提交采用情况报告。特定部门机构负责人以及其他执行部门和机构的负责人应当酌情与国土安全部部长协商制定合同条款，将 PNT 服务审慎使用规范中的相关信息纳入针对集成或利用 PNT 服务的产品、系统和服务的联邦合同要求中，以鼓励私营部门使用其他的 PNT 服务，开发可靠安全的全新 PNT 服务。在 PNT 服务审慎使用规范提交后的 1 年内，以及此后每两年一次，特定部门机构负责人和其他机构负责人应酌情通过国土安全部长向总统国家安全事务助理和白宫科学和技术政策办公室（OSTP）主任提交报告，说明在采办过程中，其对 PNT 服务审慎使用规范的采用程度，并尽可能说明关键基础设施所有者和运营商对 PNT 服务审慎使用规范的采用程度。

联邦采办监管委员会负责将 PNT 服务审慎使用规范的合同条款纳入联邦合同中。联邦采办监管委员会应与特定部门机构负责人和其他机构负责人进行协商，在最大可行范围内，酌情将特定部门机构负责人以及其他执行部门和

---

① 参见 2020 年《通过负责任地使用定位导航授时服务来增强国家弹性》第 4 节。

② 2013 Critical Infrastructure Security and Resilience（PPD－21）.

机构的负责人，与国土安全部部长协商制定的合同条款，纳入集成或使用 PNT 服务的产品、系统和服务的联邦合同中。

交通部长、能源部长和国土安全部长负责制订计划评估其所负责的关键基础设施采用 PNT 服务审慎使用规范的情况。交通部长、能源部长和国土安全部长应各自制订计划，与关键基础设施的所有者或运营商接触，以评估负责任地使用 PNT 服务的情况。

二、卫星导航系统数据安全保护法律制度

卫星导航数据安全包括两个方面：一是由卫星导航系统空间段、地面控制段和用户段这类系统组成部分收集、处理、存储的，并在系统组成部分之间通过无线电方式进行传输的数据安全；二是卫星导航数据应用的安全，包括个人用户接收卫星导航系统信号后，在设备中形成的个人位置数据的安全，车载、船载、航空用户接收卫星导航系统信号后，形成的设备位置数据安全等，美国、俄罗斯、欧盟不仅在卫星导航的专门立法中制定了卫星导航系统数据及其应用的安全规范，其关于数据安全的一般法律制度对规范卫星导航数据活动、保护数据安全，也发挥着重要作用。

（一）卫星导航系统数据安全保护制度

卫星导航系统数据是指由卫星导航系统空间段、地面段和用户段这类系统组成部分收集、处理、存储的，并在系统组成部分之间通过无线电方式进行传输的数据，包括卫星与地面站之间传输的数据；卫星与用户之间，地面站与用户之间传输的数据；不同功能的地面站之间传输的数据；以及系统间不同卫星之间传输的数据。数据安全的维度包括数据的机密性、完整性、可用性和可控性。美国、俄罗斯和欧盟通过一系列专门和通用的数据安全保护规定，来维护数据保密状态和可用性，从而确保系统数据的整体安全。

1. 数据机密性保护机制

卫星导航系统数据机密性保护机制的目的是防止数据的传输和存储遭受未经授权的访问和泄露，即保护系统数据的保密状态。系统数据遭受未经授权的访问和泄露，由内外两类因素导致，一方面是由于卫星导航系统各组成部分及各部分之间的通讯设计或建设缺陷，以及相关工作人员操作缺陷或不规范而

致的,属内生风险;另一方面是由于外部的恶意攻击、非恶意干扰,客观自然环境影响而致,属外生风险。为此,美国、俄罗斯和欧盟通过立法明确保护数据机密性的技术措施和保密制度措施来保护数据的保密状态。

第一,在技术措施层面,明确在卫星导航系统的开发设计、建设以及运维中,嵌入保护数据机密性的技术设计。美国将通信安全作为评估 PNT 系统必须考虑的技术要素。① 2013 年《欧洲卫星导航系统实施和开发条例》第 31 条明确规定"欧盟委员会应确保在系统的设计、实施和使用过程中,妥善保护个人数据和隐私,并在其中纳入适当的保护措施"。俄罗斯在开发包括卫星导航在内的航天产品和提供航天服务时应保证将信息安全作为航天成果应用的基本原则之一。②

第二,在制度措施层面,要求负责卫星导航系统开发、建设、运维以及承担监督管理职能的组织建立数据保密制度。《俄罗斯联邦航天活动法》要求,包括卫星导航在内的航天活动,以及有关航天活动的信息发布,都应按照有关保护国家机密、保护服务及商业秘密、保护智力活动成果的联邦法规来进行。欧盟建立了一整套旨在保护卫星导航系统数据机密性的制度。总体上要求参与伽利略计划的所有利益相关方必须依照欧盟关于保护欧盟机密信息的基本原则和最低标准处理与保护机密信息。具体来说,一是通过立法明确了伽利略系统开发运行中利益相关者的保密义务。2013 年《欧洲卫星导航系统实施和开发条例》,2014 年《修订欧洲全球卫星导航系统局职责条例》制定了针对包括欧盟外其他国家、外聘专家、雇员、服务商在内的不同主体在伽利略系统开发和运行过程中的机密信息保护义务。二是成立专门机构执行机密信息的管理任务,《修订欧洲全球卫星导航系统局职责条例》要求,伽利略计划的部署阶段应在安全认证委员会的监督下成立由欧盟成员国代表组成的专家组,以执行密码分发局(CDA)有关欧盟加密材料的管理任务,尤其是管理在伽利略计划下所建的导航系统运行所需的飞行密钥和其他密钥,并负责验证公共管制服务(PRS)密钥的计费、安全处理、存储和分发程序的建立与执行情况。三是建立了卫星导航机

---

① 参见美国《联邦无线电导航计划(2019)》1.7.2。

② 参见《俄罗斯联邦关于 2030 年前使用航天成果服务俄联邦经济现代化及其区域发展的国家政策总则》第 4 条。

密信息泄露应急处置制度。2011 年《关于伽利略计划下建立的全球卫星导航系统提供的公共管制服务获取规则的决定》要求，如果发现公共管制服务有关的欧盟机密信息已披露给未经授权的任何人，则欧盟委员会应与有关欧盟成员国充分协商采取以下行动：第一，通知公共管制服务机密数据的提供方；第二，评估对欧盟或成员国潜在的利益损害；第三，将评估结果告知有关当局，并附上补救建议，有关当局应立即告知欧盟委员会其计划采取或已经采取的行动，包括防止再次发生此类事件的行动，以及此类行动的结果；第四，酌情向欧洲议会和欧盟理事会通报相关结果。

2. 数据可用性保护机制

卫星导航系统运行数据可用性保护机制是指确保系统数据完整性、准确性、连续性的制度安排。卫星导航系统使用划拨给无线电导航服务的频谱中的无线电信号，卫星导航数据通过无线电导航信号实现传输。要确保卫星导航数据传输的连续性，就必须保护该频谱免受干扰。卫星导航干扰可能有多种来源，包括附近频段的无线电发射，有意或无意的干扰以及自然发生的太空天气。美国、俄罗斯与欧盟通过国内和国际频谱与信号相关法规和执法来最大限度地减少人为卫星导航数据传输干扰的来源。

第一，制定卫星导航系统频谱协调机制，确保所传输数据的可用性。1998 年美国《商业空间法》第 104 条明确了商务部助理部长在国际上实现并保持全球定位系统所用电磁频谱的有效管理，保护电磁频谱免受破坏和干扰的职责。[①] 2004 年《美国天基定位导航授时政策》再次明确了商务部长应与国务卿、国防部长、交通部长和国家航空航天局局长协调，通过落实适当的国内、国际频谱监督管理措施，力求保护 GPS 及其增强系统使用的射频频谱。2010 年美国《国家空间政策》再次对频谱保护提出了包括频谱的分配保护、频谱重新分配评估、审批商业卫星地面站等在内的六项具体措施。同时《俄罗斯联邦通信法》就无线电频谱的使用、射频服务、无线电频谱分布作出规定，确立了俄罗斯无线电频谱的分配、使用和管理规则，从而有利于确保卫星导航系统所用频谱的安全性。欧盟 2013 年《欧洲卫星导航系统实施和开发条例》要求成员国和欧盟委员会应与适当的国际机构和监管机构合作，以确保伽利略计划系统所需的无线电频谱

① 51 U. S. C. § 50112. Promotion of United States Global Positioning System standards.

可用并受到保护，以使该系统应用符合《欧洲议会和欧盟理事会关于制定多年期无线电频谱政策计划的决定》①的要求而得以充分开发实施。②

第二，制定卫星导航系统信号保障机制，确保所传输数据的可用性。导航信号是联系卫星的导航系统、地面控制系统以及用户的核心纽带，是卫星导航系统向用户广播测距信号和导航电文的唯一载体。为了确保承载数据的导航信号的稳定性和连续性，美国一方面要求利用 GPS 频率进行的任何传输都应受到联邦法规的严格监管，所有利用 GPS 频率的传输必须与国家电信和信息管理局（NTIA）以及其他可能受到影响的联邦机构协调。③ 另一方面赋予国防部开发 GPS 增强系统的职责，其中涉及升级卫星系统，包括增强信号功率和其他改进功能，如区域级别的定向信号增强功能以及增强型接收器和能够让军事用户直接获取加密 GPS 信号的用户设备。④

欧盟在伽利略系统规划之时，就同步实施旨在提高现有全球卫星导航系统的信号质量的 EGNOS 计划。2008 年欧盟《进一步实施欧洲卫星导航计划条例》就明确了 EGNOS 系统的作用在于监测和校正现有全球卫星导航系统发出的开放信号，并在伽利略系统提供开放服务信号时，监测和校正此类开放服务信号。

第三，通过立法建立和运维国家卫星导航系统干扰数据库。美、俄、欧都重视卫星导航系统干扰数据库建设与管理工作。通过立法明确了数据库的运营、管理机构，数据收集、存储和使用规则。美国以总统令的形式要求国土安全部长与交通部长、国防部长及国家情报总监协调，并与其他部门和机构合作建立中央存储数据库，将上报给国土安全、民用、商用和科学用途的 GPS 及其增强系统民用服务造成影响的国内、国际干扰存储入库。⑤

---

① Decision No. 243/2012/EU of the European Parliament and of the Council of 14 March 2012 establishing a multiannual radio spectrum policy programme Text with EEA relevance.

② 参见 2013 年《欧洲卫星导航系统实施和开发条例》序言。

③ 参见美国《联邦无线电导航计划（2019）》1.7.5.2 信号的提供。

④ 参见美国《联邦无线电导航计划（2019）》2.1 国防部的职责。

⑤ 参见 2004 年《美国天基定位导航授时政策》六、机构角色和职责。

（二）卫星导航数据应用安全保护制度

卫星导航系统为用户提供定位导航授时服务。其中，定位（Positioning）是确定点位的地理经度、纬度和高程，对应位置信息服务；导航（Navigation）是确定运动载体或者人员从一个地点到另一个地点的位置、速度和时间，对应路径信息服务；授时（Timing）是指在世界任何地方和用户定义的时间参量条件下从一个标准得到并保持精密和准确时间的能力，对应时间信息服务。全球卫星导航系统提供的 PNT 信息不仅被应用于每个个人的日常生活与工作中，同时该类信息几乎被包括交通、通信、能源分配和应急行动等在内的每个关键性基础设施部门使用。卫星导航数据应用安全保护制度是通过规范对卫星导航数据的具体应用行为来防止对卫星导航数据的滥用，从而保护卫星导航数据所涉及的隐私和个人信息、商业秘密和国家信息安全。美、俄、欧在卫星导航数据应用层面的保护制度上，不仅在卫星导航的专门立法中明确了卫星导航数据应用的特殊规范，同时其数据保护的一般法律规范更全面地约束着卫星导航数据的应用。

1. 个人位置信息安全保护制度

个人位置信息安全保护制度是卫星导航数据应用安全保护制度的重要组成部分。由于对个人位置信息美国采用隐私权保护模式，俄罗斯和欧盟采用个人数据保护模式，因此对于基于卫星导航系统的个人位置信息安全保护的具体制度在不同的国家有所不同。但都明确了基于卫星导航系统的个人位置信息属于隐私或个人数据的范畴，对该类信息的应用行为受隐私权保护制度或个人数据保护制度的规范。

第一，基于卫星导航的个人位置信息属于隐私或个人数据的范畴。个人用户通过持有的卫星导航系统用户段设备，捕获并跟踪导航卫星播发的无线电信号，并通过设备的应用处理模块同时根据导航电文信息、多颗卫星的伪距信息等进行用户坐标定位解算，最终输出用户的位置（P）、速度（V）和时间（T）信息。根据美国、俄罗斯和欧盟的司法判例和成文法，通过 PVT 计算出的空间坐标信息是个人位置信息，属于隐私或个人数据的范畴。

目前美国在联邦一级的法规并未为个人地理位置信息提供明确的保护，但是美国隐私权保护的成文法及司法判例却为个人位置信息的隐私保护提供了依据。美国 1974 年《隐私权法》明确了其保护客体为美国公民或享有永久居留权的外国人记录系统中的个人记录。其中个人记录是指“行政机关根据公民的姓名或其他标识而记载的一项或一组信息”,“其他标识”包括别名、相片、指纹、音纹、社会保障号码、护照号码、汽车执照号码,以及其他一切能够用于识别某一特定个人的标识,个人记录涉及教育、经济活动、病史、工作履行以及其他一切关于个人情况的记载。[①] 1986 年《电子通信隐私法》明确了其保护的客体为包括电子通信在内的私人通信。其中电子通信是指“通过电线,无线电,电磁,光电子或光学系统全部或部分传输的任何形式的标志,信号,文字,图像,声音,数据或情报的任何转移”[②]。在司法判例中,1977 年,最高法院在 Whalen v. Roe 案中确立了信息性隐私权,“自然人享有控制其个人信息不被披露的利益”被法官归纳为信息性隐私权的内容之一。[③] 1989 年,最高法院在 United States Dep't of Justice v. Reporters Comm. for Freedom of the Press 案中认为,信息性隐私权是指自然人所享有的关乎其自身信息的控制权。[④] 2012 年最高法院在 United States v. Antoine Jones 案中,认为执法人员在没有令状且未经他人同意的情况下,将 GPS 跟踪设备安装到他人车辆的行为侵犯了宪法第四修正案所赋予个人的权利。[⑤] 美国隐私权的宪法基础正是来源于第四修正案,即宪法保护“人民的人身、住宅、文件和财产不受无理搜查和扣押的权利”。上述成文法和司法判例共同表明,基于卫星导航系统的个人位置信息在性质上可以用于识别特定的个人,关乎该个人,并能够表明个人位置隐私,在一定程度上可纳入隐私保护的范畴。与此同时,2011 年美国《地理位置隐私和监视法》进入国会(尚未通过)。在该提案中,“地理位置数据”是指由电子设备(包括手机,配备 Wi－Fi 的笔记本电脑和 GPS 导航模块)生成的信息,可用于确定这些设备及其所有者的位置。该提案旨在为政府机构、商业实体和私人公民提供何时以及如何访问和使用地理定位信息的明确法律指南。

相对于美国,俄罗斯和欧盟对基于卫星导航的个人位置数据保护有明确的

---

① Privacy Act of 1974, 5 U. S. C. § 552A.

② Electronic Communications Privacy Act of 1986(ECPA), 18 U. S. C. § 2510－2523.

③ Whalen v. Roe, 429 U. S. 589(1977).

④ United States Dep't of Justice V. Reporters Comm. for Freedom of the Press, 489 US 749(1989).

⑤ United States v. Jones, 565 U. S. 400(2012).

保护规定。《俄罗斯联邦导航活动法》要求有关导航设备和导航活动客体的信息应依据俄罗斯联邦法律予以保护,防止未经授权的访问、破坏、篡改、阻止、复制、共享、传播,以及其他与此类行为有关的非法行为。其中,导航设备是指用于形成导航信号以及用于发送、接收、处理、存储和显示导航活动信息的技术设备、装置和系统;导航活动客体是指为实现导航活动而安装导航设备以及使用导航设备的客观对象,其中包括为保障导航设备正常使用的客观对象。根据《俄罗斯联邦个人数据法》第3条规定"个人数据"系指可直接或间接指向个人的任何信息,当个人持有导航设备及导航活动客体时,当这些信息可以直接或间接指向该设备和客体的持有者时,该类基于卫星导航系统的信息就被纳入了个人数据的范畴,受个人数据保护制度保护。

欧盟《一般数据保护条例》第4条指出,"个人数据"系指有关已识别或可识别的自然人的任何信息;可识别的自然人是指能够被直接或间接识别的人,特别是参考姓名、身份识别编号、位置数据(Location Data)、网络标识码等标识,或该自然人的一个或多个身体、生理、基因、心理、经济、文化或社会身份等特征要素。[①] 这表明,在欧盟,基于卫星导航系统的位置数据属于个人数据的范畴,受个人数据保护制度保护。

第二,对基于卫星导航系统的个人位置数据的处理行为受隐私权保护制度或个人数据保护制度的规范。主要表现为未经个人数据主体同意或符合法律规定情形,个人位置数据不受收集、拦截、访问、修改、删除、披露、共享、存储、使用等任何形式的处理。1977年Whalen v. Roe案中,最高法院把信息性隐私权确定为:其一,自然人所享有的控制其个人信息不被披露的利益;其二,自然人所享有的独立作出某种免受政府影响的决定的利益。《俄罗斯联邦个人数据法》就个人数据保护的一般规定、个人数据处理的原则和条件、个人数据主体的权利、处理人的义务、对个人数据处理的监督和监察以及违反本联邦法律的责任作出了规定。对基于卫星导航的个人位置数据的处理活动受到该法的约束。欧盟在卫星导航的专门立法中强调了对个人数据的保护。2013年《欧洲卫星导航系统实施和开发条例》在前言中明确了"欧盟基于对基本权利的尊重,尤其是《欧盟基本权利宪章》第7条和第8条明确认可对隐私权和个人数据的基本权

---

① See General Data Protection Regulation, Article 4.

利的保护，决定在伽利略计划和 EGNOS 计划中，确保个人数据和隐私得到保护”，第 31 条明确规定“在本条例规定的任务和活动中处理的所有个人数据，应适用个人数据保护法”，从而明确了欧洲卫星导航系统开发运行过程中保护个人数据的基本原则。在 2010 年《欧洲全球卫星导航系统局条例》中规定“全球卫星导航系统局应对文件的公共访问和个人的保护（在处理个人数据方面）采用相关欧盟立法”，从而进一步明确了欧洲卫星导航活动监管机构应当履行个人数据保护义务。欧盟专门的《一般数据保护条例》更是就个人位置数据的处理规范作出了细致的规定。

2. 国家地理信息安全保护制度

地理信息是指与空间地理分布有关的信息，它是表示地表物体和环境固有的数量、质量、分布特征、联系和规律的数字、文字、图形、图像等的总称。地理信息是国家重要的基础性、战略性信息资源，关系到国家主权、安全和利益。一方面卫星导航是开展地理测绘的重要技术依托，可以借助卫星导航采集、测量和传输大量地理信息；另一方面利用卫星导航能够实现对特定地理位置的高精度访问，因而卫星导航数据在这两方面的应用都事关国家地理信息安全。美国、俄罗斯和欧盟的专门与一般立法中都注重对卫星导航数据应用中的地理信息安全的保护。

美国一方面通过限制卫星导航敏感数据的提供来保护国家地理信息安全。2004 年《美国天基定位导航授时政策》要求对于“敏感的或先进的定位、导航和授时信息，系统、技术和部件的出口，将依据现行法律法规以及相关的国家安全和外交政策目标、考量进行逐案审批”。另一方面明确美国政府提供的两类 GPS 服务，即适用于授权用户的精确定位服务（PPS）和适用于所有用户的标准定位服务（SPS）。通过对精确定位服务服务对象的控制从而限制对特定地理位置高精度导航的访问，以此保护国家信息安全。

同样，欧盟伽利略系统所提供的服务分为需经授权的公共管制服务（PRS）和基本服务。《欧洲卫星导航系统实施和开发条例》明确公共管制服务仅限于政府授权的用户，提供公共管制服务，免费向欧盟成员国、欧盟理事会、欧盟委员会、欧盟对外行动署提供以及在适当情况下向经正式授权的欧盟机构提供。

俄罗斯卫星导航数据应用安全保护制度中也充分考虑对地理信息安全的保护。首先，限制了对具有地理信息安全意义的特定区域和客体的导航访问。

《俄罗斯联邦导航活动法》就利用卫星导航访问地理位置作出原则性规定，即允许自然人和法人就俄罗斯境内的客体进行无定位精度限制的导航活动以满足自身需要，但俄罗斯联邦政府批准的、列入依法实施特殊管理清单的区域和客体除外。通过对具有特殊意义的地理区域和设施的访问限制实现保护地理信息的目的。同时，俄罗斯通过《俄罗斯联邦导航活动法》明确了包含客体地理位置的国家导航地图属于国家信息资源的组成部分，其所有权属俄罗斯联邦。为了实现对国家导航地图的管理，《俄罗斯联邦导航活动法》授权建立专门道路导航信息系统运营商创建并运行道路导航信息系统，通过使用统一标识、认证系统和平台保障自然人或法人访问导航地图信息，而访问的程序由俄罗斯联邦政府授权的权力执行机构制定。这就从法律的层面明确了对导航地图信息分发的控制者和控制机制，从而确保其地理信息安全。其次，通过专门的地理信息保护法《俄罗斯联邦测量、制图、地理信息数据法》[①]保护卫星导航信息。该法明确了包括利用卫星导航系统进行测绘、大地测量、制图、地理信息储备等方面的工作规范，明确了联邦和联邦主体的权力执行机构在大地测量、制图和地理信息管理中的职责，确定了地理信息储备的内容和管理主体，确定了空间信息门户的使用管理规范和安全保密范围。由于卫星导航信息属该法“空间数据”的范畴而受该法保护。

3. 经济活动数据安全保护制度

卫星导航数据除了能反映个人用户的个人位置和个人活动轨迹，反映特定和综合的地理信息之外，通过个人用户的便携式移动设备，车辆、船舶、航空器设备接收并生成的卫星导航数据，从整体上还反映出一个区域乃至一个国家的从某一行业到全行业的经济活动数据。这类数据具有巨大的经济价值，通过对其处理、分析使其能够应用于智慧交通、出行，城市规划等多个领域，同时这类数据还具备重要的情报意义，反映一个地区和一国的经济活动情报。

俄罗斯通过《俄罗斯联邦“格洛纳斯—时代”国家自动化信息系统法》授权格洛纳斯股份公司依法创建、运行“格洛纳斯—时代”国家自动化信息系统。该法要求为指定类型的车辆配备基于格洛纳斯信号的紧急呼叫设备，保障该系统

---

① О геодезии, карт ографии и прост ранст венных данныхи о внесении изменений в от дельные законодат ельныеакт ы Российской Федерации.

通过使用格洛纳斯信号，确保能够实时接收俄罗斯道路交通信息以及其他道路交通事故信息（原始的、未经修改的信息），并处理、储存和向应急处置部门传输这些信息。该法还规定了“格洛纳斯—时代”国家自动化信息系统的运行方对基于车辆用户使用格洛纳斯系统产生的数据的收集、使用、存储行为的规范，从而使俄罗斯联邦道路车辆活动的整体数据安全可控，以保护俄罗斯该领域经济活动信息安全。

文献对照表

美 国

联邦法律

Fiscal Year 1998 National Defense Authorization Act, SEC. 1074. Sustainment and Operation of the Global Positioning System (10 U. S. C. §2281: Global Positioning System)	《1998 财年国防授权法》第 1074 条:GPS 维护和运行(《美国法典》第 10 编第 2281 条:全球定位系统)
Fiscal Year 2016 National Defense Authorization Act, SEC. 1603. Council on Oversight of the Department of Defense Positioning, Navigation, and Timing Enterprise (10 U. S. C. §2279b: Council on Oversight of the DOD PNT Enterprise)	《2016 财年国防授权法》第 1603 条:国防部定位导航授时监督委员会(《美国法典》第 10 编第 2279b 条:国防部定位导航授时监督委员会)
Fiscal Year 2014 National Defense Authorization Act, SEC. 1602 (b). Limitation on Construction on United States Territory of Satellite Positioning Ground Monitoring Stations of Certain Foreign Governments (10 U. S. C. §2279d: Limitation on Construction on United States Territory of Satellite Positioning Ground Monitoring Stations of Certain Foreign Governments)	《2014 财年国防授权法》第 1602 (b)条:外国政府在美国领土上建设卫星定位地面监测站的相关限制(《美国法典》第 2279d 条:外国政府在美国领土上建设卫星定位地面监测站的相关限制)
Department of Transportation and Related Agencies Appropriations Act of 1998, SEC. 346. (49 U. S. C. §301: Establishment of Nationwide Differential Global Positioning System)	1998 年《交通部和相关机构拨款法》第 346 条(《美国法典》第 49 编第 301 条:建立全国差分全球定位系统)
Commercial Space Act of 1998, SEC. 104. Promotion of United States Global Positioning System Standards. (51 U.	1998 年《商业空间法》第 104 条:推广美国全球定位系统标准(《美

S. C. § 50112: Promotion of United States Global Positioning System Standards)	国法典》第 51 编第 50112 条:推广美国全球定位系统标准)
The Frank LoBiondo Coast Guard Authorization Act of 2018(P. L. 115 – 282)	2018 年《弗兰克·洛比翁多海岸警卫队授权法》(《公法》115 – 282)
National Timing Resilience and Security Act of 2018(49 U. S. C. § 312: Alternative Timing System)	2018 年《国家授时弹性和安全法》(《美国法典》第 49 编第 312 条:替代授时系统)
The 1988 Exon – Florio Amendment to the Defense Production Act(50 U. S. C. § 4565: Authority to review certain mergers, acquisitions, and takeovers)	1988 年《埃克森—弗洛里奥修正案》(《美国法典》第 50 编第 4565 条:有权审查某些并购、收购和接管)
Foreign Investment Risk Review Modernization Act of 2018, FIRRMA(Subtitle A of Title XVII of Public Law 115 – 232,132 Stat)	2018 年《外国投资安全审查现代化法》(《公法》115 – 232 第 17 章 A 小标题第 132 条)
International Emergency Economic Powers Act of 1977(50 U. S. C. Chapter 35 International Emergency Economic Powers)	1977 年《国际紧急经济权力法》(《美国法典》第 50 编第 35 章:国际紧急经济权力)
Export Control Reform Act of 2018(50 U. S. C. Chapter 58 Export Control Reform)	2018 年《出口管制改革法》(《美国法典》第 50 编第 58 章:出口管制改革)
Uniting and Strengthening America by Providing Appropriate Tools Required to Intercept and Obstruct Terrorism Act of 2001(Public Law 107 – 56 – Uniting and Strengthening America by Providing Appropriate Tools Required to Intercept and Obstruct Terrorism)	2001 年《美国爱国者法》(《公法》107 – 56 通过提供拦截和阻止恐怖主义所需的适当工具来团结和加强美国法)
Electronic Communications Privacy Act of 1986(ECPA)(18 U. S. C. § 2510 – 2523)	1986 年《电子通信隐私法》(《美国法典》第 18 编第 2510 – 2523 条)
Privacy Act of 1974(5 U. S. C. § 552A : Records Maintained On Individuals)	1974 年《地理位置隐私和监视法》(《美国法典》第 5 编第 552A 条:保存在个人身上的记录)

总统文件

1996 U. S. Global Positioning System Policy(PPD – 6)	1996 年《美国全球定位系统政策》(第 6 号总统政策指令)
2003 U. S. Commercial Remote Sensing Policy(NSPD – 27)	2003 年《美国商业遥感空间政策》(第 27 号国家安全总统指令)
2004 U. S. Space – Based Positioning, Navigation, and Timing Policy(NSPD – 39)	2004 年《美国天基定位导航授时政策》(第 39 号国家安全总统指令)
2010 National Space Policy(PPD – 4)	2010 年《国家空间政策》(第 4 号总统政策指令)
2013 Critical Infrastructure Security and Resilience(PPD – 21)	2013 年《关键基础设施的安全性和弹性》(第 21 号总统政策指令)
2018 Conventional Arms Transfer(CAT) Policy(NSPM – 10)	2018 年《常规武器转让政策》(第 10 号国家安全总统备忘录)
2020 Executive Order on Strengthening National Resilience through Responsible Use of Positioning, Navigation, and Timing Services(E. O. 13905)	2020 年《通过负责任地使用定位导航授时服务来增强国家弹性》(第 13905 号行政命令)
2020 Cybersecurity Principles for Space Systems(SPD – 5)	2020 年《空间系统的网络安全原则》(第 5 号空间政策指令)
2020 National Space Policy	2020 年《国家空间政策》
2021 The United States Space – Based Positioning, Navigation, and Timing(SPD – 7)	2021 年《美国天基定位导航授时政策》(第 7 号空间政策指令)

联邦法规和部门政策

Code of Federal Regulations, Title 47, Part 25, Subpart B, § 25. 115 Applications For Earth Station Authorizations.	《联邦法规》第 47 编第 25 部分第 115 条　地球站授权申请
Code of Federal Regulations, Title 47, Part 25, Subpart B, § 25. 137 Requests for U. S. Market Access through Non – U. S. – Licensed Space Stations.	《联邦法规》第 47 编第 25 部分第 137 条　未通过美国许可的空间站申请美国市场准入
2008 Regulations Pertaining to Mergers, Acquisitions, and Takeovers by Foreign Persons Final Rule. (Code of Federal	2008 年《关于外国人合并、收购和接管条例的最终规定》(《联邦法

Regulations, Title 31, Part 800, Regulations Pertaining to Certain Investments in The United States by Foreign Persons)	规》第 31 编第 800 部分　有关外国人在美国进行某些投资的规定)
2020 Final CFIUS Regulations Implementing FIRRMA (Code of Federal Regulations, Title 31, Part800 and 801)	2020 年《FIRRMA 最终实施细则》(《联邦法规》第 31 编第 800 - 801 部分)
2021 DOD Directive 4650. 05 Positioning, Navigation, and Timing(PNT)	2021 年《国防部第 4650. 05 号指令:定位导航授时》
2021 DOD Instruction 4650. 06 Positioning, Navigation, and Timing(PNT) Management	2021 年《国防部第 4650. 06 号指示:定位导航授时管理》
2020 DOD Instruction 4650. 08: Positioning, Navigation, and Timing(PNT) and Navigation Warfare(Navwar)	2020 年《国防部第 4650. 08 号指示:定位导航授时及导航战》
2021 Department of Transportation, Office of the Secretary of Transportation Order 1120. 32D, Navigation and Positioning Coordination and Planning	2021 年《交通部第 1120. 32D 号命令:定位导航授时协调与规划》
2011 A Public Notice Regarding a Licensing Waiver Process Applicable To Receivers of Foreign RNSS Signals	2011 年《关于适用于外国 RNSS 信号接收器的许可豁免程序的公告》
National Telecommunications And Information Administration Provides Information Concerning Executive Branch Recommendations for Waiver of Part 25 Rules Concerning Licensing of Receive - only Earth Stations Operating with Non - U. S. Radio Navigation Satellites(DA 11 - 498)	《国家电信和信息管理局关于豁免第 25 部分有关"使用非美国许可无线电导航卫星的单边接收地球站许可规则"的行政部门建议》
2007 Department of Homeland Security, Positioning, Navigation, and Timing, Interference Detection and Mitigation (IDM) Plan	2007 年《国土安全部定位导航授时干扰检测与减轻(IDM)计划》
2008 Department of Homeland Security, Interference Detection and Mitigation(IDM) Plan Implementation Strategy	2008 年《国土安全部干扰检测与减轻(IDM)计划实施战略》
2017 International Traffic in Arms Regulations, ITAR. [Code of Federal Regulations, Title 32, Part 250, § 250. 8 Pertinent portions of International Traffic in Arms Regulations(ITAR).]	2017 年《国际武器贸易条例》[《联邦法规》第 32 编第 250 部分第 8 条《国际武器贸易条例》的相关部分(ITAR)]

2020 Commercial Control List, CCL. (Code of Federal Regulations, Title 15, Part 774, Supplement No. 1 to Part 774 The Commerce Control List)	2020 年《商业管制清单》(《联邦法规》第 15 编第 774 部分的第 1 号补充文件　商业管制清单)
2021 United States Munitions List, USML. (Code of Federal Regulations, Title 22, Part 121, § 121. 1 The United States Munitions List.)	2021 年《美国军需品清单》(《联邦法规》第 22 编第 121 部分的第 1 条　美国军需品清单)
2021 Commerce Country Chart, CCC. (Code of Federal Regulations, Title 15, Part 738, Supplement No. 1 to Part 738 Commerce Country Chart)	2021 年《商业国家清单》(《联邦法规》第 15 编第 738 部分的第 1 号补充文件　商业国家清单)
2020 Export Administration Regulations, EAR (Code of Federal Regulations, Title 15, Part 705, Subpart C, Export Administration Regulations)	2020 年《出口管理条例》(《联邦法规》第 15 编第 705 部分第 C 分章　出口管理条例)
2021 Federal Radio navigation Plan	2021 年《联邦无线电导航计划》

国际合作文件

2014 Joint Statement U. S. – China Civil Global Navigation Satellite Systems (GNSS) Cooperation	2014 年《美中民用全球卫星导航系统合作联合声明》
2004 Joint Statement on the U. S. Global Positioning System(GPS) and the Russian Global Navigation Satellite System(GLONASS)	2004 年《美国全球定位系统(GPS)和俄罗斯全球卫星导航系统(GLONASS)联合声明》
2006 United States – Russian Federation GPS/GLONASS Interoperability and Compatibility Working Group(WG – 1)	2006 年《美国与俄罗斯 GPS/GLONASS 的兼容互操作工作组联合声明》
2004 Agreement on the Promotion, Provision and Use of Galileo and GPS Satellite – Based Navigation Systems and Related Applications	2004 年《关于推广、提供和使用伽利略系统和 GPS 及相关应用的协定》
2006 Joint Statement on Galileo and GPS Signal Optimization By the European Commission (EC) and the United States(US)	2006 年《欧盟委员会和美国在关于伽利略系统和 GPS 信号优化的联合声明》
2007 United States – European Union GPS – Galileo Working Group "B" on Trade & Civil Applications U. S. Department of Commerce, Washington, D. C.	2007 年《美国和欧盟关于 GPS—伽利略系统贸易和民用应用 B 工作组的联合声明》

2007 Joint Fact Sheet on GPS – Galileo Cooperation	2007 年《GPS—伽利略系统合作的联合简报》
2007 United States and the European Union Announce Final Design for GPS – Galileo Common Civil Signal	2007 年《美国和欧盟宣布 GPS—伽利略系统共同民用信号最终设计的联合新闻公告》
2008 Joint Statement on GPS and Galileo Cooperation by Representatives of the United States of America, the European Community and its Member States	2008 年《美国、欧共体及其成员国代表关于 GPS 和伽利略系统合作的联合声明》
2010 U. S. and EU Announce Improved Performance from Receivers Using both GPS and Galileo Combined Performance	2010 年《美国和欧盟宣布使用 GPS 和伽利略系统组合性能接收器以改进性能的联合声明》
1998 Joint Statement by the Government of the United States of America and the Government of Japan on Cooperation in the Use of the Global Positioning System	1998 年《美国政府和日本政府关于使用 GPS 合作的联合声明》
2001 Joint Announcement: 1ST JAPAN – US GPS Plenary Meeting	2001 年《关于第一届日美 GPS 全体会议联合公告》
2002 Joint Announcement: 2ND JAPAN – U. S. GPS Plenary Meeting	2002 年《关于第二届日美 GPS 全体会议联合公告》
2004 Joint Statement of the United States of America and Japan on Global Positioning System Cooperation	2004 年《美日关于 GPS 合作的联合声明》
2006 Joint Announcement on United States – Japan GPS Cooperation	2006 年《美日关于 GPS 合作的联合公告》
2007 Joint Announcement on United States – Japan GPS Cooperation	2007 年《美日关于 GPS 合作的联合公告》
2008 Joint Announcement on United States – Japan GPS Cooperation	2008 年《美日关于 GPS 合作的联合公告》
2010 Joint Announcement on United States – Japan GPS Cooperation	2010 年《美日关于 GPS 合作的联合公告》
2011 Joint Announcement on United States – Japan GPS Cooperation	2011 年《美日关于 GPS 合作的联合公告》
2012 Joint Announcement on United States – Japan GPS Cooperation	2012 年《美日关于 GPS 合作的联合公告》

2013 Joint Announcement on Japan – United States GPS Cooperation	2013 年《美日关于 GPS 合作的联合公告》
2013 Joint Statement from the First Meeting of the Japan – U. S. Comprehensive Dialogue on Space	2013 年《关于第一次美日太空全面对话会议的联合声明》
2014 Joint Statement from the Second Meeting of the Japan – U. S. Comprehensive Dialogue on Space	2014 年《关于第二次美日太空全面对话会议的联合声明》
2017 Joint Statement：The Fourth Meeting of the U. S. – Japan Comprehensive Dialogue on Space	2017 年《关于第四次美日太空全面对话会议的联合声明》
2018 Joint Statement on the Fifth Meeting of the U. S. – Japan Comprehensive Dialogue on Space	2018 年《关于第五次美日太空全面对话会议的联合声明》
2019 Joint Statement on the Sixth Meeting of the U. S. – Japan Comprehensive Dialogue on Space	2019 年《关于第六次美日太空全面对话会议的联合声明》
2020 Joint Statement on the Seventh Meeting of the Japan – U. S. Comprehensive Dialogue on Space	2020 年《关于第七次美日太空全面对话会议的联合声明》
2007 United States – India Joint Statement Cooperation in the Use of GPS and Space – Based Positioning, Navigation and Timing Systems and Applications	2007 年《美印关于使用 GPS 和天基 PNT 系统及应用合作的联合声明》
2008 Joint Announcement from the Indian – U. S. Radionavigation Satellite Service Providers Meeting	2008 年《印美关于无线导航卫星服务提供商会议的联合公告》
2021 Joint Statement by the United States of America and the Republic of Korea on Civil Global Navigation Satellite Systems Cooperation	2021 年《美韩关于民用全球卫星导航系统合作的联合声明》
2021 United States – Republic of Korea Partnership	2021 年《美国—韩国伙伴关系告知书》
2013 Joint United Kingdom – United States Statement Regarding Global Positioning System (GPS) Intellectual Property	2013 年《英美关于 GPS 知识产权的联合声明》
2007 United States – Australia Joint Delegation Statementon Cooperation in the Civil Use of GPS and Space – Based Positioning, Navigation and Timing (PNT) Systems and Applications	2007 年《美澳联合代表团关于民用 GPS 和天基定位导航授时系统及应用领域合作的声明》
2010 Joint Announcement by the United States of America	2010 年《美澳关于 GPS 民用和民

and Australia on Bilateral Cooperation in the Civil Use of GPS and Civil Space Activities	用空间活动双边合作的联合声明》

技术文件

Global Positioning System Standard Positioning Service Performance Standard	《全球定位系统标准定位服务性能标准》
Global Positioning System Precise Positioning Service Performance Standard	《全球定位系统精确定位服务性能标准》
Global Positioning System Wide Area Augmentation System(WAAS)Performance Standard	《全球定位系统广域增强系统性能标准》

俄 罗 斯

法律

Закон Российской Федерации о космической деятельности	《俄罗斯联邦航天活动法》
Закон Российской Федерации о навигационной деятельности	《俄罗斯联邦导航活动法》
Закон Российской Федерации о Государственной автоматизированной информационной системе "ЭРА - ГЛОНАСС"	《俄罗斯联邦"格洛纳斯—时代"国家自动化信息系统法》
Закон Российской Федерации о Государственной корпорации по космической деятельности "Роскосмос"	《俄罗斯联邦国家航天集团公司法》
Закон Российской Федерации об иностранных инвестициях в Российской Федерации	《俄罗斯联邦外国投资法》
Закон Российской Федерации о порядке осуществления иностранных инвестиций в хозяйственные общества, имеющие стратегическое значение для обеспечения обороны страны и безопасности государства	《俄罗斯联邦关于外资进入对保障国防和国家安全具有战略意义的商业组织程序法》
Закон Российской Федерации об экспортном контроле	《俄罗斯联邦出口管制法》

总统令

Распоряжение Президента Российской Федерации о глобальной навигационной системе "Глонасс"	《俄罗斯联邦关于格洛纳斯系统的总统令》

Указ Президента Российской Федерации об использовании глобальной навигационной спутниковой системы ГЛОНАСС в интересах социально -экономического развития	《俄罗斯联邦关于为俄罗斯联邦社会经济发展而使用格洛纳斯系统的总统令》
Указ Президента Российской Федерации Основы государственной политики в области использования результатов космической деятельности в интересах модернизации экономики Российской Федерации и развития ее регионов на период до 2030 года	《俄罗斯联邦关于 2030 年前使用航天成果服务俄联邦经济现代化及其区域发展的国家政策总则》
Указ Президента Российской Федерации о Комиссии при Президенте Российской Федерации по вопросам развития авиации общего назначения и навигационно - информационных технологий на основе глобальной навигационной спутниковой системы ГЛОНАСС	《俄罗斯联邦关于俄罗斯联邦总统下属的通用航空和基于格洛纳斯系统的导航信息技术发展委员会的总统令》

联邦政府令

Постановление Правительства Российской Федерации о проведении работ по использованию глобальной навигационной спутниковой системы "ГЛОНАСС" в интересах гражданских потребителей	《俄罗斯联邦政府关于开展民用用户使用格洛纳斯系统工作的决议》
Постановление Правительства Российской Федерации об утверждении Основных положений государственной политики в области распределения, использования и защиты орбитально - частотного ресурса Российской Федерации	《俄罗斯联邦政府关于俄罗斯联邦轨道频率资源分配、使用和保护领域国家政策的基本原则的条例》
Федеральная целевая программа "Глобальная навигационная система"	《“全球卫星导航系统”联邦专项计划》
Распоряжение Правительства Российской Федерации об одобрении Концепции создания и развития инфраструктуры пространственных данных Российской Федерации	《俄罗斯联邦政府建立和发展空间数据基础设施的命令》
Постановление Правительства Российской Федерации об утверждении Положения о полномочиях Государственной корпорации по космической деятельности "Роскосмос" и	《俄罗斯联邦政府关于国家航天集团公司和联邦权力执行机构在为保障俄罗斯联邦国防安全、推

Федеральных органов исполнительной власти по поддержанию, развитию и использованию глобальной навигационной спутниковой системы ГЛОНАСС в интересах обеспечения обороны и безопасности государства, социально - экономического развития Российской Федерации и расширения международного сотрудничества, а также в научных целях	动社会经济发展、扩大国际合作和科学应用而维护、发展和使用格洛纳斯系统的职权条例》
Постановление Правительства Российской Федерации об оснащении транспортных, технических средств и систем аппаратурой спутниковой навигации ГЛОНАСС или ГЛОНАСС/GPS	《俄罗斯联邦政府关于为车辆、技术设备和系统配备格洛纳斯系统或格洛纳斯系统/GPS 的卫星导航设备的决议》
Постановление Правительства Российской Федерации о Федеральном сетевом операторе в сфере навигационной деятельности	《俄罗斯联邦政府关于导航活动领域的联邦网络运营商的决议》
Постановление Правительства Российской Федерации "Федеральная целевая программа "Поддержание, развитие и использование системы ГЛОНАСС на 2012 - 2020 Годы"	《俄罗斯联邦政府关于 2012 - 2020 年格洛纳斯系统的维护、开发和使用专项计划的决议》
Постановление Правительства Российской Федерации о международно - правовой защите присвоения (назначения) радиочастот или радиочастотных каналов и порядке использования на территории Российской Федерации спутниковых сетей связи, находящихся под юрисдикцией иностранных государств а также о внесении изменений некоторые акты правительства Российской Федерации	《俄罗斯联邦政府关于无线电频率或无线电频率频道分配(使用)的国际法保护和俄罗斯联邦境内他国所辖卫星通信网络的使用程序,以及对俄罗斯联邦政府若干文件进行修订的法令》
Постановление Правительства Российской Федерации об утверждении Регламента Государственной корпорации по космической деятельности "Роскосмос"	《俄罗斯联邦政府关于批准俄罗斯国家航天集团公司章程的条例》
Постановление Правительства Российской Федерации о лицензировании космической деятельности	《俄罗斯联邦政府航天活动许可条例》
Постановление Правительства Российской Федерации об утверждении Положения о порядке контроля за вывозом из Российской Федерации товаров и технологий двойного назначения, экспорт которых контролируется	《关于对自俄罗斯联邦出口两用商品和技术进行监督的办法条例》

部门令

Приказ Федерального космического агентства об утверждении Административного регламента Федерального космического агентства по предоставлению государственной услуги по осуществлению лицензирования космической деятельности	《联邦航天局关于批准实行航天活动许可证制度提供国家服务的联邦航天局行政条例的命令》
Приказ Государственной корпорации по космической деятельности "Роскосмос" об утверждении Административного регламента Государственной корпорации по космической деятельности "Роскосмос" по предоставлению государственной услуги по лицензированию космической деятельности	《俄罗斯国家航天集团关于按照航天活动许可证制度提供国家服务的俄罗斯国家航天集团行政条例的命令》
Приказ Министерства транспорта Российской Федерации об оснащении технических средств и систем аэронавигационного обслуживания, авиационно - космического поиска и спасания аппаратурой спутниковой навигации ГЛОНАСС или ГЛОНАСС/GPS	《俄罗斯联邦交通部关于为空中导航服务、航空航天搜救和救援的技术设备和系统配备格洛纳斯系统或格洛纳斯系统/GPS 卫星导航设备的命令》
Приказ Министерства транспорта Российской Федерации об утверждении видов железнодорожных транспортных средств, используемых для перевозки пассажиров, специальных и опасных грузов, транспортирования твердых коммунальных отходов, подлежащих оснащению аппаратурой спутниковой навигации ГЛОНАСС или ГЛОНАСС/GPS	《俄罗斯联邦交通部关于客运、特殊品、危险品、固体城市废物的公路运输车辆配备格洛纳斯系统或格洛纳斯系统/GPS 卫星导航设备的命令》
Приказ Министерства транспорта Российской Федерации об утверждении видов автомобильных транспортных средств, используемых для перевозки пассажиров , опасных грузов, транспортирования твердых коммунальных отходов, подлежащих оснащению аппаратурой спутниковой навигации ГЛОНАСС или ГЛОНАСС/GPS	《俄罗斯联邦交通部关于为客运、危险品、固体城市废物的铁路运输车辆配备格洛纳斯系统或格洛纳斯系统/GPS 卫星导航设备的命令》
Приказ Министерства экономического развития Российской Федерации об определении видов оборудования, используемого при проведении геодезических и кадастровых работ и	《俄罗斯联邦经济发展部关于用于大地测量和地籍工作并配备格洛纳斯系统或格洛纳斯系统/GPS 卫星导航设备的命令》

подлежащего оснащению аппаратурой спутниковой навигации ГЛОНАСС или ГЛОНАСС/GPS	
Приказ Министерства связи и массовых коммуникаций Российской Федерации об определении видов технических средств и систем, подлежащих оснащению аппаратурой спутниковой навигации ГЛОНАСС или ГЛОНАСС/GPS	《俄罗斯联邦通信和大众传媒部关于配备格洛纳斯系统或格洛纳斯系统/GPS 卫星导航设备的技术工具和系统类型的命令》
2019 Радионавигационный план Российской Федерации	《俄罗斯联邦无线电导航计划(2019 年)》

国际合作文件

Соглашение между Правительством Российской Федерации и Правительством Республики Куба о сотрудничестве в области использования и развития глобальной навигационной спутниковой системы ГЛОНАСС	《俄罗斯联邦政府和古巴共和国政府关于使用和发展格洛纳斯全球卫星导航系统的合作协定》
Соглашение между Правительством Российской Федерации и Правительством Республики Индии о долгосрочном сотрудничестве в области совместного развития, эксплуатации и использования российской глобальной навигационной спутниковой системы ГЛОНАСС в мирных целях	《俄罗斯联邦政府和印度共和国政府关于用于和平目的共同发展,运行和使用俄罗斯格洛纳斯全球卫星导航系统长期合作协定》
Соглашение между Правительством Российской Федерации и Правительством Республики Белоруссия о сотрудничестве в области использования и развития российской глобальной навигационной спутниковой системы ГЛОНАСС	《俄罗斯联邦政府与白俄罗斯共和国政府关于使用和发展格洛纳斯系统的合作协定》

技术文件

Стандарт эксплуатационных характеристик открытого сервиса (СТЭХОС) системы ГЛОНАСС	《格洛纳斯系统开放服务性能标准》

欧 盟

条例

Council Regulation (EC) No. 876/2002 of 21 May 2002Setting Up the Galileo Joint Undertaking
2002年《关于建立伽利略联合体条例》[(EC)876/2002]

Regulation(EC) No. 683/2008 of the European Parliament and of the Council of 9 July 2008 on the Further Implementation of the European Satellite Navigation Programmes (EGNOS and Galileo)
2008年《进一步实施欧洲卫星导航计划条例》[(EC)683/2008]

Regulation(EU) No. 912/2010 of the European Parliament and of the Council of 22 September 2010 Setting up the European GNSS Agency, Repealing Council Regulation(EC) No. 1321/2004 on the Establishment of Structures for the Management of the European Satellite Radio Navigation Programmes and Amending Regulation(EC) No. 683/2008 of the European Parliament and of the Council
2010年《欧洲全球卫星导航系统局条例》[(EU)912/2010]

Regulation(EU) No. 1285/2013 of the European Parliament and of the Council of 11 December 2013 on the Implementation and Exploitation of European Satellite Navigation Systems and Repealing Council Regulation(EC) No. 876/2002 and Regulation(EC) No. 683/2008 of the European Parliament and of the Council
2013年《欧洲卫星导航系统实施和开发条例》[(EU)1285/2013]

Regulation(EU) No. 512/2014 of the European Parliament and of the Council of 16 April 2014 Amending Regulation (EU) No. 912/2010 Setting up thc European GNSS Agency
2014年《修订欧洲全球卫星导航系统局职责条例》[(EU)512/2014]

Regulation(EU)2015/758 of the European Parliament and of the Council of 29 April 2015 Concerning Type – Approval Requirements for the Deployment of the eCallIn – Vehicle System Based on the 112 Service and Amending Directive 2007/46/EC
2015年《部署基于112服务的eCall车载系统的类型批准要求条例》[(EU)2015/758]

Commission Implementing Regulation(EU)2016/799 of 18
2016年《行车记录仪及其组件的

March 2016 Implementing Regulation (EU) No. 165/2014 of the European Parliament and of the Council Laying Down the Requirements for the Construction, Testing, Installation, Operation and Repair of Tachographs and Their Components	构造、测试、安装、操作和维修要求的执行条例》[(EU)2016/799]
Commission Delegated Regulation (EU) 2019/320 of 12 December 2018 Supplementing of Directive 2014/53/EU of the European Parliament and of the Council with Regard to the Application of the Essential Requirements Referred to in Article 3(3)(G) of that Directive in Order to Ensure Caller Location in Emergency Communications from Mobile Devices	2018 年《补充欧洲议会和欧盟理事会的第 2014/53/EU 指令第 3(3)(G)条中提及的基本要求的应用,以确保移动设备紧急通信呼叫者位置的授权条例》[(EU) 2019/320]
Regulation(EU)2021/696 of the European Parliament and of the Council of 28 April 2021 Establishing the Union Space Programme and the European Union Agency for the Space Programme and Repealing Regulations (EU) No. 912/2010, (EU) No. 1285/2013 and (EU) No. 377/2014 and Decision No. 541/2014/EU	2021 年《欧盟空间计划和欧盟空间计划局条例》[(EU)2021/696]
Council Directive 2008/114/EC of 8 December 2008 on the Identification and Designation of European Critical Infrastructures and the Assessment of the Need to Improve Their Protection	2008 年《欧洲关键基础设施的识别和指定以及对需要加强保护条例》(2008/114/EC)
Regulation(EU)2019/452 of the European Parliament and of the Council of 19 March 2019 establishing a framework for the screening of foreign direct investments into the Union	2019 年《外国直接投资审查框架条例》[(EU)2019/452]
Council Common Position 2008/944/CFSP of 8 December 2008 defining common rules governing control of exports of military technology and equipment	2008 年《管理军事技术和设备出口控制共同条例》(2008/944/CFSP)
Regulation(EU)2021/821 of the European Parliament and of the Council of 20 May 2021 setting up a Union regime for the control of exports, brokering, technical assistance,	2021 年《建立欧盟两用物项出口、中介服务、技术支持、过境和转让管制制度条例》[(EU)2021/821]

transit and transfer of dual – use items	
Regulation(EU)2016/679 of the European Parliament And of the Council Of 27 April 2016 on the Protection Of Natural Persons With Regard To the Processing Of Personal Data and on the Free Movement of Such Data, and Repealing Directive 95/46/EC(General Data Protection Regulation)	2016 年《关于在个人数据处理和此类数据的自由移动方面保护自然人条例》[(EU) 2016/679](《一般数据保护条例》)

指令

Directive(EU)2019/520 of the European Parliament and of the Council of 19 March 2019 on the Interoperability of Electronic Road Toll Systems and Facilitating Cross – Border Exchange of Information on the Failure to Pay Road Fees in the Union	2019 年《欧洲议会和欧盟理事会关于电子道路收费系统的互操作性及促进关于欧盟未缴纳道路费用的跨境信息交换的指令》[(EU) 2019/520]

决定

Commission Decision of 20 April 2009 Establishing an Expert Group on the Security of the European GNSS Systems (2009/334/EC)	2009 年《建立欧洲全球卫星导航系统(GNSS)安全专家组的决定》(2009/334/EC)
Commission Decision of 20 October 2009 on the Conclusion of an Administrative Agreement between the European Commission and the European GNSS Supervisory Authority on the Security and Exchange of Classified Information (2009/846/EC)	2009 年《欧盟委员会与欧洲全球卫星导航系统监管局关于就机密信息的安全与交换缔结行政管理协议的决定》(2009/846/EC)
Decision No. 1104/2011/EU of the European Parliament and of the Council of 25 October 2011 on the Rules for Access to the Public Regulated Service Provided by the Global Navigation Satellite System Established under the Galileo Programme	2011 年《关于伽利略计划下建立的全球卫星导航系统提供的公共管制服务获取规则的决定》(1104/2011/EU)
Commission Implementing Decision(EU)2016/413 of 18 March 2016 Determining the Location of the Ground – Based Infrastructure of the System Established under the Galileo Programme andSetting out the Necessary Measures	2016 年《关于确定在伽利略计划下建立的地面基础设施的位置,并制定必要的措施以确保其顺利运行的执行决定》[(EU)2016/

to Ensure that it Functions Smoothly, and Repealing Implementing Decision 2012/117/EU	413]
Commission Implementing Decision (EU) 2017/224of 8 February 2017 Setting Out The Technical and Operational Specifications Allowing the Commercial Service Offered by The System Established Underthe Galileo Programme to Fulfil The Function Referred to in Article 2(4)(C) of Regulation (EU) No. 1285/2013 of the European Parliament and of The Council	2017 年《关于制定技术和操作规范,允许根据伽利略计划建立的系统提供商业服务的执行决定》[(EU)2017/224]
Commission Implementing Decision(EU)2017/1406 of 31 July 2017 determining the location of the ground - based infrastructure of the EGNOS system	2017 年《关于确定 EGNOS 系统地面基础设施位置的执行决定》[(EU)2017/1406]
Council Decision(CFSP)2021/698 of 30 April 2021 on the Security of Systems and Services Deployed, Operated and Used under the Union Space Programme which may Affect the Security of the Union, and Repealing Decision 2014/496/CFSP	2021 年《关于欧盟空间计划下部署、运行和使用的可能影响欧盟安全的系统和服务的安全性的决定》[(CFSP)2021/698]

政策

2018 European Radio Navigation Plan	2018 年《欧洲无线电导航计划》

国际合作文件

2003 Cooperation Agreement on a Civil Global Navigation Satellite System(GNSS) - GALILEO between the European Community and its Member States and the People's Republic of China	2003 年《欧洲共同体及其成员国与中华人民共和国关于民用全球卫星导航系统(伽利略系统)的合作协定》
2006 Cooperation agreement on a Civil Global Navigation Satellite System(GNSS) between the European Community and its Member States, of the one part, and the Republic of Korea, of the other part	2006 年《欧洲共同体及成员国与大韩民国关于民用全球卫星导航系统的合作协定》
2010 Cooperation Agreement on Satellite Navigation between the European Union and its Member States and the	2010 年《欧盟及其成员国与挪威王国关于卫星导航的合作协定》

Kingdom of Norway	
2014 Cooperation Agreement between the European Union and its Member States, of the one part, and the Swiss Confederation, of the other, on the European Satellite Navigation Programmes	2014 年《欧盟及其成员国与瑞士关于欧洲卫星导航计划的合作协定》
2014 Cooperation Agreement on a Civil Global Navigation Satellite System(GNSS) between the European Community and its Member States and Ukraine	2014 年《欧洲共同体及其成员国与乌克兰关于民用全球卫星导航系统(GNSS)合作协定》
2016 Cooperation Agreement on a Civil Global Navigation Satellite System(GNSS) between the European Community and its Member States and the Kingdom of Morocco	2016 年《欧洲共同体及成员国和摩洛哥王国之间的民用全球导航卫星系统(GNSS)合作协议》

技术文件

Galileo Open Service – Service Definition Document (OS SDD v1.1)	《伽利略开放服务—服务定义文件》
Galileo High Accuracy Service(HAS) Info Note	《伽利略高精度服务(HAS)信息说明》
Galileo – Search and Rescue – Service Definition Document (SAR SDD v2.0)	《伽利略搜索和救援—服务定义文件》
EGNOS – Open Service – Service Definition Document(OS SDD v2.3)	《EGNOS 开放服务—服务定义文件》
EGNOS – Safety of Life – Service Definition Document (SoL SDD v3.4)	《EGNOS 生命安全—服务定义文件》
EGNOS – Data Access Service – Service Definition Document(EDAS SDD v2.2)	《EGNOS 数据访问服务—服务定义文件》

词汇对照表

APEC, Asia – Pacific Economic Cooperation	亚太经合组织
ARNS, Aeronautical Radio Navigation Service	航空无线电导航服务
COPUOS, United Nations Committee on Peaceful Use of Outer Space	联合国和平利用外层空间委员会
CORS, Continuously Operating Reference Stations	持续运行参考站
ENC, European Navigation Conference	欧洲导航年会
GAGAN	全球定位增强导航系统
Galileo	欧洲伽利略系统
GLONASS	格洛纳斯系统
GNSS, Global Navigation Satellite System	全球卫星导航系统
GPS, Global Positioning System	全球定位系统
ICAO, International Civil Aviation Organization	国际民航组织
ICG, International Committee on Global Navigation Satellite Systems	联合国全球卫星导航系统国际委员会
IDM, Interference Detection and Mitigation	干扰检测与减轻
IGSO, Inclined GeoSynchronous Orbit	倾斜地球同步轨道
IMO, International Maritime Organization	国际海事组织
ION, The Institute of Navigation	美国导航学会
IRNSS, Indian Regional Navigation Satellite System	印度区域卫星导航系统
ITU, International Telecommunication Union	国际电信联盟
JAXA, Japan Aerospace Exploration Agency	日本宇航署
KPS, Korean Positioning System	韩国定位系统
MEO, Medium Earth Orbit	中地球轨道
MSAS, Multi – Functional Satellite Augmentation Sys-	多功能卫星增强系统

tem	
Munich Summit on Satellite Navigation	慕尼黑卫星导航峰会
NATO, North Atlantic Treaty Organization	北大西洋公约组织
PNT, Positioning, Navigation, and Timing	定位导航授时
QZSS, Quasi – Zenith Satellite System	准天顶卫星系统
RNSS, Radio Navigation Satellite System	无线电卫星导航服务
United Nations Workshop on the Applications of GNSS	联合国全球卫星导航系统应用研讨会
WAAS, Wide Area Augmentation System	广域增强系统
WRC, Word Radiocommunication Conference	世界无线电通信大会
WTO, World Trade Organization	世界贸易组织

美　国

AFSPC, Air Force Space Command	空军太空司令部
Assistant Secretary of Commerce for Communications and Information	商务部主管通讯与信息事务的助理部长
BIS, Bureau of Industry and Security	美国产业安全局
CFIUS, Committee on Foreign Investment in the United States	美国外国投资委员会
CGSIC, Civil GPS Service Interface Committee	民用 GPS 服务接口委员会
CIO, DOD Chief Information Officer	国防部首席信息官
Combatant Commands	作战司令部
USCYBERCOM, United States Cyber Command	美国网络司令部
USNORTHCOM, United States Northern Command	美国北方司令部
USSTRATCOM, United States Strategic Command	美国战略司令部
Council on Oversight of the Department of Defense Positioning, Navigation, and Timing Enterprise	国防部定位导航授时监督委员会
DCAPE, Director Of Cost Assessment And Program Evaluation	国防部成本评估和项目论证局局长
DDTC, Directorate of Defense Trade Controls	国务院国防贸易管制委员会
DHS, Department of Homeland Security	国土安全部

DIA, Defense Intelligence Agency	国防情报局
DNI, Director of National Intelligence	国家情报总监
DOC, Department of Commerce	商务部
DOD Celestial Reference Frame Working Group	国防部天体参考框架工作组
DOD OIG, Department of Defense Office of Inspector General	国防部监察长办公室
DOD PTTI Working Group	国防部精确时间和时间间隔工作组
DOD, Department of Defense	国防部
DOE, Department of Energy	能源部
DOI, Department of Interior	内政部
DOJ, Department of Justice	司法部
DOS, Department of State	国务院
DOT Extended PNT Executive Committee	交通部 PNT 扩大执行委员会
DOT Extended PNT Working Group	交通部 PNT 扩大工作组
DOT PNT Executive Committee	交通部 PNT 执行委员会
DOT PNT Working Group	交通部 PNT 工作组
DOT & E, Director Of Operational Test And Evaluation	国防部作战试验与论证局局长
DOT, Department of Transportation	交通部
DOT, Department of the Treasury	财政部
EMB, DoD PNT Executive Management Board	国防部 PNT 执行管理委员会
EOP, Executive Office of the President	总统行政办公室
ESC, DHS PNT Executive Steering Committee	国土安全部 PNT 行政督导委员会
ESG, Executive Steering Group for Space - Based Positioning, Navigation, and Timing	国家天基 PNT 行政督导小组
EXCOM, National Space - Based Positioning, Navigation, and Timing Executive Committee	国家天基 PNT 执行委员会
FAA, Federal Aviation Administration	美国联邦航空管理局
FCC, Federal Communications Commission	联邦通信委员会
FDC, Flight Data Center	飞行数据中心
FHWA, Federal Highway Administration	联邦公路管理局
FMCSA, Federal Motor Carrier Safety Administration	联邦汽车运输安全管理局

FRA, Federal Railroad Administration	联邦铁路管理局
FTA, Federal Transit Administration	联邦公共交通管理局
GDGPS, Global Differential Global Positioning System	全球差分全球定位系统
GIS, Geographic Information System	地理信息系统
GIWG, GPS International Working Group	GPS 国际工作组
GWEN, Ground Wave Emergency Network	地波应急网络
ICWG, Interface Control Working Group	接口控制工作组
IGEB, Interagency GPS Executive Board	跨部门 GPS 执行委员会
IGS, International GNSS Service	国际全球卫星导航系统服务
IRAC, Interdepartment Radio Advisory Committee	跨部门无线电咨询委员会
JCS, Joint Chiefs of Staff	参谋长联席会议
JPDO, Joint Planning and Development Office	联合计划与发展办公室
JPL, Jet Propulsion Laboratory	喷气推进实验室
JPO, Joint Program Office	联合项目办公室
JROC, Joint Requirements Oversight Council	联合需求监督委员会
MARAD, Maritime Administration	海事管理局
NASA, National Aeronautics and Space Administration	国家航空航天局
National Space - Based Positioning, Navigation, and Timing Advisory Board	国家天基 PNT 咨询委员会
NAVWAR, Navigation Warfare	导航战
NCO, National Coordination Office for Space - Based Positioning, Navigation, and Timing	国家天基 PNT 协调办公室
NDGPS, Nationwide Differential Global Positioning System	全国差分全球定位系统
NEC, National Economic Council	国家经济委员会
NGA, National Geospatial Intelligence Agency	国家地理空间情报局
NGS, National Geodetic Survey	国家大地测量局
NHTSA, National Highway Traffic Safety Administration	国家公路交通安全管理局
NIST, National Institute of Standards and Technology	国家标准与技术研究院
NOAA, National Oceanic and Atmospheric Administration	国家海洋和大气管理局

NPEF, National PNT Engineering Forum	全国天基 PNT 工程论坛
NRO, National Reconnassiance Office	国家侦察局
NSA/CSS, National Security Agency/Central Security Service	国家安全局/中央安全局
NSC, National Security Council	国家安全委员会
NSpC, National Space Council	国家太空委员会
NTIA, National Telecommunications and Information Administration	美国国家电信和信息管理局
ODNI, Office of the Director of National Intelligence	国家情报总监办公室
OMB, Office of Management and Budget	管理和预算办公室
OSD, Office of the Secretary of Defense	国防部部长办公室
OST, Office of the Secretary of Transportation	交通部长办公室
OST/C, Office of the General Counsel	交通部总法律顾问办公室
OSTP, Office of Science and Technology Policy	科学和技术政策办公室
PHMSA, Pipeline and Hazardous Materials Safety Administration	管道与有害物质安全管理局
PIRT, Purposeful Interference Response Team	蓄意干扰响应小组
PNT profile	PNT 配置文件
PPS, Precise Positioning Service	GPS 精确定位服务
RTCM, Radio Technical Commission for Maritime Services	海事无线电技术委员会
SA, Selective Availability	选择性可用功能
SPS, Standard Positioning Service	GPS 标准定位服务
SSA, Sector – Specific Agency	特定部门机构
SSA, Space Situational Awareness	空间态势感知系统
The Assistant to the President for National Security Affairs	总统国家安全事务助理
The Chairman of the Joint Chiefs of Staff	参谋长联席会议主席
USCG NAVCEN	美国海岸警卫队导航中心
USD(A & S), Under Secretary of Defense for Acquisition and Sustainment	国防部采购与保障副部长
USD(C)/CFO, Under Secretary of Defense (Comp-	国防部副部长(审计长)/国防部首席

troller)/DOD Chief Financial Officer, Department of Defense	财务官
USD(I),Under Secretary of Defense for Intelligence	国防部情报分管副部长
USD(P),Under Secretary of Defense for Policy	国防部政策分管副部长
USD(R&E),Under Secretary of Defense for Research and Engineering	国防部研究与工程副部长
USDA,U. S. Department of Agriculture	农业部
USMC,United States Marine Corps	美国海军陆战队
USNO,United States Naval Observatory	美国海军天文台
USSTRATCOM,United States Strategic Command	美国战略司令部
WG,DOD PNT Working Group	国防部定位导航授时工作组

俄 罗 斯

Комиссия при Президенте Российской Федерации по вопросам развития авиации общего назначения и навигационно - информационных технологий на основе глобальной навигационной спутниковой системы ГЛОНАСС	俄罗斯联邦总统下属通用航空、基于格洛纳斯系统的导航信息技术发展委员会
Министерство обороны Российской Федерации	俄罗斯联邦国防部
Министерство Транспорта Российской Федерации	俄罗斯联邦交通部
Государственная корпорация по космической деятельности (Roscomos)	俄罗斯国家航天集团公司
Министерство Иностранных Дел Российской Федерации	俄罗斯联邦外交部
Государственный комитет Российской Федерации по оборонным отраслям промышленности	俄罗斯联邦国家国防工业委员会
Федеральное агентство геодезии и картографии	联邦大地测量和制图局(注:自 2009 年起,由联邦国家登记、地籍和制图局接替其职能)
Министерство финансов Российской Федерации	俄罗斯联邦财政部
Федеральное агентство по техническому регулированию и метрологии	联邦技术调节和计量局
Министерство внутренних дел Российской Федерации	俄罗斯联邦内务部

Министерство здравоохранения Российской Федерации	俄罗斯联邦卫生部
Министерство промышленности и торговли Российской Федерации	俄罗斯联邦工业和贸易部
Министерство Российской Федерации по делам гражданской обороны, чрезвычайным ситуациям и ликвидации последствий стихийных бедствий	俄罗斯联邦民防、紧急情况和消除自然灾害事务部
Министерство цифрового развития, связи и массовых коммуникаций Российской Федерации	俄罗斯联邦数字发展、通信和大众传媒部
Министерство экономического развития Российской Федерации	俄罗斯联邦经济发展部
Федеральная служба охраны Российской Федерации	俄罗斯联邦警卫局
Федеральная служба безопасности Российской Федерации	俄罗斯联邦安全局
Федеральная служба государственной регистрации, кадастра и картографии	联邦国家登记、地籍和制图局
Федеральная служба по надзору в сфере транспорта	联邦交通监察局
Федеральное агентство воздушного транспорта	联邦航空署
Федеральное агентство железнодорожного транспорта	联邦铁路运输署
Федеральное агентство морского и речного транспорта	联邦海运河运署
Федеральное агентство по рыболовству	联邦渔业局
Федеральное дорожное агентство	联邦公路署
Федеральная служба по военно - техническому сотрудничеству	联邦军事和技术合作局
Федеральная служба по экологическому, технологическому и атомному надзору	联邦生态、科技和核监督局
Министерство юстиции Российской Федерации	俄罗斯联邦司法部
Министерство науки и высшего образования Российской Федерации	俄罗斯联邦科学和高教部
Государственная корпорация по атомной энергии	国家原子能集团公司
Служба внешней разведки Российской Федерации	俄罗斯联邦对外情报局

欧 盟

Integrity – Monitoring Services	完整性监测服务
CDA,Crypto Distribution Authority	密码分发局
Coordination Centre for System Operations	系统运行协调中心
Copernicus Programme	哥白尼计划
EASA,European Aviation Safety Agency	欧洲航空安全局
EC,European Commission	欧盟委员会
EC,European Council	欧盟理事会
ECJ,European Court of Justice	欧盟法院
EDA,European Defence Agency	欧洲防务局
EDAS,EGNOS Data Access Service	EGNOS 数据访问服务
EEAS,European External Action Service	欧洲对外行动署
EGNOS, European Geostationary Navigation Overlay Service	欧洲地球静止导航重叠服务
EMSA,European Maritime Safety Agency	欧洲海事安全局
EOS,EGNOS Open Service	EGNOS 开放服务
ERA,European Union Agency for Railways	欧盟铁路局
ES,Emergency Service	紧急服务
ESA,European Space Agency	欧洲航天局
EU GEAs,EU General Export Authorisations	欧盟通用出口许可
EU,European Union	欧洲联盟
EUMETSAT,European Organisation for the Exploitation of Meteorological Satellites	欧洲气象卫星应用组织
Eurocontrol,the European Organization for the Safety of Air Navigation	欧洲航空安全组织
European Court of Auditors	欧盟审计院
European Parliament	欧洲议会
EUSPA,European Union Agency for the Space Programme	欧盟空间计划局
Expert Group On The Security Of The European	欧洲全球卫星导航系统安全专家组
Galileo Interinstitutional Panel	伽利略机构间小组

Galileo Joint Undertaking	伽利略联合体
Galileo Navigation Satellite System	伽利略系统
GCC, Galileo Control Centers	伽利略系统控制中心
GCS, Ground Control Segment	地面控制部分
GMES, Global Monitoring for Environment and Security	全球环境与安全监测
GMS, Ground Mission Segment	地面任务部分
GOS, Galileo Open Service	伽利略系统开放服务
GOVSATCOM, Governmental Satellite Communications	政府通信卫星系统
GRC, Galileo Reference Center	伽利略系统参考中心
GSA, European GNSS Agency	欧洲全球卫星导航系统局
GSC, the European GNSS Service Centre	欧洲 GNSS 服务中心
GSMC, the Galileo Security Monitoring Centre	伽利略系统安全监测中心
GSS, Galileo Sensor Station	伽利略系统传感器站
HAS, High Accuracy Service	高精度服务
Horizon 2020, Framework Programme for Research and Innovation 2014 – 2020	“地平线 2020”,2014 – 2020 研究与创新框架计划
Location Data	位置数据
Member State	欧盟成员国
Mission Control Centres	任务控制中心
MSC, Maritime Safety Committee	海上安全委员会
European Navigation Satellite System Supervisory Authority	欧洲全球卫星导航系统监管局
NDB, Non – Directional Beacon	无方向性信标
NGAs, National General Export Authorisations	成员国通用出口许可
NLES, Navigation Land Earth Stations	导航陆地地球站
OLAF, European Anti – Fraud Office	欧洲反欺诈办公室
PPP, Public – Private – Partnership	公私合营模式
PRS, Public Regulated Service	公共管制服务
Public Regulated Service Authority	公共管制服务主管机构
RIMS, Ranging and Integrity Monitoring Station	测距和完整性监测站

SAB, Security Accreditation Board	安全认证委员会
SAR, Search and Rescue Support Service	搜索救援服务
SAS, Signal Authentication Service	信号认证服务
Security Board for the European GNSS Systems	欧洲全球卫星导航系统安全委员会
SoL, Safety - of - Life	生命安全服务
SSA, Space Situational Awareness	空间态势感知系统
The Administrative Board	行政委员会
TS, Timing Service	授时服务
TTC, Telemetry, Tracking and Command stations	遥测、跟踪和控制站
ULS, Uplink Stations	上行链路站

做“法治北斗”追梦人

（代后记）

本书成稿之时，正值北斗全球服务开通一周年。两年前，北斗三号系统最后一颗全球组网卫星成功发射，习总书记向世界宣布北斗三号全球卫星导航系统正式开通。为北斗成就所激励，历经反复修改，书稿终于付梓出版。

20世纪90年代，为了摆脱时空信息受制于人的被动局面，党中央、国务院、中央军委决策建设中国人自己的卫星导航系统。一代代北斗人披荆斩棘，克服了各种难以想象的艰难险阻，在陌生的领域从无到有、白手起家。仅用26年，就走完了其他卫星导航系统半个世纪走过的历程，成为世界上第三个独立拥有全球卫星导航系统的国家，终于把国家时空信息安全牢牢掌握在了自己手中。如今的北斗，已成为战略性新型基础设施，成为中国向世界贡献的全球公共服务产品，成为彰显我国综合实力的重要标志，在世界上发挥着重大影响力。

北斗系统建设发展的过程，也是不断探索实践卫星导航法治工作的过程。2016年，《中华人民共和国卫星导航条例》列入国务院立法工作计划，卫星导航立法正式启动。这是我国卫星导航法治建设的里程碑。出台专门的卫星导航法律法规，既是北斗系统发展到一定阶段的客观要求，也是我国参与卫星导航国际竞争与合作的迫切需要。孙家栋院士提出“法治护航北斗”的殷切希望，北斗卫星导航系统工程总设计师、中国工程院院士杨长风担任条例起草工作组组长，中国卫星导航系统管理办公室主任冉承其有力指导和推动。

顺应中国卫星导航事业发展要求，我们北京航空航天大学北斗政策法规研究中心开始了卫星导航立法研究工作。然而，当时国内卫星导航的法学研究尚处于空白，国内法学界对卫星导航还涉之不深，对于法学研究者而言，“北斗系统”“卫星导航”还是较陌生的术语,卫星导航立法研究任务艰巨。由于当时世界上仅有美、俄和欧拥有全球卫星导航系统,我们便将法学研究的参考借鉴对象聚焦于这些国家和国际组织。

撰写“卫星导航法治文库”的想法,也就在这一研究过程中萌生。通过研究,我们认识到,在卫星导航法治建设上,我国与美、俄和欧还存在相当的差距。美国1994年全面建成了GPS,1996年出台了《美国全球定位系统政策》总统令,目前已形成相对完善的卫星导航法律制度体系;俄罗斯1996年投入使用格洛纳斯系统,1999年年初出台专门的总统令,并制定了多部卫星导航相关法律;欧盟自伽利略系统开发建设之初,制定了规范卫星导航活动的法律。

这种差距,让我们深切地感受到,我国卫星导航法治建设的现状与卫星导航大国的地位不相匹配,“中国的北斗,世界的北斗,一流的北斗”,应该也是“法治的北斗”。同时深刻地意识到,未来,卫星导航领域的大国合作竞争,不仅是技术之争、服务之争、应用之争,还体现为制度之争、治理权之争、软实力之争。我感受到一种深深的使命感,那就是,作为北斗法治工作者,我们应主动作为、积极探索,让更多人开展卫星导航法治研究、参与卫星导航法治工作,为卫星导航的法治建设作贡献。

撰写书稿的过程,得到杨长风总设计师,冉承其主任的有力支持和指导,正是他们充分的信任、严格的要求和热情的鼓励,给了我们撰写这套文库的动力和勇气。卫星导航法律制度研究,具有很强的跨专业和跨领域性,要感谢来自中国卫星导航系统管理办公室、北京航空航天大学、国防大学等单位的专家学者的专业帮助,特别感谢陶智、杨军、陈谷仓、李作虎、王慧林、傅达林、王莉、毛国辉、杜英杰等领导和专家对我们工作的支持和对该套文库撰写提供的专业帮助,特别感谢王黎红、丁向荣、刘宇等有关部门的领导和同志对我们的热情鼓励和悉心指导帮带。我们这个团队是一个团结战斗的集体,主要包括北京航空航天大学北斗政策法规研究中心的杨静帆、方宇菲、张文清、于辰,以及北京航空航天大学硕士生牛琳琳、樊小萌,他们承担和参与了本书大量的资料收集、整理和撰写工作。最后,感谢法律出版社慕雪丹、章雯编辑,如非得益于她们的认真、专业和细致,本书亦难以如期呈现。

本书只是开启了我们关于卫星导航法律制度研究的一个窗口,很多问题还有待更加深入的研究讨论。受限于能力水平,缺陷和不足一定存在,敬请各位同仁批评指正!

仰望星空,北斗璀璨;展望未来,征途漫漫。千淘万漉虽辛苦,吹尽狂沙始到金。道阻且长,行则将至;行而不辍,未来可期。我们将不懈努力!

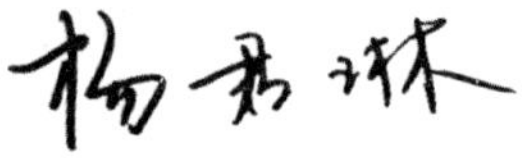

2022 年 6 月